公文写作范例大全

格式、要点、规范与技巧

（第2版）

岳海翔 舒雪冬 ◎ 编著

清華大學出版社
北 京

图书在版编目（CIP）数据

公文写作范例大全：格式、要点、规范与技巧 / 岳海翔，舒雪冬编著. —2版. —北京：清华大学出版社，2018（2024.11重印）

ISBN 978-7-302-49079-1

Ⅰ. ①公…　Ⅱ. ①岳…②舒…　Ⅲ. ①公文—写作　Ⅳ. ①H152.3

中国版本图书馆 CIP 数据核字（2017）第 296190 号

责任编辑：张立红
封面设计：邱晓俐
版式设计：方加青
责任校对：郭熙凤
责任印制：杨　艳

出版发行：清华大学出版社
网　　址：https://www.tup.com.cn，https://www.wqxuetang.com
地　　址：北京清华大学学研大厦 A 座　　邮　　编：100084
社 总 机：010-83470000　　邮　　购：010-62786544
投稿与读者服务：010-62776969，c-service@tup.tsinghua.edu.cn
质 量 反 馈：010-62772015，zhiliang@tup.tsinghua.edu.cn
印 装 者：小森印刷霸州有限公司
经　　销：全国新华书店
开　　本：170mm×240mm　　印　　张：31.25　　字　　数：403 千字
版　　次：2016 年 1 月第 1 版　　2018 年 2 月第 2 版　　印　　次：2024 年 11月第 22次印刷
定　　价：98.00 元

产品编号：077270-01

前言

在当今的职场环境下，对于广大读者来说，不管你正在从事何种职业，或是即将从事何种职业，都会接触到公文。所谓公文，是指各级党政机关、企事业单位在管理活动中，按照严格的、法定的生效程序和规范格式制定的具有传递信息和记录作用的载体。

换言之，公文是各级各类国家机关、社会团体和企事业单位在公务活动中使用的具有特定效能和广泛用途的文书。它能够超越时空的限制，为国家管理提供所需的信息。认识公文的内涵、特点是写好公文的先决条件。公文处理是围绕公文形成并产生效力的整体过程，涉及国家机关和社会组织的各级各类人员。

在编写过程中，本书以现行《党政机关公文处理工作条例》为依据，积极体现当前公文学研究的最新成果，具有很高的指导价值和现实效用。

本书结构

本书在开篇部分用较多的文字系统讲述了公文的含义、特点、作用以及类型等方面的知识。了解学习了这些内容以后，可以厘清自己的思路，更新自己的观念，巩固公文写作的基础。具备了较高的专业素质之后，再进一步掌握公文写作的基本技巧与起草格式，写出高质量的公文便是胸有成竹的事情了。

在本书中，对所有文体都进行了简明定义，指出了文体特点，并列出了写作的格式要求，既有公文的一系列基础知识，又有写作技巧与文件处理的操作方法。书中所选的各种例文，来自不同层次不同类型的机关单位，在贴近基层的前提下更注重实用性和针对性；同时，所选用的实例，力求体现内容的新颖和现实的指导意义。本书中所有的公文格式简单易懂，范文规范，能够使读者即学即用，从而有效地帮助读者提高公文写作水平。

本书在编写过程中参考了很多书刊和资料，特别是从一些相关书籍和网站中引用了大量的经典范例，旨在帮助广大读者对各种公文写作形成具体的认知，并提高写作水平。对上述书刊和资料的作者，我们表示衷心的感谢！

本书特色

- 内容全。全书囊括了所有的公文种类，让读者一册在手，万事无忧。
- 案例多。针对每种公文形式，都给出了典型实例，让读者可以参照仿写。
- 内容新。书中的案例，尽量采用最近两年的真实公文，这样更具有权威性。
- 讲解细。针对每种公文形式，都给出了具体的写作方法、相关规范，让读者一学就会。

本书内容

本书共包括八章，各章内容如下。

第一章　公文写作基本知识：包括公文的含义、特点和作用、语言要求、行文规则等内容。

第二章　机关法定公文写作要点与范例：包括命令、议案、纪要、公告等15种常用公文的写作要点和详细范例。

第三章 计划类文书写作要点与范例：包括工作要点、方案、安排、规划、商业计划书和创业计划书的写作要点和详细范例。

第四章 常用类文书写作要点与范例：包括总结、章程、办法、简报、条例、规定和细则的写作要点和详细范例。

第五章 凭据类文书写作要点与范例：包括意向书、合同、收条、聘书和协议书的写作要点和详细范例。

第六章 讲话类文书写作要点与范例：包括开幕词、闭幕词、讲话稿和演讲稿的写作要点和详细范例。

第七章 社交礼仪类文书写作要点与范例：包括唁电、悼词、请柬、贺信和贺电的写作要点和详细范例。

第八章 书信类文书写作要点与范例：包括感谢信、慰问信、介绍信、证明信和公开信的写作要点和详细范例。

目录

第三章 计划类文书写作要点与范例 · 183

第五章 | 凭据类文书写作要点与范例 · 339

第一章

公文写作基本知识

什么是公文？自古以来，定义甚多，众说纷纭，见仁见智。取其共识，公文是公务活动的产物和工具，是公府所作之文，是公事所用之文。换言之，公文是各级各类国家机关、社会团体和企事业单位在处理公务活动中使用的具有特定效能和广泛用途的文书。它能够超越时空的限制，为国家管理提供所需的信息。认识公文的内涵、特点是写好公文的先决条件。

公文是政治的产物，是政治的“晴雨表”。在各类文体中，公文是与政治因素关联最为直接、最为紧密的文体。

第一节　公文的含义

一、公文的含义

公文属于科学文章中的应用文体。应用文是非常庞大的文章类群。私人信件、留条一类的短文，都属于应用文，而公文则是应用文中具有特殊规范的一种。从把握公文的本质，并从确定公文在应用文中的类别以及辨别公文自身种类等角度出发，有必要对公文进行准确的定义。

公文，全称公务文书，是机关团体、企事业单位等依法成立的社会组织用来办理公务、有特定效力和规范格式的应用文。公文办理公务，就是以文字的形式实施管理。公务还包括内务和外务，即内部管理和处理与其他社会组织的关系。公务还分为政务和事务，政务是社会组织领导所主管组织的人员安排和组织发展的大事；事务是社会组织全体成员从事的业务性、日常性的工作。

根据《党政机关公文处理工作条例》（以下简称《条例》）第三条规定，党政机关公文是党政机关实施领导、履行职能、处理公务的具有特定效力和规范体式的文书，是传达贯彻党和国家方针政策，公布法规和规章，指导、布置和商洽工作，请示和答复问题，报告、通报和交流情况等的重要工具。由此可见，公文是办理公务的工具，工具性是公文的本质属性。

二、公文的分类

1. 按公文的行文关系划分

● 下行文

下行文是上级机关向下属机关发送的公文。这类公文一般包括命令、决定、决议、公告、通告、通知、通报、批复和意见（下行）。

● 上行文

上行文是下级机关向上级机关呈送的公文。例如请示、报告、意见（上行）。

● 平行文

平行文是平行机关或不相隶属机关之间相互往来的公文。此类文书常用的有函、议案以及一些通知。

● 泛行文

泛行文是指面向社会，没有特定的主送机关和行文方向的公文。常用的形式包括公告、公报等。

2. 按公文的性质作用划分

● 指令性公文：指以各级领导机关或领导者个人名义制发的，用以施行领导和指导工作的公文，包括决议、命令、决定、批复、指示性通知；

● 报请性公文：指下级机关向上级机关报告工作、反映情况、请求指导和批复的公文，包括请示、报告、意见（上行）等；

● 告知性公文：指公开发布重大事件、重要事项，或者在一定范围内公布应当遵守或周知事项的公文，包括公报、公告、通告、通知、通报、通知性的函；

● 实录性公文：指对有关情况进行记录整理而形成的公文，如纪要；

● 多用性公文：包括函、批复、意见、通知；

● 商洽性公文：指不相隶属机关之间商洽工作、询问或答复问题，向有关主管部门请求批准事项的公文，如函。

3. 按照公文的来源划分

● 外发公文：指本机关拟制的向外单位发出的公文；

● 收进公文：指本机关收到的外单位发来的公文；

● 内部公文：指本机关制作并在内部使用的公文。

4. 按照公文的秘密程度划分

● 绝密公文：指内容涉及最重要的国家秘密，一旦泄露会使国家的安全和利益遭受特别严重损害的公文，最长期限30年；

● 机密公文：指内容涉及重要的国家秘密，一旦泄露会使国家的安全和利益遭受严重损害的公文，最长期限20年；

● 秘密公文：指内容涉及一般的国家秘密，一旦泄露会使国家的安全和利益遭受一定损害的公文，最长期限10年；

● 普通公文：指内容不涉及任何国家秘密，可以在各级机关、各有关单位内部广泛传阅的公文。

5. 按照公文的紧急程度划分

● 特急公文：特急件，指事关重大又十分紧急，要求以最快速度制发和办理的公文，必须1天内办理完毕；

● 急件公文：加急件，指涉及重要工作，需要从快制发和办理的公文，即3天内办理完毕；

● 常规公文：平急件，指按正常程序和速度制发和办理的公文，一般应在一周内办理完毕，最长不得超过15天。

6. 按照公文的地位划分

● 法定公文：指党和国家在公文管理法规中作出了明确规定，具有规范的体式、严格的行文规则和处理程序，一经印发即具有法律效力的公文。如《党政机关公文处理工作条例》中的15类公文；

● 普通事务性公文：指各级机关和各类组织在法定公文之外处理日常工作经常使用的公文。这类公文没有法定的格式和效力，一般不用来行使职权，只作参考、存照或证明之用。其体式也无明文规定，只有惯用种类、格式及约定俗成的写法，灵活性比较大。如总结、简报、计划、调查报告等。

7. 按照公文的适用范围划分

● 通用公文：指各级机关和各类组织普遍使用的公文，既包括法定公文，又包括其他常用应用文；

● 专用公文：指一些具有专门职能的部门在其管辖的业务范围内使用的、具有专指内容和特定格式的公文，如司法公文、科技公文、外交公文、财经公文等。

8. 按照公文的载体形式划分

● 纸质公文：是以纸张为物质载体的公文，是使用最为普遍的公文；

● 磁介质公文：是以磁带、磁盘、磁鼓等磁性材料为物质载体的公文，如录音文件、录像文件、计算机文件等；

● 光介质公文：是以感光材料如胶片等为物质载体的公文，如照片公文、缩微胶片公文、光盘公文等。

第二节 公文的特点和作用

一、公文的特点

公文，全称公务文书，是机关团体、企事业单位等依法成立的社会组织用来办理公务、有一定格式的应用文。

从公文的概念中可以提取出公文的特点来。作为客观事物的公文的特点和作为客观事物运用的公文写作的特点是密切相关的。

1. 公文内容的公务性

公文的“公”，指的是社会组织。个人的感受认识，只能用文学作品或者一般科学文章来表达。但是，不管是起草者个人，还是领导个人，都不能用公文来表情达意，抒发个人情感。只有在承担职务的前提

下，并且只能是社会组织的最高领导才能代表社会组织发出公文。公文的内容必须是反映和传达社会组织的公务信息。党纪国法都规定了公文内容的范围和性质。

2. 公文格式的规范性

公文的格式，有惯用格式和法定格式两种。惯用格式，是在长期的公文处理实践中约定俗成的，没有严格的限制。如普通公文中计划和总结的格式。法定格式则是权威机关以法规或者国家标准的形式规定的，必须严格按照格式写作。法定公文中的党政机关公文，由有关机关及部门通过法规性公文规定了严格的格式。还要进一步说明的是，公文格式同时又是程式，呈现出公文写作和办理的程序性。

公文格式的规范性，是公文本质特性的发展，是公文写作和办理的需要。公务具有公众性和同一性，对社会组织成员产生一致的认可、制约和指挥，否则社会组织就不可能运作。相应地，反映和办理公务的公文，也就形成了格式和程式，显著提高了公文写作和办理的效率。我们完全可以预见，随着时代的发展和社会组织的进步，公文的规范及格式会更加科学、严谨，公文写作和办理将会实现数字化和自动化。

3. 作者和读者的指定性

文学作品的作者是个人。一般科学文章的作者也同样是个人或者是个人之间的自由结合。读者一般是没有限制的。但是，公文的作者只能是法定的社会组织及其法人代表或第一领导人。有权利进行公文写作的社会组织，必须依照法律在有关政府部门登记注册。这一社会组织及其第一领导人，就成为公文的法定作者。至于动笔起草公文初稿的人，如秘书，应称为起草人，不是法律意义上的作者。公文的读者也是特定的，在公文格式上有专门规定，即“主送机关”“抄送机关”和“传达（阅读）范围”。有一点要注意，有的告知性公文如通告，指定了读者应包括发出公文的社会组织之外的社会群众。

4. 法定权力的制约性

公文的这一特点在科学文章中是独一无二的。公文只能由法定的作者发出。法定的作者即社会组织的机关及其部门，都规定了隶属关系和职权范围，而公文是这种隶属关系和职权范围的反映。公文写作和办理都有一定的规定。也就是说，对于作者和读者，公文具有法规给予社会组织职权所产生的制约性。制约性在不同的公文中有不同的情况。行政公文的命令，对于公文的接受者具有强制性，如果接受者不按命令办理，就会受到相应的法律制裁。发出命令的政府机关有权依照法律规定，动用军队或警察等对不接受命令者进行处罚。行政公文的决定，具有国家指挥性和约束力。行政公文的通知，具有规定性、指挥性和指导性。经济公文合同，依照《中华人民共和国合同法》的规定对于缔约各方具有确定的制约性，如奖惩、期限等。普通公文的讲话稿，对听众具有领导者所拥有的指导性和指挥性。法规性公文如法律、规章等，其制约性更是不言而喻的。公文正因为有制约性，才能产生现实的管理作用。

二、公文的作用

1. 领导和指导作用

公文是上级机关对下级机关进行领导和指导的重要工具。

上级机关通过制发公文，传达党的路线方针政策，颁布国家的法律法规，组织开展各种公务活动，责成下级机关严格按照所发公文的要求，采取切实有效的措施予以贯彻落实。

上级机关制发的公文不一定都具有指令的性质，有的只对本行业、本系统的业务工作指出原则性的指导意见，要求下级机关结合本地区、本部门的实际情况创造性地贯彻执行。

2. 规范和约束作用

在党政机关公文中，有相当一部分具有法规的性质，如命令

（令）、决定等。这类公文是一定范围内人们行动的准则或行为的规范，具有明显的规范和约束作用，一旦生效，就必须遵照执行，不得违反。

3. 宣传和教育作用

党政机关制发的许多重要公文，在作出工作部署、提出贯彻要求的同时，往往要分析国际国内形势，阐明党的理论、路线、方针、政策和国家的法律法规，对广大干部群众进行宣传教育，以便统一思想认识，增强贯彻执行的自觉性。一些公文，如表彰性或批评性的通报，本来就是为了达到宣传教育的目的而制发的，其宣传教育作用更为突出。

4. 依据和凭证作用

公文作为处理公务的专门文书，反映了发文机关的意图，具有法定的效力，是收发机关作出决策、处理问题、开展工作的依据和凭证。如上级机关制发的公文（决议、决定、批复、通知），是下级机关组织开展工作的依据和凭证；下级机关制发的公文（请示、报告、意见），是上级机关制定决策、指导工作的依据和凭证；平级或不相隶属机关制发的公文（函），是彼此之间交流情况、商洽工作的依据和凭证。

5. 沟通和联系作用

党政机关、企事业单位、人民团体或其他法定的社会组织，都要通过制发公文联系和商洽工作，传递和反馈信息，介绍和交流经验。正是在各种纵向、横向的联系和沟通中，上情得以下达，下情得以上报，思想认识得以统一，各项工作能够正常有序地开展。

第三节　公文的结构组成和布局

2012年6月29日，中华人民共和国国家质量监督检验检疫总局和中国国家标准化管理委员会联合发布了《党政机关公文格式》（GB/T9704—

2012），自2012年7月1日起施行。根据这一国家标准的规定，公文的格式应包括如下几个方面的内容。

一、公文的一般格式

1. 用纸格式

公文用纸采用GB/T148中规定的A4型纸（210mm × 297mm），张贴的公文用纸大小，根据实际需要确定。公文用纸天头（上白边）为37mm ± 1mm，公文用纸订口（左白边）为28mm ± 1mm，版心尺寸为156mm × 225mm。

2. 印装格式

文字符号一律从左到右横写、横排。在少数民族自治地方，可以并用汉字和通用的少数民族文字。公文要双面印刷，左侧装订。

3. 字体和字号

如无特殊说明，公文格式各要素一般用3号仿宋体字。特定情况可以作适当调整。如无特殊说明，公文中文字的颜色均为黑色。

4. 行数和字数

一般每面排22行，每行排28个字，并撑满版心。特定情况可以作适当调整。

二、公文格式各要素

为了阅读和使用的方便，2012版公文格式国家标准中将一篇完整的公文分为版头、主体、版记三大部分。

1. 版头部分

版头部分是指公文首页红色分隔线以上的部分，包括份号、密级和保密期限、紧急程度、发文机关标志、发文字号、签发人以及红色分隔线等要素。

● 份号（公文份数序号）

份号是指公文印刷份数的顺序号。一般用6位3号阿拉伯数字，顶格编排在版心左上角第一行，编码一般用六位数，如：000001，加虚位补齐。一般公文不印份号，带有密级的公文（绝密、机密、秘密）要印份号。

● 密级和保密期限

涉密公文必须标注秘密等级，秘密等级包括绝密、机密、秘密三级（两字之间空一字，有保密期限时不空字）。秘密等级和保密期限，一般用3号黑体字，顶格编排在版心左上角第二行，两者之间用“★”隔开。标注方法如：绝密★30年，机密★20年，秘密★10年。如没有保密期限，应当按照国家保密期限的规定上限处理。

根据《中华人民共和国保密法》规定：“确定国家秘密的密级，应当遵守定密权限。中央国家机关、省级机关及其授权的机关、单位可以确定绝密级、机密级和秘密级国家秘密；设区的市、自治州一级的机关及其授权的机关、单位可以确定机密级和秘密级国家秘密。县级机关、单位不再拥有定密权。”

● 紧急程度（简称急度）

紧急公文分别标明“特急”“加急”，一般用3号黑体字，顶格编排在版心左上角第三行，两字之间空一字。紧急电报分别标明“特提”“特急”“加急”“平急”。

如需同时标注份号、密级和保密期限、紧急程度，按照份号、密级和保密期限、紧急程度的顺序自上而下分行排列。

● 发文机关标志（红色）

发文机关标志由发文机关名称加“文件”二字组成，发文机关名称使用发文机关全称或者规范化简称，如“国务院办公厅文件”“××省人民政府文件”。

发文机关标志居中排布，上边缘至版心上边缘统一为35mm，使用小

标宋体字，颜色为红色。

联合行文时，一般将主办机关名称排列在前、协办机关排列在后，上下均匀对齐；“文件”应置于发文机关右侧，以联署发文机关名称为基准上下居中排布。如联合行文机关过多，则要做适当调整，以保证首页必须显示正文。

按照2012版公文格式国家标准的统一规定，上边缘至版心上边缘为35mm，再加上天头37mm，发文机关标识到上页边为72mm，不再区分上行文和平行文、下行文公文机关标识的位置。

- 发文字号（简称文号）

发文字号是发文机关按年度为公文编排的顺序代号，由发文机关代字、年份、发文顺序号组成，如“国发〔2017〕1号”。发文机关代字的编排由大到小，即“地名代字+机关代字+分类代字”，如山东人事厅干部培训处代字为“鲁人干”。年份、序号用阿拉伯数字标识，年份应标全称，用六角括号“〔 〕”括入；序号不编虚位（即1不编为01），不加“第”字。

发文字号编排在发文机关标志下空二行的位置，一般用3号仿宋体字，居中排布。

几个机关联合行文，只标明主办机关发文字号。如“国办发〔2017〕8号”。

上行文的发文字号居左空一字编排，与最后一个签发人姓名处在同一行。

命令只有顺序号，没有机关代字和年份。如“中华人民共和国主席令第5号”。

- 签发人

签发人是批准发出公文的机关领导人。“上行文应当标注签发人姓名”，平行排列于发文字号右侧，发文字号居左空一字，签发人姓名居右空一字，编排在发文机关标志下空二行位置，“签发人”三字用3号仿

宋体标识，后标全角冒号，冒号后签发人姓名用3号楷体字标识。

领导人签发的应该是职权范围内的文件，不得越级签发。具有全局性的重要公文，由机关的主要负责人（机关的正职或主持工作的负责人）签发；局部性、事务性的公文，由分管领导签发；联合发文，由联合发文机关负责人签发；办公厅（室）公文，由秘书长或办公厅（室）主任签发。

如有多个签发人，签发人姓名按照发文机关的排列顺序从左到右、自上而下依次均匀编排，一般每行排两个姓名，回行时与上一行第一个签发人姓名对齐。签发人姓名为两个字的，中间应空一格。

● 分隔线（红色）

分隔线是指发文字号下4mm处印一条与版心等宽的红色分隔线。

2. 主体部分

主体部分是指公文首页红色分隔线（不含）以下，公文末页首条分隔线（不含）以上的部分。

● 公文标题

公文标题位于红色分隔线下空二行，用2号小标宋体字标识，可分一行或多行居中排布。公文标题由“发文机关+事由+文种”组成。事由一般用“关于……的”固定结构。公文标题除法规、规章名称加书名号外，一般不加标点符号。多行标题应当排列为梯形或菱形，不采用上下长度一样的长方形和上下长、中间短的沙漏型。多个发文机关名称间用空格分开，不加顿号。联合行文时，如果不超过三个机关或单位，应当将联署行文的单位名称全显示出来；如果是四个以上的机关或单位联合行文，就应当采取主办机关名称后加“等”字的表述形式，否则就可能出现将正文挤出首页的情况，而这又违反了公文行文的一条最基本原则。

● 主送机关

主送机关即负责处理、执行公文的机关，要使用全称、规范化简称或同类型机关的统称，编排于公文标题下空一行，居左顶格，回行时仍顶格，最后一个机关名称后标全角冒号，用3号仿宋字标识。例如，“各省、自治区、直辖市人民政府，国务院各部委、各直属机构：”主送机关名称过多导致公文首页不能显示正文时，应当将主送机关名称移至版记部分抄送机关之上。

上行文（报告、请示）只有一个主送机关。公开发布的公文一般不写主送机关（例如公告、决议、公报、通告等）。

● 正文

公文首页必须显示正文。正文用3号仿宋体字。正文是公文的核心部分，编排于主送机关下一行，每个自然段开头均要左空二字书写，回行顶格，数字、年份不能回行。每行28字，每页22行。

正文包括开头、主体、结尾三部分，可采用并列法、递进法、合式（并列法、递进法相结合）安排结构。文中结构层次的序数，第一层为“一、”，使用黑体字；第二层为“（一）”，使用楷体字；第三层为“1.”，第四层“（1）”，使用仿宋体字，其中第三层序数可以加粗。

● 附件说明

附件是附属于正文的文字材料，对正文起补充说明作用，主要包括有关报表、名单、图形等。附件与正文具有同等效力。

公文如有附件，应在正文下空一行左空二字，用3号仿宋体字标识“附件”二字，后标全角冒号和附件名称。附件序号用阿拉伯数字，每行位置对齐，例如“附件：1.×××”。附件名称后不加标点符号。附件名称较长需要回行时，应当与上一行附件名称的首字对齐。有两个及以上附件时，应注明顺序并分别将顺序码标注于各附件首页的左上方。附件应与正文一起装订，并在附件左上角第一行顶格标识“附件”，有序号时标明序号。

● 发文机关署名

署发文机关全称或者规范化简称。发文机关署名、成文日期、印章是变化较大的内容。除了纪要和决议外，其他公文全部要求有发文机关署名。

发文机关署名，编排于正文的右下方（与正文或附件说明空一行），居右排布。两个及以上机关联合发文，发文机关名称上下并排，等距撑开，长度相同。

发文机关署名如无特殊说明，一般用3号仿宋体字。

● 成文日期

成文日期指公文发出或生效的时间，以发文机关领导人的签发日期为准。联合行文以最后签发机关领导人签发日期为准；须经会议讨论通过的重要公文（如决议），以会议通过的日期为准；法规公文以批准日期为准。

成文日期一般右空四字，标注在发文机关署名之下，决定、决议、公报、通告、纪要等公文写在标题之下，用括号标注。成文日期应用阿拉伯数字将年月日标全，如“2017年9月1日”。年份应标全称，月、日不编虚位（即1不编为01）。联合行文时，只有一个印章压成文日期，一般是最后一个。

● 印章

印章即公文最后生效标识。印章用红色。

2012版《条例》规定：“公文中有发文机关署名的，应当加盖发文机关印章”“有特定发文机关标志的普发性公文和电报可以不加盖印章”。

（1）加盖印章的公文

单一机关行文，盖一个机关印章，成文日期右空四字。印章一般在成文日期之上、以成文日期为准居中编排发文机关署名，印章端正、居中下压发文机关署名和成文日期，使发文机关和成文日期居印章中心偏

下位置，印章顶端应当上距正文（或附件说明）一行之内。

联合上报的公文，由主办机关加盖印章；联合下发的公文，联合发文机关都应加盖印章。联合行文时，一般将各发文机关署名按照发文机关顺序整齐排列在相应位置，并将印章一一对应、端正、居中下压发文机关署名，最后一个印章端正、居中下压发文机关署名和成文日期，印章之间排列整齐、互不相交或相切，每排印章两端不得超出版心，首排印章顶端应当上距正文（或附件说明）一行之内。

印章和正文必须处在同一页。

（2）不加盖印章的公文

“有特定发文机关标志的普发性公文和电报可以不加盖印章”。决议没有发文机关署名和印章，日期在标题之下。

单一机关行文时，在正文（或附件说明）下空一行右空二字编排发文机关署名，在发文机关署名下一行编排成文日期，首字比发文机关署名首字右移二字，如成文日期长于发文机关署名，应当使成文日期右空二字编排，并相应增加发文机关署名右空字数。

联合行文时，应当先编排主办机关署名，其余发文机关署名依次向下编排。

（3）加盖签发人签名章的公文

如命令、议案等文种属于这种情况，原公文格式对此未作要求，2012版公文格式国家标准专门作了要求加盖签发人签名章的要求。

单一机关制发的公文加盖签发人签名章时，在正文或附件说明下空二行右空四字加盖签发人签名章，签名章左空二字标注签发人职务（后不用冒号），以签名章为准上下居中排布。在签发人签名章下空一行右空四字编排成文日期。

联合行文时，应当先编排主办机关签发人职务、签名章，其余机关签发人职务、签名章依次向下编排，与主办机关签发人职务、签名章上

下对齐；每行只编排一个机关的签发人职务、签名章；签发人职务应当标注全称；签名章用红色。

● 附注

附注主要用于说明公文的发送、阅读、传达范围。公文如有附注，用3号仿宋体字，居左空二字加圆括号标识在成文日期下一行。

《条例》规定：“请示”应当注明联系人的姓名和电话。

● 附件

附件应当另面编排，并在版记之前，与公文正文一起装订。“附件”二字及附件顺序号用3号黑体字顶格编排在版心左上角第一行。附件标题居中编排在版心第三行。附件顺序号和附件标题应当与附件说明的表述一致。附件格式要求同正文。

如附件与正文不能一起装订，应当在附件左上角第一行顶格编排公文的发文字号并在其后标注“附件”二字及附件顺序号。

3. 版记部分

版记部分是指公文末页首条分隔线以下、末条分隔线以上的部分。

● 抄送机关

抄送机关是除主送机关外需要执行或知晓公文的其他机关。抄送机关可以是上级机关、下级机关或不相隶属机关。公文如有抄送，在印发机关和印发日期之上一行，左空一字用4号仿宋体字标识，“抄送”二字后标全角冒号；抄送机关间用逗号隔开，回行时与冒号后的抄送机关对齐，最后用句号。例如：“省委各部门，省人大常委会办公厅，省政协办公厅，省法院，省检察院，济南军区，省军区。”

如需把主送机关移至版记，除将“抄送”改为“主送”外，编排方法同抄送机关。应当将主送机关置于抄送机关之上一行，之间不加分隔线。

● 印发机关和印发日期

印发机关和印发日期位于“抄送”之下，占一行位置；用4号仿宋体字标识，印发机关左空一字，印发日期右空一字。印发日期以公文付印的日期为准，用阿拉伯数字标识。年份应标全称，月、日不编虚位，后加“印发”二字。不再标注印发份数。

版记中如有其他要素，应当将其与印发机关和印发日期用一条细分隔线隔开。

● 页码

页码一般用4号宋体阿拉伯数字标识，置于版心下边缘之下一行，数字左右各放一条4号一字线如“–2–”，一字线距版心下边缘7mm。单页码居右空一字，双页码居左空一字。“信函格式”首页和空白页不标识页码。公文的版记页前有空白页的，空白页和版记页均不编排页码，页码只标注到正文结束的那一页。公文的附件与正文一起装订时，页码应当连续编排。

三、公文的特定格式

1. 信函格式

发文机关标志使用发文机关全称或者规范化简称，居中排布，上边缘至上页边为30mm，推荐使用红色小标宋体字。联合行文时，使用主办机关标志。

● 发文机关标志下4mm处印一条红色双线（上粗下细），距下页边20mm处印一条红色双线（上细下粗），线长均为170mm（比版心长14mm），居中排布。

● 标注份号、密级和保密期限、紧急程度，应当顶格居版心左边缘编排在第一条红色双线下，按照份号、密级和保密期限、紧急程度的顺序自上而下分行排列。

● 发文字号顶格居版心右边缘编排在第一条红色双线下。

● 标题居中编排，与其上最后一个要素相距二行。

● 首页不显示页码。

● 版记不加印发机关和印发日期、分隔线，位于公文最后一面版心内最下方。

2. 命令格式

发文机关标志由发文机关全称加“命令”或“令”字组成，居中排布，上边缘至版心上边缘为20mm，推荐使用红色小标宋体字。发文机关标志下空二行居中编排令号，令号下空二行编排正文。签发人职务、签名章和成文日期的编排如前所述。

3. 纪要格式

纪要标志由“×××××纪要”组成，居中排布，上边缘至版心上边缘为35mm，推荐使用红色小标宋体字。标注出席人员名单，在正文或附件说明下空一行左空二字编排“出席”二字，用3号黑体字，后标全角冒号，冒号后用3号仿宋体字标注出席人单位、姓名，回行时与冒号后的首字对齐。

现在文种名称已经简化为“纪要”，不再是“会议纪要”。

不再使用“参会人员”，统一为“出席”“请假”或“列席”。标注请假和列席人员名单，除依次另起一行并将“出席”二字改为“请假”或“列席”外，编排方法同出席人员名单。

纪要格式可以根据实际制定。

第四节　公文的语言要求

在现实工作中，经常有一些公文写作的初学者，尽管有的文学造诣较高，文字功底也非常好，但往往写不出符合要求的公文。究其原因，大多是因为不懂得或没有把握公文语言的特点和要求所造成的。所以，要从事公文写作，就必须了解它的特殊表达方式，掌握公文的语言运用规律和要求，在实践中不断提高运用公文语言的能力，这是写好公文的前提和基础。下面拟对公文写作的语言特点和要求进行分析，并对公文语言运用中的常见问题进行剖析。

公文写作的语言特点和要求主要体现在以下四个方面。

一、准确

公文语言的准确，即用词确切恰当，表意明确周密，不悖事理，言实相符。这是公文语言最基本的要求，也是由公文性质和特点所决定的。用语准确，是公文的一个最显著特点，是保证公文政治性、政策性和严肃性的重要手段。公文语言的其他特点都是以它为前提的。

对公文语言准确性的理解应从两个方面去认识。

- 事实的准确

公文是各级、各类组织开展各项工作的重要依据，所以文中所涉及的事实必须与实际情况相符，不能有任何的夸大、缩小，更不能歪曲和编造事实。

- 用语的准确

公文要求用准确的语言、精练的文字来表达发文机关的意图。公文只有语言准确才能如实反映客观事物，如实传达发文机关的意图，有助于收文机关正确地理解公文的内容，从而顺利地贯彻执行或及时批复。公文语言一旦不准确，轻则败坏机关名誉，重则给工作带来不可弥补的损失。

1. 怎样做到公文语言的准确

- 要在实事求是上下功夫

实事求是是我们从事一切工作的根本原则。具体到公文写作中，要求我们首先要确保公文事实的准确，因为这是做到公文准确的前提。

公文反映的是公务活动中的客观事实，它涉及的人物、事件、时间、地点、起因、结果、影响等必须绝对准确，任何一个细节都不允许失真，尤其是一些向上级汇报的材料，如果弄虚作假，隐瞒真实情况，其结果必然会影响上级对某一事项的决策，以致出现严重后果。事实的准确是公文的生命，也是所有从事公文写作的人工作时必须遵守的指导思想和工作原则。

● 要在准确用语上下功夫

公文中真实准确的客观事实还需要用准确、精练的语言来如实反映。所以，公文的用字、遣词、造句都要细心斟酌，反复推敲。

首先，语句要完整，要符合客观事物的本质特征，否则就会令人费解，不知所云，贻误工作。例如有一份公文标题为“区建设局关于规划区内违法违章建设的通知”，从字面上理解，好像是建设局要让市民去进行违法违章建设，但似乎又应该理解为建设局禁止市民违法违章的行为，颇令人费解，这显然是由于语句不完整，缺少了关键词“禁止”二字造成的。

其次，遣词要贴切，准确表达用词的性质与分量。

最后，用字要防错，数字要精确，以保证公文不出现错漏现象。在写作实践中，经常发现由于公文写作者的粗心大意造成的公文中的错漏现象，这在公文写作中都是不允许出现的。在公文写作中，有时写错或用错一个字，意思就可能完全不同，甚至给工作带来不可弥补的损失，“一字入公文，九牛拔不出”，公文写作者必须慎之又慎。在中国近代史上有这样一个真实的故事：1930年4月，阎锡山、冯玉祥结成反蒋联盟，发动了讨蒋的中原大战，预定在沁阳会师，冯玉祥的军事秘书在撰写作战命令时，误把“沁阳”写成了“泌阳”，沁阳在河南北部的焦作地区，而泌阳在河南南部的驻马店地区。只多了一笔，部队瞎跑了几百公里，整个战役也完全失败了，后人戏称这场中原混战是败在一撇上的战争。所以，我们在公文写作时绝对不能有这样的疏忽错漏。

二、简要

语言简练，就是简明扼要、言简意赅，即以极少的文字表达丰富的内容。公文是推动工作、解决实际问题的一种工具，因而要尽量写得简明扼要，言简意赅，特别是随着现代社会信息量的加大，工作节奏的加快，更加要求公文向着高效、快速、便捷的方向发展。讲求公文语言的简要，是现代公文发展的一大趋势，为此，写作公文时必须做到以下两点。

1. 语言要简明

撰写公文时，要字斟句酌，用最精粹的语句把问题谈清楚，意图说明白，与此无关的文字统统省去，做到没有闲言废语，文字干净利落。为使公文的语言简明，必须精选词语，下功夫对文字进行精简，只有将那些无实际内容的字句删去，公文的主旨才会更突出，才会更加适应快节奏的现代社会要求。

2. 内容要精要

公文语言的简要并不单指文字上的简短，而是要在内容精要的基础上做到文字简明、篇幅短小。所以，当公文主旨确定之后，要抓住公文的主要事实、主要矛盾，绝不能不分主次，横生枝节，使人不得要领。无论多么复杂的公文，都应该用简洁明了的语言来表达。如政府公文“第六届全国人民代表大会常务委员会第九次会议同意国务院关于建立教师节的议案，决定9月10日为教师节”。仅用了48个字符，表意明确，具体简练，增一字嫌多，减一字不行。

总之，公文文字的简明和内容的精要是互为表里的，简明只有在精要的前提下才有意义，才能做到言简意赅。

三、平实

公文语言与文学作品的语言迥然不同，它借助于明确的概念、准确的判断和严密的推理来传递公务信息和反映事物的本来面目，需要直陈其事，直截了当地把意思表达出来，不去刻意地追求形象和生动，否则，就难以实现公文所要达到的目的。这里讲的平实指的就是公文的语言一定要朴实无华、言之有物，不矫揉造作，浮华艳丽，由此才能使人易懂便行。所以，在写作时要注意以下三方面。

1. 不溢美，不虚饰

溢美、虚饰，是公文语言的大忌。但有些公文作者，为了追求生动和形象，往往在写作中使用一些修饰语和形容词等，不仅使公文显得虚泛、空洞，失去说服力，而且形成一种装腔作势、矫揉造作的文风。

适当的夸张，在诗歌中会成为名句，而在公文中则会成为笑话。有些政府秘书热衷于用一些空洞的言辞，例如“一把手亲自抓，分管领导认真抓，主管部门直接抓，有关部门配合抓，下属单位层层抓”。这些语言，也许它的作者还颇为得意，认为自己既总结了经验，又写出了文采，其实这些都是虚饰之辞，更谈不上文采。

因此，作为处理公务的文书，一定要符合公文的语言特点，摒弃一切浮华的辞藻。

2. 不生造词语

公文是各级机关办理各项事务的依据。要在公务中发挥有效作用，公文在语言方面首先要求平实易懂，应力求大众化，避免使用生僻晦涩的或只有作者自己才懂的语句，否则必然会影响到公务的有效办理。语言通俗易懂，掷地有声，才符合公文写作的要求。实践中看到的诸如“要树立整分合观念”“采取立体交叉式谈心活动的方式”等，均属生造词语。

3. 不要过多地引经据典

不管哪种公文，都具有一定的广泛性和群众性，这就决定了公文的语言不仅应当注意约定俗成，而且需要做到雅俗共赏。一些人在公文写作过程中，喜欢引经据典地说明自己的观点，这在一定条件下是允许的，有时可以增强语言的表达效果。但是引用过多、过滥，则会适得其反，有卖弄学问、故弄玄虚、华而不实之嫌。一般而言，引经据典仅限于一些事务性公文，如领导讲话、调查报告等文种。但在通用性公文中一般不宜引经据典，特别是在有些庄重严肃的公文如“请示”“命令”“通告”“批复”等中是绝对不能使用的。

四、规范

公文是用来处理公务的，是“代机关立言”，具有强制力和约束力，这种强制力和约束力表现在公文语言上，就是必须用规范的语言来体现国家机关或一定组织处理公务时所必须持有的严正立场和严肃态度。要达到公文语言的规范，起码要做到以下两点。

1. 要用规范化的书面语言

一般文章，尤其是文学作品，为了追求表达效果，常用口语（包括方言、歇后语等），而公文的语言则讲求庄重严肃，一般不能使用口语，只能使用现代汉语的规范化的书面语言，否则会破坏公文的这种语言风格。特别是命令、决议等指令性、法规性很强的文件，更是如此。例如“改革开放后，农民的钱包一年比一年胀，日子越过越好，就像吃甘蔗由尾吃到头越吃越甜”，这是口语，要把这样的意思写入公文，就得改为“改革开放后，农民的收入年年增加，日子越过越幸福”，这是书面语言，虽然口头语言和书面语言的意思没有什么差别，但后者要比前者更庄重、严肃。

2. 要用规范化的公文专用语

在长期办理公务的实践中，已逐渐形成一套常用的公文专用语，并且已基本趋于定型和规范、专用语言简意赅，便于表达公务活动中的有关事宜，易被人们理解领会，使用位置也相对固定，在公文语言中占有重要的地位，具有很强的生命力。

根据公文行文方向的不同可以分为下行文、上行文、平行文。不同方向的行文，体现了不同机关的职能和权限，反映在语言上，就必须以得体而规范的语言来表明该机关在处理公务时所持有的立场和态度。在我国封建社会撰写公文时，语言上稍有不慎，“轻则贬官，重则治罪”，今天虽不至于治罪，但语言如果不得体，也会造成非常难堪的局面。如下级在向上级“请示”或“报告”时，要用祈请而恳切的语气，以示对上级的尊重，并体现出上下级之间的关系；而绝不能用命令的口吻要求上级必须按自己的意见办理，更不能威胁上级。上级对下级的行文，如“命令”“决定”等，提出措施或要求要具体明确，语气要坚决果断，斩钉截铁，以示上级的严正立场。不相隶属机关之间行文，如“函”等，其语言要委婉、诚恳、平和、礼貌，要以询问商洽的方式向对方表示自己的意图，以求得对方的理解与支持，使问题得到解决。不能不管行文内容，不管行文对象，不顾上下级关系而信口妄言。例如，开端用语，如根据、遵照、为了等；表态用语，如请遵照执行、参照办理、拟、准予等；祈请用语，表示发文者某种期望、要求，如请求、盼、恳请、希望等；结尾用语，如特此函告、特此通知、当否、请批示、特此报告等。这些公文专用用语的正确使用，更能显示出公文语言的特殊风格。

当前，由于种种原因，一些党政机关的公文在语言表述上存在着不够准确甚至错误的地方，影响了公文的质量和效用，现简要分析如下。

- 用词不当

例：减轻企业不合理负担，是当前经济工作中一项“刻不容缓”的工作。“不合理负担”不是“减轻”的问题，而是必须坚决“取消”，应把“不合理”三字删去。

● 滥用简称

例：学习党的十八大精神，要与“三观”“三义”教育结合起来。“三观”“三义”文中没有加以注明，不知道是什么内容，实际上“三观”是指世界观、人生观、价值观；“三义”是指爱国主义、集体主义、社会主义。

● 词语搭配不当

例：今冬明春要修通、加固长渠灌区内的堤坎渠道。“修通、加固”的宾语是“堤坎渠道”；“修通堤坎”和“加固渠道”都不通。应改为“修通长渠灌区内的渠道，加固堤坎”。

● 词序颠倒

例：通过学习贯彻中央十八届六中全会公报，广大干部群众树立了决心，振奋了精神，增强了信心，鼓舞了干劲。这四句放错了位置，逻辑顺序也不当，读起来很别扭，应调整为“通过学习中央十八届六中全会公报，广大干部群众振奋了精神，树立了信心，增强了决心，鼓舞了干劲”。

● 残缺不全

例：土地承包责任制对农村的重要性，不仅受到广大农民的欢迎，而且也能进一步解放生产力。此句缺谓语，应改成“家庭承包责任制对农村具有很重要的作用，不仅受到广大农民的欢迎，而且进一步解放了生产力”。

● 违反基本规律

例：在一次抗洪抢险中，经过24个小时与洪水搏斗，抗洪军民奋不顾身地跳进激流，保住了大坝，战胜了洪水。这段话违背了事物的发展逻辑规律，应是先跳进洪水，然后才是与洪水搏斗，战胜了洪水，保住了大坝。

以上语病违反了公文语言准确、简明、平实和规范的要求，平时我们在公文写作中如何避免出现这些毛病呢？

- 一是写作者应该掌握大量的专业术语和行业用语，并正确使用，增强公文语言的准确性。
- 二是使用经核查的数字，以精确地描述客观事实。
- 三是写作者应长期锤炼自己的思维能力，加强语言修养。
- 四是避免歧义。避免某个说法或某一段话，可以这样理解，也可以那样理解。
- 五是防止褒贬失当。赞扬或贬斥某一行为，所用词语超出或者没达到应有的程度，分寸把握不当。
- 六是排除错漏。避免粗心、思考不严密、分析不细致。

总之，公文语言的准确、简明、平实和规范的特点，并不是孤立存在的，而是互相联系、互相渗透，统一存在于一份公文中。因而撰写公文时，用字、遣词、造句都要体现这些特点，不要顾此失彼。要做到这些虽然不太容易，但应该努力做到。只要我们在公文写作实践中多学习、多练习、下苦功，就一定能写出符合公文语言要求的公文来。

第五节　公文的行文规则

行文规则是公文在运行中应遵循的规矩法则。遵守行文规则、按章办文才能使公文在发文机关和受文机关之间正常运行，使之得到及时、有效的处理，发挥公文应有的作用。

1. “必要”和“效用”规则

《条例》第十三条规定：“行文应当确有必要，讲求实效，注重针对性和可操作性。”

2. 行文根据规则

《条例》第十四条规定："行文关系根据隶属关系和职权范围确定。一般不得越级行文，特殊情况需要越级行文的，应当同时抄送被越过的机关。"

《条例》第十六条规定："党委、政府的部门在各自职权范围内可以向下级党委、政府的相关部门行文。"

公文的行文规则需要按照一定的关系以及职权范围来进行设定。

● 关系

（1）领导与被领导关系

即同一组织系统中的上下级机关之间的领导与被领导关系。如国务院和各省、自治区、直辖市人民政府之间，与各市、州、区（县）人民政府之间。例如："国务院""省政府""市政府"。

（2）指导与被指导关系

即在同一业务系统中的上级业务主管部门与下级业务部门之间的指导与被指导关系，如国家财政部与各省、自治区、直辖市财政厅之间。例如："省农业厅""市农业局"。

（1）（2）两种情况属于隶属的上下级关系，用下行文、上行文。一般情况下逐级行文，不能出现越级行文的情况。凡属政务方面的工作，应该在政府系统内部行文；政府内部又分很多业务系统，凡属各业务系统方面的工作，应在本系统内部行文解决。

下级政府部门应主动向上级政府主管部门报告和请示业务工作，上级政府各部门可以在自己主管的业务范围内向下级政府的相关业务部门发布指示、决定，布置工作。

（3）平级关系

即同一组织系统中的同级机关之间的平行关系。如国务院各部委行署之间，教育部各直属院校之间。例如："省劳动厅""省林

业厅”。

（4）非隶属关系

既不在同一组织系统又不在同一业务系统的机关之间，如省教育厅与市农业局之间，省军区与县人民政府之间。例如：“市教育局”“省交通厅”。

（3）（4）两种情况属于不相隶属关系，行文时一般用函，或用通知以及联合行文的方式处理问题。

- 职权范围

公文的行文规则需按照下列的职权范围要求进行设定：

党委、政府的部门依据职权可以相互行文；

政府各部门依据职权可以相互行文；

凡属政府部门职权范围内的事项应由部门行文，不应由政府代办，造成越权；

部门内设机构除办公厅（室）外，不得对外正式行文；

政府各部门一般不得向下一级人民政府正式行文。如需行文，用“函”的形式，且要慎重；

党委、政府的部门在各自职权范围内可以向下级党委、政府的相关部门行文，即党政分开。党和政府各有不同的职权范围，党务和政务要分别行文，各级政府、政府机关各部门都有明确的职权范围。

3. 联合行文规则（不相隶属机关）

《条例》第十七条规定：“同级党政机关、党政机关与其他同级机关必要时可以联合行文。属于党委、政府各自职权范围内的工作，不得联合行文。党委、政府的部门依据职权可以相互行文。”

- 联合行文的原则

同级不相隶属的机关之间可联合行文；

联合行文的内容必须涉及两个或两个以上机关的职权范围。一个机关职权范围内可以解决的问题，不必要求其他机关联合行文。

● 联合行文时应注意的问题

相隶属的机关之间不能联合行文；

政府办公室与同级政府各部门在一般情况下不宜联合行文；

联合行文必须明确主办部门。

4. 抄送规则

《条例》第十六条规定："上级机关向受双重领导的下级机关行文，必要时抄送该下级机关的另一个上级机关。"（下行文）有利于增进了解，协调工作，避免重复行文。

《条例》第十五条规定："受双重领导的机关向一个上级机关行文，必要时应当抄送另一个上级机关。"（上行文）有利于上级机关及时掌握下级机关的有关情况，统管全局，防止各自为政。

《条例》第十六条规定：向下级机关行文时，"主送受理机关，根据需要抄送相关机关。重要行文应当同时抄送发文机关的直接上级机关。"（下行文）有利于各级党政机关更好地领导和监督，维护政令统一。

《条例》第十五条规定：向上级机关行文时，"原则上主送一个上级机关，根据需要同时抄送其他相关上级机关和同级机关，不抄送下级机关。"（上行文）对下级机关抄送的重要行文，上级机关必须认真处理，经审查如发现有不符合国家有关法律和规定的应责令下级机关予以纠正，或行使职权予以撤销，可防止政出多门，各自为政，避免工作混乱。

5. 协商一致规则

《条例》第十六条规定："涉及多个部门职权范围内的事务，部门之间未协商一致的，不得向下行文；擅自行文的，上级机关应当责令其纠正或者撤销。"

6. 下行文规则

《条例》第十六条规定："党委、政府的办公厅（室）根据本级党委、政府授权，可以向下级党委、政府行文，其他部门和单位不得向下级党委、政府发布指令性公文或者在公文中向下级党委、政府提出指令性要求。需经政府审批的具体事项，经政府同意可由政府职能部门行文，文中须注明已经政府同意。”如：省办公厅可向市人民政府行文，河南省教育厅不能向驻马店市人民政府行文。

《条例》第十六条规定：“党委、政府的部门在各自职权范围内可以向下级党委、政府的相关部门行文。”如：“教育部”“省教育厅”“市教育局”“县教育局”。

《条例》第十七条规定：“部门内设机构除办公厅（室）外不得对外正式行文。”

7. 上行文规则

《条例》十五条规定：“原则上主送一个上级机关，根据需要同时抄送其他相关上级机关和同级机关，不抄送下级机关。”“除上级机关负责人直接交办事项外，不得以本机关名义向上级机关负责人报送公文，不得以本机关负责人名义向上级机关报送公文。”

《条例》第十五条规定：“党委、政府的部门向上级主管部门请示、报告重大事项，应当经本级党委、政府同意或者授权；属于部门职权范围内的事项应直接报送上级主管部门。”

《条例》第十五条规定：“请示应当一文一事”；“下级机关的请示事项，如需以本机关名义向上级机关请示，应当提出倾向性意见后上报，不得原文转报上级机关。”

上行文规则包括：一文一事；事前行文；只写一个主送机关；不越级请示；不得抄送下级机关；不直接送领导个人。

同时，《条例》第十五条规定：“不得在报告等非请示性公文中夹带请示事项。”

第二章 机关法定公文写作要点与范例

第一节 命 令

命令是国家权力机关、行政机关、军事机关及其负责人颁布的，具有强制执行性、领导性和指挥性的下行公文。从词义上看，是“使人为事”的意思。“命”有“严肃”的含义，“令”有“告诫”的含义。命令是我国最古老的公文文种之一。三国时，曹操为了完成其统一中国的大业，千方百计广招人才，先后颁布了《求贤令》《举士令》《求逸才令》等。在我国古代，命令有“誓”“诰”“制”“政”“策”等名称。

一、命令的适用范围

命令是指适用于公布行政法规和规章、宣布施行重大强制性措施、批准授予和晋升衔级、嘉奖有关单位和人员的决定。

- 全国人民代表大会常务委员会、委员长，国家主席，国务院总理、国务院各部部长、各委员会主任，各地方人民政府（县以上）及其高级领导人，可以发布命令。
- 党的各级领导机关一般不单独发布命令，需要时可与人大常委会或政府机关联合发布命令。
- 中央军事委员会可以单独发布命令。
- 任何国家机关和个人，包括地方政府各个职能部门（如省教育厅）、各群众团体、各企事业单位（如黄淮学院），都不能发布命令。

二、命令的特点

1. 内容重要

命令（令）所涉及的事项，有的是发布行政法规和规章，有的是宣布施行重大强制性行政措施，这些都是重要的内容。运用命令来奖惩有关人员，往往也是在全国或某一地区影响较大的。如果是一般性的表彰

先进或批评错误，就不用命令而用通报级别的公文文种。

2. 权威性强

根据《中华人民共和国宪法》规定，只有中华人民共和国主席、国务院总理、国务院各部部长、各委员会主任以及县以上各级地方人民政府才可以依据法律规定的权限发布命令，其他任何单位和个人均不得发布命令。在实际工作中，各级地方政府都很少使用命令这一文种，国家高级领导机关和主要领导人才较多使用。因此，命令具有很强的权威性，命令一旦发布，别的单位或个人都不得修改或歪曲，如果别的公文的内容与命令的有关精神相抵触，也一律以命令为准。

3. 强制性大

命令具有明显的强制性，上级机关发布了命令，下级机关不管是否同意，不管有什么困难或问题，都必须坚决地无条件地执行。令出必行，违反命令或抗拒执行命令，就要受到惩罚。在所有国家机关行政公文中，命令是最具有强制性的文种。

三、命令的写作

1. 标题

命令的标题一般有四种格式。

- 发布者（机关或个人）+事由+文种，例如《中华人民共和国国务院关于发行新版人民币的命令》；
- 发布者+令，例如《中华人民共和国主席令》；
- 事由+文种，例如《抗洪抢险的命令》《向全国进军的命令》；
- 文种，例如《嘉奖令》。

2. 发文字号

命令的发文字号有三种格式。

- 发文字号的文件式即由机关代字、年份、序号构成，如“国发

〔2017〕3号”；

- 序号式：如“第387号”“第5号”；
- 以发令机关的发令顺序按年度编流水号，或按领导人任期的法令顺序编号。

3. 主送机关

命令的主送机关有时有，有时没有。

4. 正文部分

正文部分主要包括发布命令的根据、事项、执行要求等内容。针对不同种类的命令，还有一些细节要求，将在后面详细介绍。

5. 署名和日期

一般由发文机关（或发令者职务和姓名）和成文日期构成。发令机关要加盖公章；成文日期一般写在署名下方，或者在标题之下。

命令的格式如下图2-1所示：

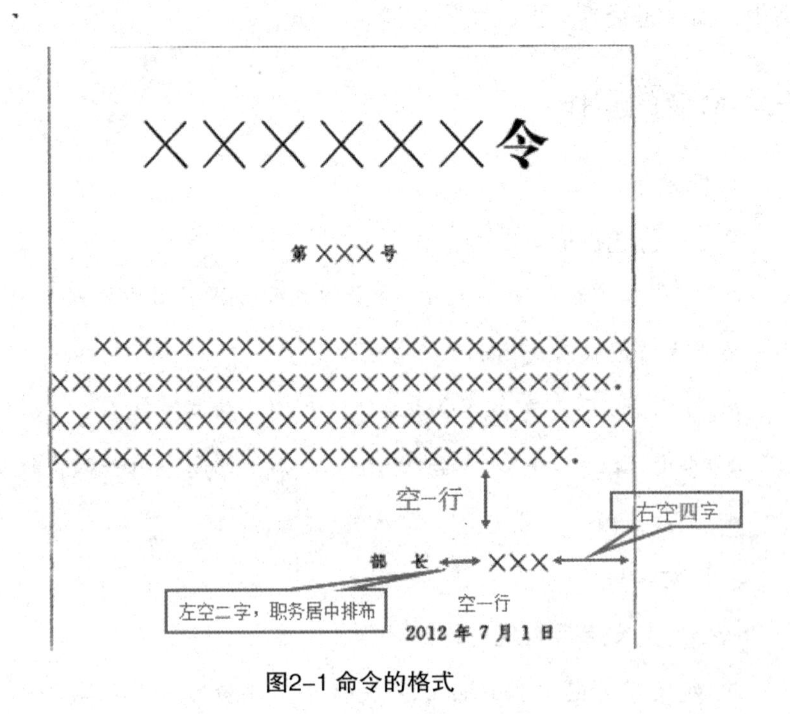

图2-1 命令的格式

四、公布令

公布令就是用于发布行政法规和规章的文件，由令文和附件组成。附件即应公布的法规或制度、规章。

正文包括发布对象（即行政法规或规章的名称）、发布依据、执行要求、法规或规章通过或批准的时间和施行起始日期。

公布令范例

中华人民共和国主席令

第47号

《中华人民共和国野生动物保护法》已由中华人民共和国第十二届全国人民代表大会常务委员会第二十一次会议于2016年7月2日修订通过，现将修订后的《中华人民共和国野生动物保护法》公布，自2017年1月1日起施行。

中华人民共和国主席　习近平

2016年7月2日

公布令又分为颁布性命令（令）和事项性命令（令）。

五、行政令

行政令，或称行政法令，属命令中用于国家领导机关或领导人发布重大的强制性行政措施的一种公文。

行政令的正文由发令缘由（即原因、目的、依据）、命令事项、施行要求三部分组成。

行政令范例

黑龙江省人民政府2017年森林防火命令

为有效预防和扑救森林火灾，保护人民生命财产和国家森林资源安全，根据《森林防火条例》（国务院令第541号）和《黑龙江省森林防火条例》有关规定，结合我省实际，特发布如下命令：

一、明确森林防火期。2017年全省春季森林防火期为3月15日至6月15日，其中4月20日至5月20日为春季森林高火险期；秋季森林防火期为9月15日至11月15日，其中10月1日至10月30日为秋季森林高火险期。根据实际情况，县级以上政府可以调整森林防火期和森林高火险期，北部林区（大小兴安岭林区）可视情况规定夏季森林防火期。

二、严控野外火源。森林防火期内，在森林防火区禁止烧荒、烧秸秆、烧枝丫、烧煮加工山野菜、吸烟、烧纸、烧香、野炊、使用火把、点火取暖、燃放烟花爆竹和孔明灯、焚烧垃圾等野外用火行为。在林区要道和景区入口设立检查站，进入森林防火区的人员、车辆必须接受森林防火检查，坚决把火种防控在山下林外。

三、落实防火责任。严格落实以地方各级政府行政首长负责制为核心的森林防火责任制，从地方政府、职能部门、森林经营主体三个方面落实责任。涉及两个以上行政区域或者管理区域的，有关政府或主管部门要建立森林防火联防机制，明确联防职责，协同做好联防区域内的森林防火工作。要完善应急预案。加强对高火险区的巡逻管控，严看死守敏感地区和重要设施。森林防火期内，各级森林防火指挥机构要严格执行24小时值班带班、有火必报、报扑同步制度，及时上报火情，不得贻误战机，确保信息畅通。森林消防专业队伍要实行24小时执勤、备勤、靠前驻防制度，保持临战待命状态，接到火情报告后，要快速、重兵出动，确保“打早、打小、打了”。要坚持依法治火，对发生的火情要迅速查清原因，对相关责任单位和责任人依法依纪惩处。

四、强化宣传教育。今年是我省大兴安岭林区“5·6”特大森林火灾发生30周年，要开展多种反思教育活动，让广大群众深刻认识到森林火灾的危害，同时大力宣传《黑龙江省森林防火条例》，增强全民森林防火意识。

任何单位和个人发现森林火情，应立即拨打12119森林火警电话报警。

省长　陆昊

2017年3月13日

六、嘉奖令

嘉奖令是中央机关对个人、集体取得重大功绩进行公开表彰的文书，它是法定公文中命令的一小类。嘉奖令比较庄重，发文单位级别较高，属于下行文，一经发出，下级机关必须坚决服从和执行。嘉奖令具有强制性、领导性、指挥性。内容丰富，篇幅较长。

嘉奖令的正文一般包括：嘉奖对象的主要事迹和功勋、嘉奖决定（荣誉称号或奖励措施）、号召和希望。

嘉奖令范例

关于嘉奖参加纪念抗战胜利70周年阅兵的解放军和武警部队全体官兵的通令

在纪念中国人民抗日战争暨世界反法西斯战争胜利70周年盛大庆典活动中，受阅部队作为共和国武装力量的代表，光荣地接受了祖国和人民的检阅。各级党委领导坚决贯彻党中央、中央军委决策指示，紧紧围绕阅兵主题，精心筹划、周密组织、团结协作，保证了阅兵任务有力有序推进。受阅官兵勇于追求卓越，将军领队率先垂范，担负保障工作的同志们甘当无名英雄，高标准高质量完成了各项任务。阅兵实践中，广

大官兵表现出听党指挥、绝对忠诚的政治品格，献身使命、崇尚荣誉的价值追求，精益求精、争创一流的进取意识，顾全大局、甘于奉献的高尚情怀，埋头苦干、顽强拼搏的优良作风，立起了有灵魂、有本事、有血性、有品德新一代革命军人的好样子。受阅部队以强军兴军的崭新风貌、威武雄壮的磅礴阵容、能打胜仗的过硬素质，向国内外集中展示了全国人民弘扬抗战伟大精神、聚力实现中国梦强军梦的豪迈意志，展示了在强军目标引领下国防和军队建设的新成就新气象，展示了人民军队捍卫国家主权、安全、发展利益和维护世界和平的坚强决心，充分激发了全党全军全国各族人民为实现中华民族伟大复兴而奋斗的强大正能量。

全军指战员要向阅兵部队学习，用好这次阅兵取得的成功经验，把阅兵焕发出的爱国热情、强军壮志，转化为牢记使命担当、投身强军实践的自觉行动。各级要深入贯彻党的十八大和十八届三中、四中全会精神，坚持以邓小平理论、“三个代表”重要思想、科学发展观为指导，按照“四个全面”战略布局，加快推进国防和军队建设改革，为实现党在新形势下的强军目标努力奋斗！

中华人民共和国中央军事委员会主席　习近平

2015年9月3日

七、惩戒令

用于惩戒有关人员与撤销下级机关不适当的决定。它的写法与嘉奖令的写法基本相同。

惩戒令的正文也是分三部分：惩戒的缘由、受惩戒者所犯错误的事实及后果；惩戒的方式和方法；惩戒的意义。

惩戒令使用很少，一般不轻易使用。

八、任免令

任免令用于任免国家高级干部和其他重要工作人员。如国务院总理、国务院各部部长、各委员会主任、驻外全权代表等。

任免令的正文包括任免依据和任免事项两项内容。

任免令范例

中华人民共和国国务院令

第678号

依照《中华人民共和国香港特别行政区基本法》的有关规定，根据香港特别行政区行政长官选举委员会选举产生的人选，任命林郑月娥为中华人民共和国香港特别行政区第五任行政长官，于2017年7月1日就职。

总理　李克强

2017年3月31日

九、撤销令

撤销令即用于撤销下级机关不适当的决定的命令。

撤销令范例

××市人民政府撤销××县《公路过往车辆收费暂行规定》的命令

××县人民政府：

经市人民政府2017年4月15日第9次常务委员会议研究决定，撤销××县《公路过往车辆收费暂行规定》。经由××县高级公路过往的车辆的收费标准按市发〔2016〕15号文件执行。

××市人民政府

2017年5月23日

第二节 议 案

议案是由具有法定提案权的国家机关、会议常设或临时设立的机构和组织，以及一定数量的个人，向权力机构提出进行审议并作出决定的议事原案。每个国家的议案提交程序和规定都是不一样的，但都是行使国家权力的重要手段。

议案在《人大机关公文处理办法》（以下简称《办法》）中给的定义是："适用于根据法律规定，依照法定程序，提案人向人大及其常委会提请审议的事项"；在《党政机关公文处理工作条例》中给出的定义是："适用于各级人民政府按照法律程序向同级人民代表大会或人民代表大会常务委员会提请审议事项"。这两个议案定义有一个共同特点，都是围绕人大这个中心进行行文的。所不同的是，人大议案的行文主体是多元化的，适用范围广泛；行政议案的行文主体只是政府一家，适用范围单一。

一、议案的特点

1. 制发机关的法定性

议案的制发机关只能是各级人民政府，政府的职能部门无权制发。

2. 内容的特定性

人民政府所提议案的内容，必须属于该人民代表大会或常务委员会职权范围内的有关事项。

3. 时效的规定性

各级人民政府的议案，应当而且必须在同级人民代表大会或其常务委员会举行会议规定的限期前提出，否则不能列为议案，超过期限提交的议案一般改作"建议"处理，或移交下次人大会议处理。提交大会审议的议案，必须限期审议表决或提出处理意见。

4. 行文的定向性

议案只能由各级人民政府向同级人民代表大会或其常务委员会行文，不能向其他部门单位行文，主送机关也只有一个。

5. 事项的必要性和可行性

适合提交人大议案审议的事项必须是重要事项，符合人民群众的意愿和要求；而且议案中提出的方案、办法、措施也必须是切实可行的，议案才有可能获得通过。

二、议案的内容

议案涉及的内容必须是该级人民代表大会或其常委会职权范围内的，否则便无权审议。由于各级人民代表大会或其常委会的职权范围不同，议案的内容也就有所不同。

议案的结构一般由议案的种类决定。

1. 平日议案

平日议案写作一般与政府正常公文写作一样。

2. 会议议案

会议议案大致包括以下内容：文头、案由、主送机关、主体、提议案单位、日期、审查意见等。

三、议案的写作

议案一般由公文常规的标题、正文和落款三部分组成，落款亦分上款、下款。

1. 标题

标题由发文机关、事由（提请审议事项）、文种三部分构成。例如《国务院关于提请审议〈中华人民共和国劳动法（草案）〉的议案》，

发文机关是国务院，“事由”是“关于提请审议《中华人民共和国劳动法（草案）》”，“文种”即“议案”。

议案的标题的写法采用常规公文标题模式，有两种写法，一是发文机关+案由+文种，二是省略发文机关，案由+文种。前者如《××市人民政府关于提请审议〈××市乡镇企业条例〉的议案》，后者如《关于提请审议修改后的国务院机构改革方案的议案》。议案标题一般不能采用发文机关加文种或者只有文种的写法。议案的主送机关，只能是同级人民代表大会及其常务委员会，不能有其他并列机关；而且要采用全称或规范化简称，不得随意简化。

2. 正文

从内容上看，由提请审议内容、说明（缘由、目的、意义、形成过程等）和要求组成。从形式上看，除多以“要求”结尾外，可以从提出审议事项开头，然后加以说明；也可以在开头说明议案的缘起，或目的意义，或形成过程，然后再提出审议事项，最后结尾。

议案的正文包括以下三部分。

● 案据

顾名思义，这部分要提供提出议案的根据。由于内容不同，这部分的篇幅长短在不同议案中会有很大差异。案据和常规的根据、目的、意义式的公文开头很接近。有时案据部分内容很复杂，文字也很多。如《国务院关于提请审议兴建长江三峡工程的议案》，案据部分超过全文的一半，对于这样一个耗时耗资十分巨大的工程，将理由阐述得充分一些是很有必要的。有时案据可以写得很简短，如《国务院关于提请审议〈中华人民共和国著作权法（草案）〉的议案》，就是一个比较常见的“目的式”写法，不过三四行、百余字而已。

● 方案

方案是对提请审议的事项或问题提出解决途径和方法的部分。如果是提请审议已制定的法律法规，那么解决问题的方案就在法律法规之中，这部分只需写明提请审议的法律法规的名称即可，但要把法律或法规的文本附在后面。如果是任免性议案，要将被任免人的姓名和拟担任的职务写明。如果是提请审议重大决策事项的，要把决策的内容一一列出，供大会审阅。如果是建议采取行政手段解决某方面问题的，要把实施这一行政手段的方案详细列出，以便于审议；不能只指出问题，而没有解决问题的方案。

● 结语

结语是议案的结尾部分，主要用于提出审议请求。一般都采用模式化写法，言简意赅。如："本草案业经市政府同意，现提请审议。"

3. 落款

上款，即收文机关，如某人民代表大会或其常务委员会，有的要写明某次或第几届第几次会议。

下款，发文机关和行政首长签名，另行写提请审议的年月日。

议案范例1：重大事项案

××市人民代表大会常务委员会主任
会议关于提请审议决定××市
代理市长的议案

××市人民代表大会常务委员会：

根据省委决定，景××同志出任冀海油田党委书记，不再担任××市市长职务。景××同志已向市人大常委会提出了辞去××市市长职务的请求。按照《××市人民代表大会常务委员会任免国家机关工作人员条例》第五条第一款规定，"在市长因故不能担任职务的时候，根据市长或市人大常委会主任会议的提名，从副市长中选定代理市长"。

经主任会议研究，提请×××同志为××市代理市长。

请审议决定。

2017年5月31日

议案范例2：法律法规案

××市人民政府关于提请

审议《××市环境保护条例（草案）》的议案

市人大常委会：

为了维护和改善本市的生活环境与生态环境，防治污染和其他公害，保障人民群众身体健康，促进社会主义现代化建设，根据《中华人民共和国国家环境保护法》和其他法律法规，结合本市情况，本环保局起草了《××市环境保护条例（草案）》。该草案已经2015年8月2日第23次市政府常务会议讨论通过，现提请审议。

市长　×××（印章或签名）

2017年6月7日

附件：关于《××市环境保护条例（草案）》的说明。（略）

第三节　纪　要

纪要是用于记载、传达会议情况和议定事项的公文，对企事业单位、机关团体都适用。

纪要不同于会议记录。二者是两个不同的概念，区别十分明显。

从应用写作和文字处理的角度来探析，纪要是一种法定的公务文书，其撰写与制作属于应用写作和公文处理的范畴，必须遵循应用写作的一般规律，严格按照公文制发处理程序办事。而会议记录只是办公部

门的一项业务工作，属于管理服务的范畴，它只需忠实地记载会议实况，保证记录的原始性、完整性和准确性。在载体样式、称谓用语、适用对象、分类方法、内容重点等诸多方面，二者都有明显区别。

一、纪要的特点

1. 纪实性

纪要必须是会议宗旨、基本精神和所议定事项的概要纪实，不能随意增减和更改内容，任何不真实的材料都不得写进纪要。

2. 条理性

纪要要对会议精神和议定事项分类别、分层次予以归纳、概括，使之眉目清晰、条理清楚。

3. 概括性

纪要必须精其髓、概其要，以极为简洁精练的文字高度概括会议的内容和结论。既要反映与会者的一致意见，又可兼顾个别同志有价值的看法。有的纪要，还要有一定的分析说理。

二、纪要的写作

纪要的格式内容包括以下四方面。

1. 标题

标题是由“会议名称+纪要”构成，有两种格式。

- 一是会议名称加纪要，也就是在“纪要”二字前写上会议名称，如《全国财贸工会工作会议纪要》《吉林省工商行政管理局长会议纪要》。会议名称可以写简称，也可以用开会地点作为会议名称，如《京、津、沪、穗、汉五大城市治安座谈会纪要》《郑州会议纪要》。

- 二是把会议的主要内容在标题里揭示出来，类似文件标题式的，如《关于加强纪检工作座谈会纪要》《关于落实省委领导同志批示保护

省级文物七级浮屠塔问题的纪要》。

2. 导言

介绍会议召开的基本情况，如时间、地点、与会人员、讨论的问题。

其中，简要介绍会议概况包括：

- 会议召开的形势和背景；
- 会议的指导思想和目的要求；
- 会议的名称、时间、地点、与会人员、主持者；
- 会议的主要议题或解决什么问题；
- 对会议的评价。

3. 文号格式

文号写在标题的正下方，由年份和序号组成，用阿拉伯数字全称标出，并用“〔 〕”括入，如〔2017〕67号。办公纪要对文号一般不做必须的要求，但是在办公例会中一般要有文号，如“第××期”“第××次”，写在标题的正下方。

4. 制文时间

纪要的时间可以写在标题的下方，也可以写在正文的右下方、主办单位的下面，要用阿拉伯数字写明年月日，如“2017年8月30日”。

5. 正文

它是纪要的主体部分，是对会议的主要内容、主要精神、主要原则以及基本结论和今后任务等进行具体的综合和阐述。

怎样才能写好正文部分，也就是说，要掌握什么要领与方法，应当注意以下几点。

- 要从会议的客观实际出发，从会议的具体内容出发，抓中心，抓要点。抓中心就是抓住会议中心思想、中心问题、中心工作；抓要点就是抓住会议主要内容，要对此进行条理化。

● 纪要是以整个会议的名义表述的，因此，必须概括会议的共同决定，反映会议的全貌。凡没有形成一致意见的问题，都需要分别论述并写明分歧所在。

● 要掌握并运用马列主义的基本理论与党的方针、政策对会议进行概括与总结。它是贯穿纪要始终的一条红线。

● 为了叙述方便，眉目清楚，常用“会议认为”“会议强调”“会议指出”“与会人员一致表示”等词语，作为段落的开头语。也有用在段中的，但仍起强调的作用。

● 属于介绍性文字，可以灵活自由叙述，但属于引用性文字，必须忠实于发言原意，不能篡改，也不可强加于人。

● 小型会议，侧重于综合会议发言和讨论情况，并要列出决议的事项。大型会议内容较多，正文可以分几部分来写。常见的有三种：一是概括叙述式；二是分列标题式；三是发言记录式。

6. 会议的成果及议定的事项

会议的成果及议定的事项应在此逐项列出。

7. 结尾

一般写法是提出号召和希望。但要根据会议的内容和纪要的要求，有的是以会议名义向本地区或本系统发出号召，要求广大干部认真贯彻执行会议精神，夺取新的胜利；有的是突出强调贯彻落实会议精神的关键问题，指出核心问题；有的是对会议作出简要评价，总结并提出希望要求。

三、办公会议纪要

办公会议纪要是各级党政机关、企事业单位的领导机关以办公例会的形式，对本单位或本部门的工作进行研究、讨论而作出决定所形成的纪要。

办公纪要范例

厂办公会议纪要

（×××）

××××××　　　　　　　　　　　　　　　　　　　　2017年1月21日

×××××××××××××

议题：

1. ×××××××××

2. ×××××××××

会议决定：

1. ……

2. ……

3. ……

4. ……

出席人：×××、×××、×××

请假人：×××、×××

列席人：×××、×××

分送：×××、×××、×××。

×××××××××　　　　　　　　　　　　　　　2017年1月25日印发

四、专题会议纪要

专题会议纪要范例

全省非煤矿山及相关行业安全生产监管工作座谈会纪要

（2016年11月8日）

11月7日，省安监局在南昌召开了全省非煤矿山及相关行业安全生产监管工作座谈会。会上，省安监局局长邓兴明作重要讲话，省安监局副局长龙卿吉主持会议并作总结讲话。参加会议的有各区市安监局分管领导及相关科、室（处）负责人，中央驻赣有关单位、有关省属经济组织及部分重点企业安全部门负责人。

会议学习了省委、省政府领导近期关于安全生产工作的重要批示和指示精神，传达了国家安监总局湖北“鄂州会议”精神，通报了今年1—10月份全省非煤矿山安全生产情况，分析了瑞昌市洋鸡山金矿“6·28”透水事故和高安市和畅岭采石场“8·5”坍塌事故原因及教训，对今冬明春的安全生产工作进行了部署。各设区安监市局分管领导和有关省属经济组织等单位安全部门负责人汇报交流了安全生产工作中存在的问题和采取的措施。现纪要如下：

一、认真贯彻落实省委、省政府领导重要批示精神，坚决遏制非煤矿山安全生产事故多发势头，杜绝较大事故发生。一要认真学习，深刻领会省委、省政府领导近期关于安全生产工作的重要批示精神，吸取教训、举一反三、狠抓落实，坚决防止事故发生；二要全面分析、认清形势，明确工作方向，严下狠心，坚决查处一批不落实安全主体责任、不服从安全监管、不排查整治隐患的企业，坚决整治一批无工程技术人员及技术图纸资料不齐全、安全制度不健全、安全培训不落实且现场隐患

严重的企业，坚决关闭一批事故隐患严重且整改无望、规模小、工艺落后、安全基础差、管理水平低的不合格企业，坚决取缔一批证照不全、以采代探以及违法越层造成事故的企业；三要突出抓好重点地区、重点企业、重点场所和重点时段安全生产。对采石场要严格“四查”，即查安全责任、查技术措施、查作业现场、查非法生产，重点是整治“一面墙”开采；对地下开采矿山要严格“五查”，即查安全责任、查矿井通风、查防水灾、查防冒顶、查安全设施，重点是整治水患、采空区地压、人员提升安全装置、冶金有色熔融金属液吊运环节、尾矿库安全度等。

二、紧急动员，全力以赴，持续深入开展非煤矿山安全生产隐患排查治理专项行动。一要做到“六个”结合，即与建设项目“三同时”制度、年度安全生产许可证检查考核、非煤矿山机械通风整治、尾矿库整治、采掘施工和地质勘探作业队伍（企业）整治、冶金有色行业指导意见相结合；二要严格落实企业的安全生产主体责任，按照“四个严格”，即严格自查、对照标准，严格整改、制定方案，严格“四定”“五不推”制度，严格制止“三违”“三超”的要求，切实抓好落实；三要认真组织，层层落实安全生产监管责任。要认真从自身队伍找原因、找差距，克服下不了狠心、下不了决心、心慈手软、做老好人、怕得罪人、怕冒犯“老板”的心态。

三、精心谋划，周密部署，切实做好今冬明春非煤矿山及相关行业安全生产的各项工作。一要大力宣传，严格贯彻执行《关于加强金属非金属矿山安全基础管理的指导意见》，强化金属非金属矿山安全规程、爆破安全规程、地勘安全规程、尾矿库安全技术规程及冶金行业“三大安全规程”；二要认真开展安全生产许可“回头看”，加大年度考核检查工作；三要严格安全生产源头监管，切实履行好“三同时”的法定职责；四要深入组织开展矿井机械通风、尾矿库安全专项、采掘施工及勘探作业企业三项安全专项整治行动；五要认真总结，全面推广中深孔爆破开采技术，提升本质安全程度；六要积极筹备，组织开展矿山安全标准化工作；七要严格标准、全面完善，发挥检测检验、安全评价、工程设计等中介机构的技术支撑作用；八要做好冶金和有色建材等行业安全生产监管基础工作。

会议强调，全省各级安监部门、有关省属经济组织和生产经营单位，要以对广大人民群众生命财产高度负责的态度，采取更加有力的措施，切实把今年后二个月的安全生产工作抓紧、抓细、抓实，坚决防止较大事故的发生，努力全面控制今年安全生产工作的各项考核指标。要认真把明年的安全生产工作谋划好、部署好，为明年安全生产工作开好头、起好步做好准备。

五、座谈会议纪要

座谈会议纪要范例

党委民主生活会议纪要

2016年9月21日，××支行党委班子成员×××、×××、×××、×××等四人召开了民主生活会议，列席会议的有市分行×××、×××、×××等三位同志。会议主要议题是认真对照《党章》规定的党员义务、党员领导干部的基本条件和新时期保持共产党员先进性的基本要求，按照“两个务必”和“三严三实”的要求，重点查找领导班子和班子成员自身近年来在牢固树立和落实科学发展观和正确业绩观、强化成本意识、提高经营效益、防范金融风险、改进工作作风、加强廉洁自律等方面的突出问题。要从世界观、人生观、价值观上剖析思想根源，尤其要站在党员领导干部的角度，从权力观、地位观、利益观等方面进行深入剖析，明确整改重点，认真抓好落实，以统一思想、增进团

结、增强领导班子的先进性意识，发挥党委领导班子的核心作用。

首先，党委副书记×××同志认真总结了党委班子所取得的成绩，同时也指出了不足，分析了原因，明确了今后的努力方向。

其次，党委副书记×××同志就党委民主生活会征求意见情况向与会人员予以报告，具体分为五个方面11个问题，提交党委会逐一进行研究，提出解决办法。

一、关于经营管理方面的问题

1. 员工年度评定市分行先进的问题。经研究，要在10月初出台员工年度考核方案，并通过职大会讨论通过，方案出台要考虑周全，要统一思想。对过去做得不妥的地方认真进行修正，尽可能避免人情操作。

2. 建议行领导多到基层开展调研工作，增强服务基层的意识，及时解决基层出现的各类问题。经研究，提倡行领导每月下一次基层网点，全年4名领导累计到基层不少于48次，方式多样化，检查工作、了解情况、找员工谈心，解决实际问题，都可以，但要有记录。

3. 汽车消费贷款遗留问题太多，建议支行调整汽车消费贷款考核方案的问题。经研究，因方案与实际有些出入，可根据实际情况区别对待。如果管户经理管理到位，工作尽职尽责，不是人为因素造成贷款逾期，年终视情况可调整方案。

二、关于财务费用方面的问题

1. 倡导节约，对系统内来客要从严控制招待标准的问题。经研究，一是解决好机关食堂炊事员（重新换人），提高烹调技术，让上级行来客吃得满意；二是在目前费用特别紧张时期，要做好礼节接待，系统内人员不发整包烟；三是外单位的人员尽量做到不发烟，如确需发烟由主管行长到保管员处签字领取，须在外面吃饭要执行报告登记制度，核定额度，严禁超标准。四是外出出差人员在外就餐，其伙食标准严格控制在15元/人之内开支，同时不准报出差补助。

2. 支行机关员工反映在工作中所垫付的费用过多，一直无法报账兑现的问题。经研究，对报账的费用统一由网点营销管理部牵头，截止时间对所有的费用进行清理登记，做到心中有数，严格费用控制，避免时间长了有些事情难以说清楚。

三、关于劳资人事方面的问题

1. 加强业务培训，全面提高素质，为确保今后工作正常运转，特别要在电脑维护、文字综合、党务工作、劳动人事等岗位增加应知应会人员的问题。经研究，综合办要在10月初拿出切实可行的员工培训计划，认真组织员工进行业务培训，并针对一些特殊岗位，要有意识地物色对象进行培养，使岗位轮换矛盾得以解决。

2. 经常找员工谈心，解决员工的思想问题，充分调动员工的工作积极性的问题。经研究，从现在开始，切实改进领导干部工作作风，贴近员工，关心员工，形成谈心制度，在落实好“三必谈、四必防”制度的基础上，行领导坚持每月两次找员工谈心，并做好记录。

四、关于关心员工，搞好福利待遇方面的问题

1. 关于过渡医疗保险和补充医疗保险费的问题。经研究，主管行长和相关部门要加紧与市分行衔接，如实反映情况，力争2005年的过渡医疗保险和补充医疗保险费兑现到人。

2. 关于保卫部要求改善守库条件，提高保卫人员待遇的问题。经研究，库房安装空调，因机关大楼需要搬迁，暂不解决，并做好解释工作。

五、关于基础设施改造和维护方面的问题

关于基层网点的点钞机、刷卡器、打印机、对话器等要及时维护或更换，和××分理处安装电视监控器的问题。研究认为，这些问题多次向市分行反映过，这次又向市分行党委提了意见，需要市分行的答复，才能得以解决。

会上，支行党委具体解决两个难点问题：一是倡导节约型支行，缓解财务费用支出压力；二是做好谈心服务工作，充分调动员工积极性。

然后，支行党委班子及班子成员采取自身找、相互提、班子帮等方式对宗旨观念、理论水平、工作作风、方式方法等方面进行了认真的反思、剖析，并切合实际地提出了改进措施和办法。

最后，市分行副行长×××讲话，一是对支行党委班子和班子成员的工作进行了综合评价，在肯定成绩的同时也指出了不足；二是强调召开民主生活会的必要性，是我党多年来的历史传统，是改进提高的有效方式，是沟通协调、团结一致的需要，是了解群众、关心群众的需要；三是就如何开好民主生活会，怎样体现会议效果等提出了要求，旨在以此促进工作开展。

第四节　公　告

公告是行政公文的主要文种之一，属于发布范围广泛的晓谕性文种。根据《党政机关公文处理工作条例》的规定，公告是向国内外宣布重要事项或者法定事项时使用的公文。

- 一是宣布重要事项，如最近中国将在东海进行地对地导弹发射训练；
- 二是宣布法定事项，如宣布某项法规或规章，宣布国家领导人选举结果。

公告在实际使用中往往偏离了《条例》中的规定，各机关、单位、团体事无巨细，经常使用公告。公告的庄重性特点被忽视，只注意到广泛性和周知性，以致使公告逐渐演变为“公而告之”。

一、公告的特点

1. 发文权力的限制性

由于公告宣布的是重大事项和法定事项，发文的权力被限制在高层行政机关及其职能部门的范围之内。具体说，国家最高权力机关（人大及其常委会），国家最高行政机关（国务院）及其所属部门，各省市、自治区、直辖市行政领导机关，某些法定机关，如税务局、海关、铁路局、人民银行、检察院、法院等，有制发公告的权力；其他地方行政机关，一般不能发布公告；党团组织、社会团体、企事业单位，不能发布公告。

2. 发布范围的广泛性

公告是向“国内外”发布重要事项和法定事项的公文，其信息传达范围有时是全国，有时是全世界。譬如，中国曾以公告的形式公布中国科学院院士名单，一方面确立他们在我国科学界学术带头人地位，另一方面尽力为他们争取在国际科学界的地位。这样的公告肯定会在世界科学界产生一定的影响。中国有关部门还曾在《人民日报》上刊登公告，公布中国名酒和中国优质酒的品牌、商标和生产企业，以便消费者能认清名牌。

3. 题材的重大性

公告的题材，必须是能在国内国际产生一定影响的重要事项，或者依法必须向社会公布的法定事项。公告的内容庄重严肃，体现着国家权力部门的威严，既要能够将有关信息和政策公之于众，又要考虑在国内国际可能产生的政治影响。一般性的决定、通知的内容，都不能用公告的形式发布，因为它们很难具有全国和国际性的意义。

4. 内容和传播方式的新闻性

公告还有一定的新闻性特征。所谓新闻，就是对新近发生的、群众关心的、应知而未知的事实的报道。公告的内容都是新近的、群众应知

而未知的事项，在一定程度上具有新闻的特点。公告的发布形式也有新闻性特征，它一般不用红头文件的方式传播，而是在报刊上公开刊登。

二、公告的写作

公告的结构一般包含三部分的内容，即标题、正文和结尾。

1. 标题

一般由三部分组成：发文机关、事由、文种。有时只标文种即可，标题如无发文机关名称则在结尾必须落款。

2. 正文

包括开头的原因，以及讲原因的目的；主体的事项和告知的内容，可以分条款写下；最后是写结尾，写实施的期限、范围以及违反如何等，也可以简洁地提出对人们的希望、对违背者的警告等，然后再写结尾或只写结束用语，如“特此公告”等。

3. 结尾

包括署名和日期。以机关名义发布，标题如已有机关名称，就可不必再署。

由于公告的接收面广，撰写时要注意：事理周密无漏洞，条理清楚不啰嗦，语言通俗不鄙俚，文风严肃不做作，做到易读、易懂、易知。

三、重要事项公告

凡是用于宣布有关国家的政治、经济、军事、科技、教育、人事、外交等方面需要告知全民的重要事项的，都属此类公告。常见的有国家重要领导岗位的变动、领导人的出访或其他重大活动、重要科技成果的公布、重要军事行动等。如中国人大常务委员会关于确认中国人大代表资格的公告，新华社受权宣布中国将进行向太平洋发射运载火箭试验的公告，都属于此类公告。

重要事项公告范例

国家税务总局关于增值税发票开具有关问题的公告

2017年第16号

为进一步加强增值税发票管理，保障全面推开营业税改征增值税试点工作顺利实施，保护纳税人合法权益，营造健康公平的税收环境，现将增值税发票开具有关问题公告如下：

自2017年7月1日起，购买方为企业的，索取增值税普通发票时，应向销售方提供纳税人识别号或统一社会信用代码；销售方为其开具增值税普通发票时，应在“购买方纳税人识别号”栏填写购买方的纳税人识别号或统一社会信用代码。不符合规定的发票，不得作为税收凭证。本公告所称企业，包括公司、非公司制企业法人、企业分支机构、个人独资企业、合伙企业和其他企业。

销售方开具增值税发票时，发票内容应按照实际销售情况如实开具，不得根据购买方要求填开与实际交易不符的内容。销售方开具发票时，通过销售平台系统与增值税发票税控系统后台对接，导入相关信息开票的，系统导入的开票数据内容应与实际交易相符，如不相符应及时修改完善销售平台系统。

特此公告。

国家税务总局

2017年5月19日

四、法定事项公告

依照有关法律和法规的规定，一些重要事情和主要环节必须以公告的方式向全民公布。例如《中华人民共和国专利法》第三十九条规定：“发明专利申请经实质审查没有发现驳回理由的，由国务院专利

行政部门作出授予发明专利权的决定，发给发明专利证书，同时予以登记和公告。”

法定事项公告范例

关于2017年6月23日土地拍卖会有关事项的补充公告

各位竞买人：

经批准，现对我局2017年5月31日发布的合肥市国有建设用地使用权出让公告（合国土资公告［2017］16号）补充公告如下：

一、各居住用地（含商住用地）所在区域历史最高成交价见附表《合肥市2017年6月23日上市居住用地所在区域历史最高成交价一览表》。

二、根据合肥市国土资源局《关于印发〈合肥市改革土地拍卖具体操作方式实施细则〉的通知》（合国土资发〔2016〕219号）有关规定，2017年6月23日拍卖的居住用地（含以居住为主的商住用地）相关事项将按本补充公告的要求执行。具体如下：

现场“并联”拍卖开始后，拍卖主持人点算竞买人，宣读本实施细则。

第一阶段：举牌应价阶段（按亩均单价应价）

竞买人参与土地拍卖，须在现场进行一次举牌应价。应价应在参考价（即起始价）的基础上，按拍卖主持人宣布的竞价阶梯举牌应价，不允许跳价增叫。

第二阶段：书面报价阶段（按地块总价报价）

1. 所有竞买人一次举牌应价后，拍卖主持人口头征询竞买人是否参加书面一次性报总价。

2. 同意书面一次性报总价的竞买人，在拍卖主持人宣布开始报价时点起10分钟内提交书面报价单（加盖印章或授权委托人签名并密封，报价单位为百万元或拾万元或万元（整数，人民币），最终将在书面报价

阶段开始前由拍卖主持人现场宣布。

3. 书面一次性所报总价，不得高于或等于地块所在区域历史最高成交价，超出的为无效报价。

该历史最高成交价为市国土局对外公布的地块所在区域历史最高土地单价和最高成交楼面地价计算的地块总价低者。〔计算方法附后（略）〕

4. 书面一次性报总价后，拍卖主持人在市公管局、公证处及政风行风监督员的监督下，现场公布所有报价竞买人的报价结果。

5. 现场公布报价结果后，拍卖主持人在市公管局、公证处及政风行风监督员的监督下，拆封保留底价。

6. 拍卖主持人将所有报价竞买人的报价结果与保留底价和最高总价进行比对。低于历史最高成交价并高于或等于保留底价计算总价的，为有效报价。

7. 最高有效报价仅有一人，拍卖主持人当场宣布该报价人为土地竞得人。

第三阶段："摇号"阶段

1. 最高有效报价者有相同的，拍卖主持人当场宣布进入"摇号"阶段。

2. 所有有效报价最高者，在现场自行选择市土地矿产交易管理办公室统一提供的号码球，并在记录表上登记确认。

3. 经登记确认的号码球，由报价人自行投入摇号箱。拍卖主持人在市公管局、公证处和政风行风监督员监督下，现场从摇号箱中随机抽出一个号码球，并当场展示。

4. 抽中的号码球展示后，拍卖主持人当场宣布该号码球对应的报价人为地块竞得人。该报价人书面所报总价即为地块成交价。

原公告的其他事项不变。

五、专业性公告

有一类公告是属于专业性的或向特定对象发布的，如经济上的招标公告；按《专利法》规定公布申请专利的公告；也有按国家民事诉讼法规定，法院递交诉讼文书无法送达本人或代收人时，可以发布公告间接送达，这些都不属于行政机关公文。

专业性公告范例

中国海监第五支队2017年船用柴油采购项目公开招标公告

公告信息：

采购项目名称	中国海监第五支队2017年船用柴油采购项目
	货物/炼焦产品、炼油产品/石油制品/柴油
	中国海监第五支队
	上海市　　公告时间　　2017年6月13日 10:34
	2017年6月13日 9:30 至 2017年6月20日 15:30
	500.0元
获取招标文件的地点	上海市黄浦路53号（海湾大厦203室）
开标时间	2017年7月4日 13:30
开标地点	上海市黄浦路53号（海湾大厦×××室） 第二会议室
预算金额	480.0万元

联系人及联系方式：

项目联系人	王琴
项目联系电话	（021）××××××××-××××
采购单位	中国海监第五支队
采购单位地址	上海浦东新区东塘路×××号
采购单位联系方式	（021）××××××××
代理机构名称	上海上投招标有限公司
代理机构地址	上海市黄浦路53号（海湾大厦203室）
代理机构联系方式	（021）××××××××

上海上投招标有限公司受中国海监第五支队委托，根据《中华人民共和国政府采购法》等有关规定，现对中国海监第五支队2017年船用柴油采购项目进行公开招标，欢迎合格的供应商前来投标。

项目名称：中国海监第五支队2017年船用柴油采购项目

项目编号：SITEN-ZZC-E2017351

项目联系方式：

项目联系人：王琴

项目联系电话：（021）××××××××

采购单位联系方式：

采购单位：中国海监第五支队

地址：上海浦东新区东塘路630号

联系方式：周跃进　（021）××××××××

代理机构联系方式：

代理机构：上海上投招标有限公司

代理机构联系人：王琴　（021）××××××××

代理机构地址：上海市黄浦路53号（海湾大厦203室）

一、采购项目的名称、数量、简要规格描述或项目基本概况介绍

船用柴油（使用单位：中国海监第五支队）

国三标准0号柴油　数量：约800吨

产品（货物）详细技术参数及执行标准、规格等要求详见招标文件中“用户需求书”部分。

交货期：合同签订后至2018年6月30日前分批次交货。（每次交货数量按甲方要求供给）

交货地点：上海或甲方指定的地点

二、投标人的资格要求

1. 投标人必须符合《中华人民共和国政府采购法》第二十二条的规定；

2. 投标人必须是中华人民共和国境内注册的企事业或其他组织；

3. 投标人须持有《成品油经营许可证》《港口经营许可证》《上海海事局供油备案证明》；

4. 不接受联合体投标；

5. 投标人未被列入“信用中国”网站（www.creditchina.gov.cn）失信被执行人名单、重大税收违法案件当事人名单和政府采购严重违法失信行为记录名单。

三、招标文件的发售时间及地点等

预算金额：480.0 万元

时间：2017年6月13日 9:30 至 2017年6月20日 15:30（双休日及法定节假日除外）

地点：上海市黄浦路53号（海湾大厦203室）

招标文件售价：500.0 元，本公告包含的招标文件售价总和

招标文件获取方式：现场报名购买或通过转账支付购买

四、投标截止时间：2017年7月4日 13:30

五、开标时间：2017年7月4日 13:30

六、开标地点

上海市黄浦路53号（海湾大厦203室第二会议室）

七、其他补充事宜

1. 获取招标文件时间：2017年6月13日至2017年6月20日上午9：30—11：30，下午13：30—15：30（节假日除外）。

2. 获取文件地点：上海市黄浦路53号（海湾大厦203室）。

3. 招标文件售价：人民币500元整（售后不退）。如需邮寄另加特快

专递费人民币50元整，款到即发，售后不退。（不购买招标文件的投标不予接受）

购买招标文件时需携带营业执照复印件、法人代表授权书及本人身份证复印件（并加盖公章）。

4. 获取招标文件方式：现场报名购买或通过转账支付购买。

如需通过转账支付购买的，请将招标文件工本费汇入以下账户：

收款单位名称：上海上投招标有限公司

开户银行：交通银行上海市分行

收款账号：3100666610101 ×××××××××

注：（1）请注明购买单位名称及“事由：购买‘　’号招标文件”。

（2）在任何情况下采购代理机构对邮寄过程中发生的迟交或遗失均不承担责任。

代理机构联系方式

代理机构：上海上投招标有限公司

地　址：上海市黄浦路53号（海湾大厦×××室）

邮　编：200080

联系人：王琴

电　话：（021）××××××××

传　真：（021）××××××××

电子信箱：××××××××@163.com

八、采购项目需要落实的政府采购政策

促进中小企业发展，节能、环保产品优先。

第五节　通　告

根据《党政机关公文处理工作条例》第八条规定，通告“适用于在一定范围内公布应当遵守和周知的事项”。它的使用者可以是各级各类机关，内容又往往涉及社会的方方面面，因此，无论其使用主体还是其内容都具有相当的广泛性。

一、通告的特点

1. 规范性

通告所告知的事项常作为各有关方面行为的准则或对某些具体活动的约束限制，具有行政约束力甚至法律效力，要求被告知者遵守执行。

2. 业务性

常用于水电、交通、金融、公安、税务、海关等主管业务部门工作的办理、要求或事务性事宜，内容带有专业性、事务性。

3. 广泛性

通告的告知范围广泛，适用范围同样很广泛。通告不仅在机关单位内部公布，而且向社会公布。其内容可涉及社会生活各方面，因而各级机关、企事业单位、社会团体都可以使用。此外，通告的发布方式多样，可通过报刊、广播、电视公布，也可以通过张贴和发文，使公告内容广为人知。

二、通告与公告的区别

公告，是国家权力机关、行政机关向国内外郑重宣布重大事件和决议、决定时所用的一种公文。公告使用频率颇高，例如国家领导人、人民代表、人大常委会委员职务的变更、任免，国家领导人的重要活动、重大科技实验等均可应用公告。

公告具有严肃、庄重、权威的特点。它必须由特定的国家机关制发，所及内容重大而且多能引人关注。公告具有公开性，它可以由大众传播媒介予以广泛发布。公告由其性质、内容、发布机关来区分，一般分为重要事项公告和法定事项公告。

通告，适用于公布社会各有关方面应当遵循或者周知的事项的公文文体。

通告与公告被称为发布性公文或知照性公文，中心是晓喻告知，就是把欲使接收者知晓的情况、事体、规定、要求发布出去，或者说是告知、关照到有关方面。由于告知的对象范围广泛，“一体周知”，所以又称“周知性公文”。

公告与通告的分工：

- 公告，发文机关级别更高（多为省、部级以上机关），宣布的事项更重大；或告知的范围更广，有时包含国外；公告一般不张贴，而是通过通讯社、电台、报刊、网络等媒体发布。
- 通告，使用机关范围较大，各种机关单位都可以发布；内容有时具有专门性（如银行、交通方面的），而事项则更一般化；发布方式多种多样，可张贴，也可在报刊、电台发布。因报纸有日期，所以报纸发布可省略日期。

三、通告的写作

1. 标题

- “通告”。如遇特别紧急情况，可在通告前加上“紧急”二字。
- “关于×××的通告”。
- “×××关于×××的通告”。
- “×××的通告”。

2. 缘由

主要阐述发布通告的背景、根据、目的、意义等。通告常用的特定承启句式“为……，特通告如下”或者“根据……，决定……，特此通告”引出通告的事项。

3. 通告事项

通告事项是通告全文的核心部分，包括周知事项和执行要求。撰写这部分内容，首先要做到条理分明、层次清晰。如果内容较多，可采用分条列项的方法；如果内容比较单一，也可采用贯通式方法。其次要做到明确具体，需清楚说明受文对象应执行的事项，便于理解和执行。

4. 结语

用“特此通告”或“本通告自发布之日起实施”表达。

四、周知性通告

周知性通告：传达告知业务性、事务性事项，一般没有执行要求，仅供人们知晓。

周知性通告范例

断绝交通通告

经上级批准：省道肃临公路（S282），衡水市饶阳县城北段大修工程于2016年4月1日开工，同年9月30日交工，施工期间断绝一切交通，过往车辆绕行正港线至保衡线。

省道肃临公路（S282），衡水市枣强大营至段芦头段大修工程于2016年4月1日开工，同年9月30日交工，施工期间断绝一切交通，过往车辆绕行308国道。

省道保衡线（S231）衡水市桃城区至省道衡井线（S392）段大修工程于2016年4月1日开工，同年9月30日交工，施工期间断绝一切交通，过

往车辆绕307国道通行。

特此通告

衡水市交通运输局

衡水市交通警察支队

2016年3月22日

五、规定性通告

规定性通告：公布国家有关政策、法规或要求遵守的约束事项，告知对象必须严格遵照执行，用于公布带有强制性的行政措施。为确保某一事项的执行与处理，它将提出具体规定，并要求相关单位与个人遵守。

规定性通告范例

海南省人民政府

关于博鳌亚洲论坛2017年年会期间禁止小型航空器具和空飘物飞行活动的通告

琼府〔2017〕28号

为确保博鳌亚洲论坛2017年年会安全顺利举办，根据《中华人民共和国飞行基本规则》（国务院、中央军委令第509号）等有关规定，省政府决定在博鳌亚洲论坛年会期间加强相关空域管理。现将有关事项通告如下：

一、自2017年3月20日8时起至3月26日24时止，琼海市及相邻地区空域为临时空中限制区。在临时空中限制区内，禁止一切公民、法人和其他组织的轻型和超轻型飞机、轻型直升机、滑翔机、三角翼、动力三角翼、滑翔伞、动力伞、热气球、飞艇、无人机、航空模型、空飘气球、系留气球等低空慢速小型航空器具和空飘物在地面以及空中进行起降、飞行活动。期间，需要利用小型航空器进行飞行活动的，须严格按照有

关程序履行审批手续。

二、在禁飞期间，涉及小型航空器、航空器材管理和使用的单位，要加强对小型航空器具和空飘物的监控，严格落实禁飞规定。公安、文体、工商、气象、民航安全监督管理等部门，要按照各自职责分工，加强日常监督检查，切实落实监管责任。

三、对不遵守本通告规定、妨碍空中安全的单位和个人，由民航、文体、气象等部门按照各自职责依法予以处理。对危害公共安全、扰乱公共秩序的，由公安机关依法予以处罚；构成犯罪的，依法追究其刑事责任。

特此通告。

海南省人民政府

2017年3月17日

第六节　通　知

根据《党政机关公文处理工作条例 》的规定，通知适用于发布、传达要求下级机关执行和有关单位周知或者执行的事项，批转、转发公文。在各级各类机关单位的公文中，通知是发文数量最多、使用频率最高的一个文种。

一、通知的特点

一般而言，通知具有以下几个特点：

- 通知具有多样性的功能。通知可以用于传达指示、布置工作、发布规章、批转或转发文件、任免干部等；通知具有下行文的特点，在具有隶属关系的系统内自上而下地发布，带有指示性和指导性；需要平级行文时，可采用抄送的方式；通知不可用于上行文。

- 通知既可以普遍告知，也可以特定告之。
- 通知的内容一般简明扼要，篇幅不会很长。
- 通知一般都有主送机关，受理对象明确。

二、通知的写作

1. 标题

通知的标题一般采用公文标题的常规写法，由发文机关、主要内容和文种组成。如《中共中央办公厅、国务院办公厅关于严禁用公费变相出国（境）旅游的通知》。

发布规章的通知，所发布的规章名称要出现在标题的主要内容部分，并使用书名号。

批转和转发文件的通知，所转发的文件内容要出现在标题中，但不一定使用书名号。如《国务院办公厅转发教育部等部门关于进一步加快高等学校后勤社会化改革意见的通知》。

2. 主送机关

由于通知的发文对象比较广泛，因此，主送机关较多，要注意主送机关排列的规范性。由于级别、名称不同，主送机关的称谓和排列非常复杂，这个序列是经过深思熟虑后确定下来的。

3. 正文

- 通知缘由

发布指示、安排工作的通知，这部分的写法与决定很接近，主要用来表述有关背景、根据、目的、意义等。

晓谕性的通知，也可参照上述写法。采用了根据与目的相结合的开头方式，如《国务院关于更改新华通讯社香港分社、澳门分社名称问题的通知》；采用以“为了”领起的“目的式”开头方式，如《国务院办公厅关于成立国家信息工作领导小组的通知》。

批转、转发文件的通知，根据情况，可以在开头表述通知缘由，但多数以直接表达转发对象和转发决定为开头，无须说明缘由。

发布规章的通知，多数情况下篇段合一，无明显的开头部分，一般也不交代缘由。

● 通知事项

这是通知的主体部分，所发布的安排的工作、指示、提出的方法、措施和步骤等，都在这一部分中有条不紊地进行组织和表达。内容复杂的可以采取分条列款的方式来进行说明。

晓谕性通知，有时需要列出新成立的组织的成员名单，以及改变名称或隶属关系之后职权的变动等。

● 执行要求

发布指示、安排工作的通知，可以在结尾处提出贯彻执行的有关要求。如果没有相关事宜可以不写这一部分。

其他篇幅短小的通知，一般不需有专门的结尾部分。

三、事务性通知

用于处理日常工作中带事务性的事情，常把有关信息或者要求用通知的形式传达给有关机构或群众。比较常见的有开会通知、放假通知、缴费通知等。

事务性通知范例

国务院办公厅关于2017年

部分节假日安排的通知

国办发明电〔2016〕17号

各省、自治区、直辖市人民政府，国务院各部委、各直属机构：

经国务院批准，现将2017年元旦、春节、清明节、劳动节、端午节、中秋节和国庆节放假调休日期的具体安排通知如下。

一、元旦：1月1日放假，1月2日（星期一）补休。

二、春节：1月27日至2月2日放假调休，共7天。1月22日（星期日）、2月4日（星期六）上班。

三、清明节：4月2日至4日放假调休，共3天。4月1日（星期六）上班。

四、劳动节：5月1日放假，与周末连休。

五、端午节：5月28日至30日放假调休，共3天。5月27日（星期六）上班。

六、中秋节、国庆节：10月1日至8日放假调休，共8天。9月30日（星期六）上班。

节假日期间，各地区、各部门要妥善安排好值班和安全、保卫等工作，遇有重大突发事件，要按规定及时报告并妥善处置，确保人民群众祥和平安度过节日假期。

国务院办公厅

2016年12月1日

四、批转性通知

批转是指“批准、转发”，带有指示性和指导性。在上级机关转发下级机关公文时使用。如：下级机关的总结、报告等对全局有指导意义，批转后推动工作；下级机关的建议、意见，经过上级机关转发后，就代表了上级机关的意见，具有了效力。一般情况下，用于部门的意见以单位的名义下发。

批转性通知范例

国务院批转国家发展改革委关于2017年
深化经济体制改革重点工作意见的通知

国发〔2017〕27号

各省、自治区、直辖市人民政府，国务院各部委、各直属机构：

国务院同意国家发展改革委《关于2017年深化经济体制改革重点工作的意见》，现转发给你们，请认真贯彻执行。

国务院

2017年4月13日

（此件公开发布）

五、转发性通知

用于转发上级机关和不相隶属机关的公文给所属人员，让他们周知或执行。

转发性通知范例

国务院办公厅中央军委办公厅转发保监会发展改革委财政部
总参谋部总政治部总后勤部总装备部关于推进
商业保险服务军队建设指导意见的通知

国办发〔2016〕60号

各省、自治区、直辖市人民政府，国务院各部委、各直属机构，各军区、各军兵种、各总部、军事科学院、国防大学、国防科学技术大学，武警部队：

保监会、发展改革委、财政部、总参谋部、总政治部、总后勤部、总装备部《关于推进商业保险服务军队建设的指导意见》已经国务院、

中央军委同意，现转发给你们，请认真贯彻执行。

推进商业保险服务军队建设工作，有利于军民融合深度发展，拓宽保险服务领域，完善具有中国特色的军人保险制度体系。各地区、军地各有关部门要站在战略和全局的高度，充分认识商业保险服务军队建设的重要意义，自觉把思想和行动统一到党中央、国务院、中央军委决策部署上来，以高度负责的精神，认真履行职责，加强组织协调，抓好工作落实，提供优质高效的商业保险服务，以实际行动促进国防和军队现代化建设，维护国家改革发展稳定大局。

国务院办公厅

中央军事委员会办公厅

2016年7月30日

六、指示性通知

用于上级机关指示下级机关如何开展工作。该类通知的内容具有指示性或指导性，要求下级机关贯彻落实。这类通知在写作时要注意：

- 一要写清楚通知的原因、依据、意义、目的；
- 二要写清楚应知或应办事项，如交代任务、政策措施、具体办法和注意事项等；
- 三要条理清楚。

指示性通知范例

国务院关于开展第四次大督查的通知

国发明电〔2017〕1号

各省、自治区、直辖市人民政府，新疆生产建设兵团，国务院各部委、各直属机构：

今年以来，面对复杂多变的国内外形势，在以习近平同志为核心的党中央坚强领导下，各地区、各部门认真贯彻落实中央经济工作会议部署和《政府工作报告》提出的任务要求，坚持稳中求进工作总基调，以推进供给侧结构性改革为主线，稳增长、促改革、调结构、惠民生、防风险各项工作取得积极成效。但在一些地方、一些方面，仍然存在工作不落实、政策不落地、改革不深入、进展不平衡的现象，仍有一些干部庸政懒政怠政不作为，影响政策效力和改革红利持续释放。为进一步推动党中央、国务院重大决策部署和政策措施贯彻落实，按照李克强总理在中央经济工作会议上关于今年继续开展国务院大督查的重要讲话精神，国务院决定对各地区和各部门工作开展第四次大督查。现就有关事项通知如下：

一、总体要求

围绕中央经济工作会议部署和《政府工作报告》提出的任务要求，切实发挥督查抓落实、促发展的“利器”作用，深入了解党中央、国务院重大决策部署贯彻落实情况，进一步强化各地区、各部门抓落实主体责任，推动解决影响政策落实的突出问题，促进稳增长、促改革、调结构、惠民生、防风险政策措施落到实处，确保经济运行在合理区间，推动实现经济平稳健康发展和社会和谐稳定，以优异成绩迎接党的十九大胜利召开。

二、督查重点

这次督查的重点内容是推进供给侧结构性改革、适度扩大总需求、推动新旧动能转换、保障和改善民生、防范重点领域风险等五个方面工作。

（一）推进供给侧结构性改革。2017年压减5000万吨左右钢铁产能，退出1.5亿吨以上煤炭产能，淘汰、停建、缓建5000万千瓦以上煤电产能，有效处置“僵尸企业”情况。取缔“地条钢”产能情况。加强房地产市场分类调控，推动库存较大的三四线城市去库存，推进600万套棚户区住房改造，继续发展公租房等保障性住房，因地制宜、多种方式提高货币化安置比例，加快居住证制度全覆盖情况。促进企业盘活存量资产，推进资产证券化，支持市场化法治化债转股，发展多层次资本市场，加大股权融资力度情况。落实和完善全面推进营改增政策，全面清理规范各类涉企收费特别是地方开展清费工作，落实扩大享受企业所得税优惠的小型微利企业范围、提高科技型中小企业研发费用税前加计扣除比例等一系列减税措施，降低企业用能、物流成本等情况。推进农业供给侧结构性改革情况。推进国企国资改革情况。加快完善知识产权保护制度情况。

（二）适度扩大总需求。加快发展服务消费，支持社会力量提供教育、文化、养老、医疗等服务，发展医养结合、文化创意等新兴消费，以及开展质量提升行动，引导企业增品种、提品质、创品牌等情况。2014—2017年中央预算内投资项目建设，2017年完成8000亿元铁路建设投资、1.8万亿元公路水运投资，再开工建设2000公里以上城市地下综合管廊，水利、轨道交通、民用和通用航空、电信基础设施等重点项目建设，“十三五”规划纲要确定的165项重大工程项目建设等情况。贯彻落实促进民间投资“26条”政策措施，推进政府和社会资本合作（PPP）情况。促进加工贸易向中西部地区梯度转移，推广国际贸易“单一窗口”，促进外商投资等情况。压减一般性支出，盘活财政沉淀资金情况。

（三）推动新旧动能转换。持续推进大众创业、万众创新，新建一批“双创”示范基地和专业化众创空间，加强对创新型中小微企业支持，打造面向大众的“双创”全程服务体系等情况。加快培育壮大新兴产业，全面实施战略性新兴产业发展规划，出台分享经济发展指南和互联网市场准入负面清单，支持大中小企业融通发展等情况。推动网络提速降费，全部取消手机国内长途和漫游费，大幅降低中小企业互联网专

线接入资费，降低国际长途电话费情况。提升科技创新能力，落实股权期权和分红等激励政策，落实科研经费和项目管理制度改革情况。促进传统产业加快改造提升，推动实体经济优化结构，深入实施《中国制造2025》，建设“中国制造2025”试点示范城市（群）和智能制造示范区，推进工业强基、重大装备专项工程，鼓励企业加强技术改造等情况。大型商业银行在2017年内完成普惠金融事业部设立情况。全国“放管服”改革专项督查发现的问题整改落实情况。

（四）保障和改善民生。实施高校毕业生就业创业促进计划，开展零就业家庭精准帮扶，2017年完成城镇新增就业1100万人以上等情况。促进义务教育均衡发展情况。推进全国医保信息联网，实现异地就医住院费用直接结算情况。全面启动多种形式的医疗联合体建设试点，扩大分级诊疗试点和家庭签约服务等情况。2017年再减少1000万以上农村贫困人口，完成340万人易地扶贫搬迁任务落实情况。强化环境污染防治特别是雾霾治理情况。困难群众基本生活保障情况。提高中央财政自然灾害生活补助标准，2016年洪涝灾害中倒损民房恢复重建情况。解决农民工工资拖欠问题情况。

（五）防范重点领域风险。防范化解不良资产风险，严密防范流动性风险，有效防控影子银行风险，防范处置债券违约风险情况。稳妥推进地方政府存量债务置换，降低政府债务成本，查处违法违规融资担保，严控“明股实债”等变相举债行为情况。防范、处置和打击非法集资情况。开展互联网金融风险专项整治等情况。规范企业走出去投资经营行为等情况。

此外，对本届政府“约法三章”等公开承诺事项、“十三五”规划纲要重要目标任务落实情况开展督查。

三、督查安排

（一）全面自查。各地区、各部门要围绕中央经济工作会议部署

和《政府工作报告》提出的任务要求，对照五个方面督查重点，从接到本通知之日起全面开展自查。自查工作必须严肃认真，深入总结梳理工作落实情况，切实查找工作中存在的突出问题和薄弱环节，研究提出管用、长效的整改措施，于2017年7月5日前将自查情况报告报国务院。自查情况报告要坚持问题导向、目标导向，反映问题、提出整改措施及相关建议的篇幅应达到报告总篇幅的60%。

（二）实地督查。实地督查要聚焦突出问题，不搞面面俱到。综合考虑东中西部区域经济发展情况，在全面自查基础上，国务院将于2017年7月中旬派出督查组，选择重要经济指标排名相对靠后、重点工作任务进度相对滞后、有关问题相对集中的部分地区进行实地督查。同时，选择《政府工作报告》重点目标任务完成进度较慢、有关督查发现的重点问题整改力度需进一步加大的部分国务院部门，组织开展书面督查。

国务院

2017年5月30日

七、任免性通知

用于任免和聘用干部。

任免性通知范例

关于香港特别行政区政府
张建宗等4人职务任免的通知

国人字〔2017〕7号

香港特别行政区政府：

依照《中华人民共和国香港特别行政区基本法》的有关规定，根据

香港特别行政区行政长官梁振英的提名和建议，国务院2017年1月16日决定：任命张建宗为政务司司长，陈茂波为财政司司长；免去林郑月娥的政务司司长职务，曾俊华的财政司司长职务，张建宗的劳工及福利局局长职务，陈茂波的发展局局长职务。

国务院

2017年1月16日

八、发布性通知

用于发布行政规章制度及党内规章制度、意见、办法等带有法规性文书的通知。告知具体事项，提出指导性意见。

发布性通知范例

国务院办公厅关于印发政府网站发展指引的通知

国办发〔2017〕47号

各省、自治区、直辖市人民政府，国务院各部委、各直属机构：

《政府网站发展指引》已经国务院同意，现印发给你们，请认真贯彻执行。

国务院办公厅

2017年5月15日

第七节　通　报

根据《党政机关公文处理工作条例》的规定，通报适用于表彰先进、批评错误、传达重要精神和告知重要情况。通报的运用范围很广，各级党政机关和单位都可以使用。它主要用于表扬好人好事、批评错误和歪风邪气、通报应引以为戒的恶性事故、传达重要情况以及需要各单位知道的事项等方面。通报是各级机关、企事业单位和团体经常使用的文种。其目的是交流经验，吸取教训，教育干部、职工群众，推动工作的进一步开展。

一、通报的特点

1. 典型性

要求典型人物、事件或情况，且具有典型意义。而非一般人、事、情况。

2. 时效性

抓住有利时机，及时通报，才能达到教育、宣传的目的，取得良好效果。

3. 教育性

通过表彰先进，弘扬正气，鼓励人们学习先进，见贤思齐，以利再战；通过反面事例批评错误，让人们吸取教训、引以为戒，改正错误；通过带有倾向性的情况和信息，使人了解好的苗头和不良倾向，以教育人们，引起重视。

4. 真实性

表扬、批评和传达告知的情况，要求准确无误、实事求是，不允许有任何虚假成分，以免达不到教育目的。

二、通报、通知、通告的区别

1. 告知的范围不同

通知和通报主要用作内部行文，告知的是有关单位，有些通知还是保密的，而通告则是周知性公文，应公开发布，目的是将通告内容让大众知道。

2. 用途不同

通报可用来表彰先进，批评错误，而通知、通告都不具备这种用途。通知的一些用途，如批转、转发公文、任免干部、发布规章制度等，又是通告和通报所没有的。

3. 告知的内容不同

这三者都对受文者有告知的功能，但通告和通知告知的是“事项”，如机构的建立或撤销、公章的改换或启用等，而且都是事前或事初告知，二者的不同之处是告知的范围有大有小。而通报所告知的是“情况”，如会议情况、工作情况、事故情况等，均是事后才可告知。

三、通报的写作

1. 标题

标题是由制发机关、被表彰或被批评的对象和文种构成。通常有两种形式。

- 一种是由事由和文种构成，如《关于给不顾个人安危勇于救人的王××同志记功表彰的通报》；
- 另一种是由发文机关名称、事由和文种组成，如《国务院办公厅关于对少数地方和单位违反国家规定集资问题的通报》。

此外，有少数通报的标题是在文种前冠以机关单位名称，如《中共××市纪律检查委员会通报》；也有的通报标题只有文种名称。

2. 主送机关

除普发性的或在本单位内部公开张贴的通报外，其他通报应标明主送机关。

3. 正文

通报的类型不同，写作的方法也不相同。其正文的写作方法将在类型介绍中进行详细说明。

4. 落款

如果标题已注明发文机关，则可只写发文日期。发文日期置于正文之后的右下方，也可加小括号置于标题下的正中。

5. 写作要求

- 通报的内容要真实可靠，有代表性，对事件要认真地调查研究，客观、准确地进行分析、评论；
- 通报的决定要恰如其分，态度鲜明，分析中肯，用语把握分寸；
- 通报的语言要简洁、庄重。

四、表彰性通报

表彰性通报就是表彰先进个人或先进单位的通报。教育、引导干部群众学习和赶超先进典型的通报。表彰性通报，着重介绍人物或单位的先进事迹，点明实质，提出希望、要求，然后发出学习的号召。如《国务院办公厅关于表彰奖励中国女子足球队的通报》。

表彰性通报的写作一般包括三部分内容：

- 介绍被表扬单位或个人的主要事迹；
- 通过分析评论，指出事件的意义，并写明给予相应的表彰办法；
- 提出希望和要求，号召大家学习。

表彰性通报范例

教育部办公厅关于表彰2016年度教育信息工作

先进单位、先进个人的通报

各省、自治区、直辖市党委教育工作部门、教育厅（教委），各计划单列市教育局，新疆生产建设兵团教育局，部属各高等学校，有关省部共建、省部共同重点支持建设高校：

2016年，各地各高校认真贯彻落实党中央、国务院关于教育工作决

策部署，围绕教育改革发展稳定大局，结合本地本校实际，收集报送了大量信息，为推动教育事业科学发展发挥了重要作用，涌现出一批先进典型。为充分调动各地各校加强教育信息工作的积极性、主动性、创造性，进一步推动教育信息工作，决定对四川省委教育工委、省教育厅等56个先进单位，北京市教委办公室聂荣等56名先进个人予以通报表彰。

希望受表彰的先进单位和个人珍惜荣誉，发扬成绩，不断总结经验、探索规律，着力提升教育信息收集报送水平。各地各校要坚持服务大局、及时高效、全面准确、开拓创新，加强信息综合加工，努力增强信息报送的时效性，更好服务于教育科学决策、民主决策、依法决策，为推动教育事业科学发展，维护教育系统和谐稳定作出新的贡献。

附件：1. 2016年度教育信息工作先进单位名单.doc

2. 2016年度教育信息工作先进个人名单.doc

教育部办公厅

2017年4月21日

五、批评性通报

即披露和批评错误，教育和引导他人引以为鉴的通报。通常这类通报通过摆情况、找根源、阐明处理决定来使人从中吸取教训，以免重蹈覆辙。这类通报应用面广，数量大，惩戒性特点比较突出。如《国务院办公厅关于××省××市××县擅自停课组织中小学生参加迎送活动的通报》。

批评性通报的写作一般包括：介绍受批评单位或个人的主要错误事实经过，交代清楚事实发生的时间、地点、造成的后果；分析评论，指出错误的实质、危害和原因，并写明批评的目的及给予的处理意见；提出应吸取的教训和要求，防止类似情况的发生。

批评性通报范例

中共陕西省委办公厅 陕西省人民政府办公厅
关于对省人事厅违规配备和使用车辆问题予以批评的通报

今年10月11日，有关媒体报道了省人事厅违规配备和使用车辆的问题。省委办公厅、省政府办公厅下发了《关于清理整顿省级党政机关违规配备和使用车辆的通知》。《通知》下发后，省级各部门对机关车辆配备和使用情况进行了清理整顿。与此同时，按照省委、省政府主要领导的要求，省政府办公厅、省监察厅、省财政厅对省人事厅违规配备和使用车辆情况进行了认真的核查，并提出了整改要求。经核查，省人事厅、省编办机关现有人员157名，省人事厅机关现有29辆车，省编办机关现有9辆车，共计38辆。省人事厅机关29辆车中，7辆为厅领导相对固定的公务用车，2辆为二级单位领导相对固定的公务用车，5辆为厅机关公务用车，15辆为二级单位和各类办公室业务用车。省人事厅车辆配备和使用主要存在以下问题：厅级领导每人相对固定公务用车，部分厅级领导所配车辆排量超标，机关大多数处室配有车辆。统配的1辆汽车没有及时向省纪委、省监察厅备案，有的车辆加挂军警牌照。核查后，省人事厅诚恳接受媒体监督，认真落实整改措施并作出深刻检查。通过整改，有关违规问题得到纠正，副厅级领导干部和厅级非领导干部相对固定的公务用车按要求纠正，不再相对固定；停止车辆使用军警和公安牌照；配备给各处室的车辆实行集中管理；上缴超配的12部车辆。此外，省人事厅按照有关规定，进一步完善车辆配置、采购、管理等办法。

省人事厅违规配备和使用车辆是完全错误的。虽然这种情况在省级机关是少数现象，但造成了不良影响，教训十分深刻。省级各部门要以此为戒，举一反三，从加强党风廉政建设、反对奢侈浪费的要求出发，充分认识违规超标配车的危害性和严重性，严格控制公务车编制和标

准，切实压缩车辆规模，进一步加强车辆的使用管理，同时在机关办公设备购置、公务接待等方面都要严格按照制度和规定执行，厉行节约，勤俭办一切事情，努力建设节约型政府。

省级各部门要根据省委办公厅、省政府办公厅下发的《关于清理整顿省级党政机关违规配备和使用车辆的通知》精神，继续搞好清理整顿工作。一是严格控制和审批省级机关公务用车配置更新，达到强制报废的车辆坚决予以报废，可换可不换的坚决不换，可配可不配的坚决不配，大力压缩和减少购车资金。二是在各单位自查的基础上，省级有关部门要逐一审核落实车辆资产，核清车辆数量、型号、车名、车牌、价格、排气量、购置时间。三是严格控制和审核各单位业务用车购置，今后凡购置公务车辆，不论资金来源，一律要上报审批。四是各部门车辆要一律实行集中管理，统一调配使用。五是省纪委、省财政厅、省监察厅要抓紧研究制定控购车辆的制度和办法，建立长效监督管理机制。六是在这次清理整顿中，凡自查不认真、不细致、不彻底的单位，要重新进行自查自纠，对工作敷衍了事、未及时纠正存在问题的单位，将追究主要领导的责任。各市也要按通报精神和要求搞好公务车辆的清理整顿工作，解决好违规配备和使用车辆的问题。

六、情况性通报

即传递信息，沟通情况，让人们了解事态发展，了解全局，与上级协调一致，统一认识，统一步调，克服存在的问题，开创新的局面，为工作提供指导或参考的通报。如《广西壮族自治区人民政府办公厅关于金秀融水三江隆林4个自治县县庆项目建设情况的通报》。

情况性通报的写作一般包括：

- 基本情况介绍，交代所通报事情的概况；

- 介绍做法或经验，并进行分析、评价；
- 提出希望和要求。

情况性通报范例

2017年第一季度
全国政府网站抽查情况的通报

国务院办公厅政府信息与政务公开办公室近期组织开展了2017年第一季度全国政府网站抽查，并对部分网站办事服务功能进行了专项检查。现将有关情况通报如下：

一、抽查情况

（一）总体情况。第一季度，全国正在运行的政府网站43143家。其中，国务院部门及其内设、垂直管理机构政府网站2229家，省级政府门户网站32家，省级政府部门网站2591家，市级政府门户网站496家，市级政府部门网站17211家，县级政府门户网站2773家，县级以下政府网站17811家。

国务院办公厅政府信息与政务公开办公室随机人工抽查各地区和国务院部门政府网站469个，总体合格率91%。其中，北京等11个地区政府网站抽查合格率达100%。各地区和71个国务院部门共抽查本地区、本部门政府网站7768个，占运行政府网站总数的18%，总体合格率92%。经抽样复核，地区和部门抽查情况整体真实准确，抽查情况和问题网站名单已在中国政府网公开。此外，2016年第四季度通报的不合格政府网站已基本完成整改。

（二）国务院重要信息联动发布情况。县级以上地方政府门户网站和国务院部门网站中，有90%的政府网站在首页显著位置开设了国务院重要政策信息专栏，80%的政府网站能够在国务院重要信息发布后的24小时内进行转载。全国“两会”期间，共10930个政府网站、4239个政务

新媒体平台对李克强总理答中外记者问等重要活动进行了全程直播或转发相关报道。

（三）网站纠错留言办理情况。各地区、各部门高度重视“我为政府网站找错”网民留言办理工作。截至2017年3月31日，网民有效留言4176条，总体办结率达99%。有97%的县级以上地方政府门户网站和国务院部门网站，在首页添加了“我为政府网站找错”监督举报平台入口，比上一季度提高4个百分点。

（四）地方部门问责情况。各地区、各部门加强了对不合格政府网站责任单位和人员的问责，据各地区、各部门报送情况统计，第一季度有29名有关责任人被上级主管单位约谈问责或进行诫勉谈话，6名责令作出书面检查，10名予以通报批评，3名受到警告或记过处分，10名予以调离岗位或免职。

二、主要问题

（一）少数地区和部门工作仍不到位。山西、内蒙古政府网站抽查合格率低于60%，不合格网站较多。公安部和山西、内蒙古、江苏、浙江、江西上报的合格网站中有个别网站存在突出问题。江西省上报的抽查网站名单有一半以上与上一季度重复。河南、贵州等地政府门户网站转载国务院重要信息的比例低于70%。工商总局、住房城乡建设部、中医药局等部门“我为政府网站找错”的网民留言办结率较低。

（二）个别网站仍存在“应付差事”现象。四川省石棉县“石棉之窗”网、广西壮族自治区贵港市“中国·贵港”网等网站虽然开设专栏转载国务院重要信息，但内容超过1个月未更新；江苏省淮安市“淮安区科技成果转化服务网”存在为应付检查突击发布信息的情况；河北省唐山市路南区“中国·唐山·路南”网、云南省大姚县“大姚公众信息网”等作为县级门户网站违规，进行了暂时关停；山西省“大同市矿区人民政府网”、宁夏回族自治区吴忠市“利通区门户网”等网站未在全国政府网站信息报送系统中申报。

（三）网站办事服务功能亟待完善。一些网站办事服务信息不准确、不实用，甚至存在服务不可用等情况。内蒙古自治区“赤峰市政务服务中心”网中部分事项的服务指南仅有名称而无实际内容；福建省“中国·平潭”网提供的“妇女”“老年人”等主题服务内容不准确；陕西省太白县“中国·太白”网“婚姻登记”“户籍管理”等服务不可用。江西省德安县“德安房地产信息网”在首页大版面刊登商业广告。

三、工作要求

各地区、各部门要认真组织开展季度抽查，做好结果公开工作，加大对“僵尸”“睡眠”“瞒报漏报”“违规关停”等问题的检查整改力度，确保不留死角、不打擦边球。加强网站内容建设，完善常态化信息发布机制，避免应付检查突击发布；定期对网站办事服务的信息准确性、功能实用性进行核验，服务事项取消下放或办理条件发生变化的，要及时调整更新相关信息；对无力维护、问题多发的基层网站，要加快整合迁移，集中力量打造集约化“云平台”，提升政府网站整体质量。做好防篡改、防瘫痪、防泄密等工作，全面排查风险，确保各级政府网站有序发声、安全可靠。

对本次通报的问题网站，各有关地区和部门要采取有力措施进行整改，整改情况及第二季度网站抽查情况请于6月20日前书面报送国务院办公厅政府信息与政务公开办公室。

附件：1. 2017年第一季度网站监管工作成效明显的地区和部门

2. 各地区政府网站运行和抽查情况

3. 国务院部门及其内设、垂直管理机构政府网站运行和抽查情况

4. 抽查发现存在突出问题的政府网站名单

5. 各地区、各部门上报的合格网站中发现存在突出问题的政府网站名单

6. 各省（区、市）政府网站有关制度建设情况

2017年5月11日

第八节　报　告

根据《党政机关公文处理工作条例》的规定，报告适用于向上级机关汇报工作、反映情况，回复上级机关的询问。

一、报告的特点

1. 内容的汇报性

一切报告都是下级向上级汇报工作，让上级机关掌握基本情况并及时对自己的工作进行指导，所以，内容具有汇报性是报告的一大特点。

2. 语言的陈述性

因为报告具有汇报性，是向上级讲述具体的工作内容，或工作是怎样做的，有什么经验、情况、体会，存在什么问题，今后有什么打算或者是对领导有什么意见、建议，所以行文上一般都使用叙述方法，即陈述其事实。语言具有陈述性是报告的又一特点。

3. 行文的单向性

报告是下级机关向上级机关行文，是为上级机关进行宏观领导提供依据，一般不需要受文机关的批复，属于单向行文。

4. 成文的事后性

多数报告都是在事情做完或发生后，向上级机关作出汇报，是事后

或事中行文。

5. 双向的沟通性

报告虽不需批复，却是下级机关以此取得上级机关的支持指导的桥梁；同时上级机关也能通过报告获得信息，了解下情，报告成为上级机关决策指导和协调工作的依据。

二、报告的写作

报告的结构一般包括标题、主送机关、正文、落款四部分。

1. 标题

报告的标题一般有两种形式。

- 发文机关+事由+文种

例如，《水利部关于加强防洪工作的报告》《中共邢台市委关于召开市委六届七次全会情况的报告》《××县人民政府办公室关于进一步清理兑现农民工工资工作情况的报告》。

- 事由+文种

例如，《关于加强素质教育的报告》《关于我省女大学生就业情况的报告》。

报告一般不以文种“报告”单独作标题。

2. 主送机关

报告的主送机关只有一个直接上级机关。

3. 正文

- 报告缘由

交代报告的目的、根据、意义或原因，概述基本内容或基本情况。例如，“现将……情况报告如下”。

- 报告事项

说明具体情况，总结成功经验，指出存在问题，提出解决办法、改进措施及今后的工作设想。内容较多的报告，可分条列项，由主至次排列。

● 结语

用简明的文字概括全文，或使用惯用语结束全文。例如“请审核”“请查收”“以上报告，如无不当，请批转有关单位执行”“特此报告”等，不宜写“以上报告，请指示”等语句。

4. 落款

包括发文机关名称、成文日期、印章。

三、写作注意事项

1. 主题要新颖

要善于发现新的有价值的材料，分析取舍材料，提炼新观点、新主题。

2. 报告不能夹带请示事项

报告不需批复，报告中夹带请示事项，会给上级机关带来不便，容易贻误工作。

3. 陈述事实时要尽量做到叙述简明扼要

以汇报工作为主时，应该做到突出重点，把主要的事实讲清楚。但讲清楚事实并不意味着把具体的情形写得太繁琐，这就要求写作者具有较强的总结概括和提炼能力。

4. 观点的表达要精练清晰

报告中需要表达报告者观点、需要对自我进行评价、对今后工作提出建议或是意见的时候，需要以阐述事实为主。报告中涉及观点的地方，必须要做到精练清晰，即意见要很明确，不能吞吞吐吐或是含含糊糊，要做到文字少并且表达准确，不能说空话或是废话，并且，每一条意见都必须切实可行。

5. 语言要简洁朴实

报告的目的是向上级报告工作，所以在写作过程中必须做到实事求

是，不可夸大或缩小事实或是报喜不报忧，不可过分强调困难。要做到有一说一，有二说二，减少花哨的形容词以及含糊不清或过于灵活的概念的使用。

6. 报告的格式比较简单

标题多由事由和文种组成，常用的形式有“关于……的报告”。正文之前通常写受文单位，正文之后署发文单位和日期。

四、汇报性报告

汇报性报告主要是下级向上级汇报工作、反映情况的报告，一般分为两类：

1. 综合报告

这种报告是本单位工作到一定阶段，就工作的全面情况向上级写的汇报性报告。其内容大体包括工作进展情况、成绩或问题、经验或教训以及对今后工作的意见或建议。这种报告的特点是全面、概括、精练。

2. 专题报告

这种报告是针对某项工作中的某个问题向上级所写的汇报性报告。

汇报性报告范例

中共××局委员会关于“三严三实”专题教育开展情况的报告

××组织部：

按照中央和省委关于“三严三实”专题教育的安排部署，根据省委《关于在全省开展“三严三实”专题教育的实施方案》、×××书记讲话精神和毛万春同志在“三严三实”专题教育工作会上的讲话精神，××局党组结合工作实际，认真组织实施，为开展好“三严三实”专题教育奠定了良好的开端。现将开展情况汇报如下：

一、认真传达学习有关文件和会议精神

××局及时召开党组会议，认真传达学习了全省“三严三实”专题教育工作会议精神。围绕质监工作，研究审定了《陕西省质量技术监督局关于开展“三严三实”专题教育的实施方案》，对省质监系统各单位开展“三严三实”专题教育作出了详细安排部署。要求省局领导班子要在态度上真接受，思想上真重视，行动上真积极；坚持高标准、严要求，带头践行“三严三实”，带头解决“不严不实”问题，为省局系统党员干部作出示范；同时加强对分管单位、处室的指导，引导各单位严字当头、实处用力，把践行“三严三实”扎实推进、引向深入。

省局党组中心组在个人自学的基础上计划安排二次集中学习。目前已集中学习了党章宪法，赵正永书记在学习贯彻习近平总书记来陕视察重要讲话、全面推进法治陕西建设研讨班开班式和全省“三严三实”专题教育党课会议上的讲话精神和国家质检总局《搞好“三严三实”专题教育树好“党旗下质检人”形象》专题党课。围绕“严以修身”专题，组织省局全体党员干部观看了清华大学演出的话剧《马兰花开》，反映了“两弹元勋”邓稼先呕心沥血、忘我奋斗的一生，生动刻画了以邓稼先为代表的科学技术人员崇高伟大的爱国精神、默默无闻的奉献精神以及高尚纯粹的人格魅力。

二、结合实际，制定省局党组专题教育方案

结合质监工作实际，对照“三严三实”专题教育要求，省质监局党组研究形成了《陕西省质量技术监督局党组“三严三实”专题教育实施方案》，对省局领导班子“三严三实”的学习内容、省局党组成员讲党课、专题研讨、专题民主生活会和教育整改做了翔实的安排，并提出明确要求。为保证专题教育取得实效，真正学深悟透，省质监局党组提出创新“三严三实”专题教育主题活动的初步意见。一是在省局系统抽选10名普通党员和群众代表，分别成立了“三严三实”专题教育党员监督小组和群众监督小组，全程参与省局领导班子“三严三实”专题教育。二是组织领导班子成员赴马栏、照金等革命旧址参观，亲身感受革命先烈的英勇事迹，实地进行革命传统教育，回顾历史，缅怀英烈，激发内在动力。三是结合专题研讨，组织观看《马兰花开》《钱学森》《焦裕禄》《第一书记》《小官大贪》《蜕变与悔悟》等影视片，对照先进典型见贤思齐，对照领导干部违纪违法典型案例增强纪律观念和规矩意识。四是结合质监工作实际，开展“三严三实”主题活动，把“三严三实”专题教育的有关内容与省局干部培训的“质监大讲堂”相结合，由乔局长带头讲座，邀请知名专家授课，进行作风建设讲座、传统文化系列讲座和法制教育讲座。五是在专题研讨环节，要求每位党组成员要把自己摆进去，把问题找出来，从全方位检查“不严不实”的种种表现，从世界观、人生观、价值观这个“总开关”深挖思想根源，从权力观、政绩观、地位观这些具体层面剖析原因，弄清问题的本质，查找问题的症结，明确践行“三严三实”的意义和努力的方向。在每个专题研讨过程中，每位党组成员都要结合群众路线教育活动的整改要求，认真进行一次“回头望”，深刻反思，提高认识，立说立行，动真碰硬，建章立制，带头示范。力求从严字入手，向实处落脚，列出问题清单，明确整改措施和时间表，逐项抓好整改。省局领导班子和每位党组成员的整改思路和措施，在省局网站上公布，接受党员干部和群众监督。

三、快速启动，以“三严三实”专题教育助推各项工作

省质监局主要领导调整之后，立即安排部署“三严三实”专题教育工作。省质监局于5月6日召开视频会议，组织省局处级以上干部，各市局、省局直属各单位科级以上干部，以举办专题党课的形式，快速启动全省质监系统“三严三实”专题教育，听取专题党课人数达300余人。省局党组书记、局长乔军同志以《践行“三严三实”要求，加强作风建设，全面开创质监事业发展新局面》为题，从“三严三实”的重大意

义、科学内涵，以及践行“三严三实”的基本要求等方面，深入浅出分析讲解，联系质监工作实际，为全系统干部上了一堂生动深刻的专题党课。要求领导班子成员以专题教育为契机在突出问题导向、贯彻从严要求、坚持以上率下、注重实效、加强组织领导等五个方面狠下功夫。要求各单位要充分认识“三严三实”专题教育的重要性和必要性，严格按照省委规定的内容和步骤，突出质监工作特色，从严从实搞好“三严三实”专题教育。要求全系统党员领导干部要把开展“三严三实”专题教育与贯彻落实总局“十二字”方针结合起来，与建设法制质监、科技质监、和谐质监，树立人民质监形象结合起来，与完成重点工作结合起来，与改进领导干部思想作风、工作作风和生活作风结合起来，做到两手抓、两促进。

四、领导带头，做好示范。以严和实的要求全力抓好领导班子和干部队伍建设

省质监局党组对专题教育高度重视，省局党组书记、局长乔军同志要求领导班子成员务必要做好九个带头，即：“在学习教育，提高认识上带头；在加强修养，锤炼洗礼上带头；在正身正己，规范言行上带头；在遵规守纪，执行制度上带头；在尽职尽责，勇于担当上带头；在改革创新，务实进取上带头；在团结包容，合作共事上带头；在深入基层，为民服务上带头；在作风优良，积极肯干上带头”。通过专题教育，真正做到以身作则、率先垂范，充分发挥“关键少数”作用，深入把握总体要求，持续深化学习教育，着力解决“不严不实”的突出问题，确保专题教育取得实际成效。

省质监局党组提出，以开展“三严三实”专题教育为契机，坚持改革创新，采取有力措施，以严和实的要求，进一步加强领导班子和干部队伍的思想建设、作风建设、组织建设和纪律建设。用“三严三实”的要求谋划工作，落实任务，把践行“三严三实”激发的热情，化为做好各项工作的动力，不断提高做好新形势下质监工作的能力和水平，为推动“三个陕西”作出更大贡献。

五、答复性报告

这种报告是针对上级或管理层所提出的某些要求或问题而写出的报告。这种报告要求问什么答什么，不涉及询问以外的情况或是问题。

答复性报告范例

××县人民政府
关于治理水质污染问题的报告

××市人民政府：

前接×政发〔20××〕106号函，询问我县水质污染原因及治理问题，现将有关情况报告如下：

我县水质现污染较严重，其主要原因：一是公众环境保护意识差，一些居民随意向河道坑塘倾倒垃圾；二是我县市政基础设施薄弱，无污水处理厂，居民生活污水直接排入大环境；三是近几年，我县“三业”发展较快，其产生的废水杂物直接排入护城河及坑塘，造成水质严重污染；四是县纸厂停产治理后，虽有污水处理系统，但运行费用高，工程设计落后，不能做到不间断达标排放。

解决水质污染问题的根本途径：首先，建设污水处理厂。目前，县政府正在积极筹备之中。其次，加大宣传力度，提高全民环保意识，减少污水无序排放。其三，加大环保监督检查力度，确保排污企业治污设施正常运行，达标排放，促进水质好转。其四，环保部门依法行政，严格执法，从源头把关，减少各种污染。

专此报告

××县人民政府（印章）

20××年4月29日

六、呈报性报告

呈报性报告主要用于下级向上级报送文件、物件随文呈报的一种报告。一般是一两句话说明报送文件或物件的根据或目的，以及与文件、物件相关的事宜。

七、例行工作报告

例行工作报告是下级因工作需要定期向上级所做的报告。如费用支出报告、财务报告等。

例行工作报告范例

警察协会关于2016年度
会费收支情况的报告

市局领导：

2016年，警察协会在市局党委和上级业务主管部门的关怀支持下，紧密结合工作实际，扎实有效地开展了一系列活动，使协会各项工作持续健康向前发展，取得了显著成效。根据《××市警察协会章程》（简称《协会章程》）第三十八条规定："本协会按照国家有关规定收取单位会员和个人会员会费。"另据河北省民政厅、省财政厅印发的《河北省社会团体财务管理暂行规定》（简称《暂行规定》）第五条规定，社会团体的经费来源主要包括：会费收入，国内外社会团体、单位和个人的捐赠、资助，政府和其他部门、单位对社会团体的经费补助，在核准的业务范围内开展活动或服务的收入等。《××市警察协会章程》第三十七条规定，本协会经费来源包括：会费，捐赠、资助，业务主管单位拨款，利息，在核准的范围内开展活动或服务的收入，其他合法收入。自协会成立以来，一直以向各理事单位（包括各分县局以及局属主要警种或部门、相关企业）收取一定数量的会费为经费来源。

按照《协会章程》以及《暂行规定》的规定，警察协会所收取的会费主要用于开展各种业务活动以及日常管理各项工作，包括如下几个方面：

（一）事业费。主要用于开展相关学术交流、调查研究、承担委托课题研究以及举办宣传、展览、工作培训等。

（二）会议费。用于协会组织召开的研讨会、理事会、年会、报告会、表彰会、工作会等。

（三）办公费。本会办事机构的日常办公、通信、交通、差旅、设备购置、维修、订购业务书籍、报刊费等。

（四）印刷费。出版、发行会刊《××公安》，编印出版相关资料、简报、文件等。

（五）稿费。出版会刊《××公安》支付作者的报酬。

（六）聘用费。本会聘用的专职工作人员的工资、补贴、奖金及有关保险等费用。

截至2016年底，警察协会拥有单位会员33个，其中包括30个分县局以及市局直属单位，相关企业3个。本系统内部，除芦台分局、迁西县公安局、玉田县公安局、古冶区公安分局、开平区公安分局以及看守一所、看守二所7个单位尚未缴纳。因经费问题，市局直属单位均未收取。经考虑，对两年以上不缴纳会费的，按照《协会章程》的规定，视为自动退会，将不再享有协会组织的相关活动待遇。对相关企业的会费收取难度较大，考虑到实际情况，对于企业会员单位均已收缩，原有的30余家企业理事单位，到目前仅剩3家。这样，协会的经费缺口越来越突出，自2014年起开始出现入不敷出的现象。

2016年1–12月，警察协会会费收入为人民币350000元，其他收入（银行存款利息）4861.42元，合计收入39861.42元。支出270976.60元，其中业务活动成本支出122644.10元（印刷费78600元、宣传费16935元、交通费7556元、通信费1800元、其他费用17753.10元）；管理费用支出

148332.50元（办公费2799.30元、工资136000元、差旅费145元，其他费用9388.20元），上年结转877170.24元，当年结转79024.36元，会费总结余合计956194.60元。

2017年，警察协会将在市局党委的正确领导下，积极开展各项活动，进一步提振士气，加强内部管理，更好地发挥自身的职能作用。在会费的收取和支出上坚决按照《协会章程》和上级主管部门的规定和要求去做，保证协会工作的正常运转。我们将按照市公安局党委和业务主管部门的要求，严格遵守国家财务管理的各项制度规定，本着开门办会、民主办会、勤俭办会、厉行节约的原则，将根据各单位会员的实际情况以及协会开展活动的实际需要，进一步规范会费的管理与使用，严格控制支出范围，尽可能压缩或减少开支，自觉接受业务主管部门的监督，确保不发生问题。

专此报告

××市警察协会

2017年1月13日

第九节　请　示

请示是下级机关向上级机关请求对某项工作、问题作出指示，对某项政策界限给予明确，对某事予以审核批准时使用的一种请求性公文，是应用写作实践中的一种常用文体。

一、请示的特点

请示具有如下四个特点。

1. 呈请性

请示是向上级机关请求指示和批准的公文，具有请求性；

报告是向上级机关汇报工作、反映情况、回复上级机关询问或要求的公文，具有陈述性。

2. 求复性

请示目的是请求上级批准，要求作出答复。有请必复；

报告目的是告知，使上级掌握情况，不要求答复。

3. 超前性

请示须事前行文；报告可事后行文，也可工作中行文。

4. 单一性

请示要求一文一事；报告可一文一事，也可一文多事。

二、请示的写作

请示一般包括标题、主送机关、正文、落款和日期几部分。

1. 标题

- 发文机关+事由+文种

其形式如《公安部民航部关于简化购买国内飞机票手续问题的请示》。

- 事由+文种

其形式如《关于交通肇事是否给予被害家属抚恤问题的请示》《关于建立中国工程院有关问题的请示》。

不可只写文种。

2. 主送机关

主送机关只有一个，即直接上级机关。

受双重领导的机关在报送请示时，可同时抄送另一领导机关。

3. 正文

请示的正文一般由请示缘由、请示事项、结语三部分组成。

- 请示缘由

请示缘由用来说明请示的原因，突出请示的必要性和迫切性。作为请示的重点，理由要充分。其说明可以以“现就……问题请示如下”的形式来进行详细阐述。

● 请示事项

请示事项就是请求上级机关批准或指示的具体事项。事项要明确、条理要清楚，要符合法规、实际，并具有可行性和可操作性。

● 结语

结语即提出批复请求。此部分行文要谦和有礼、大方得体。常用的表达方式有“以上请示，请批复（审批）”“以上请示如无不妥，请批准”或“妥否，请批复”。

4. 落款

落款主要包括发文机关名称、成文日期以及印章。标题如有发文机关名称，落款中可省略。

三、写作注意事项

1. 一文一事。不要一文多事。一份请示只能写一件事、一个问题，如果一文多事则会贻误工作。

2. 只能有一个主送机关。不得多头请示。

3. 一般不能越级请示。如遇特殊情况必须越级行文时，应抄送越过的直接上级机关。

4. 不要同时上报下发。在上级机关答复前，不得抄送下级机关。

5. 不要事后请示。必须事前行文。

6. 不直接送领导个人。

7. 理由充分，要求合理。理由要充分，体现请示的必要性，要求合理，方便上级机关批复，促使问题及时解决。

8. 语言简明，语气得体。语言要简明扼要，以便突出重点，引起重视。语气要谦恭、委婉，容易得到上级接受和及时批复。

四、请求指示的请示

请求指示的请示一般是政策性请示，是下级机关需要上级机关对原有政策规定作出明确解释，对变通处理的问题作出审查认定，对如何处理新情况、新问题或突发事件作出明确指示。

请求指示的请示范例

阜康市安全生产监督管理局

关于划转煤矿事故伤亡指标的请示

昌吉州安全生产监督管理局：

近年来，随着国家对煤炭产业政策的进一步调整，我市根据国家的有关政策法规将部分规模小、资源回收率低、安全生产条件差的小煤矿进行了关闭和整合，调整了煤炭产业结构，先后引进了新疆八钢、新疆有色集团、特变电工、徐矿集团、天龙矿业等企业集团来我市进行开发、整合煤炭资源。目前八钢佳域公司投资2468万元建设的年产9万吨煤矿技改项目已全面动工建设，已完成投资1010万元，预计20××年可建成投产；新疆有色集团公司投资3000万元建设的年产9万吨天池大平滩煤矿已于20××年建成投产；特变电工投资的天池能源煤矿投资4258万元建设的年产15万吨的天池一矿技改工程项目已全部完工，已通过新疆煤矿安全监察局的验收。天龙矿业投资3189万元建设的年产15万吨金龙煤矿，主、副井已建成并形成了通风系统，完成投资1500万元，预计20××年底可建成投产。以上煤矿在建设过程中和建成投产后，若安全管理工作不到位、安全责任不明确，随时都有可能发生伤亡事故。为了进一步抓好此类煤矿的安全生产，明确此类煤矿安全管理责任主体和事故伤亡指标分解主体单位，经我局研究，建议将以上煤矿的安全管理责任主体和事故伤亡指标均划转给其总公司管理。我市只履行综合安全管

理的职责，指导、协调、督促企业抓好安全生产工作。

妥否，请批示。

阜康市安全生产监督管理局

20××年8月2日

五、请求批准的请示

此类请示是下级机关针对某些具体事宜向上级机关请求批准的请示，主要是为了解决某些实际困难和具体问题。

请求批准的请示范例

××警察职业学院

关于购置办公设备需用资金的请示

省公安厅：

近年来，随着公安机关“三基”工程建设的深入开展，我院以教育训练为中心的各项工作取得了明显进步，向正规化、制度化和规范化建设方面迈出了坚实的一步。但由于我院系由原省警察学校更名而成，且始建较早，条件及环境比较简陋，部分办公桌椅、电脑、空调等办公设备已严重老化，降低了办公效率，远远不能适应公安教育形势发展的需要。特别是从2007年起，省厅每隔三年就要对所属各人民警察训练基地进行考核评估，今年评估工作在即，我院的硬件设施建设包括相关的办公设备尚未达标，急需更新和充实；再加上筹建全省公安机关心理健康服务中心和组建战训队，也需要添置相应的办公设备，以进一步改善教职工的办公和生活环境。为此，经我院领导班子集体研究，拟对不能正常使用的办公设备进行更新、添置，于近期通过自采方式购置一批办公设备（详见附表），计需资金56450元，所需资金拟在我院正常经费或专项经费中列支。

妥否，请批示。

（联系人：×××，联系电话：××××）

××警察职业学院

2016年6月7日

附表：（略）

第十节　批　复

批复适用于答复下级机关请示事项。批复是机关应用写作活动中的一种常用公务文书。

批复是上级机关答复下级机关某一请示时使用的公文；是与请示配合使用的下行文；有请必复；一事一批，内容单一。

先有下级的请示，后才有上级的批复。批复只有在上级机关答复下级请示时才使用，答复不相隶属机关的询问只能用函，不能用批复。

一、批复的特点

1. 权威性

批复传达的是上级机关的结论性意见，具有法定权威性，代表上级机关的权力和意志，下级机关必须严格贯彻执行，不得违背。

2. 针对性

首先，上级的批复只针对下级的请示而制发，行文方向有针对性。其次，批复内容应针对请示内容，下级请示什么问题，上级就回答什么问题。谁请示就给谁批复，请示什么就批复什么。

3. 指示性

批复的目的是指导下级机关的工作，先表明态度，再概括说明方针、政策及执行要求。

二、批复的写作

批复一般由标题、主送机关、正文和落款构成。

1. 标题

标题的写法最常见的是完全式的标题，即由发文机关、事由和文种构成，在事由中一般将下级机关及请示的事由和问题写进去；还有一种完全式的标题是发文机关+表态词+请示事项+文种，这种标题较为简明、全面。

也有的批复只写事由和文种。

2. 主送机关

主送机关一般只有一个，是报送请示的下级机关。其位置同一般行政公文一样，写于标题之下、正文之前，左起顶格。批复不能越级行文，当所请示的机关不能答复下级机关的问题而需要向更上一级机关转报“请示”时，更上一级机关所作批复的主送机关不应是原请示机关，而应是转送机关。如果批复的内容同时涉及其他的机关和单位，则要采用抄送的形式送达。

3. 正文

正文一般由引述语、批复内容、提出要求和结语组成。

● 引述语

引述下级来文的标题、发文字号，加上“收悉”。如“你省《关于×××的请示》（××〔2017〕5号）收悉”。惯用“经研究，现批复如下：”

● 批复内容

针对请示事项给予明确答复或指示，表明同意或不同意的态度。若事项较多，则分条列项写出。批复分三种意见：完全同意、基本同意、完全不同意。

● 提出要求

提出具体处理意见、希望或要求。

● 结语

惯用语包括“此复”“特此批复”“此复，希执行”等结语。有的会省去惯用语。

4. 落款

落款包括批复机关名称、成文日期、印章。

这部分写在批复正文右下方，署成文日期并加盖公章，成文日期用阿拉伯数字。

批复既是上级机关指示性、政策性较强的公文，又是对下级单位请求指示、批准的答复性公文，因此，撰写批复要慎重及时，根据现行政策法令和办事准则，及时给予答复。撰写时，不管同意与否，批复意见必须十分清楚，态度明朗。不能含糊其辞，模棱两可，以免下级无所适从。

需要指出的是，批复写作时应注意内容针对性要强、态度要明确、表达要准确、篇幅要短小、批复要及时。

三、指示性批复

指示性批复是指在审批某一问题时，先明确答复请示事项，再进一步提出指示性意见，要求下级机关执行。篇幅较长。

指示性批复范例

国务院关于河北省张家口赛区冬奥会
建设项目投资审批改革试点的批复

国函〔2017〕56号

河北省人民政府：

你省关于加快张家口赛区冬奥会建设项目投资审批有关工作的请示

收悉。现批复如下：

一、同意开展河北省张家口赛区冬奥会建设项目投资审批改革试点。试点期为3年，自国务院批复之日起算。请认真组织实施《河北省张家口赛区冬奥会建设项目投资审批改革试点方案》（以下简称《试点方案》）。

二、试点工作要全面贯彻党的十八大和十八届三中、四中、五中、六中全会精神，深入贯彻习近平总书记系列重要讲话精神和治国理政新理念新思想新战略，认真落实党中央、国务院决策部署，紧紧围绕简政放权、放管结合、优化服务，坚持改革创新、大胆探索，坚持依法行政、稳妥推进。

三、河北省人民政府要加强组织领导，明确责任主体，细化改革措施，通过先行先试，提高投资项目审批服务效率和监管水平，加快张家口赛区冬奥会项目建设。对《试点方案》实施中的具体问题以及改革的新措施，要及时与国务院审改办沟通协商，重大问题和情况及时报告国务院。

四、国务院有关部门要按照职能分工，加强指导和服务，积极支持河北省开展改革试点。国务院审改办要加强统筹协调、跟踪分析和督促检查，协调推进改革试点措施落实到位，适时对试点工作进行评估，总结可复制可推广的改革经验。

附件：河北省张家口赛区冬奥会建设项目投资审批改革试点方案

国务院

2017年5月4日

四、表态性批复

用于回答请求批准类的请示，表明同意或不同意。内容单一，不涉及其他问题。

主要以“表态”为主要内容。主要表明态度，也可以在表态之后提出贯彻执行要求。

表态性批复范例

××针织总公司关于不同意提高产品价格的批复

××针织二厂：

你厂××××年××月××日关于提高产品价格的请示收悉。经研究，不同意你们用提高产品价格扭亏增赢的做法。你厂应加强市场调查和加速技术改造，开发新的产品，提高产品的竞争能力，以适应国内外市场需要，这才是扭亏增赢的根本途径。

此复

××针织总公司（印章）

××××年××月××日

第十一节　函

函作为公文中唯一的一种平行文种，在现实中适用的范围相当广泛：

- 在行文方向上，它可以在不相隶属机关之间行文；
- 在内容方面，它除了主要用于不相隶属机关相互商洽工作、询问和答复问题外，也可以向有关主管部门请求批准事项，向上级机关询问具体事项。

一、函的特点

1. 沟通性

函对于不相隶属机关之间相互商洽工作、询问和答复问题起着沟通作用，充分显示平行文种的功能，这是其他公文所不具备的特点。

2. 单一性

函的篇幅短小、内容单一，语言简洁，写作程序简易，被称为公文的“轻骑兵”。

二、函的写作

函包括标题、主送机关、正文、落款和日期几部分。

1. 标题

- 发文机关+事由+文种

例如《国务院办公厅关于羊毛产销和质量等问题的函》《××省人民政府关于要求免税进口物资的函》。

- 事由+文种

例如《关于请求××市节约能源中心编制的函》《关于请××商厦准备安全保卫工作经验材料的函》。

- 复函的标题中要标明“复函”，还可加回复对象

例如《国务院办公厅关于同意在“中国藏学研究珠峰奖”获奖证书上使用国徽图案的复函》《国务院办公厅关于悬挂国徽等问题给湖北省人民政府的复函》。

2. 主送机关（即收函机关）

一般只有一个，也有多个存在。复函的主送机关就是来函的发文机关。

3. 正文

- 发函缘由

开头简要写明发函的根据、目的以及原因。复函则先用一句话引述对方来函的标题（或主要内容）、发文字号，再交代根据、原因，并说明函已收悉。一般常用的语句包括“现将有关情况说明如下”“现就有关问题函复如下”等。

● 事项

要具体写明所商洽、询问、告知或请求批准的事项，内容较多的可以分条款写。复函要针对来函事项给予明确的答复。

● 希望要求

希望要求一般包括提出具体处理意见、希望或要求。

● 结语

去函的结语惯用语一般包括“特此函达”“即请复函”“敬请回复”“务希见复”“请研究后函复”。复函的结语惯用语一般包括“特此函复”“特此函告”“此复”。有的只提要求，没有结语。

4. 落款

函的落款一般包括发函机关名称、成文日期以及印章。

三、商洽事宜函

商洽事宜函范例

国家安全生产监督管理总局办公厅关于请协助做好省级煤矿安全监管煤炭行业管理部门和省属国有重点煤矿企业通讯录编印工作的函

各产煤省、自治区、直辖市人民政府办公厅：

按照《国务院办公厅关于加强煤炭行业管理有关问题的意见》（国办发〔20××〕49号）要求，国家安全监管总局和国家煤矿安监局要加强对地方相关煤炭行业管理和煤矿企业安全基础管理工作的指导；国家煤矿安监局要继续履行好检查指导地方政府监管煤矿安全工作的职能。为建立与各产煤省（区、市）煤矿安全监管、煤炭行业管理部门以及省属国有重点煤矿企业的正常工作联系，落实好国务院赋予的职责，经研究，决定编印《省级煤矿安全监管、煤炭行业管理部门和省属国有重点煤矿企业通讯录》，请贵办协调省级煤矿安全监管、煤炭行业管理部门

按附表（Excel表可在安全监管总局网站www.chinasafety.gov.cn“公告公文栏”下载）要求填报通讯录（省属国有重点煤矿企业由煤炭行业管理部门统一填报），于20××年1月15日前传真并以电子邮件方式报国家安全监管总局值班室。

联系电话：（010）×××××××××

传真：（010）××××××××

E—mail：msc@chinasafety.gov.cn

国家安全生产监督管理总局办公厅

20××年12月30日

四、通知事宜函

通知事宜函范例

国务院办公厅关于同意建立采煤沉陷区综合治理部际联席会议制度的函

国办函〔2017〕46号

发展改革委：

你委关于建立采煤沉陷区综合治理部际联席会议制度的请示收悉。经国务院同意，现函复如下：

国务院同意建立由发展改革委牵头的采煤沉陷区综合治理部际联席会议制度。联席会议不刻制印章，不正式行文，请按照国务院有关文件精神认真组织开展工作。

附件：采煤沉陷区综合治理部际联席会议制度

国务院办公厅

2017年5月16日

五、征求意见函

征求意见函范例

关于填报安全生产宣传文化体系建设情况调查表的函

各省、自治区、直辖市及新疆生产建设兵团安全生产监督管理局，各省级煤矿安全监察机构：

按照国家安全监管总局开展安全生产若干重要问题调研工作（《国家安全监管总局办公厅关于开展安全生产若干重要问题调研工作的通知》）的要求，由我司牵头开展安全生产宣传文化体系调研。通过调研，深入了解掌握全国安全生产宣传文化体系建设的现状，发现总结好做法、好经验，找准存在的不足和问题，进一步明确宣传文化工作的目标和思路，提出科学建议和具体措施，加快推进安全文化建设，为安全生产监管监察工作提供有力的思想保障、精神动力和舆论支持。

为及时了解全系统安全生产宣传文化体系建设情况，请各单位按要求填好调查表（附后），于9月20日前报国家安全监管总局政策法规司新闻宣传处。

联系人：×××

联系电话：（010）××××××××（带传真），××××××××

附件一：安全生产新闻宣传情况调查表

附件二：安全文化研究调查表

附件三：安全生产文化网络宣传调查表

附件四：安全生产文化艺术调查表

国家安全生产监督管理总局政策法规司

20××年9月1日

六、请求批准函

请求批准函范例

国家安全监管总局关于信息研究院
申报工程咨询单位资质的函

国家发展改革委：

根据《国家发展改革委办公厅关于20××年工程咨询单位资格申报有关事项的通知》（发改办投资〔20××〕486号）和《工程咨询单位资格认定办法》（国家发展改革委令第29号）规定，我局对所属信息研究院上报的工程咨询单位等级申请材料进行了初审。同意信息研究院申报煤炭专业丙级工程咨询资质，服务范围为规划咨询、编制项目建议书、编制可行性研究报告、项目申请报告、资金申请报告和评估咨询。

现随函报送有关材料，请予审核。

国家安全监管总局

20××年5月22日

七、答复事宜函

答复事宜函范例

国家安监总局关于中央企业在浙原油储存设施
安全监管法规适用问题的复函

浙江省安全生产监督管理局：

你局《关于中央企业在浙原油储存设施安全监管法规适用问题的请

示》（浙安监管危化〔20××〕15号，以下简称《请示》）收悉。经研究，现函复如下：

一、关于《危险化学品安全管理条例》是否适用对原油储存设施安全监管问题

《危险化学品安全管理条例》（国务院令第344号）第七条规定："国家对危险化学品的生产、储存实行统一规划、合理布局和严格控制，并对危险化学品生产、储存实行审批制度。"原油列入《危险化学品名录》，但原油的储存形式有多种，一类是专门储存原油，如港口专门储存油库；另一类是附属储存原油，如石油勘探、开采的辅助储存，或者石油长输管道的附属储存。《危险化学品安全管理条例》中危险化学品储存主要是指前一类的专门储存。对石油勘探、开采的辅助储存，或者石油长输管道的附属储存，是作为石油开采、运输的一部分，不属于危险化学品储存建设项目。故《危险化学品建设项目安全许可实施办法》（国家安全监管总局令第8号）第二条明确规定："危险化学品的勘探、开采及辅助的储存，石油、天然气长输管道及其辅助的储存，城镇燃气辅助的储存等建设项目，不适用本实施办法。"所以，辅助储存和附属储存原油的安全监管应当适用《非煤矿矿山企业安全生产许可证实施办法》（国家安全监管总局令第20号）。

二、关于原油储存区域项目是属于危险化学品储存建设项目还是属于非煤矿山建设项目问题

关于原油储存区域项目是划分为危险化学品储存建设项目管理，还是划分为非煤矿矿山建设项目管理，按照国家安全监管总局现行规定进行办理。如果原油储存区域项目属于勘探、开采及辅助的储存，或者属于石油长输管道及其辅助的储存，则根据《危险化学品建设项目安全许可实施办法》第二条规定，不作为危险化学品储存建设项目管理。否则，原油储存区域项目作为危险化学品储存建设项目管理。20××年6

月，国家安全监管总局以安监总厅管一函〔20××〕172号文件，对你局《关于中国石化管道储运分公司册子岛油库二期工程原油储罐工程安全预评价工作涉及有关问题的请示》（浙安监管危化〔20××〕66号）进行了答复。明确："凡以石油、天然气勘探、开采及其辅助储存，石油、天然气长输管道及其辅助储存立项、批准的建设项目，其安全预评价、设计审查和竣工验收工作按照《非煤矿矿山建设项目安全设施设计审查与竣工验收办法》（原国家安全生产监督管理局令第18号）等规定执行。凡以石油、天然气储存设施立项、批准的建设项目，其安全论证、安全预评价、设计审查和竣工验收工作按照《危险化学品建设项目安全许可实施办法》（国家安全生产监督管理总局令第8号）等规定执行。"《请示》中提到的"白沙湾原油储罐一、二期建设项目"，属于"石油、天然气长输管道及其辅助储存立项、批准的建设项目"等有关问题，国家安全监管总局安监总厅管一函〔20××〕16号文件已予以明确。

三、关于陆上石油天然气管道储运公司安全生产许可证有关问题

以石油勘探、开采及其辅助储存，石油长输管道及其辅助储存作为非煤矿矿山的一部分，《非煤矿矿山企业安全生产许可证实施办法》（国家安全监管总局令第20号）第十八条明确规定："对中央管理的陆上石油天然气企业，向企业总部及其直接管理的分公司、子公司以及下一级与油气勘探、开发生产、储运直接相关的生产作业单位分别颁发安全生产许可证；对设有分公司、子公司的地方石油天然气企业，向企业总部及其分公司、子公司颁发安全生产许可证；对其他陆上石油天然气企业，向具有法人资格的企业颁发安全生产许可证。对海洋石油天然气企业，向企业及其直接管理的分公司、子公司以及下一级与油气开发生产直接相关的生产作业单位、独立生产系统分别颁发安全生产许可证；对其他海洋石油天然气企业，向具有法人资格的企业颁发安全生产许可证。"国家安全监管总局办公厅《关于调整

石油天然气管道储运单位安全生产许可证颁发管理有关事项的通知》明确，“中央管理企业下属的二级石油天然气管道储运单位（如中石油管道分公司、中石化管道储运分公司等）向国家安全生产监督管理总局申请办理安全生产许可证；三级石油天然气管道储运单位（包括跨省和不跨省的分公司、管理处）向其工商注册所在地的省级安全生产监督管理局申请办理安全生产许可证”。安监总厅管一函〔20××〕16号文件已明确指出，甬沪宁管道工程（一期）安全设施竣工验收后，安全生产许可证已由甬沪宁管道生产经营单位中国石油化工集团管道储运分公司南京管理处所在地的江苏省安全监管局颁发。国家安全监管总局向中国石油化工集团公司储运分公司颁发非煤矿矿山安全生产许可证，许可范围为“储运”。这里讲的“储运”不是许可其储运项目的建设，而是符合安全生产条件，准许其在许可范围内生产运营。中国石油化工集团公司储运分公司建设“以石油、天然气勘探、开采及其辅助储存，石油、天然气长输管道及其辅助储存立项、批准的建设项目”，属于非煤矿矿山安全生产许可证的许可范围，无须变更；若建设“以石油、天然气储存设施立项、批准的建设项目”，待项目竣工验收后必须变更其非煤矿矿山安全生产许可证的许可范围，增加危险化学品相关内容。

四、其他事项

对于中央企业及其设在地方的下属单位，国家安全监管总局在实施行政许可时应当充分听取省级安全监管部门的意见。国家安全监管总局将对中央企业及其设在地方的下属单位的有关行政许可的范围重新进行划分，以利于行政许可工作的实施。今后，凡对石油开采后输送到炼油、化工企业厂区前和天然气开采后输送到城镇管网、化工企业厂区前的管道线路及其附属设施的安全监管，统一纳入非煤矿矿山安全监管的范围。单独立项的石油天然气储存设施、输送进口液化天然气（LNG）

管道及其附属设施以及炼油、化工企业厂区内石油天然气储存设施的安全监管，统一纳入危险化学品安全监管的范围。

国家安监总局

20××年7月8日

八、报送材料函

报送材料函范例

关于上报《××公司二期改造项目评估报告》的函

××工银商字〔××××〕××号

××市××分行：

现呈报《××公司二期改造项目评估报告》，请审阅。

附件：××公司二期改造项目评估报告。（略）

××工商银行（盖章）

××××年11月5日

九、催办函

催办函范例

交通部广州救捞局催办函

××造船厂：

贵厂××××年为我局建造的××马力拖轮“穗救202”轮，出厂至现在已经三年了，可是当时欠装的拖缆机至今尚未安装，为此我局曾多次去函催贵厂尽快给予解决，但贵厂一直未明确答复。该轮由于缺少拖缆

机，长期无法正常执行生产任务，经济上已造成了很大的损失。为此特再次函请贵厂尽快为我局“穗救202”轮安装拖缆机，以免再延误该轮的正常生产。

交通部广州救捞局（盖章）

××××年××月××日

十、邀请函

邀请函范例

中国写作学会关于召开
全国第十五届公文学术年会的邀请函

________________：

由中国写作学会主办，陕西省铜川市照金书院协办和承办的全国第十五届公文学术年会定于2017年8月7日至8月10日在陕西省铜川市召开，会期4天（含8月7日报到日）。现将会议有关事宜函告如下：

一、会议主题

深化“互联网+”背景下的公文写作与教学研究，推动公文学科建设与发展。

二、会议中心内容

（一）以党政机关现行公文法规和公文格式国家标准规定精神为主要议题，进行专题学习交流与研讨；

（二）“互联网+”背景下的公文写作与教学研究；

（三）进行学会第六届理事会换届工作，产生新一届理事会和常务理事会；

（四）举行优秀论著评选活动，对获奖者颁发证书和奖金；

（五）公文写作教学改革及教材建设；

（六）学会发展与组织制度建设；

（七）进行中国公文学研究所第十批“公文学家”的申报工作，适时颁发“专家证书”。

三、会议形式

（一）专家讲座；

（二）学术研讨；

（三）论著颁奖仪式；

（四）学会领导总结讲话。

四、会议地点

陕西省铜川市照金书院。

五、参会要求

（一）提交大会的论著务请提前寄至陕西省铜川市照金书院公文年会会务组，邮政编码：727000；提交的论文请提供电子版，以便编辑大会《论文选》。同时敬请印制80份，由参会代表直接携带赴会，亦可通过邮局邮寄至：陕西省铜川市照金书院公文年会会务组，邮政编码727000。

（二）8月7日为代表报到时间，报到日在咸阳市机场以及西安市或铜川市火车站安排接站。请与会代表务必事先与会务组联系，告知出行抵达路线及准确时间，以便安排接机或接站。

（三）本会理事、常务理事如无特殊情况务请到会。凡因故不能到会者，请另派代表参加会议。

（四）照金会议系社团学术会议，无会议补贴，参会代表需缴纳学术活动费和会务费（含住宿、用餐和资料等全部费用）共计1000元，请各单位给予支持，按参加学术会议规定予以报销。

（五）请各位理事、常务理事、会员代表及特邀来宾接到本函后务

必于8月1日前索要邀请函的电子版或纸质版，并将《参会回执》填妥回复至学会邮箱zggwxzyjh@163.com，以便按照回执寄发《报到通知》。

联 系 人：岳海翔（学会副会长兼秘书长）

联系电话：18832984567 13832984567 0315-2530468

网址：http://www.zggwyjw.org

附件：全国第十五届公文学术研讨会参会回执

第十二节 决 定

根据《党政机关公文处理工作条例》的规定，决定适用于对重要事项作出决策和部署、奖惩有关单位和人员、变更或者撤销下级机关不适当的决定事项。应当注意的是，用决定来安排和部署的行动必须是“重要的”，而布置和处理一般的日常工作就不适宜使用这个文种。

决定用一句简单的话来概括：决而定之。决定比较集中地体现上级领导机关对重要事项或重大行动的决策，具有较强的针对性、政策性和强制性，是指导下级机关工作的准则。

一、决定的特点

1. 严肃性

对重要事项作出安排，下级机关必须认真执行，不能随意变通执行。

2. 针对性

根据现实问题作出安排、部署和决策。

3. 强制性

下行文，由党政机关制发，要求下级机关无条件贯彻执行。决定的

强制性仅次于命令，具有较强的行政约束力。

4. 指导性

集中体现了上级领导机关对重要事项的决策，具有较强的理论性、政策性，是指导下级机关的工作准则。

5. 稳定性

要求相当长时间贯彻执行，并在相当长时间内发挥作用。

二、决定的写作

决定的基本结构通常由标题、正文和落款三部分构成。

1. 标题

决定的标题一般由作出决定的机关或通过决定的会议名称、决定的事项和文种三部分组成。例如《中共中央、国务院关于实施科技规划纲要增强自主创新能力的决定》。如果是由某次会议讨论通过的决定，一般要在标题之下标明该决定是在什么时间、什么会议上通过的。

2. 正文

决定的正文一般由开头、主体和结尾三部分内容组成。

● 开头

开头部分应写明作出决定的目的、意义及根据。其中根据包括理论根据、政策法律根据和事实根据等三个方面。开头部分要求开门见山，简明扼要。如果是对重大行动作出安排的决定，还要求比较透彻地说明为什么要作出该决定及其目的和意义，以便执行者能够充分地认识实施这一重大行动的重要性。

● 主体

这部分主要写决定事项，即决定的内容，是决定的核心部分。决定所具有的权威性和指导性，要求下级机关认真贯彻执行，故决定事项必须写得明确具体，政策界限必须清晰分明，措施和要求必须具体得当。

常见的主体部分的结构形式有篇段结合式、多段组合式、条款分列式、分块式和条块结合式五种。

①篇段结合式。整篇决定只有一个自然段，适用于内容单一、文字很少的决定。

②多段组合式。由若干自然段构成一篇决定，适用于内容简单、篇幅较短的决定。

③条款分列式。适用于涉及事项较多、内容比较庞杂的决定。为了使决定的事项条理清楚、层次分明，通常采用条款分列的形式，将决定事项分成若干条款，并用数码标列出来。

④分块式。又称分部分式，即把决定的事项分为若干部分的一种结构形式，其优点在于使内容繁杂的决定显得有条有理，层次分明。

⑤条块结合式。就是将决定事项采取部分和条款相结合的方式来写的一种结构形式，其作用是既可以使决定事项在表达上做到使问题相对集中，又可使文章条理清楚。例如《中共中央关于建立社会主义市场经济体制若干问题的决定》就分为10个部分，共计50条。

- 结尾

一般是一个自然段的篇幅，发出号召或提出希望。

3. 落款

决定都应该有落款，写明作出决定的机关（单位）全称或规范化简称以及作出决定的日期。会议通过的决定既可以在标题之下写明什么时间在什么会议上通过，用圆括号括入；也可以只写明会议通过的日期，用圆括号括入，正文之后便不再需要落款。

三、法规政策性决定

关于建立、修改某项法规的决定，关于贯彻、落实某一法律的决

定，关于对某一领域犯罪行为进行专项打击的决定，都属于法规政策性决定。如《全国人大常委会关于惩治侵犯著作权的犯罪的决定》《关于惩治虚开、伪造和非法出售增值税专用发票犯罪的决定》《全国人民代表大会常务委员会关于修改〈中华人民共和国拍卖法〉的决定》。

这类决定一般由全国人民代表大会及其常务委员会以及国务院作出。根据宪法规定，全国人大是享有立法权的权力机关，有权对法律作出修改和补充。这类决定是立法机关制定、修改、补充法律法规的一种形式。另外，国务院及其部委有依法制定、修改或补充行政法规的权力。（行政法规主要使用条例、规定、办法或实施细则等名称）

法规政策性决定一般分三个部分。

- 前言

简述做决定的原因、目的、依据。

- 主体

是决定的内容，一般用条款式写法。因为是法规，写作时应用词准确严密，又要具体可行。

- 结尾

提出执行要求，包括施行日期。

法规政策性决定范例

国务院关于修改《医疗器械监督管理条例》的决定

（2017年5月4日）

国务院决定对《医疗器械监督管理条例》作如下修改：

一、将第十八条修改为："开展医疗器械临床试验，应当按照医疗器械临床试验质量管理规范的要求，在具备相应条件的临床试验机构进行，并向临床试验提出者所在地省、自治区、直辖市人民政府食品药品监督管理部门备案。接受临床试验备案的食品药品监督管理部门应当将

备案情况通报临床试验机构所在地的同级食品药品监督管理部门和卫生计生主管部门。

“医疗器械临床试验机构实行备案管理。医疗器械临床试验机构应当具备的条件及备案管理办法和临床试验质量管理规范，由国务院食品药品监督管理部门会同国务院卫生计生主管部门制定并公布。”

二、将第三十四条第一款、第二款合并，作为第一款：“医疗器械使用单位应当有与在用医疗器械品种、数量相适应的贮存场所和条件。医疗器械使用单位应当加强对工作人员的技术培训，按照产品说明书、技术操作规范等要求使用医疗器械。”

增加一款，作为第二款：“医疗器械使用单位配置大型医用设备，应当符合国务院卫生计生主管部门制定的大型医用设备配置规划，与其功能定位、临床服务需求相适应，具有相应的技术条件、配套设施和具备相应资质、能力的专业技术人员，并经省级以上人民政府卫生计生主管部门批准，取得大型医用设备配置许可证。”

增加一款，作为第三款：“大型医用设备配置管理办法由国务院卫生计生主管部门会同国务院有关部门制定。大型医用设备目录由国务院卫生计生主管部门商国务院有关部门提出，报国务院批准后执行。”

三、将第五十六条第一款、第二款合并，作为第一款：“食品药品监督管理部门应当加强对医疗器械生产经营企业和使用单位生产、经营、使用的医疗器械的抽查检验。抽查检验不得收取检验费和其他任何费用，所需费用纳入本级政府预算。省级以上人民政府食品药品监督管理部门应当根据抽查检验结论及时发布医疗器械质量公告。”

增加一款，作为第二款：“卫生计生主管部门应当对大型医用设备的使用状况进行监督和评估；发现违规使用以及与大型医用设备相关的过度检查、过度治疗等情形的，应当立即纠正，依法予以处理。”

四、第六十三条增加一款，作为第三款：“未经许可擅自配置使

用大型医用设备的，由县级以上人民政府卫生计生主管部门责令停止使用，给予警告，没收违法所得；违法所得不足1万元的，并处1万元以上5万元以下罚款；违法所得1万元以上的，并处违法所得5倍以上10倍以下罚款；情节严重的，5年内不受理相关责任人及单位提出的大型医用设备配置许可申请。”

五、将第六十四条第一款修改为：“提供虚假资料或者采取其他欺骗手段取得医疗器械注册证、医疗器械生产许可证、医疗器械经营许可证、大型医用设备配置许可证、广告批准文件等许可证件的，由原发证部门撤销已经取得的许可证件，并处5万元以上10万元以下罚款，5年内不受理相关责任人及单位提出的医疗器械许可申请。”

六、第六十六条增加一款，作为第二款：“医疗器械经营企业、使用单位履行了本条例规定的进货查验等义务，有充分证据证明其不知道所经营、使用的医疗器械为前款第一项、第三项规定情形的医疗器械，并能如实说明其进货来源的，可以免予处罚，但应当依法没收其经营、使用的不符合法定要求的医疗器械。”

七、第六十八条增加一项，作为第九项：“（九）医疗器械使用单位违规使用大型医用设备，不能保障医疗质量安全的”，并将原第九项改为第十项。

八、将第六十九条修改为：“违反本条例规定开展医疗器械临床试验的，由县级以上人民政府食品药品监督管理部门责令改正或者立即停止临床试验，可以处5万元以下罚款；造成严重后果的，依法对直接负责的主管人员和其他直接责任人员给予降级、撤职或者开除的处分；该机构5年内不得开展相关专业医疗器械临床试验。

“医疗器械临床试验机构出具虚假报告的，由县级以上人民政府食品药品监督管理部门处5万元以上10万元以下罚款；有违法所得的，没收违法所得；对直接负责的主管人员和其他直接责任人员，依法给予撤职或者开除的处分；该机构10年内不得开展相关专业医疗器械临床试验。”

九、将第七十三条修改为：“食品药品监督管理部门、卫生计生主管部门及其工作人员应当严格依照本条例规定的处罚种类和幅度，根据违法行为的性质和具体情节行使行政处罚权，具体办法由国务院食品药品监督管理部门、卫生计生主管部门依据各自职责制定。”

十、第七十六条增加规定：“大型医用设备，是指使用技术复杂、资金投入量大、运行成本高、对医疗费用影响大且纳入目录管理的大型医疗器械。”

本决定自公布之日起施行。

《医疗器械监督管理条例》根据本决定作相应修改，重新公布。

四、重要事项决定

对重要事项或事关全局的重大行动作出的决定。如《中共中央关于推进依法治国若干重大问题的决定》《国务院关于全面推进依法行政的决定》这类决定政策性、指导性很强，其正文一般分两部分。

- 第一部分撰写发布决定的背景、根据、目的、意义。
- 第二部分撰写决定事项。

内容复杂的用小标题或条款显示出层次。要提出具体的工作任务、措施、方案、要求。例如《中共中央关于建立社会主义市场经济若干问题的决定》，开头用几十个字总领：“为贯彻落实党的十四次全国代表大会提出的经济体制改革的任务，加快改革开放和社会主义现代化建设步伐，十四届中央委员会第三次全体会议讨论了关于建立社会主义市场经济体制的若干重大问题，并作出如下决定”，紧接着下面讲了10个问题，为清楚起见，又分为50个小问题，用序号标示。

结尾部分，有的提出号召要求，有的不要这一部分。

重要事项决定范例

国务院关于优化建设工程防雷许可的决定

国发〔2016〕39号

各省、自治区、直辖市人民政府，国务院各部委、各直属机构：

根据简政放权、放管结合、优化服务协同推进的改革要求，为减少建设工程防雷重复许可、重复监管，切实减轻企业负担，进一步明确和落实政府相关部门责任，加强事中事后监管，保障建设工程防雷安全，现作出如下决定：

一、整合部分建设工程防雷许可

（一）将气象部门承担的房屋建筑工程和市政基础设施工程防雷装置设计审核、竣工验收许可，整合纳入建筑工程施工图审查、竣工验收备案，统一由住房城乡建设部门监管，切实优化流程、缩短时限、提高效率。

（二）油库、气库、弹药库、化学品仓库、烟花爆竹、石化等易燃易爆建设工程和场所，雷电易发区内的矿区、旅游景点或者投入使用的建（构）筑物、设施等需要单独安装雷电防护装置的场所，以及雷电风险高且没有防雷标准规范、需要进行特殊论证的大型项目，仍由气象部门负责防雷装置设计审核和竣工验收许可。

（三）公路、水路、铁路、民航、水利、电力、核电、通信等专业建设工程防雷管理，由各专业部门负责。

二、清理规范防雷单位资质许可

取消气象部门对防雷专业工程设计、施工单位资质许可；新建、改建、扩建建设工程防雷的设计、施工，可由取得相应建设、公路、水路、铁路、民航、水利、电力、核电、通信等专业工程设计、施工资质的单位承担。同时，规范防雷检测行为，降低防雷装置检测单位准入门槛，

全面开放防雷装置检测市场，允许企事业单位申请防雷检测资质，鼓励社会组织和个人参与防雷技术服务，促进防雷减灾服务市场健康发展。

三、进一步强化建设工程防雷安全监管

（一）气象部门要加强对雷电灾害防御工作的组织管理，做好雷电监测、预报预警、雷电灾害调查鉴定和防雷科普宣传，划分雷电易发区域及其防范等级并及时向社会公布。

（二）各相关部门要按照谁审批、谁负责、谁监管的原则，切实履行建设工程防雷监管职责，采取有效措施，明确和落实建设工程设计、施工、监理、检测单位以及业主单位等在防雷工程质量安全方面的主体责任。同时，地方各级政府要继续依法履行防雷监管职责，落实雷电灾害防御责任。

（三）中国气象局、住房城乡建设部要会同相关部门建立建设工程防雷管理工作机制，加强指导协调和相互配合，完善标准规范，研究解决防雷管理中的重大问题，优化审批流程，规范中介服务行为。

建设工程防雷许可具体范围划分，由中国气象局、住房城乡建设部会同中央编办、工业和信息化部、环境保护部、交通运输部、水利部、国务院法制办、国家能源局、国家铁路局、中国民航局等部门研究确定并落实责任，及时向社会公布，2016年底前完成相关交接工作。相关部门要按程序修改《气象灾害防御条例》，对涉及的部门规章等进行清理修订。国务院办公厅适时组织督查，督促各部门、各地区在规定时限内落实改革要求。

本决定自印发之日起施行，已有规定与本决定不一致的，按照本决定执行。

国务院

2016年6月24日

五、奖惩性决定

决定也可以对一些事迹突出、有典型意义的先进个人或集体进行表彰，或者对一些影响较大、群众关心的事故、错误进行处理。前者如《国务院关于表彰全国劳动模范和先进工作者的决定》，后者如《国务院关于处理"渤海二号"事故的决定》《国务院关于大兴安岭特大森林火灾事故的处理决定》。

奖惩性决定与用于奖惩的命令和通报作用接近，但层次规格不同。命令层次最高，决定低于命令，但高于通报。

表彰性决定的内容一般由以下四个部分组成：

- 表彰对象的基本情况；
- 表彰的根据和原因；
- 表彰的决定；
- 提出希望、发出号召。

如《中共中央国务院中央军委关于授予杨利伟同志"航天英雄"荣誉称号并颁发"航天功勋奖章"的决定》：

第一自然段是对我国首次载人航天飞行获得圆满成功的介绍，对飞行员的突出贡献作出了肯定；

第二自然段分析了其意义并作出表彰决定；

第三自然段向全党、全军和全国人民发出号召。

奖惩性决定范例

国务院关于2016年度国家科学技术奖励的决定

国发〔2017〕2号

各省、自治区、直辖市人民政府，国务院各部委、各直属机构：

为全面贯彻党的十八大和十八届三中、四中、五中、六中全会精神，大力实施科教兴国战略、人才强国战略和创新驱动发展战略，国务院决定，对为我国科学技术进步、经济社会发展、国防现代化建设作出突出贡献的科学技术人员和组织给予奖励。

根据《国家科学技术奖励条例》的规定，经国家科学技术奖励评审委员会评审、国家科学技术奖励委员会审定和科技部审核，国务院批准并报请国家主席习近平签署，授予赵忠贤院士、屠呦呦研究员国家最高科学技术奖；国务院批准，授予“大亚湾反应堆中微子实验发现的中微子振荡新模式”国家自然科学奖一等奖，授予“亚洲季风变迁与全球气候的联系”等41项成果国家自然科学奖二等奖，授予“高温/超高温涂层材料技术与装备”等3项成果国家技术发明奖一等奖，授予“良种牛羊高效克隆技术”等63项成果国家技术发明奖二等奖，授予“第四代移动通信系统（TD-LTE）关键技术与应用”等2项成果国家科学技术进步奖特等奖，授予“嫦娥三号工程”等20项成果国家科学技术进步奖一等奖，授予“多抗稳产棉花新品种中棉所49的选育技术及应用”等149项成果国家科学技术进步奖二等奖，授予凯瑟琳娜·科瑟·赫英郝斯教授等5名外国专家和国际玉米小麦改良中心中华人民共和国国际科学技术合作奖。

全国科学技术工作者要向赵忠贤院士、屠呦呦研究员及全体获奖者学习，继续发扬求真务实、勇于创新的科学精神和服务国家、造福人民的优良传统，深入实施创新驱动发展战略，坚定不移走中国特色自主创新道路，为加快建设创新型国家、建设世界科技强国，实现“两个一百年”奋斗目标和中华民族伟大复兴的中国梦作出新的更大贡献。

国务院

2017年1月2日

六、处理处分决定

根据有关法律规定，重大事故必须在限期内上报政府，并认真组织调查处理。因此，处理处分决定的写作也是常用的。这类决定正文的内容，通常由以下三部分组成：

- 第一部分交代被处分者及事故的基本情况，分析其错误性质及主要原因。
- 第二部分给予处罚的根据及具体处理意见，也就是处分决定。
- 第三部分提出要求，吸取教训。

例如《国务院关于处理“渤海二号”事故的决定》基本上是以下三部分内容：

- 前两个自然段交代事故的情况、性质及主要原因，以及石油部的错误表现；
- 第三自然段是给予处分的依据和具体处理意见；
- 第四、五自然段是对石油部乃至全国各部门各企事业单位提出安全生产的希望和要求。

处理处分性决定与表彰性决定相比，在写作中更要注重调查研究，事实要写得客观、翔实、公正、具体，尽可能不出现偏差。

处理处分决定范例

中共××市纪律检查委员会

关于给予×××党内严重警告处分的决定

×××，原××市委党校主任科员，20××年2月退休，身为中共党员，违反政治纪律，多次公开发布、转载与党的路线方针政策不一致的错误言论，严重损害党的形象，依据20××年《中国共产党纪律处分条例》第一百三十三条第二款和20××年《中国共产党纪律处分条例》

第四十六条的规定，经市纪委常委会20××年4月××日研究，决定给予×××同志党内严重警告处分。

中共××市纪律检查委员会

20××年4月20日

第十三节 决 议

根据《党政机关公文处理工作条例》的规定，决议适用于会议讨论通过的重大决策事项，具有很强的权威性和指导性。

一、决议的特点

1. 权威性

决议作为党和国家的领导机关用于重要决策事项的公文，是在党和国家的重要高级领导机构的会议上研究、讨论后形成的，代表着发文机关的意志，一旦发布，其受文对象必须严格遵守，认真落实，不能有任何违背，具有很强的权威性。

2. 决策性

决议是针对重大问题和重大事项所作出的决策，一经形成，就会在较大范围内对党和国家的工作和生活造成重大影响。

3. 表达群体的意志

决议是会议的产物，而会议是一种群体活动，只有半数或三分之二以上的与会者举手或者投票赞成，才能形成决议。不履行表决手续，决议就不能产生，所以决议是大多数或是全体与会者的意志的体现。

二、决议与决定的区别

决定是党政领导机关对重要事项或重大行动作出决策、安排和规定的指导性、指挥性公务文书。在实际运用中，还应对“决议”和“决定”做以下区分。

1. 从制作程序上区分

● “决议”须经某一级机关或组织机构的法定会议对某一议题进行集体讨论，由多数人表决通过，然后形成正式文件，并以会议的名义公布。

● “决定”却不一定经过法定会议讨论通过这一程序。它既可以是某种会议讨论研究的成果，形成正式文件予以公布，也可以由各级领导机关直接制作并予以公布。

因此可以认定，凡未经有关法定会议讨论通过这一程序，而是以领导机关的名义发布的决议性文件，就只能使用“决定”。

2. 从作用上区分

● “决议”一律要求下级机关执行。

● “决定”只有“部署性决定”才要求下级机关执行，“宣告性决定”只起知照性作用，一般不要求下级机关执行。

3. 从内容上区分

● 在会议讨论通过的前提下，凡作出了具体的规定和要求，履行法定的权力，强制有关部门贯彻执行的，用“决定”。若只是简要地表达肯定或否定的意见，履行法律程序，指导有关部门遵照办理的，用“决议”。

● 由会议或领导机关直接制定发布行政法规，用“决定”。由会议审议批准某项议案、重要报告、法规，用“决议”，所审议批准的条文作为“决议”的附件。

● 授予荣誉称号或给予处分，用“决定”。审议机构成立或撤销，用“决议”。

4. 从写法上区分

公布性决议、批准性决议一般写得比较简要、笼统。阐述性决议除提出指令性意见外，还要对决议事项本身的有关问题作若干必要的论述或说明，即作一些理论上的阐述。

"决定"的写法与"决议"大不相同，它不多说理论上的道理，而往往着重提出开展某项工作的步骤、措施、要求等。

- "决定"要求写得明确、具体一些，措施也更落实，行政约束力强，可以直接成为下级机关行动的准则。
- "决议"往往写得比较概括，原则性条文多，下级机关在贯彻执行时，多数还要根据决议制定相应的具体办法或实施措施。

三、决议的写作

决议由首部和正文两部分组成。

1. 首部

包括标题和成文日期两个项目。

- 标题

决议的标题有三种形式：

一种是由发文机关、主要内容和文种构成；

一种是由会议名称、主要内容和文种构成；

一种是由主要内容和文种构成。

- 成文日期

决议的成文日期，不像一般公文那样标在公文正文之后，而是加括号标写于标题之下居中位置，具体的写法又分为两种情况：

如果公文标题中已包括会议名称，括号内只需要填写"××××年××月××日通过"即可；

如果公文标题中没有会议名称，括号内要写明"××委员会第×次会议××××年××月××日通过"。

2. 正文

正文由决议根据、决议事项和结语三部分组成。

● 决议根据

一般简要说明有关会议审议决议涉及事项的情况，陈述作出决议的原因、根据、背景、目的或意义。

● 决议事项

这是决议的主体部分，写明会议通过的决议事项，或会议对有关文件、事项作出的评价、决定，或对有关工作作出的部署安排和要求、措施。

● 结语

这部分是可有可无的，有时主体结束，全文就结束，不必专门撰写结尾；有时需要一个结尾，一般紧扣决议事项有针对性地提出希望、号召和执行要求。

四、批准性决议

这类决议涉及的内容比较具体，一般用于批准某项报告或文件。

批准性决议范例

第十二届全国人民代表大会第四次会关于政府工作报告的决议

（2016年3月16日通过）

第十二届全国人民代表大会第四次会议听取和审议了国务院总理李克强所作的政府工作报告。会议高度评价“十二五”时期我国经济社会发展取得的重大成就，充分肯定国务院过去一年的工作，同意报告提出的“十三五”时期主要目标任务、重大举措和2016年工作部署，决定批准这个报告。

会议号召，全国各族人民紧密团结在以习近平同志为总书记的党中央周围，高举中国特色社会主义伟大旗帜，全面贯彻党的十八大和十八届三中、四中、五中全会精神，以邓小平理论、“三个代表”重要

思想、科学发展观为指导，深入贯彻习近平总书记系列重要讲话精神，按照“五位一体”总体布局和“四个全面”战略布局，牢固树立和贯彻落实创新、协调、绿色、开放、共享的新发展理念，坚持稳中求进的工作总基调，适应经济发展新常态，实行宏观政策要稳、产业政策要准、微观政策要活、改革政策要实、社会政策要托底的总体思路，把握好稳增长与调结构的平衡，保持经济运行在合理区间，着力加强供给侧结构性改革，加快培育新的发展动能，改造提升传统比较优势，坚定信心，开拓进取，攻坚克难，真抓实干，努力完成2016年各项工作任务，实现“十三五”时期经济社会发展良好开局，为夺取全面建成小康社会决胜阶段的伟大胜利而努力奋斗！

五、公布性决议

重要会议往往会通过一系列的决议，有些决议需要公布于众。这类决议有的很简单，只要说明会议通过了什么就可以；有的略微详细，还需要说明会议对该事项的看法等。

公布性决议范例

中国共产党第十八次全国代表大会
关于十七届中央委员会报告的决议

（2012年11月14日中国共产党第十八次全国代表大会通过）

中国共产党第十八次全国代表大会批准胡锦涛同志代表十七届中央委员会所作的报告。报告高举中国特色社会主义伟大旗帜，以马克思列宁主义、毛泽东思想、邓小平理论、“三个代表”重要思想、科学发展观为指导，分析了国际国内形势的发展变化，回顾总结了过去五年的工作和党的十六大以来的奋斗历程及取得的历史性成就，确立了科学发展观的历史地位，提出了夺取中国特色社会主义新胜利的基本要求，确定

了全面建成小康社会和全面深化改革开放的目标，对新的时代条件下推进中国特色社会主义事业作出了全面部署，对全面提高党的建设科学化水平提出了明确要求。报告描绘了全面建成小康社会、加快推进社会主义现代化的宏伟蓝图，为党和国家事业进一步发展指明了方向，是全党全国各族人民智慧的结晶，是我们党团结带领全国各族人民夺取中国特色社会主义新胜利的政治宣言和行动纲领，是马克思主义的纲领性文献。

大会认为，报告阐明的大会主题对我们党带领人民继往开来、奋勇前进具有十分重大的意义。全党要高举中国特色社会主义伟大旗帜，以邓小平理论、“三个代表”重要思想、科学发展观为指导，解放思想，改革开放，凝聚力量，攻坚克难，坚定不移沿着中国特色社会主义道路前进，为全面建成小康社会而奋斗。

大会强调，当前，世情、国情、党情继续发生深刻变化，我们面临的发展机遇和风险挑战前所未有。全党一定要牢记人民信任和重托，更加奋发有为、兢兢业业地工作，继续推动科学发展、促进社会和谐，继续改善人民生活、增进人民福祉，完成时代赋予的光荣而艰巨的任务。

大会高度评价十七届中央委员会的工作。十七大以来的五年，是我们在中国特色社会主义道路上奋勇前进的五年，是我们经受住各种困难和风险考验、夺取全面建设小康社会新胜利的五年，各方面工作都取得新的重大成就。

大会同意十七届中央委员会对十六大以来十年奋斗历程的基本总结，认为我们紧紧抓住和用好我国发展的重要战略机遇期，战胜一系列重大挑战，奋力把中国特色社会主义推进到新的发展阶段，巩固和发展了改革开放和社会主义现代化建设大局，提高了我国国际地位，彰显了中国特色社会主义的巨大优越性和强大生命力，增强了中国人民和中华民族的自豪感和凝聚力。

大会强调，总结十年奋斗历程，最重要的就是我们坚持勇于推进实践基础上的理论创新，围绕坚持和发展中国特色社会主义提出一系列紧密相连、相互贯通的新思想、新观点、新论断，形成和贯彻了科学发展观。科学发展观是马克思主义同当代中国实际和时代特征相结合的产物，是马克思主义关于发展的世界观和方法论的集中体现，对新形势下实现什么样的发展、怎样发展等重大问题作出了新的科学回答，把我们对中国特色社会主义规律的认识提高到新的水平，开辟了当代中国马克思主义发展新境界。科学发展观是中国特色社会主义理论体系最新成果，是中国共产党集体智慧的结晶，是指导党和国家全部工作的强大思想武器。科学发展观同马克思列宁主义、毛泽东思想、邓小平理论、“三个代表”重要思想一道，是党必须长期坚持的指导思想。

大会指出，九十多年来，我们党紧紧依靠人民，把马克思主义基本原理同中国实际和时代特征结合起来，独立自主走自己的路，历经千辛万苦，付出各种代价，取得革命建设改革伟大胜利，开创和发展了中国特色社会主义，从根本上改变了中国人民和中华民族的前途命运。中国特色社会主义道路，中国特色社会主义理论体系，中国特色社会主义制度，是党和人民九十多年奋斗、创造、积累的根本成就，必须倍加珍惜、始终坚持、不断发展。在新的历史条件下夺取中国特色社会主义新胜利，要牢牢把握以下基本要求：必须坚持人民主体地位，必须坚持解放和发展社会生产力，必须坚持推进改革开放，必须坚持维护社会公平正义，必须坚持走共同富裕道路，必须坚持促进社会和谐，必须坚持和平发展，必须坚持党的领导。只要我们顽强奋斗、艰苦奋斗、不懈奋斗，就一定能在中国共产党成立一百年时全面建成小康社会，就一定能在新中国成立一百年时建成富强民主文明和谐的社会主义现代化国家。全党要坚定这样的道路自信、理论自信、制度自信！

大会认为，根据我国经济社会发展实际，要在十六大、十七大确立的全面建设小康社会目标的基础上努力实现新的要求：经济持续健康

发展，人民民主不断扩大，文化软实力显著增强，人民生活水平全面提高，资源节约型、环境友好型社会建设取得重大进展。全面建成小康社会，必须以更大的政治勇气和智慧，不失时机深化重要领域改革，坚决破除一切妨碍科学发展的思想观念和体制机制弊端，构建系统完备、科学规范、运行有效的制度体系，使各方面制度更加成熟更加定型。

大会同意报告关于我国社会主义经济建设、政治建设、文化建设、社会建设、生态文明建设的部署。大会强调，要加快完善社会主义市场经济体制和加快转变经济发展方式，把推动发展的立足点转到提高质量和效益上来，着力激发各类市场主体发展新活力，着力增强创新驱动发展新动力，着力构建现代产业发展新体系，着力培育开放型经济发展新优势，使经济发展更多依靠内需特别是消费需求拉动，更多依靠现代服务业和战略性新兴产业带动，更多依靠科技进步、劳动者素质提高、管理创新驱动，更多依靠节约资源和循环经济推动，更多依靠城乡区域发展协调互动，不断增强长期发展后劲，促进工业化、信息化、城镇化、农业现代化同步发展；要坚持走中国特色社会主义政治发展道路和推进政治体制改革，发展更加广泛、更加充分、更加健全的人民民主，坚持党的领导、人民当家做主、依法治国有机统一，以保证人民当家做主为根本，以增强党和国家活力、调动人民积极性为目标，扩大社会主义民主，健全社会主义协商民主制度，完善基层民主制度，加快建设社会主义法治国家，健全权力运行制约和监督体系，发展社会主义政治文明；要扎实推进社会主义文化强国建设，坚持社会主义先进文化前进方向，推动社会主义文化大发展大繁荣，掀起社会主义文化建设新高潮，提高国家文化软实力，发挥文化引领风尚、教育人民、服务社会、推动发展的作用；要在改善民生和创新管理中加强社会建设，从维护最广大人民根本利益的高度，以保障和改善民生为重点，提高人民物质文化生活水平，多谋民生之利，多解民生之忧，加快健全基本公共服务体系，加强和创新社会管理，推动社会主义和谐社会建设；要大力推进生态文明建设，树立尊重自然、顺应自然、保护自然的生态文明理念，把生态文明建设融入经济建设、政治建设、文化建设、社会建设各方面和全过程，加大自然生态系统和环境保护力度，努力建设美丽中国，实现中华民族永续发展。大会强调，必须坚持以国家核心安全需求为导向，按照国防和军队现代化建设“三步走”战略构想，加紧完成机械化和信息化建设双重历史任务，建设与我国国际地位相称、与国家安全和发展利益相适应的巩固国防和强大军队。

大会强调，全面准确贯彻“一国两制”“港人治港”“澳人治澳”、高度自治的方针，必须把坚持一国原则和尊重两制差异、维护中央权力和保障特别行政区高度自治权、发挥祖国内地坚强后盾作用和提高港澳自身竞争力有机结合起来。必须坚持“和平统一、一国两制”方针，巩固和深化两岸关系和平发展的政治、经济、文化、社会基础，开创两岸关系和平发展新前景，团结台湾同胞维护好、建设好中华民族共同家园，为和平统一创造更充分的条件。

大会同意报告对国际形势的分析和提出的对外工作方针，强调中国将继续高举和平、发展、合作、共赢的旗帜，坚定奉行独立自主的和平外交政策，始终不渝走和平发展道路，始终不渝奉行互利共赢的开放战略，坚决维护国家主权、安全、发展利益，坚持在和平共处五项原则基础上全面发展同各国的友好合作，推动建设持久和平、共同繁荣的和谐世界，同各国人民一道为人类和平与发展的崇高事业而不懈努力。

大会强调，形势的发展、事业的开拓、人民的期待，都要求我们以改革创新精神全面推进党的建设新的伟大工程，全面提高党的建设科学化水平。全党要增强紧迫感和责任感，牢牢把握加强党的执政能力建设、先进性和纯洁性建设这条主线，坚持以人为本、执政为民，坚持解放思想、改革创新，坚持党要管党、从严治党，全面加强党的思想建设、组织建设、

作风建设、反腐倡廉建设、制度建设，增强自我净化、自我完善、自我革新、自我提高能力，建设学习型、服务型、创新型的马克思主义执政党，确保党始终成为中国特色社会主义事业的坚强领导核心。

大会强调，反对腐败、建设廉洁政治，是党一贯坚持的鲜明政治立场，是人民关注的重大政治问题。反腐倡廉必须常抓不懈，拒腐防变必须警钟长鸣。要坚持中国特色反腐倡廉道路，坚持标本兼治、综合治理、惩防并举、注重预防方针，全面推进惩治和预防腐败体系建设，做到干部清正、政府清廉、政治清明。

大会强调，党的集中统一是党的力量所在，是实现经济社会发展、民族团结进步、国家长治久安的根本保证。党面临的形势越复杂，肩负的任务越艰巨，就越要加强党的纪律建设，越要维护党的集中统一，形成全党上下步调一致、奋发进取的强大力量。

大会强调，面对人民的信任和重托，面对新的历史条件和考验，全党必须增强忧患意识，谦虚谨慎，戒骄戒躁，始终保持清醒头脑；必须增强创新意识，坚持真理，修正错误，始终保持奋发有为的精神状态；必须增强宗旨意识，相信群众，依靠群众，始终把人民放在心中最高位置；必须增强使命意识，求真务实，艰苦奋斗，始终保持共产党人的政治本色。

大会号召，全党全国各族人民高举中国特色社会主义伟大旗帜，更加紧密地团结在党中央周围，为全面建成小康社会而奋斗，不断夺取中国特色社会主义新胜利，共同创造中国人民和中华民族更加幸福美好的未来！

六、安排某项工作的决议

对于重要的、长期的工作，可采用决议的形式进行布置安排。

安排某项工作的决议范例

省人大常委会关于贯彻落实进一步加强全省法院民事执行工作的决议

（2017年2月6日）

省十二届人大常委会第三十次会议审议了省法院关于贯彻落实《辽宁省人大常委会关于进一步加强全省法院民事执行工作的决议》（以下简称《决议》）。常委会组成人员在审议中提出了如下意见和建议。

常委会组成人员认为：

省法院对贯彻落实《决议》高度重视，工作推进力度很大，执行工作取得初步成效，应该给予充分肯定。但是，由于执行难、问题成因复杂，受到包括立法司法、体制机制、经济形势、社会文化、法治水平等方面因素的干扰和制约。全省各级法院在贯彻落实《决议》中，还面临很大的困难和问题，确需制定行之有效的对策加以解决。各级法院要高度重视这项工作，切实履行主体责任，采取切实有效措施，逐步解决执行难的问题，维护社会公平正义，树立司法公信力。

常委会组成人员建议：

1. 加强执行信息化建设。要以信息化建设为保障，进一步提高执行工作质效；要强化“大数据”“互联网+执行”的整合、应用，建立健全自动化执行查控体系，探索建立与其他职能部门“总对总”财产登记信息联动查询和控制平台，解决被执行人难找，财产难寻的问题；要加大执行工作统筹协调的支持力度，增加对法院、执行联动成员单位信息化建设投入；要建立健全企业和公民的综合信用体系，完善共享基础数据信息资源建设，努力构建各部门信息化系统资源互联互通、合作共赢的执行工作新模式。

2. 加强执行机制建设。要建立高效严格的惩戒机制，对拒不执行的当事人要加大惩处力度，使其人身无处可逃，资产无处可藏，在社会生活中处处受到严格限制；要充分适用好法律规定的“拒执罪”，对拒不执行法

院判决的行为加大打击力度；要依法建立执行案件的逐步偿还机制，切实提高执行标的到位率；探索执行法院授权律师介入调查被申请执行人财产情况的新机制；要在立法上研究建立无财产可供执行案件退出和恢复执行机制，探索建立执行救助与其他救助制度、社会保障制度相衔接机制。

3. 加大执行工作的宣传力度。要充分利用各类媒体宣传报道执行工作的新规定，加大对一些带有普遍性问题的典型执行案件的宣传力度，让群众了解执行、让工作引导舆论，形成公正、法治、诚信的社会氛围；要统一采取专项执行行动，集中处理一批执行积案，促进我省营商环境的改善；要在全社会加强诚信意识建设的同时也要注重风险意识的培养，有关部门要采取有效措施加强全民普法教育，提高当事人的风险防范意识，提升人民群众对法院执行工作的认识程度。

4. 加强法院执行队伍能力建设。要严把执行队伍入口关，在选任程序、选任资格等方面提高准入条件，对素质较低、不适合从事执行工作的人员，要坚决调离执行岗位；要履行执行主体责任，牢固树立公平意识，坚决依法办事，杜绝选择性执行、消极执行、乱执行的情况；要加强执行法官的业务培训，提升执行队伍的职业能力和综合素质；要拓展查处被执行人财产线索的渠道，采取各种法律强制手段查封被执行人财产，鼓励帮助申请执行人做好被执行财产线索提供工作；强化严格的执行工作考核机制和有效的监督制约机制，将考核结果与个人职务晋升、评先选优挂钩，对业绩突出的给予奖励，对不及时办理、不作为的要严肃问责。

第十四节　意　见

意见的本意是人们对事物所产生的看法或想法。根据《党政机关公文处理工作条例》的规定，意见适用于对重要问题提出见解和处理办法。

意见的适用范围非常广泛。意见可作上行文，也可作下行文、平行文。作为上行文，按请示性公文办理，上级机关要对下级机关报送的“意见”作出处理和答复。作为下行文，有明确要求的，下级机关应遵照执行；无明确要求的，可参照执行。作为平行文，提出的意见可供对方参考。

一、意见的特点

1. 灵活性

党政机关的公文，绝大多数具有严格的方向性，如果是上行文就不能用于下行文，同样，如果是下行文就不能用于上行文。但是意见既可以用于上行文，也可以用于下行文。作为下行文，可由上级机关对下级机关提出指导性、规定性意见；作为上行文，可用于下级机关对上级机关提出建设性意见；也可用于平级机关相互行文。发文机关和主送机关的数量不受限制，也可以与其他文种（如批转性或转发性通知）搭配行文。

2. 针对性

意见往往就工作中亟须解决的问题或必须纠正的倾向而制发。提出问题要及时，分析问题要结合实际，提出的见解、办法要对症下药，有针对性，可操作性强。

3. 重要性

所涉及的必须是重要问题，即应当是工作中所遇到的涉及方针政策的重大事项和主要问题。

4. 指导性

意见用于下行文时，具有指示的性质，对下级机关开展工作具有指导作用。

5. 原则性

意见就重要问题提出见解和处理办法时，总是从宏观上提出原则性

意见。

二、意见的写作

意见由首部、正文、落款组成。

1. 首部

● 标题

标题的写法有下面两种方式。

① 发文机关+事由+文种

例如《教育部关于加快发展中等职业教育的意见》；

② 事由+文种

例如《关于进行联合办学的意见》《关于进一步加强学校体育工作的若干意见》，可以由上级机关用通知等公文转发。

● 发文字号

发文字号在意见的写作中可以有，也可以没有。

● 主送机关

一般要写明主送机关，但涉及面较广的意见可省去；上行性意见和请示一样，只有一个主送机关；下行性意见的主送机关常为多个。

2. 正文

意见的正文按照以下几部分来写作。

● 发文缘由

发文缘由概述了发文背景、根据、目的、意义，目的明确，在写作过程中必须做到有针对性，理由充分。

● 具体意见

具体意见这部分主要阐明见解、建议和解决办法，包括指导思想、工作原则、具体措施、办法和要求等。如果具体意见部分事项多，经常采用条款式写法。

● 落实要求

落实要求这部分常用“以上意见供领导决策参考”“以上意见供参考”“以上意见如无不妥，请批转各地执行”“以上意见，请结合实际情况贯彻执行”等惯用语来结束。

● 结尾

结尾一般包括实施时间、解释权归属、原有意见的废止等内容。有时候也可省去不写。

3. 落款

正文的右下方标注发文机关署名和成文日期，并加盖印章。成文日期也可标注在标题正下方，用圆括号括入。意见由通知转发，则发文机关和日期见通知，此种情形下，意见可不需落款。

三、写作注意事项

1. 要有针对性

应围绕一个主题，将一项工作或问题讲清楚，忌主题分散。要符合党和国家的方针政策、法律法规。针对具体问题，从实际出发，提出切实可行的方法措施。

2. 要有可行性

意见要具体明确；措施或办法要结合实际，切实可行。

3. 要注重时效性

时效性主要是指意见的行文要及时。

4. 结构要严谨，措词要得体

上行意见要谦敬，平行意见要谦和，下行意见要严肃。

四、直接指导型意见

直接指导型意见是指领导机关直接对重要问题发表意见，用以指导

下级的工作。不过一般而言，“意见”的内容更具有原则性、方向性，有时不像原来“指示”（已经废止不用）那么具体。

下级机关在贯彻执行意见时，不能打折扣，但在具体方法上，可以根据本地区本部门的情况灵活处理。

直接指导型意见范例

中共中央　国务院关于加强和完善城乡社区治理的意见

（2017年6月12日）

城乡社区是社会治理的基本单元。城乡社区治理事关党和国家大政方针贯彻落实，事关居民群众切身利益，事关城乡基层和谐稳定。为实现党领导下的政府治理和社会调节、居民自治良性互动，全面提升城乡社区治理法治化、科学化、精细化水平和组织化程度，促进城乡社区治理体系和治理能力现代化，现就加强和完善城乡社区治理提出以下意见。

一、总体要求

（一）指导思想。全面贯彻党的十八大和十八届三中、四中、五中、六中全会精神，坚持以邓小平理论、“三个代表”重要思想、科学发展观为指导，深入贯彻习近平总书记系列重要讲话精神和治国理政新理念新思想新战略，紧紧围绕统筹推进“五位一体”总体布局和协调推进“四个全面”战略布局，坚持以基层党组织建设为关键、政府治理为主导、居民需求为导向、改革创新为动力，健全体系、整合资源、增强能力，完善城乡社区治理体制，努力把城乡社区建设成为和谐有序、绿色文明、创新包容、共建共享的幸福家园，为实现“两个一百年”奋斗目标和中华民族伟大复兴的中国梦提供可靠保证。

（二）基本原则。

——坚持党的领导，固本强基。加强党对城乡社区治理工作的领导，推进城乡社区基层党组织建设，切实发挥基层党组织领导核心作用，带领群众坚定不移贯彻党的理论和路线方针政策，确保城乡社区治理始终保持正确政治方向。

——坚持以人为本，服务居民。坚持以人民为中心的发展思想，把服务居民、造福居民作为城乡社区治理的出发点和落脚点，坚持依靠居民、依法有序组织居民群众参与社区治理，实现人人参与、人人尽力、人人共享。

——坚持改革创新，依法治理。强化问题导向和底线思维，积极推进城乡社区治理理论创新、实践创新、制度创新。弘扬社会主义法治精神，坚持运用法治思维和法治方式推进改革，建立惩恶扬善长效机制，破解城乡社区治理难题。

——坚持城乡统筹，协调发展。适应城乡发展一体化和基本公共服务均等化要求，促进公共资源在城乡间均衡配置。统筹谋划城乡社区治理工作，注重以城带乡、以乡促城、优势互补、共同提高，促进城乡社区治理协调发展。

——坚持因地制宜，突出特色。推动各地立足自身资源禀赋、基础条件、人文特色等实际，确定加强和完善城乡社区治理的发展思路和推进策略，实现顶层设计和基层实践有机结合，加快形成既有共性又有特色的城乡社区治理模式。

（三）总体目标。到2020年，基本形成基层党组织领导、基层政府主导的多方参与、共同治理的城乡社区治理体系，城乡社区治理体制更加完善，城乡社区治理能力显著提升，城乡社区公共服务、公共管理、公共安全得到有效保障。再过5到10年，城乡社区治理体制更加成熟定型，城乡社区治理能力更为精准全面，为夯实党的执政根基、巩固基层政权提供有力支撑，为推进国家治理体系和治理能力现代化奠定坚实基础。

二、健全完善城乡社区治理体系

（一）充分发挥基层党组织领导核心作用。把加强基层党的建设、巩固党的执政基础作为贯穿社会治理和基层建设的主线，以改革创新精神探索加强基层党的建设引领社会治理的路径。加强和改进街道（乡镇）、城乡社区党组织对社区各类组织和各项工作的领导，确保党的路线方针政策在城乡社区全面贯彻落实。推动管理和服务力量下沉，引导基层党组织强化政治功能，聚焦主业主责，推动街道（乡镇）党（工）委把工作重心转移到基层党组织建设上来，转移到做好公共服务、公共管理、公共安全工作上来，转移到为经济社会发展提供良好公共环境上来。加强社区服务型党组织建设，着力提升服务能力和水平，更好地服务改革、服务发展、服务民生、服务群众、服务党员。继续推进街道（乡镇）、城乡社区与驻社区单位共建互补，深入拓展区域化党建。扩大城市新兴领域党建工作覆盖，推进商务楼宇、各类园区、商圈市场、网络媒体等的党建覆盖。健全社区党组织领导基层群众性自治组织开展工作的相关制度，依法组织居民开展自治，及时帮助解决基层群众自治中存在的困难和问题。加强城乡社区党风廉政建设，推动全面从严治党向城乡社区延伸，切实解决居民群众身边的腐败问题。

（二）有效发挥基层政府主导作用。各省（自治区、直辖市）按照条块结合、以块为主的原则，制定区县职能部门、街道办事处（乡镇政府）在社区治理方面的权责清单；依法厘清街道办事处（乡镇政府）和基层群众性自治组织权责边界，明确基层群众性自治组织承担的社区工作事项清单以及协助政府的社区工作事项清单；上述社区工作事项之外的其他事项，街道办事处（乡镇政府）可通过向基层群众性自治组织等购买服务方式提供。建立街道办事处（乡镇政府）和基层群众性自治组织履职履约双向评价机制。基层政府要切实履行城乡社区治理主导职责，加强对城乡社区治理的政策支持、财力物力保障和能力建设指导，加强对基层群众性自治组织建设的指导规范，不断提高依法指导城乡社区治理的能力和水平。

（三）注重发挥基层群众性自治组织基础作用。进一步加强基层群众性自治组织规范化建设，合理确定其管辖范围和规模。促进基层群众自治与网格化服务管理有效衔接。加快工矿企业所在地、国有农（林）场、城市新建住宅区、流动人口聚居地的社区居民委员会组建工作。完善城乡社区民主选举制度，进一步规范民主选举程序，通过依法选举稳步提高城市社区居民委员会成员中本社区居民比例，切实保障外出务工农民民主选举权利。进一步增强基层群众性自治组织开展社区协商、服务社区居民的能力。建立健全居务监督委员会，推进居务公开和民主管理。充分发挥自治章程、村规民约、居民公约在城乡社区治理中的积极作用，弘扬公序良俗，促进法治、德治、自治有机融合。

（四）统筹发挥社会力量协同作用。制定完善孵化培育、人才引进、资金支持等扶持政策，落实税费优惠政策，大力发展在城乡社区开展纠纷调解、健康养老、教育培训、公益慈善、防灾减灾、文体娱乐、邻里互助、居民融入及农村生产技术服务等活动的社区社会组织和其他社会组织。推进社区、社会组织、社会工作“三社联动”，完善社区组织发现居民需求、统筹设计服务项目、支持社会组织承接、引导专业社会工作团队参与的工作体系。鼓励和支持建立社区老年协会，搭建老年人参与社区治理的平台。增强农村集体经济组织支持农村社区建设能力。积极引导驻社区机关企事业单位、其他社会力量和市场主体参与社区治理。

三、不断提升城乡社区治理水平

（一）增强社区居民参与能力。提高社区居民议事协商能力，凡涉及城乡社区公共利益的重大决策事项、关乎居民群众切身利益的实际困难问题和矛盾纠纷，原则上由社区党组织、基层群众性自治组织牵头，组织居民群众协商解决。支持和帮助居民群众养成协商意识、掌握协商方法、提高协商能力，推动形成既有民主又有集中、既尊重多数人意愿又保护少数人合法权益的城乡社区协商机制。探索将居民群众参与社区

治理、维护公共利益情况纳入社会信用体系。推动学校普及社区知识，参与社区治理。拓展流动人口有序参与居住地社区治理渠道，丰富流动人口社区生活，促进流动人口社区融入。

（二）提高社区服务供给能力。加快城乡社区公共服务体系建设，健全城乡社区服务机构，编制城乡社区公共服务指导目录，做好与城乡社区居民利益密切相关的劳动就业、社会保障、卫生计生、教育事业、社会服务、住房保障、文化体育、公共安全、公共法律服务、调解仲裁等公共服务事项。着力增加农村社区公共服务供给，促进城乡社区服务项目、标准相衔接，逐步实现均等化。将城乡社区服务纳入政府购买服务指导性目录，完善政府购买服务政策措施，按照有关规定选择承接主体。创新城乡社区公共服务供给方式，推行首问负责、一窗受理、全程代办、服务承诺等制度。提升城乡社区医疗卫生服务能力和水平，更好满足居民群众基本医疗卫生服务需求。探索建立社区公共空间综合利用机制，合理规划建设文化、体育、商业、物流等自助服务设施。积极开展以生产互助、养老互助、救济互助等为主要形式的农村社区互助活动。鼓励和引导各类市场主体参与社区服务业，支持供销合作社经营服务网点向城乡社区延伸。

（三）强化社区文化引领能力。以培育和践行社会主义核心价值观为根本，大力弘扬中华优秀传统文化，培育心口相传的城乡社区精神，增强居民群众的社区认同感、归属感、责任感和荣誉感。将社会主义核心价值观融入居民公约、村规民约，内化为居民群众的道德情感，外化为服务社会的自觉行动。重视发挥道德教化作用，建立健全社区道德评议机制，发现和宣传社区道德模范、好人好事，大力褒奖善行义举，用身边事教育身边人，引导社区居民崇德向善。组织居民群众开展文明家庭创建活动，发展社区志愿服务，倡导移风易俗，形成与邻为善、以邻为伴、守望相助的良好社区氛围。不断加强民族团结，建立各民族相互

嵌入式的社会结构和社区环境，创建民族团结进步示范社区。加强城乡社区公共文化服务体系建设，提升公共文化服务水平，因地制宜设置村史陈列、非物质文化遗产等特色文化展示设施，突出乡土特色、民族特色。积极发展社区教育，建立健全城乡一体的社区教育网络，推进学习型社区建设。

（四）增强社区依法办事能力。进一步加快城乡社区治理法治建设步伐，加快修订《中华人民共和国城市居民委员会组织法》，贯彻落实《中华人民共和国村民委员会组织法》，研究制定社区治理相关行政法规。有立法权的地方要结合当地实际，出台城乡社区治理地方性法规和地方政府规章。推进法治社区建设，发挥警官、法官、检察官、律师、公证员、基层法律服务工作者作用，深入开展法治宣传教育和法律进社区活动，推进覆盖城乡居民的公共法律服务体系建设。

（五）提升社区矛盾预防化解能力。完善利益表达机制，建立党代会代表、人大代表、政协委员联系社区制度，完善党员干部直接联系群众制度，引导群众理性合法表达利益诉求。完善心理疏导机制，依托社会工作服务机构等专业社会组织，加强对城乡社区社会救助对象、建档立卡贫困人口、困境儿童、精神障碍患者、社区服刑人员、刑满释放人员和留守儿童、妇女、老人等群体的人文关怀、精神慰藉和心理健康服务，重点加强老少边穷地区农村社区相关机制建设。完善矛盾纠纷调处机制，健全城乡社区人民调解组织网络，引导人民调解员、基层法律服务工作者、农村土地承包仲裁员、社会工作者、心理咨询师等专业队伍，在物业纠纷、农村土地承包经营纠纷、家事纠纷、邻里纠纷调解和信访化解等领域发挥积极作用。推进平安社区建设，依托社区综治中心，拓展网格化服务管理，加强城乡社区治安防控网建设，深化城乡社区警务战略，全面提高社区治安综合治理水平，防范打击黑恶势力扰乱基层治理。

（六）增强社区信息化应用能力。提高城乡社区信息基础设施和技术装备水平，加强一体化社区信息服务站、社区信息亭、社区信息服务自助终端等公益性信息服务设施建设。依托“互联网+政务服务”相关重点工程，加快城乡社区公共服务综合信息平台建设，实现一号申请、一窗受理、一网通办，强化“一门式”服务模式的社区应用。实施“互联网+社区”行动计划，加快互联网与社区治理和服务体系的深度融合，运用社区论坛、微博、微信、移动客户端等新媒体，引导社区居民密切日常交往、参与公共事务、开展协商活动、组织邻里互助，探索网络化社区治理和服务新模式。发展社区电子商务。按照分级分类推进新型智慧城市建设要求，务实推进智慧社区信息系统建设，积极开发智慧社区移动客户端，实现服务项目、资源和信息的多平台交互和多终端同步。加强农村社区信息化建设，结合信息进村入户和电子商务进农村综合示范，积极发展农产品销售等农民致富服务项目，积极实施“网络扶贫行动计划”，推动扶贫开发兜底政策落地。

四、着力补齐城乡社区治理短板

（一）改善社区人居环境。完善城乡社区基础设施，建立健全农村社区基础设施和公用设施的投资、建设、运行、管护和综合利用机制。加快城镇棚户区、城中村和危房改造。加强城乡社区环境综合治理，做好城市社区绿化美化净化、垃圾分类处理、噪声污染治理、水资源再生利用等工作，着力解决农村社区垃圾收集、污水排放、秸秆焚烧以及散埋乱葬等问题，广泛发动居民群众和驻社区机关企事业单位参与环保活动，建设资源节约型、环境友好型社区。推进健康城市和健康村镇建设。强化社区风险防范预案管理，加强社区应急避难场所建设，开展社区防灾减灾科普宣传教育，有序组织开展社区应对突发事件应急演练，提高对自然灾害、事故灾难、公共卫生事件、社会安全事件的预防和处置能力。加强消防宣传和消防治理，提高火灾事故防范和处置能力，推

进消防安全社区建设。

（二）加快社区综合服务设施建设。将城乡社区综合服务设施建设纳入当地国民经济和社会发展规划、城乡规划、土地利用规划等，按照每百户居民拥有综合服务设施面积不低于30平方米的标准，以新建、改造、购买、项目配套和整合共享等形式，逐步实现城乡社区综合服务设施全覆盖。加快贫困地区农村社区综合服务设施建设，率先推动易地搬迁安置区综合服务设施建设全覆盖。落实不动产统一登记制度，做好政府投资建设的城乡社区综合服务设施不动产登记服务工作。除国家另有规定外，所有以社区居民为对象的公共服务、志愿服务、专业社会工作服务，原则上在城乡社区综合服务设施中提供。创新城乡社区综合服务设施运营机制，通过居民群众协商管理、委托社会组织运营等方式，提高城乡社区综合服务设施利用率。落实城乡社区综合服务设施供暖、水电、燃气价格优惠政策。

（三）优化社区资源配置。组织开展城乡社区规划编制试点，落实城市总体规划要求，加强与控制详细规划、村庄规划衔接；发挥社区规划专业人才作用，广泛吸纳居民群众参与，科学确定社区发展项目、建设任务和资源需求。探索建立基层政府面向城乡社区的治理资源统筹机制，推动人财物和责权利对称下沉到城乡社区，增强城乡社区统筹使用人财物等资源的自主权。探索基层政府组织社区居民在社区资源配置公共政策决策和执行过程中，有序参与听证、开展民主评议的机制。建立机关企事业单位履行社区治理责任评价体系，推动机关企事业单位积极参与城乡社区服务、环境治理、社区治安综合治理等活动，面向城乡社区开放文化、教育、体育等活动设施。注重运用市场机制优化社区资源配置。

（四）推进社区减负增效。依据社区工作事项清单建立社区工作事项准入制度，应当由基层政府履行的法定职责，不得要求基层群众性自治组织承担，不得将基层群众性自治组织作为行政执法、拆迁拆违、

环境整治、城市管理、招商引资等事项的责任主体；依法需要基层群众性自治组织协助的工作事项，应当为其提供经费和必要工作条件。进一步清理规范基层政府各职能部门在社区设立的工作机构和加挂的各种牌子，精简社区会议和工作台账，全面清理基层政府各职能部门要求基层群众性自治组织出具的各类证明。实行基层政府统一对社区工作进行综合考核评比，各职能部门不再单独组织考核评比活动，取消对社区工作的“一票否决”事项。

（五）改进社区物业服务管理。加强社区党组织、社区居民委员会对业主委员会和物业服务企业的指导和监督，建立健全社区党组织、社区居民委员会、业主委员会和物业服务企业议事协调机制。探索在社区居民委员会下设环境和物业管理委员会，督促业主委员会和物业服务企业履行职责。探索完善业主委员会的职能，依法保护业主的合法权益。探索符合条件的社区居民委员会成员通过法定程序兼任业主委员会成员。探索在无物业管理的老旧小区依托社区居民委员会实行自治管理。有条件的地方应规范农村社区物业管理，研究制定物业管理费管理办法；探索在农村社区选聘物业服务企业，提供社区物业服务。探索建立社区微型消防站或志愿消防队。

五、强化组织保障

（一）完善领导体制和工作机制。各级党委和政府要把城乡社区治理工作纳入重要议事日程，完善党委和政府统一领导，有关部门和群团组织密切配合，社会力量广泛参与的城乡社区治理工作格局。完善中央层面城乡社区治理工作协调机制，地方各级党委和政府要建立健全相应工作机制，抓好统筹指导、组织协调、资源整合和督促检查。各省（自治区、直辖市）党委和政府要建立研究决定城乡社区治理工作重大事项制度，定期研究城乡社区治理工作。市县党委书记要认真履行第一责任人职责，街道党工委书记、乡镇党委书记要履行好直接责任人职

责。要把城乡社区治理工作纳入地方党政领导班子和领导干部政绩考核指标体系，纳入市县乡党委书记抓基层党建工作述职评议考核。逐步建立以社区居民满意度为主要衡量标准的社区治理评价体系和评价结果公开机制。

（二）加大资金投入力度。加大财政保障力度，统筹使用各级各部门投入城乡社区的符合条件的相关资金，提高资金使用效率，重点支持做好城乡社区治理各项工作。老少边穷地区应根据当地发展水平，统筹中央财政一般性转移支付等现有资金渠道，支持做好城乡社区建设工作。不断拓宽城乡社区治理资金筹集渠道，鼓励通过慈善捐赠、设立社区基金会等方式，引导社会资金投向城乡社区治理领域。创新城乡社区治理资金使用机制，有序引导居民群众参与确定资金使用方向和服务项目，全过程监督服务项目实施和资金使用。

（三）加强社区工作者队伍建设。将社区工作者队伍建设纳入国家和地方人才发展规划，地方要结合实际制定社区工作者队伍发展专项规划和社区工作者管理办法，把城乡社区党组织、基层群众性自治组织成员以及其他社区专职工作人员纳入社区工作者队伍统筹管理，建设一支素质优良的专业化社区工作者队伍。加强城乡社区党组织带头人队伍建设，选优配强社区党组织书记，加大从社区党组织书记中招录公务员和事业编制人员力度，注重把优秀社区党组织书记选拔到街道（乡镇）领导岗位，推动符合条件的社区党组织书记或班子成员通过依法选举担任基层群众性自治组织负责人或成员。社区专职工作人员由基层政府职能部门根据工作需要设岗招聘，街道办事处（乡镇政府）统一管理，社区组织统筹使用。加强对社区工作者的教育培训，提高其依法办事、执行政策和服务居民能力，支持其参加社会工作职业资格评价和学历教育等，对获得社会工作职业资格的给予职业津贴。加强社区工作者作风建设，建立群众满意度占主要权重的社区工作者评价机制，探索建立容错

纠错机制和奖惩机制，调动社区工作者实干创业、改革创新热情。

（四）完善政策标准体系和激励宣传机制。加强城乡社区治理工作理论政策研究，做好城乡社区发展规划编制工作，制定“三社联动”机制建设、政府购买城乡社区服务等相关配套政策。加快建立城乡社区治理标准体系，研究制定城乡社区组织、社区服务、社区信息化建设等方面基础通用标准、管理服务标准和设施设备配置标准。及时总结推广城乡社区治理先进经验，积极开展城市和谐社区建设、农村幸福社区建设示范创建活动和城乡社区结对共建活动，大力表彰先进城乡社区组织和优秀城乡社区工作者。充分发挥报刊、广播、电视等新闻媒体和网络新媒体作用，广泛宣传城乡社区治理创新做法和突出成效，营造全社会关心、支持、参与城乡社区治理的良好氛围。

各省（自治区、直辖市）要按照本意见精神，结合实际制定加强城乡社区治理工作的具体实施意见。各有关部门要根据本意见要求和职责分工，制定贯彻落实的具体措施。

五、批转执行型意见

这类“意见”是由职能部门提出，经领导机关同意，批转或转发各下级部门执行。因职能部门主管某一方面的工作，他们对这方面的工作比较熟悉，所以能经常对做好这方面的工作提出一些意见。但有些工作需要其他部门的配合，大家共同来做，而他们又无权指挥其他部门，在这样的情况下，他们只能把“意见”送交上级机关，经上级机关研究同意后，再批转或转发各部门执行。

这类“意见”虽由职能部门提出，但已经上级机关同意，所以各部门应把它当作上级的意见来贯彻执行，而不能讨价还价或拒不执行。

批转执行型意见范例

国务院批转国家发展改革委关于2017年深化经济体制改革重点工作意见的通知

国发〔2017〕27号

各省、自治区、直辖市人民政府，国务院各部委、各直属机构：

国务院同意国家发展改革委《关于2017年深化经济体制改革重点工作的意见》，现转发给你们，请认真贯彻执行。

国务院

2017年4月13日

（此件公开发布）

关于2017年深化经济体制改革重点工作的意见

国家发展改革委

2017年是实施“十三五”规划的重要一年，是供给侧结构性改革的深化之年，做好全年经济体制改革工作意义重大。根据中央全面深化改革领导小组年度重点工作安排和《政府工作报告》部署，现就2017年深化经济体制改革重点工作提出以下意见。

一、总体要求

在以习近平同志为核心的党中央领导下，高举中国特色社会主义伟大旗帜，全面贯彻党的十八大和十八届三中、四中、五中、六中全会精神，以邓小平理论、“三个代表”重要思想、科学发展观为指导，深入贯彻习近平总书记系列重要讲话精神和治国理政新理念新思想新战略，统筹推进“五位一体”总体布局和协调推进“四个全面”战略布局，坚持稳中求进工作总基调，牢固树立和贯彻落实新发展理念，适应把握引领经济发展新常态，坚持以提高发展质量和效益为中心，坚持宏观政策要稳、

产业政策要准、微观政策要活、改革政策要实、社会政策要托底的政策思路，坚持以推进供给侧结构性改革为主线，以有利于增添经济发展动力、有利于促进社会公平正义、有利于增强人民群众获得感、有利于调动广大干部群众积极性的改革为重点，持续深化经济体制改革。要坚持基本经济制度，坚持社会主义市场经济改革方向，坚持扩大开放，全面落实党的十八大以来党中央、国务院部署的改革任务，突出重点难点，突出抓好牵一发动全身的改革，推动改革精准落地，提高改革整体效能，扩大改革受益面，更好发挥改革牵引作用，更好解决经济社会发展面临的突出矛盾和问题，有效引导市场预期，增强内生发展动力，促进经济平稳健康发展和社会和谐稳定，以优异成绩迎接党的十九大胜利召开。

二、以供给侧结构性改革为主线持续深化经济体制改革

供给侧结构性改革的最终目的是满足需求，主攻方向是提高供给质量，根本途径是深化改革。要处理好政府和市场的关系、短期和长期的关系、减法和加法的关系、供给和需求的关系，加快推动各项改革落地。

用改革的办法深入推进“三去一降一补”，推动五大任务有实质性进展。扎实有效去产能。更多运用市场化法治化手段，持续推动钢铁、煤炭、煤电等行业化解过剩产能，严格执行环保、能耗、质量、安全等相关法律法规和标准，完善职工安置、债务处置、资产处理等政策及市场化退出机制，确保职工平稳转岗就业。因城施策去库存。把去库存和促进人口城镇化结合起来，坚持住房的居住属性，推进住房公积金制度改革，健全购租并举的住房制度，继续发展公租房等保障性住房，因地制宜、多种方式提高货币化安置比例，加快培育和发展住房租赁市场，加快建立和完善促进房地产市场平稳健康发展长效机制。积极稳妥去杠杆。把降低企业杠杆率作为重中之重，促进企业盘活存量资产，推进资产证券化，支持市场化法治化债转股，发展多层次资本市场，加大股权融资力度，强化企业特别是国有企业财务杠杆约束。多措并举降成本。

通过减轻企业税费负担、继续适当降低“五险一金”有关缴费比例、降低制度性交易成本、降低用能和物流成本等措施，持续综合施策降低实体经济企业成本。精准加力补短板。创新投融资体制，进一步放开基础产业和基础设施、公用事业、公共服务等领域，进一步放宽非公有制经济市场准入，加快提升公共服务、基础设施、创新发展、资源环境等支撑能力。深入实施精准扶贫精准脱贫，创新扶贫协作机制。

持续转变政府职能，坚持使市场在资源配置中起决定性作用和更好发挥政府作用。把简政放权、放管结合、优化服务改革作为供给侧结构性改革的重要内容，持续增加有效制度供给。围绕重点领域关键环节持续加大简政放权力度，做到该放则放、放而到位，降低实体经济特别是制造业的准入门槛，全面实行清单管理制度，减少政府的自由裁量权，增加市场的自主选择权。围绕营造公平竞争环境强化事中事后监管，完善社会信用体系，全面实施公平竞争审查制度，推动完善竞争有序的市场体系。围绕提高智能便捷、公平可及水平，优化政府服务，大力推行“互联网+政务服务”，让企业和群众更多感受到“放管服”改革成效，着力打通“最后一公里”。

增强市场主体活力，着力振兴实体经济。以提高质量、效益和竞争力为中心，坚持品牌引领升级，广泛开展质量提升行动，加强全面质量管理，健全优胜劣汰质量竞争机制，全面提高创新供给能力，以创新引领实体经济转型升级。推进国有企业和重点行业改革，打破行业垄断和地方保护，完善产权保护制度，激发和保护企业家精神。加快培育壮大经济发展新动能，制定新兴产业监管规则，引导和促进新兴产业健康发展，进一步激发市场活力和社会创造力，增强微观主体内生动力。大力改造提升传统产业，增强企业对市场需求变化的反应和调整能力，加强激励，鼓励创新，提高资源配置效率和全要素生产率。

保障和改善民生，推动实现共享发展。完善就业政策，优化收入分

配和社会保障体制机制，加快教育、医药卫生、文化、社会治理等领域改革，织密扎牢民生保障网，进一步提高社会事业和公共服务供给质量和水平，加快新型城镇化和城乡一体化体制创新，不断满足人民群众对美好生活的新期待。

三、深化“放管服”改革

以清单管理推动减权放权。制定国务院部门权力和责任清单，推进行政审批标准化、规范化。制定职业资格、行政审批中介服务、政府定价收费等方面清单。清理取消一批生产和服务许可证，加快向国际通行的产品认证管理转变。深化商事制度改革，制定企业设立后的经营许可清单，实行多证合一，扩大“证照分离”改革试点。加快扩大市场准入负面清单试点，为2018年全面实施市场准入负面清单制度创造条件。

完善事中事后监管制度。实现“双随机、一公开”监管全覆盖，加大事中事后监管力度，提高事中事后监管的针对性和有效性，保障市场公平竞争。推进综合行政执法，健全跨部门、跨区域执法协作机制。加快国务院部门和地方政府信息系统互联互通，形成全国统一政务服务平台。推进社会信用体系建设，充分发挥全国信用信息共享平台作用，建立健全政府部门间协同监管和联合奖惩机制，完善国家企业信用信息公示系统，加强信用监管。建立健全企业标准领跑者制度，大力培育发展团体标准，增加新兴产业标准供给，完善产品质量追溯体系，推动建立惩罚性赔偿制度。完善食品药品安全监管体制机制。

创新政府配置资源方式。落实关于创新政府配置资源方式的指导意见，深化全民所有自然资源资产有偿使用制度改革，建立公共资源目录清单，推动公共资源纳入统一平台交易，提高公共资源配置效率和效益。全面完成公务用车制度改革。

持续深化投融资体制改革。落实关于深化投融资体制改革的意见，在一定领域、区域内先行试点企业投资项目承诺制，发挥规划政策对投资的规范引导作用，探索创新以政策性条件引导、企业信用承诺、监管有效约束为核心的管理模式。出台政府投资条例。促进创业投资持续健康发展。大力推行政府和社会资本合作（PPP）模式。抓紧制定政府支持铁路等重大公益性基础设施建设和运营优惠政策。

深化价格改革。全面完成省级电网输配电价首轮改革试点，合理核定区域电网和跨省跨区电网输电价格，指导各地制定地方电网和新增配电网配电价格。深化天然气价格改革。全面推进农业水价综合改革。继续推进医疗服务价格改革，全面推开城市公立医院医药价格改革，深入开展按病种收费工作。制定出台普通旅客列车运输定价成本监审办法。深化道路客运、民航国内航线旅客票价改革。深入开展涉企收费清理规范。完善价格管理制度，修订政府定价行为规则、价格听证办法、行政事业性收费标准管理办法等规章制度。

四、深入推进国企国资改革

全面推进国企改革“1+N”文件落地见效。以提高国有企业质量和效益为中心，抓住关键环节实施突破，增强国有企业核心竞争力。基本完成国有企业公司制改革，探索在中央企业集团层面实行股权多元化，推进董事会建设，形成有效制衡的公司法人治理结构、灵活高效的市场化经营机制。深入推进中央企业兼并重组，持续推进国有企业瘦身健体、提质增效，进一步突出主业，抓紧剥离办社会职能，解决历史遗留问题。改善和加强国有资产监管，实现国有资产保值增值。加快推动国有资本投资、运营公司改革试点。坚持党管干部原则与董事会依法产生、董事会依法选择经营管理者、经营管理者依法行使用人权相结合，探索建立中央企业领导人员分类分层管理制度。研究制定改革国有企业工资决定机制的意见，启动国有企业职业经理人薪酬制度改革试点。制定实施深化东北地区国有企业改革专项工作方案。

深化国有企业混合所有制改革。按照完善治理、强化激励、突出主

业、提高效率的要求，深化混合所有制改革，在电力、石油、天然气、铁路、民航、电信、军工等领域迈出实质性步伐，严格规范混合所有制改革操作流程和审批程序，严格执行重大事项请示报告制度，在引入合格非国有战略投资者、完善法人治理结构、建立市场化激励约束机制和薪酬管理体系、探索实行国家特殊管理股制度、探索企业法人治理结构与党建工作有机结合的途径和方式等方面，形成可复制可推广的经验。指导推动各地积极稳妥开展混合所有制改革试点。在纳入首批试点的中央企业所属子企业和地方国有企业，规范推进国有控股混合所有制企业员工持股试点，成熟一户、开展一户，及时进行阶段性总结。支持非公有制企业、股权投资基金等各方参与国有企业混合所有制改革，主业处于充分竞争行业和领域的商业类国有企业，积极引入其他国有资本或各类非国有资本实现股权多元化，国有资本可以绝对控股、可以相对控股，也可以参股。

加大重点行业改革力度。加快推进电力体制改革，有序放开发用电计划，扩大电力市场化交易规模，完善可再生能源消纳保障机制，加快电力交易机构股份制改造，积极培育售电侧市场主体，深入开展增量配电业务改革试点。出台实施石油天然气体制改革方案，加快研究制定改革配套政策和专项方案。全面实施盐业体制改革，打破食盐生产批发经营区域限制，完善食盐储备和监管机制，保证食盐安全稳定供应。

五、加强产权保护制度建设

推动产权保护举措落地。落实关于完善产权保护制度依法保护产权的意见，抓紧总结一批产权保护方面的好案例，剖析一批侵害产权的案例，甄别纠正一批社会反映强烈的产权纠纷申诉案件。推动民法典编纂工作，清理有违公平的法律法规条款。落实关于加强政务诚信建设的指导意见，完善政府守信践诺机制。

激发和保护企业家精神。出台激发和保护企业家精神的意见，抓紧研究制定配套政策措施，加强对优秀企业家的社会荣誉激励，完善对企业家的优质高效务实服务，健全企业家容错帮扶机制。完善支持企业家专心创新创业的政策体系，支持企业家持续创新、转型发展。加强企业家精神的培育传承。

六、深化财税体制改革

加快推进财政事权和支出责任划分改革。落实关于推进中央与地方财政事权和支出责任划分改革的指导意见，争取在部分基本公共服务领域取得突破性进展。推进省以下相关领域财政事权和支出责任划分改革。制定中央和地方收入划分总体方案，研究提出健全地方税体系方案，进一步理顺中央与地方财政分配关系，发挥中央和地方两个积极性。

深化预算管理制度改革。加大财政支出优化整合力度，清理一般公共预算中以收定支事项。将中央国有资本经营预算调入一般公共预算的比例提高到22%。深入推进政府预决算公开。制定中央部门购买服务指导性目录。建立健全各类公共资源出让收益管理和监督制度体系。加快制定出台政府会计准则制度，开展政府财务报告编制试点。

改革完善税收制度。落实和完善全面推开营改增政策，简化增值税税率结构，由四档税率简并至三档。深化资源税改革，扩大水资源税改革试点范围。

七、推进金融体制改革

深入推进利率汇率市场化改革。加快完善利率市场化形成和调控机制，推动市场基准利率和收益率曲线建设，健全国债收益率曲线。进一步完善人民币汇率市场化形成机制，增强汇率弹性，保持人民币在全球货币体系中的稳定地位。稳妥有序推进人民币国际化。稳步推进企业外债登记制管理改革，建立健全宏观审慎管理框架下的外债和资本流动管理体系。

深化金融机构和金融监管体制改革。继续引导和支持大中型商业

银行设立普惠金融事业部，实行差别化考核评价办法和支持政策，做好小微企业和“三农”金融服务。推动大型商业银行完善现代金融企业制度。完善开发银行、政策性银行治理结构，合理划分业务范围，加强内部管控和外部监管。有序推动民营银行发展，支持符合规定条件的各类出资主体申请设立和投资入股非银行金融机构。推进农村信用社改革，强化服务“三农”功能。大力发展绿色金融。稳妥推进科技创新企业投贷联动试点。加快设立国家融资担保基金。积极稳妥推进金融监管体制改革，加强金融宏观审慎管理制度建设。推进统一资产管理产品标准规制。完善存款保险制度。

深化多层次资本市场改革。完善股票发行、交易和上市公司退市等基础性制度，积极发展创业板、新三板，规范发展区域性股权市场。积极配合修订证券法。修订上市公司治理准则。完善事中事后监管制度，从严从重打击资本市场的各类违法违规行为。完善债券市场基础设施，推进企业债券注册管理制改革，健全债券发行人信息披露制度，健全信用风险市场化处置机制。开展基础设施资产证券化试点。在严格控制试点规模和审慎稳妥前提下，稳步扩大银行不良资产证券化试点参与机构范围。

完善现代保险制度。加强农业保险制度建设，在部分地区对适度规模经营农户实施大灾保险，提高保险覆盖面和理赔标准，完善农业再保险体系。积极开发适应新型农业经营主体需求的保险品种，稳步开展价格保险、收入保险试点，逐步扩大“保险+期货”试点。推动地方开展覆盖洪水、台风等灾因的巨灾保险实践探索。拓宽保险资金支持实体经济和参与基础设施建设渠道。

八、完善城乡发展一体化体制机制

健全新型城镇化体制机制。深化户籍制度改革，落实人地挂钩、支持农业转移人口市民化财政政策，实现户籍人口城镇化率提高1个百分点以上，加快居住证制度全覆盖。推动各地有序扩大城镇学位供给，加快建立以居住证为主要依据的随迁子女入学政策。优化行政区划设置，推动一批具备条件的县和特大镇有序设市，出台市辖区设置标准。深入推进经济发达镇行政管理体制改革，构建符合基层政权定位、适应城镇化发展需要的新型行政管理体制。深入推进国家新型城镇化综合试点。推进建筑业改革发展。

深入推进农业供给侧结构性改革。积极稳妥推进粮食等重要农产品价格形成机制和收储制度改革，健全玉米市场化收购加补贴机制，坚持并完善稻谷、小麦最低收购价政策，完善棉花目标价格政策，调整大豆目标价格政策，促进农业结构调整优化。落实以绿色生态为导向的农业补贴制度，提高补贴政策指向性和精准性。改革财政支农投入机制，探索建立涉农资金统筹整合长效机制，将贫困县财政涉农资金整合试点推广到全部贫困县。出台实施完善粮食主产区利益补偿机制的意见。创新农业节水灌溉体制机制。

稳步推进农村集体产权制度改革。加快推进农村承包地确权登记颁证，扩大整省试点范围，细化和落实农村土地"三权分置"办法，培育新型农业经营主体和服务主体。开展土地经营权入股发展农业产业化经营试点。全面开展农村集体资产清产核资，明晰产权归属，稳妥有序、由点及面推进农村集体经营性资产股份合作制改革。扩大农村集体产权制度改革试点。统筹推进农村土地制度改革三项试点，形成可推广的改革成果。全面加快"房地一体"的农村宅基地和集体建设用地确权登记发证工作。稳妥推进农村承包土地的经营权和农民住房财产权抵押贷款试点。全面总结并推广成渝统筹城乡综合配套改革试验的经验做法。

九、健全创新驱动发展体制机制

建立健全科技创新激励机制。改革科技评价制度，制定出台科技人才评价、科研机构创新绩效评价、科研事业单位领导人员管理等改革文件，探索实行有别于行政机关和行政人员的科研机构和科研人员管理制

度，激发科技人员创新创业潜能和活力。完善科技成果转移转化体系。全面完成中央财政科技计划和资金管理改革，出台国家重点研发计划管理办法及配套制度。

完善创新创业支撑政策体系。深入推进全面创新改革试验，全面开展169项重大改革举措试点，在创新激励、知识产权、军民融合等方面形成一批改革经验并加快推广。再建设一批国家自主创新示范区、高新区，进一步深化国家自主创新示范区政策试点，进一步提升高新区创新发展能力。启动科技型中小企业评价工作。持续推进大众创业、万众创新，梳理一批成熟的“双创”模式和经验在全国范围内推广，新建一批“双创”示范基地，鼓励大企业和科研院所、高校设立专业化众创空间，提升科技企业孵化器和众创空间服务能力，打造面向大众的“双创”全程服务体系。开展知识产权综合管理改革试点，完善知识产权创造、保护和运用体系。开展新一轮服务业综合改革试点。

十、加快构建开放型经济新体制

创新外商投资管理体制。修订外商投资产业指导目录，进一步放宽服务业、制造业、采矿业外资准入。对外资全面实施准入前国民待遇加负面清单管理模式。高标准高水平建设自由贸易试验区，持续拓展自由贸易试验区改革开放试点深度和广度，在更大范围复制推广成熟经验。促进开发区改革和创新发展。

引导对外投资健康有序发展。扎实推进“一带一路”建设，加快陆上经济走廊和海上合作支点建设，构建沿线大通关合作机制。深化国际产能合作，带动我国装备、技术、标准、服务走出去。加快人民币海外合作基金筹建。完善对外投资管理制度，加强对外投资真实性审查，建立对外投资黑名单制度。

构建外贸可持续发展新机制。支持市场采购贸易、外贸综合服务企业发展，积极培育外贸发展新动能，推进服务贸易创新发展试点，设立服务贸易创新发展引导基金。鼓励扩大出口信用保险覆盖面，不断优化费率。推广国际贸易“单一窗口”，实现全国通关一体化和通关作业无纸化。

十一、大力推进社会体制改革

推动养老保险制度改革。改革和完善基本养老保险制度，制定划转部分国有资本充实社保基金实施方案，在健全激励约束机制、强化基金征缴等措施基础上，研究制定基本养老保险基金中央调剂制度方案。积极发展企业年金和职业年金，开展个人税收递延型商业养老保险试点。全面放开养老服务市场，推进老龄事业发展和养老体系建设，建立以居家为基础、社区为依托、机构为补充、医养结合的多层次养老服务体系，提高养老服务质量。

深入推进教育体制改革。深化考试招生制度改革，积极稳妥推进高考综合改革试点，完善普通高等教育招生计划编制办法，进一步缩小高考录取率省际差距。统一城乡义务教育学生“两免一补”政策，实现相关教育经费随学生流动可携带。强化教育督导，加强教师队伍建设。出台深化产教融合的政策措施，推动职业教育、高等教育与产业链、创新链要素创新融合。深入推进教育管办评分离。

深化医疗、医保、医药联动改革。全面推开城市公立医院综合改革，全部取消药品加成，推进现代医院管理制度建设。推进公立医院人事制度改革，创新机构编制管理，建立以公益性为导向的考核评价机制，开展公立医院薪酬制度改革试点。健全医疗保险稳定可持续筹资和报销比例调整机制，提高城乡居民医保财政补助标准，同步提高个人缴费标准，扩大用药保障范围。改进个人账户，开展门诊统筹。深化医保支付方式改革，推进基本医保全国联网和异地就医结算，基本实现异地安置退休人员和符合规定的转诊人员就医住院医疗费用直接结算。继续推进城乡居民医保制度整合和政策统一。开展生育保险和基本医疗保险合并实施试点。在85%以

上的地市开展分级诊疗试点和家庭签约服务，全面启动多种形式的医疗联合体建设试点。进一步改革完善药品生产流通使用政策，逐步推行公立医疗机构药品采购“两票制”。深化药品医疗器械审评审批制度改革。出台支持社会力量提供多层次多样化医疗服务的政策措施。

加快构建现代公共文化服务体系。坚持保基本、补短板，以县为单位全面落实基本公共文化服务标准，以标准化促进基本公共文化服务均等化。完善公共文化服务设施运管机制，创新公共文化服务供给方式，鼓励社会力量参与公共文化服务体系建设。

深化事业单位和社会组织改革。在事业单位分类的基础上，积极开展承担行政职能事业单位改革试点，稳步推进从事生产经营活动事业单位转企改制，建立健全与不同类别相适应的财政支持、财务、资产、收入分配、社会保障等配套政策，提高公益服务质量和效率。总结评估行业协会商会与行政机关脱钩改革试点经验，扩大试点范围，促进行业协会商会成为依法设立、自主办会、服务为本、治理规范、行为自律的社会组织。

十二、深化生态文明体制改革

完善主体功能区制度。研究提出完善主体功能区战略和制度的意见，调整修订主体功能区规划，推动形成陆域海域全覆盖的主体功能区布局。建立健全资源环境承载能力监测预警长效机制，开展长江经济带资源环境承载能力评价和预警。以主体功能区规划为基础统筹各类空间性规划，推进“多规合一”。编制国家级、省级国土规划。指导浙江、福建、广西等9省区开展省级空间规划试点，研究制定编制市县空间规划的意见。健全重点生态功能区产业准入负面清单制度。

深化生态文明建设试点示范。推进国家生态文明试验区建设，编制国家生态文明试验区（江西）实施方案和国家生态文明试验区（贵州）实施方案。健全国土空间用途管制制度，开展自然生态空间用途管制试点。稳步推进三江源、大熊猫、东北虎豹等9个国家公园体制试点，出台

国家公园体制总体方案。开展健全国家自然资源资产管理体制试点。

完善生态环境保护制度。加快建立覆盖所有固定污染源的控制污染物排放许可制。健全生态环境监测、环境保护督查制度。创新河湖管护体制机制，强化河湖执法监督，全面推行河长制。加强围填海管控和海岸线保护与利用管理，实施国家海洋督查制度。启动全国碳排放权交易市场。健全全面保护天然林制度，继续推进新一轮退耕还林还草和退耕还湿试点。

深入推进国有林场和国有林区改革。基本完成国有林场改革主要任务。因地制宜逐步推进国有林区政企分开，创新森林资源管护机制和监管体制。研究化解国有林场林区金融债务问题。

健全自然资源资产产权制度。继续推动自然资源产权制度改革。全面完成不动产统一登记工作，实现登记机构、登记簿册、登记依据和信息平台“四统一”。以不动产统一登记为基础开展自然资源统一确权登记试点。制定领导干部自然资源资产离任审计暂行规定。

十三、加强改革任务落实和总结评估

加强已出台改革方案督促落实。完善跨部门的统筹协调机制，健全改革落实责任制，充分调动地方和基层推动改革的积极性主动性。加强对国企国资、财税、金融、投资、土地、城镇化、社会保障、生态文明、对外开放等基础性重大改革的统筹推进，抓紧细化实施方案，打通政策落实的“最后一公里”，加强督查督办和工作考核，确保改革举措落实到位、取得实效。

加强对改革实施效果的评估。采取自评估、第三方评估、社会调查等方式开展改革效果评估。对评估和督查反映出来的问题，要列出清单，明确整改责任，限期挂账整改。对于改革推进过程中出现的新情况新问题，有针对性地提出解决办法，及时调整完善改革措施。

加强改革试点经验总结推广。支持鼓励地方和基层结合实际大胆闯大胆试，建立健全试点经验总结推广工作机制，对已开展的各类试点

进行认真总结，巩固改革试点成果。对经实践证明行之有效的经验和做法，及时加以总结并在更大范围推广。更多挖掘鲜活案例和典型样本，树立改革标杆，放大示范效应。

加强改革理论提炼创新。对党的十八大以来改革创新理论深入研究，在转变政府职能、基本经济制度新内涵、新的产权观、新型混合所有制经济理念、与现代国家治理体系相适应的现代财政制度等方面，总结提炼改革开放重大创新理论，更好发挥创新理论对深化改革的指导作用，引领改革开放实现新突破、取得新辉煌。

第十五节　公　报

公报具有权威性、指导性和新闻性。公报也称新闻公报，是党政机关和人民团体公开发布重大事项或重要决定的报道性公文，是党和国家经常使用的重要文种。公报是应用写作的重要文体之一。

一、公报的特点

1. 重要性

公报的发布机关级别很高，或者是以中央的名义，或者是以国家的名义，或者是以中央政府的名义。公报所涉及的内容，应是党内外、国内外普遍关心和瞩目的重大事项或重要决定。

2. 公开性

公报是公之于众的文件，无须保密，一般也没有主送机关、抄送机关，而是普告天下，一体周知。

3. 新闻性

公报的内容都是新近发生的事件或新近作出的决定，属于人民群众

关心、应知而未知的事项，要求制作和发布迅速、及时，因此又具有新闻性特点。

二、公报的写作

公报包括首部、正文和尾部三部分。

1. 首部

公报的写作包括标题和成文日期。

● 标题

公报的标题常见的有三种形式。

第一种是直接写文种《新闻公报》；

第二种是由会议名称和文种构成；

第三种是联合公报，由发表公报的双方或多方国家的简称、事由、文种构成。

● 成文日期

用括号在标题之下正中位置注明公报发布的日期。

2. 正文

正文包括开头和主体两部分。

● 开头

开头即前言部分。事件性公报要求用最鲜明、最精练的语言概述事件的核心内容，即何时、何地、发生了什么重大事件；会议性公报要求概述会议的名称、时间、地点、参加人员等；联合公报要求概述公报的来由，即在何时、何地、谁与谁举行了什么会谈或谁对谁进行了什么性质的访问等。

● 主体

主体是公报的核心内容，要求把公报的内容完整、系统、有序地表达清楚。

常见的有三种写作形式：

第一种是分段式，即每段说明一层意思或一项决定；

第二种是序号式，多用于内容复杂、问题头绪较多的公报；

第三种是条款式，多用于联合公报。

3. 尾部

事件性公报和会议性公报一般没有尾部；联合公报要在正文之后写明双方签署人的身份、姓名、日期，并写明签署地点。

三、会议公报

会议公报是用以报道重要会议或会谈的决定和情报的公报。这种公报一般用于党中央召开的会议。

会议公报范例

中国共产党第十八届中央委员会第六次全体会议公报

（2016年10月27日中国共产党第十八届中央委员会第六次全体会议通过）

中国共产党第十八届中央委员会第六次全体会议，于2016年10月24日至27日在北京举行。

出席这次全会的有，中央委员197人，候补中央委员151人。中央纪律检查委员会委员和有关方面负责同志列席会议。党的十八大代表中部分基层同志和专家学者也列席会议。

全会由中央政治局主持。中央委员会总书记习近平作了重要讲话。

全会听取和讨论了习近平受中央政治局委托作的工作报告，审议通过了《关于新形势下党内政治生活的若干准则》和《中国共产党党内监督条例》，审议通过了《关于召开党的第十九次全国代表大会的决议》。习近平就《准则（讨论稿）》和《条例（讨论稿）》向全会作了说明。

全会充分肯定党的十八届五中全会以来中央政治局的工作。一致认为，面对复杂的国际国内形势，中央政治局高举中国特色社会主义伟大旗帜，坚持以马克思列宁主义、毛泽东思想、邓小平理论、“三个代表”重要思想、科学发展观为指导，全面贯彻党的十八大和十八届三中、四中、五中全会精神，深入贯彻习近平总书记系列重要讲话精神和治国理政新理念新思想新战略，把握时代大势，回应实践要求，团结带领全党全国各族人民同心协力、苦干实干，统筹推进“五位一体”总体布局和协调推进“四个全面”战略布局，开展“两学一做”学习教育，推动全面深化改革、供给侧结构性改革、国防和军队改革迈出重大步伐，党和国家各项工作取得新的重大进展。

全会高度评价全面从严治党取得的成就，认为党的十八大以来，以习近平同志为核心的党中央身体力行、率先垂范，坚定推进全面从严治党，坚持思想建党和制度治党紧密结合，集中整饬党风，严厉惩治腐败，净化党内政治生态，党内政治生活展现新气象，赢得了党心民心，为开创党和国家事业新局面提供了重要保证。

全会总结了我们党开展党内政治生活的历史经验，分析了全面从严治党面临的形势和任务，认为办好中国的事情，关键在党，关键在党要管党、从严治党。党要管党必须从党内政治生活管起，从严治党必须从党内政治生活严起。为更好进行具有许多新的历史特点的伟大斗争、推进党的建设新的伟大工程、推进中国特色社会主义伟大事业，经受“四大考验”、克服“四种危险”，有必要制定一部新形势下党内政治生活的准则。

全会强调，新形势下加强和规范党内政治生活，必须以党章为根本遵循，坚持党的政治路线、思想路线、组织路线、群众路线，着力增强党内政治生活的政治性、时代性、原则性、战斗性，着力增强党自我净化、自我完善、自我革新、自我提高能力，着力提高党的领导水平和执

政水平、增强拒腐防变和抵御风险能力，着力维护党中央权威、保证党的团结统一、保持党的先进性和纯洁性，努力在全党形成又有集中又有民主、又有纪律又有自由、又有统一意志又有个人心情舒畅生动活泼的政治局面。

全会强调，新形势下加强和规范党内政治生活，重点是各级领导机关和领导干部，关键是高级干部特别是中央委员会、中央政治局、中央政治局常务委员会的组成人员。高级干部特别是中央领导层组成人员必须以身作则，模范遵守党章党规，严守党的政治纪律和政治规矩，坚持不忘初心、继续前进，坚持率先垂范、以上率下，为全党全社会作出示范。

全会提出，共产主义远大理想和中国特色社会主义共同理想，是中国共产党人的精神支柱和政治灵魂，也是保持党的团结统一的思想基础。必须把坚定理想信念作为开展党内政治生活的首要任务。全党同志必须把对马克思主义的信仰、对社会主义和共产主义的信念作为毕生追求，坚定对中国特色社会主义的道路自信、理论自信、制度自信、文化自信。领导干部特别是高级干部要以实际行动让党员和群众感受到理想信念的强大力量。全党必须毫不动摇坚持马克思主义指导思想，党的各级组织必须坚持不懈抓好理论武装，广大党员、干部特别是高级干部必须自觉抓好学习、增强党性修养。

全会提出，党在社会主义初级阶段的基本路线是党和国家的生命线、人民的幸福线，也是党内政治生活正常开展的根本保证。必须全面贯彻执行党的基本路线，把以经济建设为中心同坚持四项基本原则、坚持改革开放这两个基本点统一于中国特色社会主义伟大实践，任何时候都不能有丝毫偏离和动摇。全党必须聚精会神抓好发展这个党执政兴国的第一要务。坚持四项基本原则，根本是坚持党的领导，坚持中国特色社会主义道路、中国特色社会主义理论体系、中国特色社会主义制度、中国特色社会主义文化。必须勇于推进理论创新、实践创新、制度创新、文化创新以及其他各方面创新，坚定不移实施对外开放基本国策。必须把坚持党的思想路线贯穿于执行党的基本路线全过程，在实践中检验真理和发展真理，不断推进马克思主义中国化。考察识别干部特别是高级干部必须首先看是否坚定不移贯彻党的基本路线。党员、干部特别是高级干部在大是大非面前不能态度暧昧，不能动摇基本政治立场，不能被错误言论所左右。

全会提出，坚决维护党中央权威、保证全党令行禁止，是党和国家前途命运所系，是全国各族人民根本利益所在，也是加强和规范党内政治生活的重要目的。坚持党的领导，首先是坚持党中央的集中统一领导。一个国家、一个政党，领导核心至关重要。全党必须自觉在思想上政治上行动上同党中央保持高度一致。党的各级组织、全体党员特别是高级干部都要向党中央看齐，向党的理论和路线方针政策看齐，向党中央决策部署看齐，做到党中央提倡的坚决响应、党中央决定的坚决执行、党中央禁止的坚决不做。

全会提出，纪律严明是全党统一意志、统一行动、步调一致前进的重要保障，是党内政治生活的重要内容。必须严明党的纪律，把纪律挺在前面，用铁的纪律从严治党。坚持纪律面前一律平等，遵守纪律没有特权，执行纪律没有例外，党内决不允许存在不受纪律约束的特殊组织和特殊党员。党的各级组织和全体党员必须对党忠诚老实、光明磊落，说老实话、办老实事、做老实人，如实向党反映和报告情况，反对搞两面派、做“两面人”，反对弄虚作假、虚报浮夸，反对隐瞒实情、报喜不报忧。领导机关和领导干部不准以任何理由和名义纵容、唆使、暗示或强迫下级说假话。党内不准搞拉拉扯扯、吹吹拍拍、阿谀奉承。对领导人的宣传要实事求是，禁止吹捧。党的各级组织必须担负起执行和维护政治纪律和政治规矩的责任，坚决防止和纠正执行纪律宽松软的问题。

全会提出，我们党来自人民，失去人民拥护和支持，党就会失去

根基。必须把坚持全心全意为人民服务的根本宗旨、保持党同人民群众的血肉联系作为加强和规范党内政治生活的根本要求。全党必须贯彻党的群众路线，为群众办实事、解难事，当好人民公仆。坚持问政于民、问需于民、问计于民，决不允许在群众面前自以为是、盛气凌人，决不允许当官做老爷、漠视群众疾苦，更不允许欺压群众、损害和侵占群众利益。必须坚决反对形式主义、官僚主义、享乐主义和奢靡之风。各级领导干部必须深入实际、深入基层、深入群众，多到条件艰苦、情况复杂、矛盾突出的地方解决问题，千方百计为群众排忧解难。对一切搞劳民伤财的“形象工程”和“政绩工程”的行为，要严肃问责追责，依纪依法处理。

全会提出，民主集中制是党的根本组织原则，是党内政治生活正常开展的重要制度保障。坚持集体领导制度，实行集体领导和个人分工负责相结合，是民主集中制的重要组成部分，必须始终坚持，任何组织和个人在任何情况下都不允许以任何理由违反这项制度。各级党委（党组）必须坚持集体领导制度，领导班子成员必须增强全局观念和责任意识，党委（党组）主要负责同志必须发扬民主、善于集中、敢于担责，领导班子成员必须坚决执行党组织决定。

全会提出，党内民主是党的生命，是党内政治生活积极健康的重要基础。党内决策、执行、监督等工作必须执行党章党规确定的民主原则和程序，任何党组织和个人都不得压制党内民主、破坏党内民主。中央委员会、中央政治局、中央政治局常务委员会和党的各级委员会作出重大决策部署，必须深入开展调查研究，广泛听取各方面意见和建议。必须尊重党员主体地位、保障党员民主权利，落实党员知情权、参与权、选举权、监督权，保障全体党员平等享有党章规定的党员权利、履行党章规定的党员义务，坚持党内民主平等的同志关系，任何党组织和党员不得侵害党员民主权利。畅通党员参与讨论党内事务的途径，拓宽党员表达意见渠道，营造党内民主讨论的政治氛围。党员有权向党负责地揭发、检举党的任何组织和任何党员违纪违法的事实，提倡实名举报。

全会提出，坚持正确选人用人导向，是严肃党内政治生活的组织保证。选拔任用干部必须坚持德才兼备、以德为先，坚持五湖四海、任人唯贤，坚持信念坚定、为民服务、勤政务实、敢于担当、清正廉洁的好干部标准。党的各级组织必须自觉防范和纠正用人上的不正之风和种种偏向。党的各级组织要旗帜鲜明为敢于担当的干部担当，为敢于负责的干部负责。坚决禁止跑官要官、买官卖官、拉票贿选等行为，坚决禁止向党伸手要职务、要名誉、要待遇行为，坚决禁止向党组织讨价还价、不服从组织决定的行为。任何人都不准把党的干部当作私有财产，党内不准搞人身依附关系。规范和纯洁党内同志交往，领导干部对党员不能颐指气使，党员对领导干部不能阿谀奉承。建立容错纠错机制，宽容干部在工作中特别是改革创新中的失误。

全会提出，党的组织生活是党内政治生活的重要内容和载体，是党组织对党员进行教育管理监督的重要形式。必须坚持党的组织生活各项制度，创新方式方法，增强党的组织生活活力。全体党员、干部特别是高级干部必须增强党的意识，时刻牢记自己第一身份是党员。要坚持“三会一课”制度，坚持民主生活会和组织生活会制度，坚持谈心谈话制度，坚持对党员进行民主评议。领导干部必须强化组织观念，工作中的重大问题和个人有关事项必须按规定按程序向组织请示报告。

全会提出，批评和自我批评是我们党强身治病、保持肌体健康的锐利武器，也是加强和规范党内政治生活的重要手段，必须坚持不懈把批评和自我批评这个武器用好。批评和自我批评必须坚持实事求是，讲党性不讲私情、讲真理不讲面子。党员、干部必须严于自我解剖，对发现的问题要深入剖析原因，认真整改。党的领导机关和领导干部对各种不同意见都必须听取，领导干部特别是高级干部必须带头从谏如流、敢于

直言。

全会提出，监督是权力正确运行的根本保证，是加强和规范党内政治生活的重要举措。必须加强对领导干部的监督，党内不允许有不受制约的权力，也不允许有不受监督的特殊党员。要完善权力运行制约和监督机制，形成有权必有责、用权必担责、滥权必追责的制度安排。党的各级组织和领导干部必须在宪法法律范围内活动，决不能以言代法、以权压法、徇私枉法。对涉及违纪违法行为的举报，对党员反映的问题，任何党组织和领导干部都不准隐瞒不报、拖延不办。涉及所反映问题的领导干部应该回避，不准干预或插手组织调查。

全会提出，建设廉洁政治，坚决反对腐败，是加强和规范党内政治生活的重要任务。必须筑牢拒腐防变的思想防线和制度防线，着力构建不敢腐、不能腐、不想腐的体制机制。领导干部特别是高级干部必须带头践行社会主义核心价值观，讲修养、讲道德、讲诚信、讲廉耻。各级领导干部是人民公仆，没有搞特殊化的权利，要带头执行廉洁自律准则，自觉同特权思想和特权现象作斗争，注重家庭、家教、家风，教育管理好亲属和身边工作人员。禁止利用职权或影响力为家属亲友谋求特殊照顾，禁止领导干部家属亲友插手领导干部职权范围内的工作、插手人事安排。要坚持有腐必反、有贪必肃，坚持无禁区、全覆盖、零容忍，党内决不允许有腐败分子藏身之地。

全会强调，党内监督要以马克思列宁主义、毛泽东思想、邓小平理论、“三个代表”重要思想、科学发展观为指导，深入贯彻习近平总书记系列重要讲话精神，围绕统筹推进“五位一体”总体布局和协调推进“四个全面”战略布局，尊崇党章，依规治党，坚持党内监督和人民群众监督相结合，增强党在长期执政条件下自我净化、自我完善、自我革新、自我提高能力。

全会指出，党内监督没有禁区、没有例外。各级党组织应当把信任

激励同严格监督结合起来，促使党的领导干部做到有权必有责、有责要担当，用权受监督、失责必追究。党内监督要贯彻民主集中制，依规依纪进行，强化自上而下的组织监督，改进自下而上的民主监督，发挥同级相互监督作用。

全会强调，党内监督的任务是确保党章党规党纪在全党有效执行，维护党的团结统一，重点解决党的领导弱化、党的建设缺失、全面从严治党不力，党的观念淡漠、组织涣散、纪律松弛，管党治党宽松软问题，保证党的组织充分履行职能、发挥核心作用，保证全体党员发挥先锋模范作用，保证党的领导干部忠诚干净担当。党内监督的主要内容是遵守党章党规和国家宪法法律，维护党中央集中统一领导，坚持民主集中制，落实全面从严治党责任，落实中央八项规定精神，坚持党的干部标准，廉洁自律、秉公用权，完成党中央和上级党组织部署的任务等情况。

全会指出，党内监督的重点对象是党的领导机关和领导干部特别是主要领导干部。要建立健全党中央统一领导，党委（党组）全面监督，纪律检查机关专责监督，党的工作部门职能监督，党的基层组织日常监督，党员民主监督的党内监督体系。

全会强调，党的中央委员会、中央政治局、中央政治局常务委员会全面领导党内监督工作。党委（党组）在党内监督中负主体责任，书记是第一责任人，党委常委会委员（党组成员）和党委委员在职责范围内履行监督职责。党的各级纪律检查委员会要履行监督执纪问责职责。党的工作部门要加强职责范围内党内监督工作。党的基层组织要监督党员切实履行义务，维护和执行党的纪律。党员要积极行使党员权利，加强对党的领导干部的民主监督。

全会强调，各级党委应当支持和保证同级人大、政府、监察机关、司法机关等对国家机关及公职人员依法进行监督，人民政协依章程进行

民主监督，审计机关依法进行审计监督。要支持民主党派履行监督职能，重视民主党派和无党派人士提出的意见、批评、建议。要认真对待、自觉接受社会监督。

全会强调，加强和规范党内政治生活、加强党内监督是全党的共同任务，必须全党一起动手。各级党委（党组）要全面履行领导责任，着力解决突出问题，把加强和规范党内政治生活、加强党内监督各项任务落到实处。

全会决定，中国共产党第十九次全国代表大会于2017年下半年在北京召开。全会认为，召开党的十九大是党和国家政治生活中的一件大事，全党要全面贯彻党的十八大和十八届三中、四中、五中、六中全会精神，团结带领全国各族人民，坚定信心，奋发进取，进一步做好党和国家各项工作，特别是要切实做好思想理论准备工作、组织准备工作、经济社会发展工作、意识形态工作，切实维护社会和谐稳定，以优异成绩迎接党的十九大召开。

全会按照党章规定，决定递补中央委员会候补委员赵宪庚、咸辉为中央委员会委员。

全会审议并通过了中共中央纪律检查委员会关于王珉、吕锡文严重违纪问题的审查报告，审议并通过了中共中央军事委员会关于范长秘、牛志忠严重违纪问题的审查报告，确认中央政治局之前作出的给予王珉、吕锡文、范长秘、牛志忠开除党籍的处分。

全会号召，全党同志紧密团结在以习近平同志为核心的党中央周围，全面深入贯彻本次全会精神，牢固树立政治意识、大局意识、核心意识、看齐意识，坚定不移维护党中央权威和党中央集中统一领导，继续推进全面从严治党，共同营造风清气正的政治生态，确保党团结带领人民不断开创中国特色社会主义事业新局面。

四、事项公报

事项公报是指党的高级领导机关用以发布重大情况、重要事件的文件。高层行政机关、部门向人民群众公布重大决策、重要事项或重大措施时有时也沿用此类公报。

事项公报范例

中国作家协会公报

〔2017〕第3号

2017年度重点作品扶持工作收到申报选题377项。经专家论证和中国作家协会书记处审核，确定76项选题入选：长篇小说30项，报告文学、纪实文学20项，诗歌3项，散文7项，儿童文学4项，网络文学10项，理论评论2项。其中“迎接庆祝党的十九大胜利召开”主题专项8项，“中国梦”主题专项23项。

现予公布。

中国作家协会

2017年6月9日

2017年中国作家协会重点作品扶持选题名单（略）

（排序不分先后）

五、联合公报

联合公报是一种特殊用途的公报，用以发布国家之间、政党之间、团体之间经过会议达成的某种协议，如《中俄联合公报》。

联合公报范例

中国和巴拿马关于建立外交关系的联合公报

（2017年6月14日）

中华人民共和国和巴拿马共和国，根据两国人民的利益和愿望，兹决定自公报签署之日起相互承认并建立大使级外交关系。

两国政府同意在互相尊重主权和领土完整、互不侵犯、互不干涉内政、平等互利、和平共处的原则基础上发展两国友好关系。

巴拿马共和国政府承认世界上只有一个中国，中华人民共和国政府是代表全中国的唯一合法政府，台湾是中国领土不可分割的一部分。巴拿马共和国政府即日断绝同台湾的“外交关系”，并承诺不再同台湾发生任何官方关系，不进行任何官方往来。中华人民共和国政府对巴拿马共和国政府的上述立场表示赞赏。

中华人民共和国政府和巴拿马共和国政府商定，将根据1961年《维也纳外交关系公约》规定和国际惯例，尽早互派大使，并在对等基础上在各自首都为对方设立使馆和履行职务提供一切必要的协助。

双方签署代表受各自政府授权，于二〇一七年六月十三日在北京签署公报中文、西班牙文文本一式两份，两种文本同等作准。

中华人民共和国代表　　　　巴拿马共和国代表

王毅　　　　伊莎贝尔·德圣马洛

计划类文书写作要点与范例

第一节 工作要点

工作要点是，以简明的文字，扼要地反映某一单位未来某一时期内的工作、计划的“要点”时所使用的公文。

一、工作要点的特点

工作要点除具有计划类文书的某些特点外，还有以下两个特点。

1. 指导性强，具有针对性

工作要点集中反映工作计划中最重要的部分，且语言简练、概括、简明扼要，具有很强的针对性。

2. 行文灵活，约束性不强

工作要点可以根据实际需求对内容进行增减取舍，或是变换；层次之间可以进行跳跃变动；思路不必很严谨，可以产生相应的跨度；同时，格式也不要求十分完善。

二、工作要点的写作

1. 标题

工作要点的标题一般由单位、时间和文种三部分构成。如《××省××市××局××××年工作要点》。

2. 主送单位

工作要点是机关工作主要之点，大部分属于机关内部的普发性公文。因此，这类公文一般不写受文单位。

3. 正文

工作要点的正文部分有的有前言部分，有的没有。前言部分的存在主要是写明制定工作要点的目的、依据、方针或者任务要求、指导思想等。并且这部分行文长短按照具体的情况而定，一般写作时只需点到为止，不展开阐述，只需逐一列出工作要点的简要说明。

正文部分的具体内容一般包括两个方面，其一是提出一定时期内的奋斗目标，其二就是提出为实现目标而制定的工作要点和主要措施。这两部分可以分开阐述，用小标题标明；也可以不分开阐述，采用承上启下的过渡句进行衔接。在表达方式上，一般采用分项，一般一项讲述一个问题，并用序号进行排序。

4. 结尾

如果工作要点的标题中没有显示制定单位，标题下面也没有标明制定日期，则正文的右下方要写明制定单位和制定日期。如果在标题中已有制定单位，则在此结尾部分可以省略不写。

三、写作注意事项

1. 内容高度概括，既包括全盘工作，又突出重点任务；不展开观点，只择其要者而述之，语言朴素准确；条理清楚，层次分明；既有定性要求，也有定量指标。

2. 措施有创新性、可操作性，简明实用。

3. 每个事项的做法、程序、要求都交代清楚。

四、部门工作要点

部门工作要点范例

2017年全国打击侵犯知识产权和制售假冒伪劣商品工作要点

2017年，全国打击侵犯知识产权和制售假冒伪劣商品工作要认真贯彻党的十八大和十八届三中、四中、五中、六中全会精神，认真落实党中央、国务院决策部署，结合推进供给侧结构性改革，依法严厉打击影响知识产权保护、妨碍公平竞争和侵害消费者、权利人合法权益的侵权

假冒违法犯罪，打造法治化营商环境，为实施国家创新驱动发展战略、国家知识产权战略和《“十三五”国家知识产权保护和运用规划》，促进经济平稳健康发展与社会和谐稳定提供有力保障。

一、持续推进重点领域治理

（一）加大互联网领域侵权假冒治理力度。强化网上交易管理。开展2017网络市场监管专项行动，以打击侵权假冒、虚假宣传等违法行为为重点，提升协同管网水平。开展以消费品为重点的电子商务产品质量执法打假专项行动，进一步健全电子商务产品质量执法打假全国协查机制，加强追踪溯源和全链条打击。加强农村电子商务产品质量问题集中整治。加大互联网医疗监督管理力度。开展邮件、快件寄递渠道重点执法。（工业和信息化部、公安部、农业部、国家卫生计生委、海关总署、工商总局、质检总局、食品药品监管总局、国家网信办、国家邮政局按职责分工分别负责）加强网络侵权盗版治理。深入开展“剑网行动”，进一步加大网络文学、影视、动漫、教材等领域和电子商务、软件应用商店等平台版权整治力度，严格新闻作品转载使用，将新型传播方式纳入版权监管范围。组织查处违法违规互联网文化产品和经营单位。继续深入开展电子商务领域专利执法维权行动，健全电子商务领域专利执法维权机制。（工业和信息化部、公安部、文化部、工商总局、新闻出版广电总局、国家知识产权局、国家网信办按职责分工分别负责）强化交易平台监管。继续加强网站备案、网际协议地址（IP地址）、域名等基础管理，严格网络零售第三方平台交易规则备案管理。指导和督促电子商务平台切实落实主体责任，进一步完善内部管理制度，加强对网络经营者的资格审查，严格内容审核，研发应用技术措施，加强商品和营销信息监控，畅通举报处置渠道，提高自我管理能力。组织对网站完善内控管理情况进行督导检查验收，从源头上阻断有害信息发布传播渠道。（工业和信息化部、公安部、商务部、文化部、

工商总局、质检总局、新闻出版广电总局、国家网信办按职责分工分别负责）

（二）持续开展农村和城乡结合部市场治理。针对农村市场侵权假冒行为易发多发的情况，从生产源头、流通渠道、消费终端多管齐下，加强市场监管执法，严厉打击违法犯罪行为，净化农村市场环境。（公安部、农业部、商务部、工商总局、质检总局、食品药品监管总局、国家林业局、国家知识产权局、国家邮政局按职责分工分别负责）严厉打击制售假劣农资违法犯罪行为。深入开展红盾护农行动，依法加强农资市场监管。开展春、秋两季农资打假专项治理行动，加大大案要案查处和曝光力度。推动农产品质量安全例行监测、农资质量监督抽查和执法办案相结合，强化检测、监管、执法部门联动。严肃查处含量不合格、标识不规范、无证生产化肥农药以及非法添加违禁成分行为。（农业部、工业和信息化部、公安部、工商总局、质检总局、高检院、高法院按职责分工分别负责）组织开展全国林木种苗质量抽查，对持有林木种子经营许可证的企业开展“双随机”抽查。（国家林业局负责）

（三）深入开展中国制造海外形象维护“清风”行动。重点针对“一带一路”沿线国家和地区，突出进出口、重点专业市场、跨境电子商务等重点环节，加强部门执法协作，严厉打击跨境制售侵权假冒商品违法犯罪行为。加强进出口高风险货物监控，建立风险信息数据分析模型，提高打击精准度。加强对重点产品生产企业、输出重要商品的集散地和大型专业市场的监管，强化涉外展会、交易会的知识产权保护。充分发挥驻外经商机构和贸促会驻外代表处职能作用，加强对外沟通协调和对境外中资企业、商户的服务与教育引导。（工业和信息化部、公安部、农业部、商务部、海关总署、工商总局、质检总局、食品药品监管总局、国家知识产权局、国家网信办、国家邮政局、贸促会按职责分工分别负责）

二、大力加强商品质量日常监管

（四）加强重点产品管理。围绕群众普遍关心的事关生命健康、财产安全、环境保护的重点产品，深入开展“质检利剑”专项行动，严肃查处质量违法行为。（质检总局负责）进一步规范流通领域商品质量监管工作，积极开展商品质量监管执法，加强线上线下商品质量一体化监管。（工商总局负责）对假冒治疗慢性病药品、无证医疗器械和假冒知名化妆品等重点产品，加大打击力度，坚决查处一批典型案件。积极拓展案源，主动发现线索，严肃查处通过投诉举报、虚假广告监测等渠道发现的违法行为。（食品药品监管总局负责）开展“双随机”抽查，重点监管第一类消毒产品生产企业，加强对消毒剂、消毒器械、灭菌剂、灭菌器械等重点产品的抽检。（国家卫生计生委负责）加强车用燃油监管，重点加强车用汽柴油和普通柴油质量监管与专项检查，集中力量严肃查处生产、销售假劣车用油品行为，严厉打击黑加油站点。对非标油进行综合治理，加大道路运输环节稽查抽检力度。（国家发展改革委、公安部、环境保护部、商务部、国务院国资委、税务总局、工商总局、质检总局等按职责分工分别负责）

（五）加强重点区域治理。把区域集中整治作为质量和品牌提升行动的重要内容，创新管理理念和工作方式，完善治理机制，积极巩固整治成果，推进区域性质量问题集中整治深入开展。（质检总局负责）

（六）加强寄递环节监管。推动落实寄递渠道安全管理收寄验视、实名收寄、过机安检三项制度。加强市场监管执法检查，督促企业切实遵守寄递渠道安全管理各项规定，积极推进寄递渠道安全监管“绿盾”工程建设。（国家邮政局负责）

（七）强化无害化销毁。加大侵权假冒商品环境无害化销毁工作力度，确保将危险废物送到有资质的单位进行无害化销毁，防止二次污染。指导各地公布并定期更新本地具有环境无害化销毁能力的单位名录。（环境保护部牵头负责）探索建立假劣农资销毁长效机制，制定假劣农资统一储存和销毁办法。（农业部、环境保护部按职责分工分别负责）

三、加大打击侵犯知识产权工作力度

（八）依法处理侵犯专利权行为。深入开展知识产权执法维权专项行动，以食品、药品、医疗器械、环境保护等民生和高新技术相关领域为重点，进一步加大专利执法办案工作力度。增强专项行动的协同性，带动执法办案效率持续提升。（国家知识产权局牵头负责）

（九）加强商标行政执法。加大对驰名商标、地理标志、涉外商标和老字号商标的保护力度。协调查处重大仿冒侵权行为。将查处商标侵权假冒行为的监督检查和行政处罚信息纳入国家企业信用信息公示系统，加大失信惩戒力度。研究推进商标代理信用监管，提高商标代理行业服务水平。（工商总局牵头负责）

（十）加大版权保护工作力度。严肃查处侵权盗版行为，集中查处一批大案要案，加强重点产业专项保护。组织开展“秋风2017”专项行动，着力查缴盗版文学作品、少儿读物、教材教辅，从严查处高校及其周边复印店、培训机构擅自编印教材教辅行为。按照“双随机、一公开”要求，开展版权重点企业、印刷复制发行企业专项检查。（新闻出版广电总局牵头负责）对部分地区文化市场进行暗访抽查。（文化部负责）

（十一）深入推进软件正版化工作。持续开展政府机关软件正版化工作，推进正版化自查、软件采购、管理维护、年度报告、考核评议常态化。完善中央企业和大中型金融机构软件正版化工作长效机制，加快推进地方国有企业、中小金融机构和民营企业软件正版化工作。推进软件正版化与信息化建设相融合，加强技术手段应用，推进政府机关软件正版化督查全覆盖。扩大软件协议供货产品种类，加大推广应用国产软件力度，依法查处软件行业垄断和不正当竞争行为。加强新出厂计算机预装正版操作系统软件监管。贯彻落实《中央行政单位通用办公设备家

具配置标准》，完善软件采购和使用管理制度。（新闻出版广电总局牵头负责，工业和信息化部、财政部、国务院国资委、工商总局、国家知识产权局、国管局按职责分工负责）

（十二）加强植物新品种保护。组织开展打击制售侵权假冒种子种苗工作，继续开展打击农、林业植物新品种侵权行政执法活动。加强农业植物新品种测试体系建设，完成对林业植物新品种现有测试机构能力评估工作，提高植物新品种测试能力和侵权证据鉴定水平。（农业部、国家林业局按职责分工分别负责）

四、加强刑事打击与司法保护

（十三）加大刑事打击力度。以情报导侦带动全面打假，完善集群战役发起和组织模式以及“一体化”作战机制，强化集群战役攻势，对侵权假冒犯罪行为实施全链条打击。（公安部负责）

（十四）充分履行检察职能。重点办理一批情节严重、影响恶劣的侵权假冒犯罪案件，加强对重点案件、新型案件的研究和督办，适时公布打击侵权假冒参考案例。严查侵权假冒犯罪案件背后的玩忽职守、贪赃枉法、徇私舞弊等职务犯罪。（高检院负责）

（十五）加大司法保护力度。依法加强对侵权假冒重点行业和重点领域民事、刑事、行政案件的审判工作，加强指导监督，适时出台司法解释和司法政策性文件。推进知识产权民事、刑事、行政案件审判“三合一”改革，推进跨区域知识产权法庭建设。（高法院负责）

五、全面推进跨区域跨部门协作

（十六）推广区域协作经验。总结长三角、京津冀、泛珠三角地区开展区域间、部门间执法协作的做法与经验，及时向全国推广。健全联席会议、线索通报、证据移转、案件协查等制度，加强跨区域、跨部门综合执法、联合执法。（全国打击侵权假冒工作领导小组办公室牵头负责，公安部、海关总署、工商总局、质检总局、国家知识产权局等按职

责分工负责）

（十七）推进行政执法与刑事司法衔接。深化行政执法部门与司法机关衔接配合，加强信息共享、案情通报，及时移送涉嫌犯罪案件，克服有案不移、有案难移、以罚代刑现象。充分发挥全国打击侵权假冒行政执法与刑事司法衔接信息共享系统作用，加强数据管理和有效应用，进一步促进行政执法与刑事司法衔接。推动打击侵权假冒涉案物品检验鉴定和保管处理体系建设。（全国打击侵权假冒工作领导小组办公室、高检院牵头负责，公安部、农业部、文化部、海关总署、工商总局、质检总局、新闻出版广电总局、食品药品监管总局、国家林业局、国家知识产权局、高法院按职责分工负责）

（十八）加大涉税案件查处力度。加强侵权假冒涉税案件线索移交和调查处理工作，严肃查处相关税收违法行为。继续组织开展相关行业和领域税收专项整治，加强对侵权假冒企业的日常税收监管。（税务总局、海关总署、工商总局、食品药品监管总局等按职责分工分别负责）

（十九）加强监管信息化建设。探索充分利用大数据、云计算等现代信息技术，创新监管方式，加强技术监测平台建设，探索实行“互联网+监管”模式，逐步提升侵权假冒违法线索发现、收集、甄别、处置能力。（工业和信息化部、公安部、农业部、商务部、文化部、海关总署、工商总局、质检总局、新闻出版广电总局、食品药品监管总局、国家林业局、国家知识产权局、国家网信办、国家邮政局按职责分工分别负责）推进农资监管信息化建设和农药、种子、兽药等主要农资产品质量追溯体系建设。推广知识产权海关保护备案移动执法查询系统，升级知识产权海关保护执法系统，实现案件在线办理。推进质检12365“执法管理”和“信息采集”系统全面上线应用。（农业部、海关总署、质检总局按职责分工分别负责）

六、加强法规制度建设

（二十）加快相关法律法规制修订工作。按照立法计划，积极推进保护知识产权和打击侵权假冒方面的立法工作，推动制修订反不正当竞争法、著作权法、专利法、消费者权益保护法实施条例等法律法规。（国务院法制办、国家发展改革委、工业和信息化部、财政部、商务部、人民银行、海关总署、工商总局、质检总局、新闻出版广电总局、食品药品监管总局、国家知识产权局、国家网信办、国家邮政局按职责分工分别负责）

（二十一）加强信用建设与联合奖惩。建设完善全国信用信息共享平台，统筹部门信用信息系统与地方公共信用信息共享平台建设。优化完善“信用中国”网站，做好信用信息、行政许可和行政处罚信息、联合奖惩信息、红黑名单信息公示工作。加强信用法律制度建设，完善守信联合激励和失信联合惩戒机制。（国家发展改革委、人民银行牵头负责）建立打击侵犯知识产权和制售假冒伪劣商品领域黑名单。（全国打击侵权假冒工作领导小组有关成员单位按职责分工分别负责）加快完善国家企业信用信息公示系统，继续推进涉企信息归集共享和失信联合惩戒工作。（工商总局牵头负责）完善全国企业质量信用档案，建立质量信用信息归集机制。（质检总局负责）将打击侵权假冒作为互联网诚信体系建设的重要内容，大力营造依法办网、诚信用网的良好氛围。（国家网信办负责）推进农资领域、寄递行业、林木种苗企业诚信体系建设工作。（农业部、国家林业局、国家邮政局按职责分工分别负责）

（二十二）健全督查考评机制。将打击侵权假冒违法犯罪活动纳入综治工作（平安建设）考核评价体系，纳入综治领导责任查究、重点地区治安突出问题排查整治、群众安全感调查和明察暗访范围，加强地方绩效考核，全面推进基层督查考核，落实地方政府责任。对领导不重视、侵权假冒问题长期高发地区通过通报、约谈、挂牌督办等方式督促其限期整改；对整治无效、工作不力导致发生重特大案（事）件的地区，按照有关规定实行一票否决制，追究有关领导干部的责任。（中央综治办、全国打击侵权假冒工作领导小组办公室按职责分工牵头负责）

七、积极推进社会共治

（二十三）加大信息公开力度。发挥政府网站信息公开主渠道作用，依法及时公开侵权假冒行政处罚案件信息。完善案件信息公开管理制度。加强对打击侵权假冒信息公开工作的监督检查、情况通报和考核。（全国打击侵权假冒工作领导小组办公室牵头负责，农业部、文化部、海关总署、工商总局、质检总局、新闻出版广电总局、食品药品监管总局、国家林业局、国家知识产权局按职责分工负责）

（二十四）加强政企合作。深化政府部门与电子商务平台合作，借助电子商务大数据资源，提升监测预警、风险防范、线索发现和精准打击能力。加强政府部门与权利人企业的交流互动，提升打击侵权假冒工作效率。（公安部、农业部、文化部、海关总署、工商总局、质检总局、新闻出版广电总局、食品药品监管总局、国家林业局、国家知识产权局按职责分工分别负责）

（二十五）发挥行业组织自律作用。整合行业组织力量，充分发挥行业自律作用，加强行业统计、维权服务和信用评价，培育发展知识产权服务业，引领行业健康发展。引导企业强化主体责任，加强知识产权自我保护。（全国打击侵权假冒工作领导小组办公室牵头负责）

（二十六）加强企业知识产权法律服务。研究制定律师办理知识产权业务尽职调查规范，加快推动知识产权公证服务平台建设。（司法部负责）开展出口知识产权优势企业培塑计划试点，为企业创新发展和“走出去”提供支持。（海关总署负责）

（二十七）加强宣传教育。加大打击侵权假冒宣传教育工作力度，深入宣传打击侵权假冒政策措施，及时报道有关专项行动进展成效，积

极开展对外宣传和网上宣传，为深入推进打击侵权假冒工作、切实维护公平有序的市场环境营造良好舆论氛围。推动打击侵权假冒法治宣传与“法律六进”活动有机结合，加强新媒体、新技术运用，解读相关法律法规，及时曝光典型案例，结合“3·15”国际消费者权益日、“4·26”世界知识产权日、“5·15”打击和防范经济犯罪宣传日等重要节点做好集中宣传。（全国打击侵权假冒工作领导小组办公室、中央宣传部牵头负责，司法部、国家网信办、贸促会等按职责分工负责）

八、提升国际交流合作水平

（二十八）加强磋商谈判与交流合作。做好中美全面经济对话等双边高层经贸对话中的知识产权议题磋商，加强中美、中欧、中俄、中巴（西）、中瑞（士）、中日等知识产权对话交流，加快中欧地理标志协定谈判进程，深化与经贸相关的中美、中欧等多双边知识产权合作。（商务部牵头负责）加强与世界贸易组织、世界知识产权组织、世界海关组织、国际刑警组织等的交流合作。（商务部、国家知识产权局、海关总署、公安部牵头负责）在经贸领域积极推动与金砖国家、“一带一路”沿线国家和地区的知识产权合作。（商务部牵头负责，海关总署、工商总局、新闻出版广电总局、国家知识产权局按职责分工负责）举办2017年国际工商知识产权峰会。充分利用多双边工商合作机制，推动知识产权领域国际交流。（贸促会负责）

（二十九）开展多双边执法协作。建立完善多双边执法合作机制，策划重大侵权假冒案件跨国联合执法，加强中美、中欧知识产权刑事执法合作。（公安部负责）提升中美、中欧、中俄、中日韩海关执法合作水平，适时开展联合执法行动。（海关总署负责）

（三十）健全海外维权援助机制。完善国际经贸领域知识产权海外维权援助机制，引导我国企业积极开展海外维权，建立海外知识产权问题及案件信息提交平台，推动形成海外知识产权维权援助服务网。（商务部牵头负责）继续完善境外展会防侵权管理体系，完善知识产权综合服务机制，帮助企业加快适应国际规则，增强知识产权保护意识，提升管理知识产权和应对纠纷能力。在美国国际消费类电子产品展览会等国外重要展会上设立中国企业知识产权服务工作站。（商务部、国家知识产权局、贸促会按职责分工分别负责）拓展海关对外合作，协助企业维护海外知识产权利益。（海关总署负责）

（三十一）加强地方涉外交流合作。指导和推动地方加强打击侵权假冒涉外交流工作，与有关国家和地区开展务实合作。（全国打击侵权假冒工作领导小组办公室牵头负责）各地区要主动加强与外国驻华机构、跨国公司的沟通交流，营造良好的营商环境，要指导企业加强展会知识产权保护，提升民族品牌意识。要统筹协调，主动加强对外宣传，努力维护我国国际形象。（各地打击侵权假冒工作领导小组负责）

第二节 方 案

方案是计划类文书中内容最为复杂的一种。由于一些具有某种职能的具体工作比较复杂，不作全面部署不足以说明问题，因而公文内容构成势必要繁琐一些，一般有指导方针、主要目标、工作重点、实施步骤、政策措施、具体要求等项目。

方案一般有两种写法。

● 变项写法

根据实际需要进行加项或减项的写法，适合于特殊性的单项工作。

● 常规写法

按“指导方针”“主要目标（重点）”“实施步骤”“政策措施”

及“具体要求”几个部分来写，这个较固定的程序适合于一般常规性的单项工作。

但无论哪种写法，“主要目标”“实施步骤”“政策措施”这三项是必不可少的。实际写作时的称呼可以不同，如把“目标和任务”称为“主要目标”或“目标和对策”等，把“政策措施”称为“组织措施”或“实施办法”等。

“主要目标”一项中，一般还要分总体目标和具体目标；“实施步骤”一般还要分基本步骤或阶段和关键步骤，关键步骤里还有重点工作项目；“政策措施”的内容里一般还要分“政策保障”“组织保障”“具体措施”等。

一、方案的写作

方案的内容多是上级对下级或涉及面比较大的工作，一般都用带“文件头”形式下发，所以不用落款，只有标题、成文时间和正文三部分内容。方案也可以是下级或具体责任人为落实和实施某项具体工作而形成的文件，然后报上级或主管领导批准实施。写法要求同上。

1. 标题

方案的标题可分为全称式和简明式两种，又以全称式居多。

- 简明式，是由事由、文件二要素构成，省略发文机关，但这个发文机关必须在领头的“批示性通知”（文件头）的标题中体现出来，如《治理采掘工业危机，实现良性循环方案》；

- 全称式，是由发文机关、事由和文种三要素构成，如《北华大学五年发展规划总体方案》

2. 成文时间

方案既无须在标题中标明生成时间，又不完全将生成时间放在文末，大多数是将其列在标题之下、正文之上的特定位置，一般不省略。

3. 正文部分

正文部分大都由以下两部分构成。

● 导言或引语

导言或引语要求简明扼要地交代预案或方案制定的目的、意义和依据，一般是以“为了……根据……制定本方案”的常用形式来表述。这是方案、预案生成的基础，导言或引语一定要有，否则就失去了制定的意义和依据，就是盲目随意的，因此一定要抓住要点和实质将其简明扼要地表述清楚。

● 基本内容

这部分主要包括以下三个方面。

①对基本情况的交代

诸如重大活动的时间、地点、内容、方式、主题以及主办、协办单位等。其中，时间、地点、方式等应具体明确；内容要概括、精确；主题不等于标题，也不等于主要内容或活动本身，而是活动的目的、意义、价值的集中概括。如《关于加强培训工会法律专业人才的实施方案》的主题不是活动本身，而是维护职工的合法权益，依法开展工会工作。如果是重要工作的方案，其基本情况的交代也可以是工作的时限、范围、对象、内容和重点。总之，这部分内容一定要有，还必须从实际需要出发，或多或少、或轻或重、或详或略地进行表述，切忌千篇一律。

②对相关活动、相关工作按阶段或进程做具体的部署安排

这部分包括各阶段工作的内容、基本任务目标、主要措施（手段）、步骤（做法）、相应的安排和要求。从总体上说，也就是要写明在什么时间、多大范围内由哪些人做哪些工作，以及采取什么方式于何时做到何种程度。这是方案的核心内容，也是方案价值、功用的集中体现，是方案制定者素质、能力、水平的充分展示，要求其内容既具体详尽又严密可靠，既具有可行性又便于操作，并且做到主次分明、张弛有

度、得体自然，以求最大限度地确保工作或活动的顺利开展，促成方案目标的圆满实现。

③对相关问题的处理与解决办法

重大活动的开展、重要工作的推进涉及的问题必然是多方面的，诸如组织领导、人员经费、财力物力的安排，有关矛盾和问题的解决等，都是不可避免而又至关重要的问题。虽然没有纳为主体内容，却是实现目标完成任务的基本前提和重要保障，务必将其处理好、解决好。

二、写作注意事项

1. 确定目标是制定肯工作方案的重要环节，应将调查研究和预测技术这两种科学方法有机结合；

2. 在拟定工作方案过程中，必须依靠智囊人物和运用智囊技术，通过多种方法，尽量避免可能出现的问题，从而使方案更趋完善；

3. 起草多种可供选择的工作方案时，要广泛搜集主要资料和理论政策的依据，进行质与量、点与面的分析，做好可行性研究并提出建议方案。或者通过对各种草案的分析、比较、鉴别和评估，在多种方案的基础上，集众智于一身，重新组合出一个新工作方案来作为最佳方案，供领导决断。

三、方案范例

方案范例

关于深化科技奖励制度改革的方案

（2017年5月31日）

科技奖励制度是我国长期坚持的一项重要制度，是党和国家激励自主创新、激发人才活力、营造良好创新环境的一项重要举措，对于促进

科技支撑引领经济社会发展、加快建设创新型国家和世界科技强国具有重要意义。为全面贯彻落实全国科技创新大会精神和《国家创新驱动发展战略纲要》，进一步完善科技奖励制度，调动广大科技工作者的积极性、创造性，深入推进实施创新驱动发展战略，制定本方案。

一、指导思想和基本原则

（一）指导思想。

高举中国特色社会主义伟大旗帜，全面贯彻党的十八大和十八届三中、四中、五中、六中全会精神，以邓小平理论、“三个代表”重要思想、科学发展观为指导，深入学习贯彻习近平总书记系列重要讲话精神和治国理政新理念新思想新战略，认真落实党中央、国务院决策部署，按照建立健全党和国家功勋荣誉表彰制度的总体要求，围绕实施创新驱动发展战略，改革完善科技奖励制度，建立公开公平公正的评奖机制，构建既符合科技发展规律又适应我国国情的中国特色科技奖励体系，大力弘扬求真务实、勇于创新的科学精神，营造促进大众创业、万众创新的良好氛围，充分调动全社会支持科技创新的积极性，为推动科技进步和经济社会发展、建成创新型国家和世界科技强国注入更大动力。

（二）基本原则。

——服务国家发展。围绕国家战略全局，改进完善科技奖励工作，调动科技人员积极性、创造性，形成推动科技发展的强劲动力，为提升科技水平、促进创新体系建设、实现创新驱动发展、建设创新型国家服务。

——激励自主创新。以激励自主创新为出发点和落脚点，奖励具有重大国际影响力的科学发现、具有重大原创性的技术发明、具有重大经济社会价值的科技创新成果，奖励高水平科技创新人才，增强科技人员的荣誉感、责任感和使命感，激发创新内生动力。

——突出价值导向。积极培育和践行社会主义核心价值观，鼓励科技人员追求真理、潜心研究、学有所长、研有所专、敢于超越、勇攀高

峰。加强科研道德和学风建设，健全科技奖励信用制度，鼓励科技人员争做践行社会诚信、严守学术道德的模范和表率。

——公开公平公正。坚持把公开公平公正作为科技奖励工作的核心，增强提名、评审的学术性，明晰政府部门和评审专家的职责分工，评奖过程公开透明，鼓励学术共同体发挥监督作用，进一步提高科技奖励的公信力和权威性。

二、重点任务

（一）改革完善国家科技奖励制度。

坚持公开提名、科学评议、公正透明、诚实守信、质量优先、突出功绩、宁缺毋滥，改革完善国家科技奖励制度，进一步增强学术性、突出导向性、提升权威性、提高公信力、彰显荣誉性。

1. 实行提名制。

改革现行由行政部门下达推荐指标、科技人员申请报奖、推荐单位筛选推荐的方式，实行由专家学者、组织机构、相关部门提名的制度，进一步简化提名程序。

提名者承担推荐、答辩、异议答复等责任，并对相关材料的真实性和准确性负责。

提名者应具备相应的资格条件，遵守提名规则和程序。建立对提名专家、提名机构的信用管理和动态调整机制。

2. 建立定标定额的评审制度。

定标。自然科学奖围绕原创性、公认度和科学价值，技术发明奖围绕首创性、先进性和技术价值，科技进步奖围绕创新性、应用效益和经济社会价值，分类制定以科技创新质量、贡献为导向的评价指标体系。自然科学奖、技术发明奖、科技进步奖（以下统称三大奖）一、二等奖项目实行按等级标准提名、独立评审表决的机制。提名者严格依据标准条件提名，说明被提名者的贡献程度及奖项、等级建议。评审专家严格遵照评价标准评审，分别对一等奖、二等奖独立投票表决，一等奖评审落选项目不再降格参评二等奖。

定额。大幅减少奖励数量，三大奖总数由不超过400项减少到不超过300项，鼓励科技人员潜心研究。改变现行各奖种及其各领域奖励指标与受理数量按既定比例挂钩的做法，根据我国科研投入产出、科技发展水平等实际状况分别限定三大奖一、二等奖的授奖数量，进一步优化奖励结构。

3. 调整奖励对象要求。

三大奖奖励对象由“公民”改为“个人”，同时调整每项获奖成果的授奖人数和单位数要求。

分类确定被提名科技成果的实践检验年限要求，杜绝中间成果评奖，同一成果不得重复报奖。

4. 明晰专家评审委员会和政府部门的职责。

各级专家评审委员会履行对候选成果（人）的科技评审职责，对评审结果负责，充分发挥同行专家独立评审的作用。

政府部门负责制定规则、标准和程序，履行对评审活动的组织、服务和监督职能。

5. 增强奖励活动的公开透明度。

以公开为常态、不公开为例外，向全社会公开奖励政策、评审制度、评审流程和指标数量，对三大奖候选项目及其提名者实行全程公示，接受社会各界特别是科技界监督。

建立科技奖励工作后评估制度，每年国家科学技术奖励大会后，委托第三方机构对年度奖励工作进行评估，促进科技奖励工作不断完善。

6. 健全科技奖励诚信制度。

充分发挥科学技术奖励监督委员会作用，全程监督科技奖励活动。完善异议处理制度，公开异议举报渠道，规范异议处理流程。健全评审行为准则与督查办法，明确提名者、被提名者、评审专家、组织者等各奖励活动主体应遵守的评审纪律。建立评价责任和信誉制度，实行诚信承诺机制，为各奖励活动主体建立科技奖励诚信档案，纳入科研信用体系。

严惩学术不端。对重复报奖、拼凑“包装”、请托游说评委、跑奖要奖等行为实行一票否决；对造假、剽窃、侵占他人成果等行为“零容忍”，已授奖的撤销奖励；对违反学术道德、评审不公、行为失信的专家，取消评委资格。对违规的责任人和单位，要记入科技奖励诚信档案，视情节轻重予以公开通报、阶段性或永久取消参与国家科技奖励活动资格等处理；对违纪违法行为，严格依纪依法处理。

7. 强化奖励的荣誉性。

禁止以营利为目的使用国家科学技术奖名义进行各类营销、宣传等活动。对违规广告行为，一经发现，依法依规予以处理。

合理运用奖励结果。有关部门和评价机构要树立正确的价值导向，坚持“物质利益和精神激励相结合、突出精神激励”的原则，适当提高国家科学技术奖奖金标准，增强获奖科技人员的荣誉感和使命感。

按照党和国家功勋荣誉表彰制度的有关规定，对生活确有困难的获奖科技人员，通过专项基金及时予以救助。

强化宣传引导。坚持正确的舆论导向，大力宣传科技拔尖人才、优秀成果、杰出团队，弘扬崇尚科学、实事求是、鼓励创新、开放协作的良好社会风尚，激发广大科技工作者的创新热情。

（二）引导省部级科学技术奖高质量发展。

省、自治区、直辖市人民政府可设立一项省级科学技术奖（计划单列市人民政府可单独设立一项），国务院有关部门根据国防、国家安全的特殊情况可设立部级科学技术奖。除此之外，国务院其他部门、省级人民政府所属部门、省级以下各级人民政府及其所属部门，其他列入公务员法实施范围的机关，以及参照公务员法管理的机关（单位），不得

设立由财政出资的科学技术奖。

省部级科学技术奖要充分发挥地方和部门优势，进一步研究完善推荐提名制度和评审规则，控制奖励数量，提高奖励质量。设奖地方和部门要根据国家科学技术奖励改革方向，抓紧制定具体改革方案，明确路线图和时间表。

（三）鼓励社会力量设立的科学技术奖健康发展。

坚持公益化、非营利性原则，引导社会力量设立目标定位准确、专业特色鲜明、遵守国家法规、维护国家安全、严格自律管理的科技奖项，在奖励活动中不得收取任何费用。对于具备一定资金实力和组织保障的奖励，鼓励向国际化方向发展，逐步培育若干在国际上具有较大影响力的知名奖项。

研究制定扶持政策，鼓励学术团体、行业协会、企业、基金会及个人等各种社会力量设立科学技术奖，鼓励民间资金支持科技奖励活动。加强事中事后监管，逐步构建信息公开、行业自律、政府指导、第三方评价、社会监督的有效模式，提升社会力量科技奖励的整体实力和社会美誉度。

三、工作实施

（一）由科技部、国务院法制办负责修订《国家科学技术奖励条例》并按程序报请国务院审批，由科技部负责修改完善《国家科学技术奖励条例实施细则》，从法规制度层面贯彻落实科技奖励制度改革精神。

（二）关于国家科技奖励具体实施工作中的提名规则和程序、分类评价指标体系、奖励数量和类型结构、评审监督、异议处理等问题，由国家科学技术奖励委员会分别制定相关办法予以落实。

（三）关于鼓励社会力量科技奖励健康发展问题，由科技部研究制定指导性意见，会同有关方面建立安全审查工作机制。

（四）由科技部会同中央宣传部等部门，进一步加强国家科技奖励

宣传报道和舆论引导工作。

第三节 安 排

安排是就某一内容单一的活动（工作）所制订的临时性的、时间较短的而且又比较具体的、切实的计划。安排有学习安排、某生产活动安排、会议日程安排等类型。安排的内容比较单一，往往仅局限于某一项活动及其工作内容；安排的时限往往适用于近期工作，但是长期的计划也可以用“安排”行文。

一、安排的特点

安排是计划类文体的一种，所以它不但具有计划类文书的一些共性，还具有自己的一些特点。

1. 形式简明扼要

安排要简明扼要、眉目清楚、开宗点题，一般不要求写前言，而是择其主要的方面，把所要安排的工作列清，把具体要求和措施讲明。

2. 事项比较单一

安排的事项比较单一，表现在其仅局限于某一项工作内容或者活动，而多项工作内容或活动混合在一起的安排不常见。安排按照时期划分可以分为周安排、月安排等，这时安排虽然也可以同时讲几项不同的事情，但一般都围绕同一中心工作进行，而且所安排事项内容的表达大多数又都是单一的，往往只提及要点，很少详细阐明。因此，安排的内容比较单一。

3. 时间要求比较短

俗话说“长计划，短安排”，可见安排的时间要求比较短，有的为“日”安排，有的为“周”安排，有的为“月”安排，有的为不长的

“一段时间”安排。

4. 措施要求比较具体

安排的措施比较具体，切合实际，实施过程中一般变动不大。

安排的时限往往适用于近期工作，但是长期的计划有时也用“安排”行文，其情况可能有以下两种。

- 一是该计划缺乏完整的内容，只是对同项工作做些打算，简单地安排一下，所以有时不用计划，而用安排行文；
- 一是该计划没有进行详细的论证研究，没有经过一定程序的讨论通过，所以用“安排”行文。

但是，有些计划很完整，也经过了一定的审批手续，却用“安排”行文，虽然是谦虚的表示，实则不太恰当。

二、安排与方案的比较

安排与方案有共同之处，即写作题材都是单项工作，只对一项工作作出部署和安排。这也正是方案、安排与规划、设想、计划、要点的不同之处。

二者在内容范围上有大小之分：方案的内容范围适合于上级对下级或涉及面比较大的工作，安排的内容范围则适合于单位内部或涉及面较小的工作，如《××市关于计划生育的工作安排》。

在此需要说明的是，有些机关把单位内部或涉及面很小的单项工作计划也称为“方案”，这是不合适的，因为这些工作都比较切近、具体，也并不复杂，只要用“安排”就足够了。

三、安排的写作

安排是计划中最为具体的一种格式，其工作事项比较确切、单一，不作具体安排就不能达到目的，所以其内容要写得详细一些，这样容易

使人把握要点。

安排的内容主要涉及范围较小或单位内部的工作，一般有两种发文形式：

- 一种是上级对下级安排工作，尽管涉及面较小，也要用文件形式下发，其格式由“标题”和“正文”两部分组成。
- 另一种是单位内部的工作安排，可直接下发文件，其格式是由“标题”“正文”“落款”三部分组成。

不管哪种发文形式，作为“安排”本身都不该有受文单位，如果必须有，则以“文件头”形式下发，或者以“关于……安排的通知”的名义下发。

1. 标题

安排的标题可使用“三要素”写法，也可使用“两要素”写法（省略机关名称）。

2. 正文

安排的正文一般由“开头”“主体”“结尾”三部分组成；也有的省略“结尾”，“主体”结束，正文即随之结束。

- 开头

“开头”同计划的开头差不多，或阐述依据，或概述情况，但是无论如何，都必须简明扼要。

- 主体

“主体”是正文的核心，一般包括任务、要求、步骤、措施四方面内容。在结构上可按这四方面内容分项来写；也可把任务和要求合在一起，把步骤和措施合在一起来写；还可以先写总任务，然后按时间先后顺序分别写具体任务，每一项有每一项的要求及措施，要依据工作性质及具体内容来定。但不管结构怎样，其任务都要具体，其要求都要明确，其措施都要得当。

● 结尾

安排一般不要求像计划、规划那样，讲述什么结尾，这是安排行文要单纯、重点要突出的一种表现。

四、写作注意事项

1. 使用“安排”这一文种，要注意和“计划”区别开来。如上文所说，这可以从适用时限长短、程序详略周密、事项内容繁简程度来考虑，以免错用文种。

2. 安排写作要开宗明义，不要大谈其意义，要直截了当进入正文。

3. 安排事项要重点突出，文字要简练，条理要清楚，语言要肯定。

4. 安排措施要具体、切合实际，切忌泛泛而谈。

五、条款式安排

条款式安排范例

2017年食品安全重点工作安排

食品安全关系广大人民群众身体健康和生命安全，加强食品安全工作是各级党委政府的重大政治任务。2016年，全国食品安全形势总体稳定向好，但问题依然复杂严峻。为贯彻党中央、国务院关于食品安全工作的决策部署，落实“四个最严”要求，强化源头严防、过程严管、风险严控监管措施，加快解决人民群众普遍关心的突出问题，提高食品安全治理能力和保障水平，推进供给侧结构性改革和全面小康社会建设，现就2017年食品安全重点工作作出如下安排：

一、加强食品安全法治建设

完善办理危害食品安全刑事案件的司法解释，推动掺假造假行为直接入刑。（中央政法委牵头，高法院、高检院、公安部、农业部、国家卫生计生委、海关总署、质检总局、食品药品监管总局配合）加快完

善食品安全相关法律制度，抓紧修订食品安全法实施条例，基本完成食品安全法配套规章制修订，落实处罚到人。推动地方食品生产经营小作坊、小摊贩、小餐饮管理办法在年内全部出台。启动农产品质量安全法修订，贯彻落实新修订的农药管理条例。研究制定餐厨垃圾回收和资源化处理相关法规。（食品药品监管总局、农业部、国家发展改革委、国务院法制办按职责分工负责）修订出台学校食堂与外购学生集中用餐食品安全管理规定。（教育部牵头，国家卫生计生委、食品药品监管总局配合）制定食品相关产品监管办法，抓紧修订进出口食品安全管理办法。（质检总局牵头，国家卫生计生委、食品药品监管总局配合）加强食品安全法治教育，各级食品安全监管人员、各类食品生产经营单位负责人、主要从业人员全年接受不少于40小时的食品安全集中培训。完善食品安全行政执法程序，加强行政处罚法律适用的指导。规范执法行为，强化执法监督，开展执法检查，做好行政复议和应诉工作。（国务院有关部门、各省级人民政府负责）

二、完善食品安全标准

推动食品安全标准与国际标准对接。继续完善食品安全标准体系，制修订一批重点急需的重金属污染、有机污染物、婴幼儿配方食品、特殊医学用途配方食品、保健食品等食品安全国家标准及其检测方法。加强标准的宣传、培训与跟踪评价，强化标准制定、执行和监管的衔接。加强地方食品安全标准制修订与管理，指导地方清理标准，建立地方标准目录。（国家卫生计生委牵头，农业部、质检总局、食品药品监管总局、国家粮食局配合）加强食品中非法添加物质的检验方法研究。（科技部、国家卫生计生委、食品药品监管总局按职责分工负责）加快制定蔬菜及特色农产品的农药残留和小品种畜禽水产品的兽药残留限量标准，新制定农药残留标准1000项、兽药残留标准100项，全面清理整合和修订农药兽药残留检测方法。颁布进口农产品的农药兽药残留限量标准制定规范，启动分类制定“一律”限量标准。（农业部牵头，质检总局配合）完善粮食质量安全标准体系。（国家粮食局牵头，质检总局配合）

三、净化农业生产环境

启动土壤污染状况详查，推动土壤污染防治立法和土壤环境质量标准修订，落实大气、水、土壤污染防治行动计划，开展土壤污染综合防治先行区建设和土壤污染治理与修复技术应用试点。年底前出台农用地土壤环境管理办法，发布农用地土壤环境质量标准。（环境保护部负责）严格控制在优先保护类耕地集中区域新建有色金属冶炼、石油加工、化工、焦化、电镀、制革等行业企业，现有相关行业企业要采用新技术、新工艺，加快提标升级改造步伐。（环境保护部、国家发展改革委牵头，工业和信息化部配合）深入开展耕地质量保护与提升行动，推进农业面源污染防治攻坚行动。总结长株潭试点经验，加快重金属污染耕地修复和种植结构调整，指导中轻度污染耕地安全利用以及重度污染耕地食用农产品禁止生产区划定。（农业部负责）落实国务院关于加强粮食重金属污染治理的各项措施，处理好调整种植结构和保护农民利益的关系。（国家发展改革委、财政部、农业部、国家粮食局等部门会同相关省级人民政府负责）

四、加强种养环节源头治理

推行良好农业规范，在规模化生产经营主体落实生产记录台账制度。加强农药兽药安全间隔期、休药期管理。实施高毒农药定点经营、实名购买制度，禁止高毒农药用于蔬菜、瓜果、茶叶、中草药等农作物的生产，分期分批对高毒农药采取禁限用措施。实施兽用处方药管理和兽药二维码追溯制度。加大科学种养技术培训力度，指导农户依法科学合理使用农药、兽药、化肥、饲料和饲料添加剂，严禁使用“瘦肉精”、孔雀石绿、硝基呋喃等禁用物质。（农业部牵头，质检总局配合）推行病虫害、动物疫病统防统治专业化服务，扶持培育经营性服务

组织。（农业部牵头，质检总局、财政部配合）推进食用农产品合格证管理试点。深入推进畜禽、水产品质量安全专项整治，集中治理农药兽药残留超标突出问题。（农业部牵头，食品药品监管总局配合）

五、严格生产经营过程监管

推进风险分级制度落地，在风险分级基础上加强日常监督检查，贯彻“双随机、一公开”原则，通过彻查隐患、抽检“亮项”、处罚到人、公开信息，曝光所有违法违规企业，倒逼生产经营者落实主体责任。坚持问题导向，加大专项检查和飞行检查力度，推行检查表格化、抽检制度化、责任网格化，落实日常检查和监督抽检两个责任。对婴幼儿配方乳粉生产企业进行食品安全生产规范体系检查。在大型食品和食品相关产品生产企业全面推行危害分析和关键控制点（HACCP）体系，鼓励获得认证。推动企业建立食品安全追溯体系。开展放心菜、放心肉超市创建活动，督促食用农产品批发市场、网络第三方平台开办者落实食品安全管理责任。鼓励有条件的地方对小摊贩、小餐饮实行集中规范管理。加强食品相关产品生产企业监管，规范标识标注。严格实施进口食品境外生产企业注册，加强对已注册企业事中事后监管。（质检总局、食品药品监管总局按职责分工负责）加强“放心粮油”供应网络质量安全监管。（国家粮食局负责）深入开展农村食品安全治理，重点排查治理农村及城乡结合部地区突出食品安全风险隐患，有针对性地强化长效机制建设。（农业部、工商总局、食品药品监管总局按职责分工负责）加大对校园及周边地区食品安全监管力度，落实学校食堂食品安全管理责任，严防发生群体性食物中毒事件。（教育部、食品药品监管总局按职责分工负责）贯彻实施铁路运营食品安全管理办法，推进列车快餐供应商资质管理，做好春暑运铁路食品安全工作。（中国铁路总公司负责）实施餐饮业食品安全提升工程，大力倡导餐饮服务单位“明厨亮灶”，落实进货查验、原料控制、环境卫生等制度，落实餐饮单位质量

安全管理主体责任。加强对网络订餐的监管，及时查处网络订餐违法经营行为。（食品药品监管总局负责）

六、严密防控食品安全风险

组织实施国家食品安全风险监测计划，加大风险监测评估力度。推进部门间、地区间风险监测、评估和监督抽检信息共享，用好互联网、大数据，加强风险监测结果通报与会商研判，为风险防控提供技术支持。（国家卫生计生委牵头，农业部、质检总局、食品药品监管总局、国家粮食局配合）开展农产品质量安全风险隐患摸底排查，加强风险监测、评估和监督抽检，依法公布抽检信息。（农业部负责）对重点产品、重点问题加强监督抽检和风险监测。（食品药品监管总局、国家卫生计生委按职责分工负责）按照下管一级的原则，统筹国家、省、市、县四级抽检计划，扩大抽检覆盖面，提高问题发现率和不合格产品核查处置率。规范食品快速检测方法评价工作。建立风险预警交流工作体系，及时发布食品安全抽检信息、风险警示或消费提示。探索开展大型食品企业风险交流，完善重要信息直报制度和直报网络，加强食品安全舆情监测预警，制订国家食品安全突发事件应急预案。（食品药品监管总局负责）实施进口食品安全放心工程，加强对高风险、高关注度进口食品监管。落实进口食品进出口商备案管理制度。进一步强化国境口岸食品安全监管，加强进出口食用农产品和饲料安全监管，开展风险监控。（质检总局负责）推广食品安全责任保险，鼓励食品生产经营企业投保食品安全责任保险。（国务院食品安全办牵头，保监会配合）

七、促进食品产业转型升级

深入实施农业标准化战略，突出优质、安全和绿色导向，严格无公害农产品、绿色食品、有机农产品和农产品地理标志（“三品一标”）认证，以及良好农业规范认证，围绕市场需求调整农产品种养结构。（农业部、质检总局按职责分工负责）出台促进食品工业健康发展的指

导意见，推进食品工业结构调整和转型升级。打造食品加工产业集群，引导食品加工企业向主产区、优势产区、产业园区集中，加大技术改造支持力度，促进食品工业增品种、提品质、创品牌。（国家发展改革委、工业和信息化部按职责分工负责）加快修订乳制品工业产业政策，进一步严格行业准入，推动婴幼儿配方乳粉企业兼并重组，发布实施婴幼儿配方乳粉追溯体系行业标准。（工业和信息化部牵头，国家发展改革委、农业部、食品药品监管总局配合）推广“生产基地+中央厨房+餐饮门店”“生产基地+加工企业+商超销售”等产销模式。（农业部、食品药品监管总局、各省级人民政府按职责分工负责）加强餐厨废弃物、肉类加工废弃物和不合格畜禽产品的资源化利用和无害化处理，严防“地沟油”流向餐桌。（国家发展改革委、住房城乡建设部、农业部、工业和信息化部按职责分工负责）研究制定加快发展冷链物流保障食品安全促进消费升级的意见，完善食品冷链物流标准体系，鼓励社会力量和市场主体加强食品冷链物流基础设施建设。（国家发展改革委牵头，农业部、商务部、国家卫生计生委、质检总局、食品药品监管总局等部门配合）推进出口食品企业内外销“同线同标同质”工程。（质检总局牵头）

八、严厉打击食品安全违法犯罪

保持高压震慑态势，加大监督检查频次，严惩食品安全违法犯罪行为。重拳整治非法添加、超范围超限量使用添加剂、滥用农药兽药等农业投入品、制假售假、私屠滥宰等违法行为。所有食品安全违法行为均应追究到人，并向社会公开被处罚人的信息。建立健全重大违法犯罪案件信息发布制度，控制产品风险和社会风险，保障公众知情权。（食品药品监管总局、农业部、公安部、国务院食品安全办按职责分工负责）加强行政执法与刑事司法的衔接。完善涉嫌犯罪案件移送、信息通报机制，解决食品安全违法犯罪案件取证难、移送难、入罪难以及检验认定经费、检验结论出具、涉案产品处置等问题。（中央政法委、食品药品监管总局牵头，农业部、质检总局、公安部、高检院配合）加大对虚假违法食品广告的查处力度。（工商总局负责）进一步加大对食品相关产品的执法打假力度。（质检总局负责）加大对重点敏感食品走私的打击力度。（海关总署负责）

九、建立统一权威的食品安全监管体制

完善食品药品安全监管体制，加强统一性、专业性和权威性，充实基层监管力量。实行综合执法的地方，要把食品药品安全监管作为首要职责。（国务院食品安全办、食品药品监管总局牵头，中央编办配合）依托现有资源，加快建设职业化食品药品检查员队伍，设置相应的专业技术岗位、技术职务，开展专业技能培训，合理确定薪酬待遇，用专业性保证权威性。（食品药品监管总局牵头，中央编办、人力资源社会保障部、财政部配合）

十、加强食品安全基础和能力建设

增强食品安全监管统一性和专业性，切实提高食品安全监管水平和能力。落实“十三五”国家食品安全规划，将规划实施情况纳入对省级人民政府的考评内容。建立规划实施情况年度监测评估机制，各相关部门要制定具体实施方案。加强基层食品安全和农产品质量安全的监管机构与技术机构能力建设，推动实现业务用房、执法车辆、执法装备配备标准化。强化各级公安机关食品药品犯罪专业侦查力量。加强食品安全和农产品质量安全检验机构管理。加强食品相关产品检验检测能力建设。（食品药品监管总局、公安部、农业部、国家卫生计生委、质检总局、国家发展改革委、财政部等部门，各省级人民政府按职责分工负责）制定鼓励政策，发挥大专院校、科研院所等社会检验检测资源作用。加强食品和农产品检验机构资质认定工作，公布食品检验复检机构名录，引入第三方检验服务。（农业部、国家卫生计生委、质检总局、食品药品监管总局按职责分工负责）继续推动食品检验检测认证机构整

合。（质检总局、中央编办牵头，食品药品监管总局配合）加强粮食质量安全检验监测体系建设，强化基层粮食质量安全检验监测能力。（国家粮食局牵头，质检总局配合）应用“互联网+”检验检测技术，推动食品安全检验检测新业态发展。通过国家科技计划（专项、基金等），开展食品安全关键技术研发和科技创新示范。（科技部负责）加快食品安全监管信息化工程项目建设，建立全国统一的食品安全信息平台。（食品药品监管总局牵头，工业和信息化部、商务部、国家卫生计生委、质检总局、国家粮食局配合）完善农产品质量安全追溯体系，试运行国家农产品质量安全追溯管理信息平台。（农业部负责）加强肉类、婴幼儿配方乳粉、蔬菜等重要产品追溯体系建设，加快推进省级重要产品追溯管理平台建设。（工业和信息化部、商务部按职责分工负责）编制食品安全2030规划纲要。编写食品安全年度报告。（国务院食品安全办牵头，国务院食品安全委员会相关成员单位配合）

十一、推动食品安全社会共治

加强食品安全新闻宣传，做好舆论监督，营造良好舆论环境。（中央宣传部负责）举办“全国食品安全宣传周”活动，展示国家食品安全示范城市和农产品质量安全县创建（“双安双创”）行动成果。深入开展食品安全法普法宣传。（国务院食品安全办牵头，国务院食品安全委员会相关成员单位配合）强化食品安全科普网点建设，推进食品安全科普工作队伍建设和示范创建，提高公众食品安全科学素养。（中国科协负责）通过多种形式开展学生食品安全教育。（教育部负责）贯彻实施食品工业企业诚信管理体系国家标准，开展食品工业企业诚信管理体系评价。（工业和信息化部负责）加强投诉举报体系能力建设，畅通投诉举报渠道。建立健全食品安全信用档案并依法及时向社会公布，加强对食品生产经营严重失信者的联合惩戒。（国务院食品安全委员会相关成员单位按职责分工负责）

十二、落实食品安全责任制

各地要把加强食品安全工作作为重大政治任务来抓，作为公共安全问题来抓，主要负责同志亲自抓，保证监管工作有责任、有岗位、有人员、有手段，支持监管部门履行职责。发挥食品安全委员会统一领导、食品安全办综合协调作用，加强各级食品安全办力量，强化食品安全工作的统筹协调，健全沟通协调机制，完善风险交流和形势会商工作机制。（各省级人民政府负责）进一步加大食品安全投入力度，加强基层监管力量和基础设施建设，推动实现基层装备标准化，保障各级食品安全监管所需经费，特别是检验检测经费。（各省级人民政府，食品药品监管总局、财政部等部门按职责分工负责）深入开展“双安双创”行动，对首批食品安全示范城市命名授牌，打造农产品质量安全县示范样板，开展第二批农产品质量安全县创建，组织召开“双安双创”现场会。（国务院食品安全办牵头，农业部、食品药品监管总局配合）推进出口食品农产品质量安全示范区建设。（质检总局负责）组织对各省级人民政府食品安全工作督查和现场考核，强化督查考核结果运用。（国务院食品安全办牵头，国务院食品安全委员会相关成员单位配合）建立食品安全工作绩效与履职评定、奖励惩处挂钩制度。（各省级人民政府负责）建立健全食品安全责任制和责任追究制度，研究制定食品安全工作问责办法。（国务院食品安全办牵头，监察部配合）依法依纪严肃追究重大食品安全事件中失职渎职责任。（监察部负责）

第四节　规　划

规划是一种时间跨度长（5年以上）、范围广、内容比较概括的计划，是为完成某一项任务而作出的比较全面的、有长远打算的公文，是

计划的一个种类，属于应用写作研究的范围。如《福州市城市建设总体规划》《沪东重型机械厂发展十年规划（2010—2020）》《华西村经济社会“十三五”发展规划（草案）》。

一、规划的特点

规划是广义计划文案的一种，基本结构、内容要求与计划相同。其自身的特点主要表现在以下几个方面。

1. 时间跨度大

一般的工作计划，大都以年为计，如《××市政府2017年经济发展计划》《××省环保局2017年工作计划》。而规划的时间界限一般在5—10年，如《××市国民经济和社会发展第十三个五年规划纲要》。

2. 内容概括性强

因为时间跨度大，因此规划的目标任务、措施要求等比一般计划概括性要强，不可能像计划那样具体，更不可能落实到基层车间班组。

3. 内容更有前瞻性和预见性

规划安排的任务和措施都在5年以上，因此必须提高调查研究、科学预测和决策的质量，并在科学预测和决策的基础上提出规划的具体内容。如果没有高瞻远瞩的目光和深谋远虑、洞察未来的能力，规划的内容就会脱离实际，就会与客观环境的发展变化产生很大的距离，这样的规划就失去了指导工作的价值。

4. 与年度计划和专项规划配合使用，形成综合滚动管理模式

规划是一种纲领性的文件，提出的目标时间长而且包含范围广，必须有与之配套的年度计划和专项规划，以形成互相配合、互相补充的滚动管理综合生效的体系。只有这样才能确保规划任务的落实，使其充分发挥作用。

二、规划的写作

规划是由标题、正文和结尾三部分组成。

1. 标题

规划的标题是由规划制作单位、规划内容、规划时限和文种组成。

2. 正文

规划的正文一般都比较长，因此要求目录、大标题、小标题必须突出鲜明。正文中应当写明以下内容。

- 背景分析和指导思想

这是制定规划的依据，因此不能只简单地罗列，而应认真地综合分析宏观环境和微观条件，找出有利因素和不利因素，并提出明确的指导思想，使规划提出的目标建立在科学可靠的基础上。

- 目标要求和努力方向

这是规划的主题和核心，是回答“做什么”和“怎样做”的问题。任务要明确，措施要有力。这部分一般采取并列式结构，即措施在各自的任务提出后分别提出。

3. 结尾

在规划的最后，发出富有号召力、简短有力的远景展望，以结束全文。

三、规划范例

规划范例

兴边富民行动“十三五”规划

（2017年5月28日）

实施兴边富民行动，对于推动边境地区经济社会快速发展，提高各族群众生活水平，加强民族团结，巩固祖国边防，维护国家统一，增

进中外睦邻友好具有特殊重要意义。“十三五”时期是我国全面深化改革的关键时期，也是边境地区同步全面建成小康社会的决胜阶段。为贯彻落实党中央、国务院关于进一步推进兴边富民行动的决策部署，根据《中共中央 国务院关于加强和改进新形势下民族工作的意见》《中华人民共和国国民经济和社会发展第十三个五年规划纲要》，编制本规划。

本规划实施范围为我国陆地边境地区，包括内蒙古、辽宁、吉林、黑龙江、广西、云南、西藏、甘肃、新疆等9个省区的140个陆地边境县（市、区、旗）和新疆生产建设兵团的58个边境团场（以下统称边境县）。参照“十二五”期间做法，海南省6个民族自治县继续比照享受兴边富民行动相关政策。

一、规划背景

我国陆地与14个国家接壤，陆地边境线长2.2万公里，其中1.9万公里在民族地区。边境地区国土面积197万平方公里，人口2300多万，其中少数民族人口近一半，有30多个民族与周边国家同一民族毗邻而居。边境地区地处我国对外开放的前沿，是确保国土安全和生态安全的重要屏障，在全国改革发展稳定大局中具有重要战略地位。为推动边境地区加快发展，扶持边境各族人民尽快致富奔小康，党中央、国务院作出了实施兴边富民行动的战略决策。在各有关地方和部门共同努力下，兴边富民行动持续推进，取得显著成效，特别是通过实施兴边富民行动“十一五”“十二五”规划，边境地区综合经济实力明显增强，基础设施和基本公共服务体系不断健全，边民生产生活条件大幅改善，对外开放水平持续提高，民族团结和边防巩固效果突出，各族群众凝聚力和向心力显著增强，为边境地区全面建成小康社会奠定了坚实基础。

由于特殊的历史、自然、地理和复杂的周边环境等多方面因素影响，同其他地区相比，边境地区经济社会发展仍然相对滞后，基本建设欠账多，发展投入总体不足，基础设施相对落后，新型工业化、信息

化、城镇化、农业现代化发展水平较低，贫困问题依然突出，保障和改善民生任务艰巨，各类人才严重匮乏，对外开放层次和水平亟待提升，部分地区反分裂斗争和维稳形势复杂严峻。总体上看，边境地区作为全面建成小康社会的特殊短板和薄弱环节，面临的压力和挑战不容低估。

随着我国全面建成小康社会进入决胜阶段，“一带一路”建设加快推进，区域协调发展不断深化，脱贫攻坚全面展开，国家对边境地区全方位扶持力度不断加大，我国与周边国家关系的发展进入新阶段，深入推进兴边富民行动面临难得的机遇。各有关地方和部门要充分认识加快边境地区发展在党和国家工作全局中的重大意义，把深入推进兴边富民行动摆在更加重要位置，增强责任意识、忧患意识，准确把握战略机遇期，进一步加大工作力度，坚持改革创新，坚持以人为本，坚持维护团结稳定和国家安全，不断推动边境地区经济社会发展迈上新台阶。

二、总体要求

（一）指导思想。

高举中国特色社会主义伟大旗帜，以马克思列宁主义、毛泽东思想、邓小平理论、“三个代表”重要思想、科学发展观为指导，全面贯彻党的十八大和十八届三中、四中、五中、六中全会精神，深入贯彻习近平总书记系列重要讲话精神和治国理政新理念新思想新战略，紧紧围绕统筹推进“五位一体”总体布局和协调推进“四个全面”战略布局，牢固树立和贯彻落实创新、协调、绿色、开放、共享的发展理念，坚持“中华民族一家亲，同心共筑中国梦”共同目标，坚持“富民、兴边、强国、睦邻”宗旨任务，坚持捍卫国家主权和领土完整，以保基本、补短板为重点，着力实施强基固边、民生安边、产业兴边、开放睦边、生态护边、团结稳边，建设繁荣稳定和谐边境，巩固祖国边防，确保边境地区与全国同步全面建成小康社会，为实现“两个一百年”奋斗目标、实现中华民族伟大复兴中国梦作出贡献。

（二）基本原则。

——边民为本，改善民生。采取特殊政策措施着力保障和改善民生，解决好边民最关心、最直接、最现实的生活问题，兜住民生底线，帮助贫困边民实现脱贫，推进基本公共服务均等化，确保各族群众共享改革发展成果。

——因地制宜，分类指导。紧密围绕国家总体外交和国防边防需要，根据边境各地边民需求、自然生态条件、发展水平及毗邻国家情况，分别研究确定主要任务和重点工程，加强分类指导和政策支持，重点解决特殊困难和突出问题。

——统筹兼顾，突出重点。统筹规划边境地区发展路径，兼顾当前和长远，考虑需要和可能，以沿边境乡镇为重点梯次推进，同时将边境市（地、州、盟）和新疆生产建设兵团边境师（以下统称边境市）作为规划联动区，增强对边境地区建设发展的支撑保障能力，形成边境地区夯实前沿、以边带面、从线到片的空间格局。

——改革创新，活边富民。深化重点领域和关键环节改革，消除制约边境地区发展的体制机制障碍，推动相关新政策、新举措在有条件的边境地区先行先试，推进经济转型升级和大众创业、万众创新，进一步提升边境地区开放水平、产业发展水平，使市场在资源配置中起决定性作用，更好发挥政府作用，带动边民增收致富。

——军民融合，共建共享。以基础设施共建共享、社会服务保障统筹、军地公共安全合作、边防民防融合建设为重点，坚持平战结合、防管一体、深度融合，补齐短板弱项，增强对经济建设和国防建设的支撑能力。

——促进团结，固边睦邻。全面正确贯彻落实党的民族宗教政策，不断巩固平等、团结、互助、和谐的社会主义民族关系，维护边境地区社会稳定，增强兴边富民辐射作用，增进睦邻友好，为边境地区发展营造良好内外环境。

（三）发展目标。

到2020年，边境地区同步全面建成小康社会，基础设施进一步完善，服务发展和保障边防能力全面提升；民生保障水平进一步提高，边民安居守边条件全面改善；特色优势产业较快发展，支撑群众居边致富作用全面增强；深度融入“一带一路”建设，沿边开发开放水平显著提高；生态环境保护取得明显成效，经济社会与生态环境实现协调发展；民族团结基础进一步夯实，边境地区安定和谐局面更加巩固。

——综合经济实力显著增强。边境地区生产总值、城乡居民人均收入年均增速高于全国平均水平。人民生活显著改善，新型城镇化持续推进，科技创新能力明显增强，生态环境质量持续好转。

——基础设施条件全面强化。沿边铁路、公路、机场建设全面推进，边境地区区际交通网络初步形成。具备条件的沿边境乡镇、建制村通硬化路和客车，自然村道路交通条件明显改善。农田水利设施基本完善。农村饮水安全保障水平明显提高。用电问题全面解决。清洁能源普及率明显提高。信息基础设施全面加强。

——民生保障水平不断提高。边境地区基本公共服务主要领域指标达到或接近全国平均水平，农村贫困人口全部脱贫，贫困县全部摘帽。城乡居民住房、交通条件得到改善，边民上学难、看病难问题基本解决，劳动年龄人口平均受教育年限明显增加，就业规模不断扩大，边民文化需求基本得到满足，总体实现基本公共服务均等化。

——特色优势产业较快发展。边境地区产业结构进一步调整，产业布局更趋合理，特色优势产业体系更加健全，初步建成一批能源资源、生物资源、民族文化资源、农产品加工基地和区域性国际商贸物流中心及旅游集散中心，自我发展能力进一步增强。

——沿边开放水平显著提高。对外开放平台更加完善，国际经济合

作成效显著，口岸功能与设施更加完备，边境货物贸易稳步发展，服务贸易增长明显加快，边境经济合作区、跨境经济合作区等开发开放平台的辐射和示范作用增强，合作层次和水平进一步提升。

——实现生态良好绿色发展。绿色低碳循环的生产生活方式在边境地区深入人心，跨区域生态建设和环境保护联动机制建立健全，森林、草原、河湖、湿地等自然生态系统稳定性和生态服务功能全面提升，边境地区经济与资源环境协调发展态势明显。

——确保边防安全边疆稳固。军民融合发展全面加强，民族团结进步和爱民固边系列创建活动深入推进，边民国家意识、国民意识、国防意识进一步增强。社会治安立体防控体系基本建成，维稳控边能力进一步增强。与周边国家友好往来更加密切。

三、主要任务和重点工程

（一）围绕强基固边推进边境地区基础设施建设。

1. 加强边境地区综合交通运输体系建设。

结合国家开放战略和区域发展规划，打通边境地区对内对外联系大通道，实现通江达海出境。深入实施军民融合发展战略，推进沿边区际铁路交通网络、公路交通网络、航空网络和航运网络建设，提升口岸、沿边公路等级，提高国家边防交通保障能力，加强经济中心、人口集聚区、口岸、港口等之间的交通联系。

推动边境地区铁路通道建设。重点推进“一带一路”国际通道、区际干线和沿边铁路建设，扩大路网覆盖面，逐步形成依托国内铁路网、连接周边国家的对外铁路通道网络。加快建设泛亚铁路、第二亚欧大陆桥铁路、东北亚陆海联运铁路，研究推进中朝边境铁路建设。加强边境地区与内地的铁路通道建设，推进川藏通道建设，增强西南、西北、东北地区与内地的通道联系能力。大力实施进出疆、藏工程。

推动边境地区公路通道建设。以国家高速公路网待贯通路段为重点，稳步推进与周边国家互联互通、与内地交通运输联系的大通道项目建设。加快与周边国家的国际公路运输通道建设，基本实现与重点毗邻国家相连的重要公路通道高等级化，提升重点口岸公路通行能力和服务水平。完善边境地区公路网布局，有序推进以通县公路为重点的国省干线公路改造，加强中印、中朝、中缅、中俄、中蒙方向沿边公路和边防公路建设。

加强边境地区航空航运建设。加快发展区域枢纽机场，合理发展支线机场和通用机场。加强跨界河流的航道治理，加强澜沧江—湄公河等国际水运通道建设。积极推进界河跨境桥梁建设，保障和拓宽对外通道。

大力改善边境农村交通状况。继续实施沿边地区特别是边境建制村农村公路通达工程和通畅工程，支持一定人口规模的自然村通硬化路建设，优先解决撤并建制村通硬化路。加强危桥改造、安保工程、县乡公路改造、窄路基路面公路拓宽改造、县级客运站、乡镇客运站、渡口改造等重点工程建设。

（国家发展改革委、交通运输部、铁路总公司、国家铁路局、中国民航局按职责分工分别负责，下同）

2. 加强边境地区水利能源基础设施建设。

推进边境地区水利建设。支持边境地区开展农村饮水安全巩固提升工程、农田水利工程、防洪抗旱减灾工程、水资源开发利用工程、水资源保护工程、水土保持和农村水电工程等民生水利工程建设。继续实施并加快推进一批重点水源工程，不断提高边境地区水资源调蓄能力和供水保障能力。在边境地区优先完成大中型灌区续建配套与节水改造，重点支持农田高效节水灌溉工程，加快实施区域规模化高效节水灌溉工程，以田间渠系配套、“五小水利”工程、农村河塘清淤整治为重点，加强小型农田水利设施建设。安排和支持边境地区中小河流治理、病险水库水闸除险加固等水利建设项目，科学有序推进跨国界河流治理工程建设。加强边境地区山洪灾害防治力度，完善山洪灾害监测预警系统，

开展重点山洪沟防洪治理。

加快边境地区能源建设步伐。大力推进油气战略通道建设，稳步推进边境地区与周边国家的电力基础设施合作。在保护生态前提下，积极稳妥开发建设水电，因地制宜发展太阳能光伏发电和风力发电，支持离网缺电贫困地区小水电开发，研究建立水电开发边民共享利益机制。以边境地区小城镇、中心村为重点，深入实施新一轮农村电网改造升级工程，提升边境地区电力普遍服务水平。力争到2020年，电网覆盖全部边境县并达到小康电水平。

（水利部、国家能源局、国家发展改革委、外交部）

3. 加强边境地区信息基础设施建设。

加快完善边境政务信息网络平台，支持电子政务、电子商务、远程教育、远程医疗、网络安全、社会信用体系等重大信息化工程和网络与信息安全设施建设，加快城市光纤宽带接入，完善农村综合信息服务体系，加快推进信息进村入户，实现行政村通宽带、20户以上自然村和重要交通沿线通信信号覆盖、边境地区农村广播电视和信息网络全覆盖。加强边境地区无线电管理技术设施建设，强化与周边国家通信互联互通和无线电频率协调，加快推进边境地区信息网络设施建设，加强边境地区网络与信息安全管理和网络与信息安全技术手段建设，强化信息网络安全与应急保障能力。继续推进兴边富民行动测绘地理信息保障工程，加强边境地区基础性和专题性地理国情监测，为兴边富民行动提供决策依据，为相关重大工程实施提供监管手段。

（国家发展改革委、工业和信息化部、新闻出版广电总局、国家网信办、国家测绘地信局）

4. 因地制宜推进边境地区城镇化建设。

强力推进沿边城镇建设。按照沿边集聚、合理布局、集约发展和适度超前原则，以边境市为引领，构建以边境重要节点城市和小城镇为支

撑、临边集镇为节点、抵边村寨为支点，沿边境线辐射延伸的城镇带。加强与周边城市的统筹规划与功能配套，有序推进边境重点镇建设，切实完善基础设施和公共服务，因地制宜发展特色鲜明、产城融合、城乡统筹、充满魅力的边境小城镇，将具有特色资源、区位优势的重点镇培育成为休闲旅游、商贸物流、现代制造、教育科技等特色小镇，发展成为服务农村、带动周边的综合性小城镇。保护边境地区历史文化名城名镇名村，推进传统村落保护和特色景观旅游村镇建设。加强少数民族特色村镇保护与发展，建设边境少数民族特色村镇廊带。

（国家发展改革委、住房城乡建设部、国家旅游局、国家民委）

专栏1　强基固边工程
（1）沿边公共服务设施建设工程。在沿边界线重要节点建设较高水平和标准的学校、医院、国际旅行卫生保健中心、文化广场、公共体育服务设施、市场等，全面提升基础设施建设水平，提高公共服务辐射周边能力，展示国家形象，增强边民凝聚力、向心力和自豪感。（国家发展改革委、教育部、住房城乡建设部、国家卫生计生委、文化部、体育总局、商务部、海关总署、质检总局） （2）边境交通脱贫攻坚工程。重点建好边境地区康庄大道路、幸福小康路、平安放心路、特色致富路，全力加快边境地区国家高速公路、普通国省道、农村公路、县级客运站、乡镇客运站、渡改桥等重点工程建设。（国家发展改革委、交通运输部、铁路总公司、国家铁路局） （3）“一带一路”国际铁路通道建设工程。规划建设克拉玛依—塔城（巴克图）铁路，研究建设中吉乌、中巴等铁路。规划建设防城港—东兴等铁路，研究建设临沧—清水河、日喀则—吉隆铁路，推进芒市—猴桥铁路前期工作。（国家发展改革委、交通运输部、铁路总公司、国家铁路局） （4）沿边铁路、沿边公路贯通工程。研究建设孙吴—逊克—乌伊岭铁路，推进韩家园—黑河、鹤岗—富锦、创业—饶河—东方红、东宁—珲春等东北沿边铁路，芒市—临沧—文山—靖西—防城港等西南沿边铁路的前期工作，逐步推进沿边铁路建设。有序推进G219线（喀纳斯至东兴）东兴—峒中、丙中洛—贡山—福贡—泸水、吉木乃—和布克赛尔、萨嘎县—朗县金东乡等公路建设，G331线（丹东至阿勒泰）阿勒泰—青河、鸣沙山—塔克什肯口岸、二连浩特口岸—满都拉图、北银根—甜水井、新华—英安等公路建设，逐步贯通我国沿边公路。（国家发展改革委、交通运输部、铁路总公司、国家铁路局） （5）兴地睦边土地整治重大工程。重点对边境地区田、水、路、林、村等进行综合整治，加强农田基础设施建设，改善区域农业生产环境，提高农业综合生产能力。（国土资源部、财政部）

续表

专栏1　强基固边工程
（6）边境农村饮水安全巩固提升工程。加快在边境农村建设一批集中供水工程。对分散性供水和水质不达标的，实行提质增效改造。推进净水设施改造和消毒设备配套工程、水源保护和信息化建设，提升边境村寨自来水普及率、供水保证率、水质达标率，全面解决边境地区群众饮水问题。（水利部、国家发展改革委） （7）边境地区信息安全基础工程。实施宽带乡村和边境地区中小城市基础网络完善工程。加强农村邮政、电信和互联网基础设施建设。完善边防边控通信设施，加快网络信息安全、无线电监测系统建设。支持边防覆盖和应急通信工程。（工业和信息化部、国家发展改革委、国家邮政局、国家网信办、公安部） （8）沿边重点城镇建设工程。选择具有一定产业基础、人口规模和发展潜力较大、区位优势较为突出的沿边境重点城镇，完善发展规划、拓展城镇功能、提高管理服务水平，增强人口集聚能力，打造边境地区统筹发展的重要节点。（国家发展改革委、住房城乡建设部、国土资源部、工业和信息化部、公安部、商务部） （9）边境地区少数民族特色村镇工程。选择一批民族特色突出、地域优势明显的村镇，通过加强民族文化保护、传承和发展，保护完善村落设施，推动特色村镇建设与旅游资源开发、环境保护、特色优势产业发展相结合，建设一批少数民族特色村寨和特色小镇。（国家民委、住房城乡建设部、国土资源部、环境保护部、文化部、国家文物局、国家旅游局、国家发展改革委）

（二）围绕民生安边全力保障和改善边境地区民生。

1. 精准推进边境贫困人口居边脱贫。

实施边境地区就地就近脱贫专项行动。围绕守边固土、居边脱贫致富目标，按照“六个精准”的要求，坚持边境地区扶贫开发与富裕边民、巩固边防相结合，制定精准支持边民就地就近脱贫致富的有力措施。采取相关优惠政策，加大扶持力度，因地制宜支持沿边境建档立卡贫困村发展。对居住在沿边境特殊区域的建档立卡贫困户，综合采取经济扶持、金融支持、生活保障、优化服务等措施，彻底解决其生产生活后顾之忧，引导其增强国家认同感和自豪感，安心生活、定心守边。

坚决打赢边境地区脱贫攻坚战。坚持精准扶贫与区域发展相结合，精准到人、扶持到户与整村推进、整乡推进、整县推进相结合，国家各

项扶贫政策向边境地区倾斜。全力推进产业扶贫、就业扶贫、教育扶贫、科技扶贫、健康扶贫、生态保护扶贫、残疾人脱贫和兜底保障，提升贫困边民生产生活水平。强力推进边境贫困地区特色产业扶贫，重点支持建档立卡贫困村、贫困户因地制宜发展种养业、传统手工业、农产品加工业和乡村旅游实现脱贫。实施“互联网+”产业扶贫、科技助力精准扶贫、电商扶贫、光伏扶贫、乡村旅游扶贫工程，拓宽边民增收致富渠道。结合国家退耕还林还草、天然林保护、退牧还草等生态工程，提高贫困人口参与度和受益水平。稳步实施教育脱贫攻坚“十三五”规划，实现建档立卡贫困人口教育基本公共服务全覆盖，保障各教育阶段从入学到毕业的全程全部资助。实施边境地区健康扶贫工程，保障贫困人口享有基本医疗卫生服务，努力防止因病致贫、因病返贫。加大各类金融机构特别是政策性金融机构对边境地区扶贫开发的支持力度，拓宽金融扶贫的资金来源渠道，降低扶贫开发融资成本。完善农村最低生活保障制度，对部分或完全丧失劳动能力且无法依靠产业扶持和就业帮助脱贫的家庭实行政策性保障兜底。现行标准下农村贫困人口实现脱贫，贫困县全部摘帽，解决边境地区区域性整体贫困。

（国务院扶贫办、国家发展改革委、农业部、住房城乡建设部、民政部、环境保护部、教育部、科技部、中国科协、人力资源社会保障部、国土资源部、工业和信息化部、国家卫生计生委、国家林业局、国家旅游局、人民银行、中国残联、财政部、国家民委）

2. 全面改善边民居住生活条件。

着力推进沿边村庄建设。综合考虑守土固边需要和具备发展条件两方面因素，整合政策资源，科学规划边境村镇建设、村落分布、农田保护、生态涵养等空间布局，因地制宜制定沿边村庄标准，继续实施以工代赈工程，重点支持边境贫困地区基本农田建设、农田水利建设、乡村道路建设、小流域治理、片区综合开发、草场建设、村容村貌整治等中

小型公益性基础设施项目建设。全面改善边民居住条件，全力加强村庄设施建设，推进村庄人居环境综合整治，沿边境线建设一批村美民富、民族团结、睦邻友好、边防稳固、人民幸福的村庄。

着力改善边民生产生活条件。鼓励和扶持边境地区常住居民抵边居住生产，结合各地实际，完善边民补贴机制，适时提高边民补助标准，对护边员、边境联防队员等边境群防组织建设予以倾斜。加快推进边境地区城镇保障性安居工程、农村危房改造、农垦危房改造和游牧民定居工程建设，合理确定补助标准，加大边境地区公立医疗卫生机构医务人员、乡镇干部、乡村学校教师周转房及配套设施建设支持力度，保障边民居住安全。

（国家发展改革委、住房城乡建设部、民政部、环境保护部、农业部、教育部、公安部、国家民委、财政部）

3. 大力推进边境地区社会保障体系建设。

加大边境地区社会保障体系建设支持力度。实施边境地区全民参保计划，加快完善覆盖城乡居民的社会保险体系和社会救助体系。以基本养老、基本医疗、最低生活保障为重点，完善覆盖城乡、制度健全、管理规范的多层次社会保障体系。推进城乡居民养老保险全民参保，为城乡居民提供规范高效便捷服务。整合城乡居民医疗保险制度，全面实施城乡居民大病保险制度，全面推进重特大疾病医疗救助工作，健全医疗救助与基本医疗保险、城乡居民大病保险及相关保障制度的衔接机制。全面高效实施临时救助制度，解决城乡困难群众突发性、紧迫性、临时性基本生活困难。健全特困人员救助供养制度，支持边境地区供养服务机构建设，优先集中供养完全或部分丧失生活自理能力的特困人员。支持边境地区养老服务体系建设。支持区域性救灾减灾指挥中心和救灾物资储备库、应急避难场所建设。

（国家发展改革委、人力资源社会保障部、民政部、国家卫生计生

委、财政部）

4. 优先发展边境地区教育事业。

推动边境地区教育事业全面发展。加快完善边境地区学前教育公共服务体系，加大对边境地区农村学前教育的支持力度，鼓励普惠性幼儿园发展。推动县域内城乡义务教育一体化改革发展，全面推进边境地区义务教育学校标准化建设，改善边境地区义务教育阶段基本办学条件，加强边境农村寄宿制学校建设，科学布局、办好村小学和教学点，提升边境学校教育质量，切实保障守土固边边民家庭学龄儿童就近就便有学上、上好学。实施高中阶段教育普及攻坚计划，继续支持边境地区教育基础薄弱县普通高中建设。积极发展符合边境地区实际的职业教育，落实好中等职业教育免学费制度。科学稳妥推行双语教育，坚定不移推行国家通用语言文字教育，尊重和保障少数民族使用本民族语言文字接受教育的权利，加强双语科普资源开发。继续加大对边境地区家庭困难学生的贷款支持力度。加大教育对口支援力度，加强边境地区师资特别是科学教师和科技辅导员培训，选派优秀教师驻边支教，支持当地教师队伍建设。加大教育对外开放力度，支持边境城市与国际知名院校开展合作办学。

（教育部、中国科协、国家民委、国家发展改革委、财政部）

5. 强力推进边境地区卫生事业发展。

全面提升边民身体健康素质。加强边境地区农村三级医疗卫生服务网络和公共卫生体系建设，实施边境地区县级医院、乡镇卫生院、村卫生室标准化建设，进一步加大医疗卫生基础设施建设支持力度，将边境地区尚未达标的县级医院全部纳入中央支持范围。大力推进边境地区远程医疗。以边境市、边境县、边境乡镇、边境口岸、交通沿线城镇为重点，加大对边境基层医疗卫生服务机构的对口支援力度，加大东部医院对西部医院的支持力度。选派国家医疗队加强对边境地区巡回医疗工

作，在边境地区部署国家区域卫生应急支队。完善边境地区疾病防控监测体系，强化紧急医学救援能力，与周边国家在人员培训、联合应急演练、专家互访等方面加强合作，共同组织开展传染病、地方病等防治工作。

（国家卫生计生委、质检总局、国家发展改革委、财政部、国家民委）

6. 大力促进边民就业创业。

全力推动边民就地就近就业创业。实施更加积极的就业政策，大力发展吸纳就业能力强的产业和企业，鼓励各类企业或产业园区吸纳边民就业，努力实现边民充分就业。统筹推进重点群体就业，提供就业服务。加强对灵活就业、新就业形态的扶持，促进边民自主就业。加强就业援助，对就业困难边民实行分类帮扶，做好零就业家庭帮扶工作。促进已转移农村贫困劳动力在动态中稳定就业。推进政府购买培训服务，大力推行订单式培训、定岗培训、定向培训等与就业紧密联系的培训模式，提升职业培训质量。深入推行科技特派员制度。加大对乡土人才和创业队伍的培养力度，因地制宜建设一批众创空间、“星创天地”。开展边境地区贫困家庭子女、未升学初高中毕业生、农民工、失业人员、转岗职工、退役军人、残疾人免费接受职业培训行动。将部分有劳动能力的边民转为当地护林员等生态保护人员。鼓励边境省区在沿边一线设立护林护草、沿边乡村道路和界江船只协管等岗位，推进边民就业护边。进一步探索边防工作与解决边民就业问题有机结合的新模式。

（人力资源社会保障部、科技部、工业和信息化部、农业部、国务院扶贫办、中国残联、公安部、环境保护部、国家林业局、财政部）

7. 全面提升边境地区公共文化科技服务能力。

大力推进文化强边。提升公共文化设施建设和管理水平，推动边境地区县级公共图书馆、博物馆按建设标准改扩建。加强边境地区公共文化服务体系建设，进一步加大边境地区公共文化资源供给，加强优秀文化作品的创作、译制和传播，推进基层公共数字文化一站式服务和移动

服务。强化边境地区宣传文化阵地建设与管控，维护国家文化安全。加强边境地区文化遗产保护，推动边境地区传统工艺振兴，支持边境地区非物质文化遗产传承人参加非遗传承人群研修研习培训计划，支持非物质文化遗产生产性保护和合理展示。大力支持边境地区特色文化产业发展，加大边境地区文化人才培养，支持边境地区对外文化交流和对外文化产业合作，继续实施“边疆万里数字文化长廊”“春雨工程”等，鼓励边境省区配置“流动博物馆”。

加强边境地区新闻出版广播电视基础设施建设。促进全民阅读，推动数字阅读，统筹建设城乡阅报栏（屏）、社区阅读中心、数字（卫星）农家书屋、数字（卫星）阅读终端等设施。推进新闻出版广播影视公共服务协调发展，扶持边境县和边境口岸新华书店、国门书屋等实体书店建设，继续推动农家书屋提档升级、送书下乡，加强边境地区数字电影院线建设。全面提升边境地区新闻出版发行网点建设水平和广播电视节目传输覆盖能力，提高新闻出版广播影视内容生产和译制能力，加强少数民族广播影视节目译制和制作，加快推进广播电视村村通向户户通升级。加强基层应急广播建设。依托“东风工程”“丝路书香工程”“经典中国国际出版工程”等平台和资源，加快边境地区新闻出版广播影视“走出去”步伐。加强边境地区文化交流和信息服务，探索打造边境文化睦邻综合性服务中心。

提升科技创新能力。加强科技基础条件建设，加快建立以企业为主体、市场为导向、产学研用相结合的技术创新体系。在边境地区深入开展科技服务和科普活动，大力推动“科普中国”落地应用，增强边境地区科普服务能力，继续开展“科技列车行”“科普大篷车”、边境民族地区双语科普试点等科技服务。

（文化部、国家文物局、新闻出版广电总局、科技部、中国科协、国家民委）

专栏2　民生安边工程
（1）护边脱贫工程。围绕维护边境安全，实施边境生态公益岗位脱贫行动，优先支持边境地区建档立卡贫困人口担任边境护林员、草管员、护渔员，在边境贫困县中的国家森林公园、国家湿地公园、国家沙漠公园、沙化土地封禁保护区和国家级自然保护区，安排建档立卡贫困人口从事森林管护、防火、旅游接待服务，增加其劳务收入。（环境保护部、国家林业局、农业部、国务院扶贫办） （2）兴边富民整村推进工程。推动边境村庄实现“八通八有”目标。“八通”包括通路、通客车、通电、通安全饮用水、通清洁能源、通广播电视、通信息、通邮政。“八有”包括有合格村级组织活动场所、有文化活动场所和设备、有合格卫生室和村医、有宜居生活环境、有安全住房、有高稳产农田地（草牧场）、有增收致富产业、有规范的农民专业合作组织。（国家发展改革委、农业部、水利部、国家能源局、交通运输部、住房城乡建设部、工业和信息化部、国家邮政局、新闻出版广电总局、环境保护部、文化部、国家卫生计生委、国家民委、国务院扶贫办、财政部） （3）安居守边工程。分期分批推进农村危房改造，统筹开展农房抗震改造，优先安排沿边境行政村危房改造任务，适当提高政府补助标准。（住房城乡建设部、财政部） （4）边民就业创业工程。发展劳务经济，促进边境地区农业富余劳动力就地就近转移就业，提高居民就业质量和收入水平。降低创业创新门槛，推进大众创业、万众创新。支持设立返乡创业示范基地。建设区域性公共实训基地。对边民有针对性地开展职业技能和创业培训，对符合条件人员按规定给予职业培训补贴和职业技能鉴定补贴。（人力资源社会保障部、国家发展改革委、财政部、农业部、国家林业局） （5）边民健康工程。加强卫生计生机构和口岸卫生检疫基础设施建设、乡镇卫生院标准化建设、村卫生室建设、疾病防控体系建设以及口岸公共卫生体系建设，继续实施“万名医生支援农村卫生工程”和县级医院骨干医师培训项目，加强对周边国家传染病疫情的监测和预警。建立与周边国家疾病防治技术交流及突发卫生事件应急信息沟通和联防联控工作机制。（国家卫生计生委、食品药品监管总局、质检总局、国家发展改革委、财政部、国务院扶贫办） （6）边境地区文化建设工程。加强县、乡、村级文化设施网络建设，统筹无线、有线、卫星三种技术方式，实现数字广播电视户户通。实施广播电视无线发射台基础设施建设工程，完善应急广播体系。实施边境民族文化精品工程、网络文化固边兴边工程。（文化部、新闻出版广电总局、国家网信办、财政部） （7）边境地区教育建设工程。实施学前教育行动计划，加强普惠性幼儿园建设。全面推进边境地区义务教育学校标准化建设。实施高中阶段教育普及攻坚计划，继续支持边境地区教育基础薄弱县普通高中建设。加强双语教师培养培训，建设一批双语教师培养培训基地。继续实施“国培计划”，支持中西部乡村教师校长培训，选派优秀教师驻边支教。（教育部、国家民委、国家发展改革委、财政部）

（三）围绕产业兴边大力发展边境地区特色优势产业。

1. 推进边境地区特色优势农业发展。

立足边境地区绿色农业、特色农业发展基础，打造沿边生态高效安全农业经济带。加快转变边境地区农业发展方式，着力构建沿边现代农业产业体系和生产经营体系，提高农业致富边民能力。充分依托边境地区绿色农牧业资源，优化发展特色种植业，积极发展草牧业，有序发展健康水产养殖，大力发展特色林业产业。指导边境地区加快农业产业化发展，发挥龙头企业作用，延伸产业链、打造供应链，形成全产业链，推进一二三产业融合发展，大力发展休闲观光农业、农村电商、农产品定制等新产业新业态。支持边境地区实施“一村一品”强村富民工程、家庭农场建设工程、中药材规范化生产基地建设工程、“互联网+”现代农业行动、农产品产区“快递下乡”工程、新型职业农民培育工程，加快边境地区专业村、专业乡镇建设，大力支持专业村镇特色农产品品牌打造，推进农民合作社创新规范发展，促进边民就业增收。支持边境地区开展农业国际合作项目。强化边境地区农产品地理标志登记保护。推进特色农产品供应基地建设和国家级出口食品农产品质量安全示范区建设。

（农业部、国家林业局、国家发展改革委、财政部、国土资源部、工业和信息化部、科技部、商务部、质检总局、国家邮政局、国家中医药局、食品药品监管总局）

2. 推进边境地区特色加工制造业发展。

大力扶持边境地区发展特色优势加工业，培育规模大、产值高、带动力强、受益面广的增收致富产业。促进新型工业化产业示范基地建设，引导产业集约集聚发展。引进和培育龙头企业，实现产业延伸与发展，把资源优势转化为经济优势。发展外向型优势制造业，因地制宜培育一批轻工、纺织服装、五金建材、装备制造、机电产品、电子信息、能源和原材料等产业基地，形成一批有竞争力的特色产业集群。实施边

境地区“互联网+”行动，推动互联网与创业创新、益民服务、高效物流、电子商务、便捷交通、绿色生态、文化旅游等结合，不断拓展融合领域。鼓励少数民族特需商品生产企业技术改造和大型商品市场转型升级，扶持民族特色手工艺品开发和生产。

（工业和信息化部、交通运输部、文化部、人民银行、商务部、国家旅游局、国家民委）

3. 推进边境地区特色服务业发展。

以重点口岸城市为节点，建设一批内外贸一体化的特色商贸市场、商品交易市场，鼓励和支持发展国际商贸物流产业。推动边境地区电子商务发展，建设一批“边境仓”。大力发展服务外包、中医药服务、会展服务、金融服务等服务贸易，推动有条件的地方建设沿边服务外包合作区。依托民族文化资源，大力发展民族文化产业，打造边境民族文化品牌。在项目、资金和政策上对边境地区旅游业予以倾斜支持，大力发展“多彩边境”旅游和跨境特色旅游，积极扶持一批对脱贫致富带动力强的重点景区。推动建设边境旅游试验区、跨境旅游合作区和全域旅游示范区，开发具有边境地域特色、民族特色的旅游项目、主题酒店和特色餐饮，办好民族风情节。支持边境地区特色文化产业和旅游业融合发展，开发高品质特色旅游产品，提升文化旅游层次和水平。打造丝绸之路、茶马古道、环喜马拉雅等国际精品旅游线路，加强重点旅游城市和景点建设。

（商务部、海关总署、外交部、国家旅游局、国家林业局、国家发展改革委、公安部、交通运输部、质检总局、国家民委）

4. 推进边境地区产业园区发展。

根据边境地区资源禀赋、区位优势、产业基础、生态条件以及与周边国家毗邻地区的互补性，建设能源资源加工产业基地、出口加工园区、区域性国际商贸物流中心，进一步健全市场体系，吸引资金、技术和人才等资源要素集聚，大力推进产业园区发展。打造一批国家级特色产业园区和

基地，推动边境地区与内地合作共建产业园区，探索发展飞地经济。（工业和信息化部、商务部、国土资源部、国家发展改革委）

专栏3　产业兴边工程
（1）边境地区特色优势农业培育工程。加快发展绿色有机农业和现代特色农业，建设沿边地区特色优势农业生产基地、加工基地、农技推广示范基地和农业对外开放合作试验区。支持边境地区新型经营主体发展加工流通、直供直销、休闲农业和乡村旅游，支持企业、合作社与农户联合建设原料基地、营销平台，促进一二三产业融合。强力推进“一村一品”专业示范村镇建设，打造一批特色鲜明、附加值高、主导产业突出、农民增收效果显著的专业村镇。（农业部、国家发展改革委、财政部、质检总局、国家中医药局、食品药品监管总局） （2）边境地区特色林业富民工程。大力推进边境地区实施特色林果、木本油料、木本粮食、国家储备林、林下经济、林木种苗、花卉、竹藤等扶持工程，因地制宜发展林果、林草、林菌、林药、林禽、林畜、林菜、林蜂等富民产业，打造一批特色示范基地。（国家林业局、农业部、国家发展改革委、财政部） （3）多彩边境旅游工程。按照提高层级、打造平台、完善机制的原则，深化与周边国家的旅游合作，支持有条件的地区研究设立跨境旅游合作区。依托边境城市，强化政策集成和制度创新，研究设立边境旅游试验区。大力培育开发具有边境特色的重点旅游景区和国际精品旅游线路，建设一批边境特色旅游区、民族特色旅游村镇。（国家旅游局、国家发展改革委、住房城乡建设部、国家林业局、公安部、外交部、交通运输部、海关总署、质检总局、国家民委） （4）民贸民品和少数民族特色手工艺品发展工程。给予边境地区民贸企业、民族特需商品定点生产企业、民族特色传统手工业和龙头企业特殊扶持，帮助各族群众就地就业、增收致富。（国家民委、财政部、人民银行、商务部、国家发展改革委） （5）边境产业园区建设工程。在边境县、边境市布局建设一批综合服务功能完善、充满活力的产业集聚区，促进劳动力就地就近就业。在有条件的地方建设华侨产业园。建设一批区域性商品物流集散中心，因地制宜推进农产品专业批发市场、文化产业园区、口岸物流基地、国际商贸物流中心建设，加快打造国际物流通道。（工业和信息化部、农业部、国家发展改革委、国务院侨办、商务部、文化部、国土资源部、交通运输部、质检总局） （6）边境创新品牌行动工程。围绕具有民族特色的农产品、医药、食品等搭建创新品牌培育平台，以电子商务、各类品牌博览会为载体，打造一批竞争力强、带动面广、市场前景好、促进群众增收致富的知名品牌，培育品牌竞争力，走出一条品牌引领、科技支撑、产业升级、经济跨越的创新驱动发展之路。（科技部、国家民委、商务部、质检总局）

续表

专栏3　产业兴边工程
（7）扩大食品农产品出口工程。通过建设特色出口食品农产品质量安全示范区（基地），支持边境地区大力发展农林特色产业，努力扩大出口，引导结构调整、产业层次提升和产品质量提高。（质检总局、国家民委、国务院扶贫办、农业部、国家林业局）

（四）围绕开放睦边着力提升沿边开发开放水平。

1. 推动边境地区深度融入“一带一路”建设。

依托区位优势，充分发挥对外开放窗口作用，加快推动边境地区融入“一带一路”建设，在加强与周边国家的政策沟通、设施联通、贸易畅通、资金融通、民心相通方面发挥前沿作用。完善边境地区地方政府对外合作机制。发展一批边境中心城市，推动沿边重点地区加快发展，强化对毗邻地区产业的辐射带动能力。在具备条件的地方推广云南、广西沿边金融综合改革试验区政策。依托上海合作组织、中国—东盟自由贸易区、澜沧江—湄公河合作、中亚区域经济合作、大图们倡议、中巴经济走廊、孟中印缅经济走廊、中蒙俄经济走廊等合作平台，促进边境地区与周边国家和地区的经贸、文化、科技交流与合作。

（国家发展改革委、商务部、外交部、海关总署、工业和信息化部、质检总局）

2. 大力推动边境地区对外贸易发展方式转变。

支持对外贸易转型升级，有序发展边境贸易，完善边贸政策，支持边境小额贸易向综合性多元化贸易转变，探索发展离岸贸易。加强边民互市点建设，修订《边民互市贸易管理办法》和《边民互市进口商品不予免税清单》，严格落实国家规定范围内的免征进口关税和进口环节增值税政策。支持沿边重点地区创建出口商品质量安全示范区，推广电子商务运用，结合区位优势和特色产业做大做强旅游、运输、建筑等传统服务贸易。推进沿边重点地区金融、教育、文化、医疗等服务业领域有序开放，逐步实现高水平对内对外开放。

（商务部、公安部、交通运输部、财政部、海关总署、税务总局、质检总局、人民银行、国家外汇局、工业和信息化部）

3. 提升沿边开放便利化水平。

加大沿边口岸开放力度，推进边境口岸对等设立和扩大开放。切实提高对沿边重要口岸的监管能力，创新口岸监管模式，优化查验机制，在沿边重点地区有条件的海关特殊监管区域深化“一线放开”“二线安全高效管住”的监管服务改革。加强沿边、内陆、沿海通关协作，依托地方电子口岸平台，推进沿边口岸国际贸易“单一窗口”建设。支持具备条件的沿边重点地区借鉴上海等自由贸易试验区经验，在投资、贸易、金融、创新创业、事中事后监管等方面探索与国际高标准接轨。加强与周边国家在出入境管理、检验检疫和边防检查领域的合作，推进人员往来便利化。

（海关总署、商务部、公安部、质检总局、国家旅游局、外交部）

4. 加强边境地区开发开放平台建设。

加快推进广西东兴、凭祥，云南瑞丽、勐腊（磨憨），内蒙古满洲里、二连浩特，黑龙江绥芬河—东宁等重点开发开放试验区建设，改革创新试验区体制机制，优化区内产业结构，加快建设国际贸易基地、国际物流中心、进出口加工基地、国际人文交流中心等，打造网络化连接、立体式交通、生态型发展的现代化国际口岸城市。加大对边境经济合作区和跨境经济合作区的支持力度。推动边境经济合作区与东部地区国家级经济技术开发区等各类园区一对一合作，鼓励有条件的边境经济合作区与周边国家开展产业合作，积极有序承接境内外产业转移，推动边境经济合作区加工制造、边境贸易、商贸物流、休闲旅游等特色产业和相关新兴产业发展。稳步建设跨境经济合作区，充分

发挥其在促进互联互通和探索国际经贸合作新模式等方面的优势，便利贸易投资和人员往来，推进产业合作，带动与相邻国家边境地区经济往来。发挥好周边境外经贸合作区的带动作用。突出生态保护、休闲旅游、口岸通道等功能，建设黑瞎子岛中俄国际合作示范区。

（国家发展改革委、商务部、人民银行、国家旅游局、外交部、公安部、工业和信息化部、质检总局、海关总署）

专栏4　开放睦边工程
（1）边境口岸建设工程。加强口岸统筹规划，优化边境口岸布局。加强边境口岸基础设施及其检查检验检疫配套设施建设，合理配备口岸管理和进出境检查检验检疫设备，提高口岸运行效率，提升通行能力和水平。加快同周边国家和区域基础设施互联互通建设，增强服务能力，发展口岸经济。（海关总署、质检总局、公安部、交通运输部、外交部、国家发展改革委） （2）边境口岸产业培育工程。依托边境经济合作区、出口加工园区等合作平台，大力发展出口加工业并引进一批合作企业，允许沿边重点口岸、边境城市、边境经济合作区在人才交流、加工物流、旅游等方面实行特殊方式和政策，形成以加工物流、商贸流通、边境旅游为主的优势产业。（工业和信息化部、农业部、财政部、国家发展改革委、商务部、文化部、交通运输部、质检总局） （3）边民互市贸易点建设工程。优化边民互市点布局，完善基础设施和配套条件，提高管理和服务水平，促进边民互市贸易发展和转型升级。（国家发展改革委、商务部、财政部、海关总署、质检总局） （4）边境人员往来便利化工程。充分利用因公出访毗邻国家（地区）相关政策，为沿边重点开发开放试验区因公赴毗邻国家（地区）执行任务提供便利。加强与毗邻国家合作，推动允许两国边境居民持双方认可的有效证件依法在两国边境许可范围内自由通行，对常驻边境市从事商贸活动的非边境地区居民实行与边境居民相同的出入境政策。对周边国家合作项目项下人员出入境给予通关便利。（外交部、公安部、国家旅游局、海关总署、质检总局）

（五）围绕生态护边加强边境地区生态文明建设。

1. 筑牢国家生态安全屏障。

加快实施以青藏高原生态屏障、黄土高原—川滇生态屏障、东北森林带、北方防沙带等为主体的生态安全战略。大力推进重大生态工程建

设，加强重点区域、流域生态建设和环境保护，构筑以草原和天然林为主体、生态系统良性循环、人与自然和谐相处的国家生态安全屏障。加强国门生物安全体系建设，健全国门生物安全查验机制，严防动植物疫病疫情传入。

（国家发展改革委、国家林业局、环境保护部、国土资源部、水利部、农业部、质检总局）

2. 加强边境地区生态建设。

加强重点防护林体系建设，加强水土保持和农田生态保护，继续实施退耕还林还草、退牧还草、石漠化治理、天然林资源保护等工程。构建生态廊道和生物多样性保护网络，实施生物多样性保护行动计划，加大生物多样性保护和自然保护区建设力度。加强边境地区动植物疫病疫情防控，有效防范跨境传播风险。防范物种资源丧失和外来物种入侵。推进水质良好湖泊生态环境保护和生态修复工程。统筹考虑将符合条件的边境县优先纳入国家重点生态功能区。建立生态保护补偿机制。

（国家发展改革委、财政部、农业部、国家林业局、质检总局、水利部、环境保护部）

3. 推进边境地区环境污染治理。

实行最严格的环境保护制度，形成政府、企业、公众共治的环境治理体系。对开发建设类规划，基于资源环境承载能力监测预警评价，依法开展环境影响评价工作，以生态环境质量改善为目标，严把环境准入关，优化区域发展布局与规模。推进多污染物综合防治和环境治理，实行联防联控和流域共治。深入实施大气污染防治行动计划，继续落实水污染防治行动计划和土壤污染防治行动计划，净化农产品产地和农村居民生活环境。加强城乡环境综合整治，普遍推行垃圾分类制度，全面推

进农村垃圾治理。进一步强化边境地区环境监管能力建设。严格执行节能减排考核。

（环境保护部、国家发展改革委、国土资源部、水利部、农业部、国家林业局）

专栏5　生态护边工程
（1）边境生态安全保障工程。对生态区域重要、森林草原病虫鼠害和森林草原火灾多发的地区，加大支持力度，尽快建立森林草原病虫鼠害防治和森林草原防火体系。科学划定并严守生态保护红线。健全山水林田湖一体治理机制，加强国土绿化和草原生态修复。（国家发展改革委、国家林业局、环境保护部、水利部、农业部） （2）人居环境综合整治工程。着力开展农村人居环境综合整治行动，结合美丽乡村和新农村建设加快农村污水治理。加强排污管（沟）、污水处理设施、垃圾无害化处理设施等建设。把发展庭院经济与村寨绿化亮化美化结合起来，建设绿色村庄，充分挖掘和弘扬人与自然和谐相处的传统文化，完善村规民约，健全各项管理制度，把沿边村寨建设成为卫生整洁、生态优良、留得住乡愁的美丽村寨。（住房城乡建设部、环境保护部、水利部、工业和信息化部、农业部、国家林业局、国土资源部、国家发展改革委） （3）边境地区动植物疫病防控工程。完善进出境动植物疫病疫情联防联控周边合作机制，探索建立边境动物疫病控制区，防范动植物疫病疫情跨境传播。强化外来入侵物种监测预警，建立入侵生物阻截带，防治外来物种入侵。（质检总局、国家林业局、农业部）

（六）围绕团结稳边通力维护民族团结和边防稳固。

1. 加强边境地区基层治理能力建设。

贯彻落实全面从严治党要求，着力强化党的政治、思想、制度和作风引领，全面增强基层党组织战斗力，全面提升基层政权建设水平，提升乡镇（街道）服务能力与治理水平，推进基层治理体系和治理能力现代化。加强边境地区基层党组织建设，抓好以村级党组织为核心的村级组织建设，充分发挥基层政权阵地功能，提升基层党组织和党员维护稳定、推动发展、服务群众、凝聚人心、保护生态、促进和谐、巩固边防

的能力和水平。加强城乡社区建设，建立健全党组织领导下的基层群众自治机制，实现政府治理和社会调节、居民自治良性互动。

（中央组织部、国家民委、人力资源社会保障部、民政部）

2. 不断巩固和发展民族团结进步事业。

深入开展爱国主义和民族团结宣传教育，牢固树立“三个离不开”思想，培育中华民族共同体意识和国家意识，不断增强对伟大祖国、中华民族、中华文化、中国共产党、中国特色社会主义的认同，树立正确的国家观、民族观、宗教观、历史观、文化观，不断增强维护民族团结和国家统一、反对民族分裂的自觉性、主动性、坚定性，传递民族团结的正能量。促进各民族交往交流交融，依法妥善处理涉及民族因素的问题，坚决依法打击破坏民族团结和分裂祖国的违法犯罪活动。广泛深入开展民族团结进步创建活动，扎实推进民族团结进步示范区（单位）建设。

（国家民委、中央宣传部、中央统战部、教育部、文化部、新闻出版广电总局、国家发展改革委、公安部、共青团中央、国家宗教局）

3. 推进军民深度融合发展。

在边境地区广泛开展爱国守边教育，大力宣传人民边防为人民、人民边防靠人民，筑牢人民边防的铜墙铁壁。在边境建设中贯彻国防巩固要求，同时合理兼顾民用需要。坚持军地资源优化配置、合理共享、平战结合、沿边沿线衔接，加强军地在基础设施和社会服务等领域的统筹发展。实施军民融合发展工程，增强基础设施军民共用的协调性。加强边防基础设施建设。巩固军政军民团结，党政军警民合力强边固防，提高边境综合防卫管控能力，维护边境地区安全稳定。

（公安部、中央军委国防动员部、国家发展改革委、工业和信息化部、财政部、国家民委）

4. 通力共建和谐边疆。

完善边境地区治理协调机制，制定边境地区突发事件应急预案，规范信息报告制度，加强跨部门、跨区域应急联动，提升联合处置能力。深化边防对外交往合作，及时协商处理边境事务，密切睦邻友好关系。推进边境地区治安防控体系建设，深入开展社会治安专项整治，严厉打击走私、贩毒、贩枪、偷越国（边）境、非法出入境等各类违法犯罪活动。扎实推进爱民固边模范村（社区）、乡镇、县市创建。支持边境地区公安机关与周边国家地方警务、边检（移民）、禁毒、边防等执法部门建立对口合作机制，共同维护边境地区安全稳定。加强文化执法合作，打击非法文化产品流入，构筑边境地区文化安全屏障。全面正确贯彻党的宗教工作基本方针，引导宗教界人士和信教群众为稳边固边和边境地区发展服务。继续开展和谐寺观教堂创建活动。

（公安部、国家发展改革委、财政部、外交部、海关总署、质检总局、新闻出版广电总局、国家民委、国家宗教局、中央军委国防动员部）

专栏6　团结稳边工程
（1）民族团结进步创建工程。开展民族团结进步示范典型创建活动，建设一批民族团结进步示范市、县、乡（镇）、村（社区）、学校、企事业单位、连队等，建立一批民族团结进步教育基地，使之成为维护民族团结、巩固祖国边防的战斗堡垒。（国家民委、教育部、文化部、公安部、新闻出版广电总局、人力资源社会保障部、国务院国资委、共青团中央） （2）兴边富民行动示范工程。开展兴边富民行动示范创建活动，命名一批兴边富民示范县、示范乡（镇）、示范村（社区），表彰一批兴边富民模范单位和模范个人，以示范带动引领，推动兴边富民行动深入开展。（国家民委、国家发展改革委、财政部） （3）爱民固边模范村创建工程。结合社会主义新农村建设，推动开展“维护治安、民族和谐、经济合作、服务民生”等特色爱民固边模范村创建活动，维护民族团结和边疆稳定。（公安部） （4）边境地区平安建设工程。创新边境地区社会治安立体防控体系，建立健全党政军警民“五位一体”边境安全管控机制，提高军警民联防、联动、联勤、联合处置能力。加强边境地区突发事件预警和评估，完善重大情况应对预案。加大边境地区人防、物防、技防等基础设施建设力度，加大边境地区反恐、禁毒、打击非法出入境和走私力度。（公安部、中央军委国防动员部、国家发展改革委、财政部、海关总署、国家民委、国家林业局、国家宗教局）

四、政策措施

针对边境地区的重要战略地位和特殊性，国家优先支持边境地区改革创新和加快发展，出台差别化政策予以支持，进一步加大相关优惠政策对边境地区的倾斜力度。国家综合配套改革试验区优先支持一部分边境县市。做好与边境农场、林场等相关政策的衔接。

（一）边民扶持政策。

省级人民政府根据实际情况建立动态的边民补助机制，中央财政通过一般性转移支付给予支持，鼓励边境地区群众抵边居住和贴边生产生活。降低边民创业创新门槛，对边民自主创业实行“零成本”注册，引导鼓励符合条件的边民按规定申请10万元以下的创业担保贷款。加大对边境回迁村的扶持力度。各部门安排的各项惠民政策、项目和工程，最大限度地向边境地区尤其是边境贫困地区、贫困村、贫困人口倾斜。加大对边境地区建档立卡贫困户脱贫奔小康的支持力度。

对于在边境地区党政机关、群团组织、国有企事业单位工作满20年以上且无不良记录的工作人员，所在地省级人民政府可探索在其退休时按照国家规定给予表彰。边境地区县乡机关招录公务员时，可以拿出一定数量的职位招考本市县户籍或在本市县长期生活的人员。落实国家对在边境地区工作的公职人员工资、福利、住房等方面待遇政策。出台优惠政策，鼓励优秀复转军人就地安置。

（国务院扶贫办、财政部、国家发展改革委、住房城乡建设部、民政部、人力资源社会保障部、国土资源部、农业部、国家民委）

（二）财政政策。

充分考虑边境地区特殊需要，加大对边境地区转移支付力度，推进地区间基本公共服务均等化。国家退耕还林还草、天然林保护、防护林建设、石漠化治理、防沙治沙、湿地保护与恢复、退牧还草、水生态治理等重大生态工程的项目和资金安排进一步向边境贫困地区倾斜。

加大对边境地区基础设施、城镇建设、产业发展、民生保障等方面的支持力度，研究提高对边境地区铁路、民航、能源、信息等建设项目投资补助标准或资本金注入比例。国家发展改革委继续设立兴边富民行动专项，重点支持基础设施、基本公共服务设施、生态环境保护和人居环境整治、民族文化传承等领域项目建设。国家外经贸发展专项资金、旅游发展基金等专项扶持资金向边境地区倾斜。民族自治地方的边境县和兵团边境团场享受民族贸易县的优惠政策。由地方统筹对民族贸易和民族特需商品生产实行优惠政策。

（财政部、国家发展改革委、国务院扶贫办、民政部、环境保护部、农业部、商务部、国家林业局、国家旅游局、国家民委）

（三）金融政策。

鼓励和引导商业性、政策性、开发性、合作性等各类金融机构加大对边境地区的支持。支持商业性金融机构积极探索开发适合边境地区的金融产品和服务模式，合理调剂和引导信贷资源，加大对边境地区基础设施、改善民生和特色优势产业的支持。在遵循商业原则及风险可控前提下，对边境地区商业性金融分支机构适度调整授信审批权限，鼓励将更多资源用于服务当地经济社会发展。对边境贫困地区符合条件的金融机构加大扶贫再贷款支持力度。在边境试点地区稳妥开展农村承包土地的经营权和农民住房财产权抵押贷款试点，探索拓宽农村抵押担保物范围。创新金融政策工具，向政策性和开发性金融机构提供长期、低成本资金，用于支持边境地区发展。发挥政策性、开发性金融的功能和作用，大力支持边境地区的建档立卡贫困村、贫困户和贫困人口所在区域基础设施建设、特色产业发展和教育医疗发展。协调亚洲基础设施投资银行、金砖国家新开发银行支持边境地区发展。支持边境地区农村支付服务环境建设。积极发挥双边本币结算协定的作用，扩大边境地区跨境贸易投资中人民币的结算和使用。

培育发展多层次资本市场，支持符合条件的边境地区企业在全国中小企业股份转让系统挂牌。规范发展服务中小微企业的区域性股权市场。鼓励和引导在边境地区设立产业投资基金投资区域性创新创业企业。进一步加大非金融企业债券融资工具推广。支持期货交易所研究在沿边重点地区设立商品期货交割仓库。

（人民银行、银监会、证监会、保监会、国家发展改革委、财政部）

（四）土地政策。

坚持最严格的耕地保护制度和最严格的节约用地制度。边境地区国家重点基础设施建设项目新增建设用地计划指标由国土资源部直接安排，保障兴边富民用地需要。分解下达城乡建设用地增减挂钩指标向边境地区倾斜，边境地区国家扶贫开发工作重点县增减挂钩指标可以在省域范围内调剂使用，增减挂钩收益按规定全额缴入国库后，通过支出预算统筹安排用于改善边民生产生活条件和生态移民搬迁。中央和省级在分配高标准农田建设任务、土地整治与高标准农田建设资金时，重点向边境地区倾斜，进一步加大对边境贫困地区的支持力度。在有条件的边境地区，优先安排国土资源管理制度改革试点，支持开展历史遗留工矿废弃地复垦利用试点。

（国土资源部、财政部、国务院扶贫办、农业部、环境保护部）

（五）社会保障政策。

加大对边境地区居民基本社保体系的支持力度，合理提高城乡居民基本医疗保险政府补助标准，合理确定最低生活保障标准。对于符合条件的沿边境行政村困难边民参加新农合的个人缴费部分，通过城乡医疗救助给予补助。全面实施城乡居民大病保险，鼓励探索向边境地区贫困人口倾斜的具体办法，合理提高报销比例，切实提高大病保障水平。加大边境地区农村危房改造支持力度。落实好中等职业学校免学费和国家助学金政策。

（人力资源社会保障部、民政部、教育部、国家卫生计生委、财政部、国家民委）

（六）资源开发与生态保护补偿政策。

合理扩大边境地区光伏、风电等优势能源资源开发规模。探索在边境地区率先实行自然资源资产收益扶持机制。在边境地区率先探索建立多元化生态保护补偿机制，扩大补偿范围，合理提高补偿标准。逐步建立地区间横向生态保护补偿机制，引导受益地区与提供生态产品的边境地区之间通过资金补助、产业转移、人才培训、共建园区等方式实施补偿。完善并继续实施草原生态保护补助奖励政策，对实施禁牧和草畜平衡的牧民实行补贴和奖励，支持草原畜牧业转型发展。开展边境贫困地区生态综合补偿试点，健全公益林补偿标准动态调整机制。加大边境贫困地区生态保护修复力度。

（国家能源局、环境保护部、农业部、工业和信息化部、国土资源部、财政部、国家发展改革委）

（七）对口支援政策。

依托东西部扶贫协作和对口支援机制，有关东部省份和对口援疆援藏省份，加大对内蒙古、广西、云南、西藏、甘肃、新疆等省区边境地区的帮扶力度，在产业合作、劳务协作、人才支援、资金支持等方面向边境地区倾斜，鼓励、组织民营企业、社会组织、公民个人积极参与边境地区建设。鼓励经济较发达省份、大中城市、国有大中型企业采取多种形式积极参与东北边境地区建设，支持辽宁、吉林、黑龙江等省开展省内扶贫协作和对口支援，推动边境地区加快发展。继续实施中央和国家机关及企事业单位等定点扶贫和对口支援。继续推动中央企业与边境地区开展各类经济技术交流活动。

（国家发展改革委、国务院国资委、中央组织部、人力资源社会保障部、科技部、国家民委、中央统战部、国务院扶贫办）

五、组织实施

（一）加强组织领导。

按照“国家支持、省负总责、市级联动、县级落实”的方针，加强组织领导，落实任务责任，密切协调合作，确保如期完成本规划确定的发展目标、主要任务和重点工程。充分发挥兴边富民行动协调小组作用，统筹协调兴边富民行动重大问题，研究部署兴边富民行动重点工作和重点任务，推动规划有效实施。

（二）明确责任分工。

国家民委、国家发展改革委、财政部具体负责指导边境各省区因地制宜、突出重点推进兴边富民行动，会同有关部门和边境省区进一步加强对接，研究确定各地兴边富民行动的重点方向、重点措施、重点工程。各有关部门要按照要求，将规划主要任务和重点工程与本部门“十三五”专项规划、年度计划相衔接。边境各省区人民政府要加强组织领导，全面负责本省区的规划组织实施工作，制定配套规划或实施意见，明确责任分工，确保规划落到实处。

（三）加强监督检查。

国家民委、国家发展改革委、财政部要加强对规划实施情况的监督检查，协调解决规划实施过程中的问题，有关部门和边境省区人民政府要配合做好相关工作。加强规划实施监测，建立综合评价指标体系，推进统计信息库建设，组织开展规划实施情况评估，定期向国务院报告。

第五节　商业计划书

商业计划书，是公司、企业或项目单位为了达到招商融资和其他发展目标，根据一定的格式和内容要求而编辑整理的一个向受众全面展示

公司和项目的目前状况及未来发展潜力的书面材料。

商业计划书是一份全方位的项目计划，其主要意图是递交给投资商，以便于他们能对企业或项目作出正确评判，从而使企业获得融资。商业计划书有相对固定的格式，它几乎包括投资商感兴趣的所有内容，从企业成长经历、产品服务、市场营销、管理团队、股权结构、组织人事、财务、运营到融资方案。只有内容翔实、数据丰富、体系完整、装订精致的商业计划书才能吸引投资商，让他们看懂您的项目商业运作计划，才能使您的融资需求成为现实。商业计划书的质量对您的项目融资至关重要。

一、商业计划书的要素

1. 执行摘要

执行摘要应在商业计划书的最前面，不过这部分也可在最后完成。

2. 公司简介

公司简介包括公司的注册情况、历史情况及启动计划。

3. 产品服务

产品服务主要介绍本公司产品或服务的特殊性及目标客户。

4. 策略推行

想要做好这部分，我们需要知道我们的市场、客户的需求、客户在那里及怎样得到他们。

5. 管理团队

管理团队主要介绍团队的主要成员。

6. 财务分析

财务分析真实地反映了本公司现在的财务状况，包括资金情况和盈利状况。

二、商业计划书的写作

虽然企业的商业计划不一定需要一个固定的模式，但是其编写格式还是相对标准化的，这些格式涵盖了一个商业计划最需要回答问题的层面，并且得到了众多专家和实践者的一致公认。一个企业自身的商业计划书和一个给潜在投资者递交的商业计划书可能在形式或诉求重点上略有差异，但其实质和根本应该是完全一致的。大致而言，任何一个商业计划书都必须仔细审视并分析和描述企业的目标、所处的产业和市场、所能够提供的产品和服务、会遇到的竞争对手、对手的管理和其他资源、如何满足顾客的要求、长期优势以及企业的基本财务状况和财务预测。

1. 封面和目录

商业计划书封面看起来既要专业又要提供联系信息，如果是给投资人递交，则最好能够美观漂亮，并附上保密说明，而准确的目录索引能够让投资人迅速找到他们想看的内容。

2. 行政性总结

这是一个非常重要的纲领性前言，主要是概括介绍企业的来源、性质、目标和策略，产品和服务的特点，市场潜力和竞争优势，管理队伍的业绩和其他资源，企业预期的财政状况及融资需求等信息。

3. 企业描述

将企业的历史、起源及组织形式作出介绍，并重点说明企业未来的主要目标（包括长期和短期）、企业所供产品和服务的知识产权、这些产品和服务所针对的市场以及当前的销售额、企业当前的资金投入和准备进军的市场领域及管理团队与资源。

4. 市场分析

描述企业定位行业的市场状况，指出市场的规模、预期增长速度和其他重要环节，包括市场趋势、目标顾客特征、市场研究或统计、市场

对产品和服务的接受模式及程度。对于投资者而言，他要确信这个市场是巨大且在不断增长的。

5. 竞争分析

明确指出与企业竞争的同类产品和服务，分析竞争态势和确认竞争者信息，包括竞争者的身份、来源和所占市场份额，他们的优点和弱点，最近的市场变化趋势等，同时认真比较企业与竞争对手的产品和服务在价格、质量、功能等方面有何不同，并解释企业为什么能够赢得竞争。

6. 产品和服务

列举企业当前所提供的产品和服务类型，以及将来的产品和服务计划，陈述产品和服务的独到之处，包括成本、质量、功能、可靠性和价格等，指出产品所处生命周期或开发进展，如果本企业的产品和服务有独特竞争优势，应该指出保护性措施和策略。

7. 财务计划

包括企业的实际财务状况、预期的资金来源和使用、资产负债表、预期收入（利润和亏损状况）以及现金流量预测等。这部分内容是商业计划的关键部分，制作过程中最好能寻求会计师和其他专业人士的帮助，财务预测的设想总是先于实际的数字，所以，预测要现实合理并且可行。

8. 附录

这部分应附上关键人员的履历、职位，组织机构图表，预期市场信息，财务报表以及商业计划中陈述的其他数据资源等。

三、怎样写好商业计划书

1. 关注产品

在商业计划书中，应提供所有与企业的产品或服务有关的细节，包括企业实施的所有调查。这些问题包括：产品正处于什么样的发展阶段；它的独特性怎样；企业分销产品的方法是什么；谁会使用企业的产品，为什么；产品的生产成本是多少，售价是多少；企业发展新的现代化产品的计划。

把出资者拉到企业的产品或服务中来，这样出资者就会和风险企业家一样对产品有兴趣。在商业计划书中，应尽量用简单的词语来描述每件事。

2. 敢于竞争

在商业计划书中，应细致分析竞争对手的情况。竞争对手都是谁；他们的产品是如何经营的；竞争对手的产品与本企业的产品相比，有哪些相同点和不同点；竞争对手采用的营销策略是什么。要明确每个竞争者的销售额、毛利润、收入以及市场份额，然后再讨论本企业相对于每个竞争者所具有的竞争优势。要向投资者展示，顾客偏爱本企业的原因。

商业计划书要使它的读者相信，本企业不仅是行业中的有力竞争者，而且将来还会是确定行业标准的领先者。在商业计划书中，企业家还应阐明竞争者给本企业带来的风险以及本企业所采取的对策。

3. 了解市场

商业计划书要给投资者提供企业对目标市场的深入分析和理解。要细致分析经济、地理、职业以及心理等因素对消费者选择购买本企业产品这一行为的影响，以及各种因素所起的作用。商业计划书中还应包括一个主要的营销计划，计划中应列出本企业打算开展广告、促销以及公共关系活动的地区，明确每一项活动的预算和收益。商业计划书中还应简述一下企业的销售战略：企业是使用外面的销售代表还是内部职员；企业是使用转卖商、分销商还是特许商；企业将提供何种类型的销售培训。此外，商业计划书还应特别描述一下销售中的细节问题。

4. 表明行动的方针

企业的行动计划应该是无懈可击的。商业计划书中应该明确下列问题：企业如何把产品推向市场？企业如何设计生产线，如何组装产品？企业生产需要哪些原料？企业拥有哪些生产资源，还需要什么生产资源？生产和设备的成本是多少？企业是买设备还是租设备？要解释与产品组装、储存以及发送有关的固定成本和变动成本的情况。

5. 展示你的管理队伍

把一个思想转化为一个成功的风险企业，其关键的因素就是要有一支强有力的管理队伍，这支队伍的成员必须有较高的专业技术知识、管理才能和多年的工作经验。管理者的职能就是计划、组织、控制和指导公司实现目标的行动。在商业计划书中，应首先介绍一下整个管理队伍及其职责，然后再分别介绍每位管理人员的特殊才能、特点和造诣，并细致描述每位管理者对公司所做的贡献。

商业计划书中还应明确企业管理目标以及组织机构图。

6. 出色的计划摘要

商业计划书中的计划摘要也十分重要。它必须能让投资者有兴趣并渴望得到更多的信息，以便给投资者留下长久的印象。计划摘要是风险企业家所写的最后一部分内容，但却是出资者首先要看的内容。它将从计划中摘录出与筹集资金最相关的细节：包括对企业内部的基本情况、企业的能力以及局限性、企业的竞争对手、企业的营销和财务战略、企业的管理队伍等情况简明而生动的概括。如果企业是一本书，那么计划摘要就是这本书的封面，做得好就可以把投资者的目光吸引住。

7. 周详的退身之路

无论最后投资结局如何，周详的退身之路都是风险投资者十分关心的问题。很明显，如果投资效果不好，他们就想收回投资；而且即使投资效果很好，他们也不愿意长时间在企业拥有产权，迟早会撤出投资。每一位风险投资者的既定目标都是要把原投资变为可周转的银行现金。因此，在商业计划书中，你必须明确指出他们的退身之路。比如：公司

股票上市、股权转让、回购等退身措施。

四、商业计划书范例

商业计划书范例

商业计划书

第一部分 执行概要

1. 企业基本情况

本公司是一家正在创建的专门从事个人形象设计的公司。随着人们生活水平的不断提高和改革开放的不断推进，越来越多的人意识到提升个人形象着实有助于人际关系的改善和事业的成功。与目前已存在的面向名人和演员的形象设计公司不同，我们将市场定位于即将毕业的大学生和白领人士，以帮助他们实现职业形象的塑造。

为此，我们拟将公司设在高校和商业住宅密集的文一路上，这里的年轻人更能接受现代个性化的服务，并能保证他们方便地到本公司来进行包装。

我们有着一群优秀的色彩、服饰专业设计师，能根据顾客的气质、性格、喜好、经济承受力，为顾客提供形象设计方案，并根据顾客要求建立长期服务关系。我们更有一群富有热情并致力于经营这家公司的管理人员。×××是一名出色的营销专家，她将出任公司的营销主管；×××是一位财务方面的专家，她将出任本公司的财务主管。此外，我们还聘请了法律顾问。

2. 投资安排

公司的创建需租用写字楼200平方米，由于地处文一路，月租金为3万元，连同装修、设备费用共需投资50万元。几位经理人员共投资20万元，尚需融资30万元，外部投资者可获得40%的股份，并且我们将采用

二次融资的方法，在5年内偿还这笔投资。

我们预计公司第一年的收入可达22.8万元，投资回收期约为4年。

第二部分　市场分析

1. 服务需求调查

通过对在校大学生和白领人士的抽样调查，我们发现分别有35%和50%的人表示需要有专人为他们进行形象设计。

杭州现有30多所高校，在校大学生约为30万，2003年应届大中专毕业生和研究生达到9.6万，预计在2005年将达到30万以上。随着就业压力的增大，给面试官留下一个好印象显得十分重要，相信会有越来越多的大学生走进我们公司。

而今，越来越多的白领脱下了职业装，换上了个性十足的服饰，即所谓的“星期五便装”，然而上班毕竟不同于逛街或居家，也不能任其发挥到无所顾忌。就办公室的着装来说，既要保证大方得体，又要有时尚感，且不可过分张扬。这使我们的形象设计师有了施展才能的机会。据估计，将有6万左右的白领人士选择专业设计师为他们进行设计。

2. 价格需求调查

大学生由于经济实力有限，与白领所能承受的价格相差较大。

大学生能承受的价位在1000元以下，主要集中在300~500元，而白领阶层则集中在1000元左右。我们将根据他们不同的消费能力，制定出适合他们的不同方案，最大限度地满足他们的需求。

3. 竞争调查

据我们的调查，在杭州，绝大多数的形象设计公司针对的是企业形象、产品形象，真正从事个人形象设计的只有几家。

毛戈平形象设计工作室、爱情故事形象设计中心等定位于著名演员和高消费人群，收费高达几千元，与我们并不存在直接的竞争。如爱情

故事理容广场地处武林路，营业面积1300平方米。广场设有三个楼层：一层为顾客接待区、发型师美发区和技师工作区，二层设有宽敞的洗发区，三层为专业美容区，以及地下的培训区。专门针对时尚人群，主要业务为美容美发设计。而本公司主要为顾客提供整体形象的设计方案，并根据不同顾客的要求提供不同的服务，即“个性化服务”，包括色彩、服饰、仪态、形体等多方面的服务内容。

而其他的形象设计室其实是美容美发店或是服装店的附加业务，尚未形成规模，影响不大。因此，可以说，普通人的形象设计市场尚无人问津。下表显示我们的竞争地位：

竞争对手 比较	毛戈平形象设计室	爱情故事形象设计中心	小型形象设计室	倾城之阳形象设计公司
市场定位	演员和高消费人群	时尚人群	散客	大学毕业生和白领阶层
收费水平（平均）	2000元以上	1000元左右	400元左右	400元左右
服务内容	化妆、服饰	美容美发	美容美发或服饰	色彩、服饰、仪态、体形

4. 市场预测（市场规模、市场前景及增长趋势分析）

服务的购买力预测：在这项新型服务投入市场之初，消费者尚不熟悉，而我们是根据顾客的经济实力来制定设计方案的，因此，开始的顾客购买力是较弱的，或者说他们可能不会选择全套的设计方案，而只选择其中的几个部分。但经过一段时间的推广，消费者逐渐熟悉了该项服务，便会认识到只有全套的设计才是最有效的时候，顾客的购买力就会增长。

服务内容的预测：随着形象设计服务的深入人心，本公司将根据顾客要求适当拓宽业务，开展各项培训活动。如美化形体培训、提高气质风度的培训，等等。

市场占有率预测：现阶段开办的形象设计公司可以说抓住了形象设计领域的先机，可以肯定的是，一定会有更多的公司想进入来分一杯

羹，本公司的优势是以优良的服务从顾客毕业的那一年起为顾客提供长达5~15年甚至更长的服务。关键是让所有的在校大学生了解我们公司、信任我们公司，我们的目标是每当人们照镜子时就能想到倾城之阳。估计我们的市场占有率可达30%左右。

资源预测：人力资源是本公司的发展源泉，随着顾客的增多，我们必将聘请更多的中高级设计师和设计员。根据我们的调查，杭州现有形象设计学校一家，上海有两家，北京、广州两地有20多家，相信我们可以从中挑选出优秀的设计新星。

5. 营销计划

营销战略：我们针对大学生有限的经济实力，提出“美丽其实很廉价”的口号，从而使他们在心理上消除价格顾虑。而针对白领阶层，我们将采取“定制营销”，把每一位顾客都作为一个单独的市场，根据个人的特定需求来进行营销组合，以满足每位顾客的特定需求。

定价策略：我们没有统一的价格，但有明确的价格套餐，即包含不同内容的服务价格是不同的。对于大学生，往往只需要服饰、仪态方面的设计，而白领阶层则需要全套的设计方案，因此，定价是有差别的。我们的服务是划期签订合同，客户按总金额的50%交我方对客户服务所需要的费用。待到期后客户按照双方的合同进行综合评定，看我们为客户所提供的服务是否为客户创造了价值。如果客户觉得我们的服务没有价值，用户可以要求全额返还。建立会员制，按季节、年份提供不同的优惠（打8折和9折）。

推销手段：鉴于该项服务的特殊性，我们的营销人员要一改普通营销人员的形象，而要有一定的气质风度来代表我们公司的形象。我们要派推销员深入高校和企业，与消费者进行面对面地推销，定期举办讲座和推广会；免费为部分消费者做色彩和服饰方面的设计，免费赠送印有本公司电话、地址的小礼品；联系各大高校的协会、俱乐部，做赞助商以打响品牌；与企业建立良好的公共关系。

建立长期的服务关系：对本公司来说，稳定和提高市场占有率的一大要素就是与客户建立长期的关系。通过编制客户档案，建立客户信息网，进行客户评估分析，关注客户需求，尤其是怨言，来提高客户的满意度和忠诚度。更重要的是，要使客户在本公司能感到愉快、有尊严。形象设计往往会涉及客户的容貌、体形等敏感方面，必须在保证客户自尊心不受到伤害的前提下为客户服务。

与各大美容院、百货公司、健身中心建立合作伙伴关系：为给客户提供方便，我们会根据客户要求采购合适的服饰，或指导美容美发，这就需要与相应的机构合作，达到双赢，并有利于将竞争者转化为合作者。

第三部分　经营管理

1. 股东结构

目前公司主要股东情况：

股东名称	出资额	出资形式	股份比例	联系方式
×××	8万元	现汇	40%	0571-88922371
×××	8万元	现汇	40%	0571-88922371
×××	4万元	现汇	20%	0571-88922313

总经理：

姓名__×××__　性别__女__　年龄__30__　籍贯__浙江杭州__

学位__硕士__　所学专业__投资__　职称__中级__

毕业院校__清华大学__　户口所在地__杭州__　联系电话________

总设计师：

姓名__×××__　性别__女__　年龄__28__　籍贯__浙江湖州__

学位__硕士__　所学专业__服装设计__　职称__高级服装设计师__

毕业院校__巴黎圣马丁艺术学院__　户口所在地__杭州__

联系电话________

其他对公司发展负有重要责任的人员：

姓名 ××× 性别 男 年龄 35 籍贯 浙江宁波

学位 硕士 所学专业 设计 职称 中级

毕业院校 新加坡形象设计学院 户口所在地 杭州

联系电话 ________

公司董事和主要管理人员之间无亲属关系，公司不存在关联经营和家族管理问题；公司董事、管理者与关键雇员之间不存在或潜在的利益冲突。

本公司共有全职职工13人，兼职职工3人。全职人员包括设计人员、会计师和统计分析。总经理×××兼管人力资源，同时还担负训练和指导公司的销售人员的责任。×××将出任项目设计方面的主管并担任总形象设计师。×××将对本行业的发展情况以及顾客的需求进行持续的分析，制定出符合市场需求的活动项目，并负责公司的广告和宣传业务。推销的工作将由一位正式雇员处理，早晨和晚上将由三名正式推销员来经营。两名临时雇员协助处理电话，回答顾客各种问题。

几位经理人员已签署了一项合同约定：他们从加入倾城之阳之日起将至少为本公司服务5年；如果任何一位将来离开本企业，那么从离开之日起五年内将不能从事与公司竞争性的业务。事实上，这几位原始创始人对创办本公司投入了大量的人力和资金，他们将会致力于办成一个成功的形象设计公司。

2. 报酬

三位创始人前五年的工资收入定为3万元/年，这与目前这个行业同等职位人员的工资水平相比稍低。其他全职人员的工资根据不同职位将根据其拉来的客户数提成、基本工资之和及附加各种福利（如医疗、人寿保险等）来计算；工作满一年以上者，每年可享受两周假期。兼职雇员将由主管人员指导，工资为每小时5元。根据有关专家的经验，我们的工资在本地区是有竞争力的。

3. 激励方案

本行业的培养高素质的雇员是保持老顾客的途径之一。对于正式和临时的推销员的培训将是一个持续不断的工作。管理人员打算对雇员提供广泛的项目训练和定向训练，我们的雇员将接受包括产品知识、经营时间、电话交谈技巧、了解会员合同以及公司的规章制度的培训。

我们的培训计划比竞争者更为系统和正规。优秀的人员可送到著名学府进修；建立升级淘汰制，让每位员工都能看到升迁的机会；三五年后开设分店，优秀的设计师和营销人员都有机会成为主管。

4. 人力资源

我们可以与高校一起建立一个招收学生雇员的计划，这个计划将使公司保持有一批年青、热情的临时雇员，这些雇员可以工作二到四年。

公司的法律事务将由杭州海通律师事务所负责处理，该事务所有丰富的经验和良好的信誉。

第四部分　企业操作计划

选择地点：××××××

营业时间：上午8：30—11：30；下午13：30—19：30

每天营业9小时。

1. 服务介绍

倾城之阳将秉承“紧跟时代，打造生活”的艺术理念，遵循以“客户为本”的原则，周全、细致地了解每位顾客的自身需求、感受和生活方式，从服装服饰、化妆、发型、肢体语言、礼仪等方面量身制定出个性化的形象分析和实施计划。

服装顾问将帮助客户进行衣橱的分析整理，根据客户的预算制订购置计划或进行陪同购物；专业形象顾问的主要工作是塑造完美整体形象，根据客户的体形、身材等外貌特征，以及客户的实际需求、年龄、职业、个性、生活形态等，建立配合个人特质的个人风格，明确呈现出一个人与

他人的不同之处。并根据各种场合，为他们设计不同的形象。

具体内容包括：

精美的装饰品设计；

个性化发型设计、健康体型设计；

个人最佳服饰颜色搭配设计、公共场合自我表现技巧设计；

五官造型化妆设计、个人形体设计；

时代感的服装服饰设计、声音魅力设计等。

从总体而言，形象设计可以分为三大方面。

第一，面部化妆造型。

脸型美饰化妆法；

脸型矫正化妆法；

皮肤美饰化妆法；

皮肤矫正化妆法；

眉、眼、鼻、唇等部位美饰化妆法；

眉、眼、鼻、唇等部位矫正化妆法。

第二，发型设计与修饰。

发型设计；

特殊发质的修饰技巧。

第三，服装服饰设计。

着装设计；

服装搭配，饰物佩戴。

2. 发展计划

开业之初，为了高效率地向我们的目标市场传递信息，我们将同几个深受学生欢迎的广播电台签订广告合同，广播的广告费用估计是每30秒500元（黄金时间）。我们还将联系各高校的协会组织，把我们的广告夹在他们的宣传信件中发出，使之了解会员的优惠之处。

为了吸收会员和增加收入，将在开放前进行吸收会员的促销活动。我们首次入会费是每人600元，每月会费是60元。我们每个会员在交付入会费和月会费之后，可免费参加任何由本公司支持赞助的培训活动。在吸收了第一批会员之后，我们将在地方报纸上登广告；直接邮寄也是我们的长期策略之一；我们还将利用打电话的方式与个人联系。

业务的季节性和应变计划：

由于本公司面向就业的大学生，一定程度上存在季节性问题。夏秋季的客户相对会多一些，而冬春季则相对较少。为了将季节性问题减少到最低限度，对于季节性的现金流下降，我们将采用收取月计会员和与各种训练班签订短期合同来解决，这个收入约占年收入的7.2%。在冬季，公司将举办讲座以提高会员的技术水平，因此而带来的收入将帮助调节市场需求，增加利润率。

第五部分　财务状况

1. 会员预测

本公司的各项计算采取了比较保守的估算。根据我们所做的市场调查，估计预售会员可达50人。考虑了约30%的会员退会的情况，5年内会员仍会有平均20%的年增长率。因此我们预计公司的会员情况如下：

年份	上一年会员数	会员净增加	总会员数
第1年	50	10	60
第2年	60	20	80
第3年	80	30	110
第4年	110	30	140
第5年	140	30	170

第一年的数据为预售会员数。

会员费的制定：

首次入会费600元；

每月会费60元。

由于我们经营的地区内没有其他公司提供类似服务，我们只能参考

上海同行的价格。由于上海与杭州的人均收入的差别，我们的收费标准比上海要低一些。

2. 财务预测条件

面积：200平方米

租金：6000元/月

设备合计：70000元

（1）空调等20000元

（2）电脑30000元

（3）软件20000元

装修费：100000元

人员工资：138000元/半年

预计广告费：15000元/半年

营业收入（10%增长率）：144000元/半年

（1）大学生400元/人、10人/月

（2）白领1000元/人、20人/月

营业成本（租金半年计）：36000元/半年

其他费用：1000元/月

第六部分　融资说明

1. 资金需求量及资金的用途

本公司尚需融资30万元，用于聘请优秀的设计师和营销人员，以及购买设计软件。

公司未来3~5年在研发上的人员投入计划

年份	第1年	第2年	第3年	第4年	第5年
投入人员（个）	13	13	13	15	18

2. 投资方的监督和管理权力

投资方有权参与公司的经营管理，公司定期将财务报表报送至投资方。

如果公司没有实现项目发展计划，公司与管理层向投资方承担哪些责任。

3. 退出方式

3年后，本公司将进行二次融资，如不顺利，本公司将回购股份。

4. 其他

本公司在发展过程中可能遇到的风险包括政策风险、加入WTO的风险、技术开发风险、经营管理风险、市场开拓风险、财务风险、投资风险、对公司关键人员依赖的风险等。

保密承诺：

本商业计划书内容涉及本公司商业秘密，仅对有投资意向的投资者公开。本公司要求投资公司项目经理收到本商业计划书时作出以下承诺：

妥善保管本商业计划书，未经本公司同意，不得向第三方公开本商业计划书涉及的本公司的商业秘密。

第六节　创业计划书

创业计划书是一份全方位的商业计划，其主要用途是递交给投资商，以便于他们对企业或项目作出好的评判，从而使企业获得融资。它是用来描述与拟创办企业相关的内外部环境条件和要素特点，为业务的发展提供指示和衡量业务进展情况的标准。通常创业计划是市场营销、财务、生产、人力资源等职能计划的综合。

一、创业计划书的特点

1. 结构合理

投资者应当能够在计划中找到他们所关注问题的答案，并且很容易找到他们特别感兴趣的话题。这就要求创业计划书必须有一个清晰的结构，使投资者能够灵活地选择他们想要阅读的部分。

2. 让大众也能读懂

一些创业者相信，他们可以用丰富的技术细节、精心制作的蓝图以及详细的分析给投资者留下深刻的印象。他们错了，只有极少数情况下，会有技术专家详细地评估这些数据。大多数情况下，简单的说明、草图和照片就足够了。如果计划中必须包括产品的技术细节和生产流程，你应当把它们放到附录中去。

3. 以客观性说服投资者

尽量使自己的语气比较客观，使投资者有机会仔细地权衡你的论据是否有说服力，而不是无边际的吹牛广告。

二、创业计划书的写作

通常一本创业计划书首先需要在前面写一页左右的摘要，然后是创业计划书的具体章节，一般分成十大章。

1. 事业描述

必须描述所要进入的是什么行业、卖什么产品（或做什么服务）、哪些是主要客户，所属产业的生命周期是处于萌芽、成长、成熟还是衰退阶段。还要描述企业要用独资还是合伙或公司的形态、打算何时开业及营业时间多长等。

2. 产品服务

需要描述你的产品和服务到底是什么、有什么特色，产品跟竞争者有什么差异、如果产品并不特别顾客为什么要买。

3. 市场

首先需要界定目标市场在哪里，是既有的市场中已有的客户，还是在新的市场中开发新客户。不同的市场、不同的客户都有不同的营销

方式。在确定目标之后，要决定怎样上市、促销、定价等，并且要做好预算。

4. 地点

一般公司对地点的选择可能要求不是很高，但是如果要开店，那么店面地点的选择就很重要。

5. 竞争

竞争分析要随时随地做，在下列两种情况下尤其要做竞争分析。

- 要开始创业或进入一个新市场时；
- 当一个新竞争者进入自己所经营的市场时。

竞争分析可以从以下五个方向去做：

- 谁是最接近的五大竞争者；
- 他们的业务如何；
- 他们与本业务相似的程度；
- 从他们那里学到什么；
- 如何做得比他们好。

6. 管理

中小企业98%的失败来自管理的缺失，其中45%是因为管理缺乏竞争力，而且没有明确的解决之道。

7. 人事

要考虑人事需求，具体考虑需要引进哪些方面的专业技术人才、全职或兼职、薪水如何计算，所需人事成本等。

8. 财务需求与运用

考虑融资款项的运用、营运资金周转等，并预测未来几年的资产负债表、损益表和现金流量表。

9. 风险

不是说有人竞争就是风险，风险可能是进出口汇兑的风险、餐厅发生火灾的风险等，创业时需要考虑该如何应对风险。

10. 成长与发展

下一步要怎么样，几年后该如何，这也是创业计划书所要提及的内容。企业应是能持续经营的，所以，企业在规划时要能够做到多元化和全球化。

三、创业计划书范例

创业计划书范例

创业计划书

快餐店名称：××快餐店

公司经营人员介绍：×××,×××,×××,×××

一、公司概述

本店主要针对的客户群是大学生、邻近居民以及打工人员，经营面积约为50平方米，主要提供早餐、午餐、晚餐以及特色冷饮和休闲餐饮等。早餐以浙江等南方小吃为主打特色，当然北方小吃也是少不了的。品种多，口味全，营养丰富，使就餐者有更多的选择。午餐和晚餐则有南北方不同口味的菜式。而非餐点又提供各种冷饮，如果汁、薄冰、冰粥、冰豆甜汤、冰冻咖啡、水果拼盘等。本餐厅采用自助快餐的方式，为顾客提供更轻松的就餐环境与更多的选择空间。

二、快餐店概况

1. 本店属于餐饮服务行业，名称为××快餐店，是合资企业。主要提供中式早餐，如油条、小笼包等和小菜，午餐和晚餐多以炒菜、无烟烧烤为主。

2. ××快餐店位于南大街商业步行街，开创期是一家小档快餐店，未来将逐步发展成像肯德基、麦当劳那样的中式快餐连锁店。

3. 聘请有多年经验的厨师，以我们的智慧、专业的管理技能和对本事业执着的心，一定会在本行业内独领风骚。

三、经营目标

1. 由于地理位置处于商业街，客源相对丰富，但竞争对手也不少，特别是本店刚开业，想要打开市场，必须要在服务质量和产品质量上下功夫，并且要进一步扩大经营范围以满足消费者的不同需求。短期目标是在南大街商业步行街站稳脚跟，争取1年收回成本。

2. 本店将在3年内增设3家分店，逐步发展成为一家经济实力雄厚并有一定市场占有率的快餐连锁集团，在岛城众多快餐品牌中闯出一片天地，并成为餐饮市场的知名品牌。

四、市场分析

1. 客源

都市快餐店的目标顾客有：到南大街商业步行街购物娱乐的一般消费者，约占50%；附近学校的学生、商店工作人员、小区居民，约占50%。客源数量充足，消费水平中低档。

2. 竞争对手

××快餐店附近的4家快餐店是主要竞争对手，其中规模较大的1家，其他3家为小型快餐店。这4家饭店经营期均在2年以上。××快餐店中西兼营，价格较贵，客源稀疏。另外3家小型快餐店卫生情况较差，服务质量较差，就餐环境拥挤脏乱。本店抓住了这4家快餐店现有的弊端，推出“物美价廉”等营销策略，力争在激烈的市场竞争中占有一席之地。

五、经营计划

1. 快餐店主要是面向大众，因此菜价不太高，属中低价位。

2. 大力开展便民小吃，早餐要品种多，价格便宜，因地制宜地推出中式早餐套餐。

3. 午晚餐提供经济型、营养丰富的菜肴，并提供一个优雅的就餐

环境。

4. 随时准备开发新产品，以适应变化的市场需求，如本年度设立目标是“送餐到家”服务。

5. 经营时间：6：00—22：00。

6. 对于以上计划，我们将分工协作，各尽其职。我们将会在卫生、服务、价格、营养等方面下功夫，争取获得更多的客源。

六、人事计划安排

×××———收银员

×××———前期宣传、服务员

×××———厨师

×××———采购员、送货员

七、销售计划

1. 开业前进行一系列企业宣传工作，向消费者介绍本店“物美价廉”的销售策略，还会发放问卷调查表。根据消费者的需求完善本店的产品和服务内容。

2. 推出会员制，季卡、月卡，从而吸引更多的顾客。

3. 每月累计消费1000元者可参加每月末大抽奖，中奖者（1名）可获得价值888元的礼券。

4. 每月累计消费100元者，赠送价值10元的礼券，200元赠送20元礼券，以此类推。

八、财务计划

对于账目，要做到日有日账，月有月账，季有季账，年有年终总账，这样可以使企业的盈亏在账面上一目了然，避免了经营管理工作的盲目性。

注：因刚开业，所以在各种开销上要精打细算，但会保证饭菜的质量，并且尽量把价格放低。

九、附录

附录1　法律要求

为保证食品卫生，防止商品污染和有害因素对人体造成危害，保障人民身体健康，增强人民体质，严格遵守国家、地方有关法规，要求具体如下：

1. 食品生产经营企业和食品摊贩必须先取得卫生行政部门发放的卫生许可证，方可向工商行政管理部门申请登记；未取得卫生许可证的，不得从事食品生产经营活动。

食品生产经营者不得伪造、涂改，出借卫生许可证。

2. 食品生产经营过程必须符合下列卫生要求：

（1）保持室内外环境整洁，采取清除苍蝇、老鼠、蟑螂和其他有害昆虫及其孳生条件的措施。

（2）食品生产经营企业应当有与产品品种，数量相适应的食品原料处理、加工、包装、贮存等厂房式场所。

（3）应当有相应的消毒、更衣、盥洗、照明、通风、防腐、防尘、防蝇、防鼠、污水排放、存放垃圾和废弃物的设施。

（4）餐具、饮具和盛放直接入口食品的容器，使用前必须洗涤、消毒，炊具、用具用后必须洗净并保持清洁。

（5）直接入口的食品应当有小包装或者使用无毒、清洁的包装材料。

（6）食品生产经营人员应当经常保持个人卫生，生产、销售食品时必须将手洗干净，穿戴洁净的工作服；销售直接入口食品时，必须使用售货工具。

（7）容器包装污秽不洁，严重破损或者运输工具不洁等造成污染的。

（8）掺假，掺杂，伪造，影响营养卫生的。

附录2　菜单（略）

快餐店地址：南大街商业步行街

联系电话：×××××××××

快餐店的营业时间：6：00—22：00

快餐店提供品种：各种特色炒菜，快餐食品，饮料等。

服务宗旨：

以顾客满意为目标，提供最美味的餐饮食品，让您吃得开心，价格实惠。

第四章

常用类文书写作要点与范例

第一节 总 结

总结是对过去一定时期的工作、学习或思想情况进行回顾、分析，并作出客观评价的书面材料。按内容分，有学习总结、工作总结、思想总结等；按时间分，有年度总结、季度总结、月份总结等。

一、总结的特点

1. 回顾性

总结的内容是回顾已经做过的工作，在总结的时间段内，做了多少就写多少，不能无中生有，不能夸大、掺假。

2. 经验性

总结的目的不仅仅在于回顾已经做过的工作，还在于把感性的认识上升到理性的高度，从具体工作中引出经验教训，以便为以后的工作提供借鉴。

二、总结的写作

1. 写作结构

总结包括标题、正文、落款三部分。

● 标题

总结的标题有多种形式，最常见的是由单位名称、时间、主要内容、文种组成，如《××市财政局××××年工作总结》《××厂××××年上半年工作总结》。

有的总结标题中不出现单位名称，如《创先争优活动总结》《××××年教学工作总结》。

还有的总结采用双标题的形式。正标题点明文章的主旨或重心，副标题具体说明文章的内容和文种，如《构建农民进入市场的新机制——

运城麦棉产区发展农村经济的实践总结》《加强医德修养树立医疗新风——南方医院惠侨科精神文明建设的经验总结》。

● 正文

和其他应用文体一样，总结的正文也包括开头、主体、结尾三部分，且各部分均有其特定的内容。

①开头

总结的开头主要用来概述基本情况，包括单位名称、工作性质、主要任务、时代背景、指导思想以及总结目的、主要内容提示等。开头部分要简明扼要，文字不可过多。

②主体

这是总结的核心部分，内容包括成绩和做法、经验和教训等方面。这部分篇幅大、内容多，要特别注意层次分明、条理清楚。

③结尾

结尾是正文的收束，应在总结经验教训的基础上提出今后的努力方向或任务和措施，表明决心、展望前景。这段内容要与开头相照应，篇幅不宜过长。如果有些总结在主体部分已将这些内容表达过了，那么就不必再写结尾。

● 落款

包括署名和时间两项内容。如果标题中已有署名，这里可以省略。

2. 结构形态

主体部分常见的结构形态有三种。

● 纵式结构

就是按照事物或实践活动的过程安排内容。写作时，把总结所包括的时间划分为几个阶段，按时间顺序分别叙述每个阶段的成绩、做法、经验、体会。这种写法的优点是能够使读者清楚明白事物发展或社会活动的全过程。

● 横式结构

按事实性质和规律的不同分门别类地依次展开内容，使各层之间呈现相互并列的态势。这种写法的优点是各层次的内容鲜明集中。

● 纵横式结构

安排内容时，既考虑到时间的先后顺序，体现事物的发展过程，又注意内容的逻辑联系，从几个方面总结经验教训。这种写法，多数是先采用纵式结构来写事物发展的各个阶段的情况或问题，然后用横式结构总结经验或教训。

主体部分的外部形式，有贯通式、小标题式、序数式三种情况。

● 贯通式适用于篇幅短小、内容单一的总结。它像一篇短文，全文之中不用外部标志来显示层次；

● 小标题式将主体部分分为若干层次，每层加一个概括核心内容的小标题，中心突出，条理清楚；

● 序数式也将主体分为若干层次，各层用“一、二、三……”的序号排列，层次一目了然。

3. 注意事项

总结的写作要求突出重点、突出个性、实事求是。

● 要坚持实事求是原则

实事求是、一切从实际出发，这是总结写作的基本原则，但在总结写作实践中，违反这一原则的情况却屡见不鲜。有人认为“三分工作七分吹”，在总结中夸大成绩，隐瞒缺点，报喜不报忧。这种弄虚作假、浮夸邀功的坏作风，对国家、对单位、对事业、对个人都没有任何益处，必须坚决制止。

● 要注意共性、把握个性

总结很容易写得千篇一律、缺乏个性。当然，总结不是文学作品，无须刻意追求个性特色，但千篇一律的文章是没有独到价值的，因而也

是不受人欢迎的。要写出个性，总结就要有独到的发现、独到的体会、新鲜的视角、新颖的材料。

● 要详略得当，突出重点

有人写总结总想把一切成绩都写进去，不肯舍弃所有的正面材料，结果文章写得臃肿拖沓，没有重点，不能给人留下深刻印象。总结的选材不能求全贪多、主次不分，要根据实际情况和总结的目的，把那些既能显示本单位、本地区特点，又有一定普遍性的材料作为重点，写得详细、具体。而一般性的材料则要略写或舍弃。

● 正确的指导思想

必须以党的方针、政策、路线为依据，正确估计实际的工作情况，从中总结出更能够指导现实工作的有价值的经验。

● 语言简明、准确

总结的语言一定要简明、准确。要用第一人称，即从本部门的角度来撰写。

三、总结范例

总结范例

中共××县委组织部2016年工作总结

今年以来，我部在县委的坚强领导和市委组织部的正确指导下，坚持以邓小平理论和“三个代表”重要思想和科学发展观为指导，深入贯彻落实习近平总书记系列重要讲话精神，紧紧围绕县委中心工作，以加强党的执政能力建设的能力为重点，不断强化全县各级领导班子和干部队伍建设、党的基层组织和党员队伍建设，以及组织部门自身建设，为加快发展、富民强县、全面建设小康社会提供了坚强的组织保证。

一、坚持“选、育、管”一条龙，各级领导班子和干部队伍建设得到了加强

今年以来，我们始终抓住“选、育、管”三个重点环节不放松，注重教育、严格选任、加强管理，使各级领导班子和干部队伍建设得到了明显加强。一是抓教育培训。在干部教育工作中，我们始终坚持在职自学和集中培训相结合，在抓好党委党组中心组学习和干部在职自学的同时，重点开展了大规模的集中培训，先后举办了科级干部进修班、青年干部培训班、妇女干部培训班、组工干部培训班、《干部任用条例》专题辅导班、“四增一树”骨干培训班等多期干部集中培训班。同时，严格坚持干部培训申报审批制度，审批了县直机关工委、县团委等部门办班3期。在此基础上，我们还严格按照市委组织部的要求，选派了53名同志参加了上级党校和行政院校的学习培训，有效地提高了干部队伍的整体素质。二是抓选拔任用。在干部选拔任用工作中，我们在继续坚持德才兼备、实绩突出、群众公认等原则的前提下，把工作重点放在了严格程序、规范操作上，进一步提高了干部选拔任用工作的民主化程度。在今年的干部调整工作中，我们普遍实行了定向推荐、民意测验、民主评议和考察预告、任前公示、任职试用期制等改革措施，扩大了群众对干部选拔任用的知情权、参与权、选择权和监督权。今年以来共公示拟提拔干部61人，社会反映较好，公示对象均得到了提拔。8月份，我们制定出台了《县委常委会任免干部投票表决办法》和《县委全委会任用乡镇和县委、县政府工作部门领导班子正职投票表决办法》，在干部选拔任用工作中推行“票决制”。根据这两个办法的规定，10月份，我们对22名拟提拔、调整的干部进行了投票表决，并对1名县政府工作部门正职的拟任人选和推荐人选，逐个征求了全委会成员的意见。“票决制”的实行真正发挥了县委常委会的决策作用，有效地防止了个人说了算等用人上的不正之风。三是抓监督管理。今年以来，县委十分重视加强对领导班子和领导干部的监督管理工作，在监督管理的方式、内容、对象等各方面都有了进一步改进和加强。在监督管理的方式上，由党内监督逐步

向群众监督和舆论监督延伸，由工作领域逐步向生活领域和其他领域延伸，由八小时之内逐步向八小时之外延伸，并充分利用广播、电视等媒体和群众来信、来访等渠道，不断加大干部监督管理的力度。在监督管理的内容上，坚持两手抓，一手抓作风建设，通过加强思想教育和理论学习，提高领导干部自我监督和管理的自觉性；另一手抓制度建设，通过各项规章制度的建立和完善，从根本上约束和规范领导干部的行为。在监督管理的对象上，不断扩大范围，逐步由在职领导干部向离退休老干部和年轻后备干部拓展，对于离退休老干部经常进行走访慰问，积极落实“两费”待遇，并利用节假日组织老同志进行了象棋、麻将、钓鱼等比赛，丰富了他们的文化生活；同时，把年轻后备干部的管理作为一项重要的工作来抓，出台了《关于加强科级党政班子后备干部管理工作的意见》，对德才兼备、实绩突出、群众公认、各方面条件比较成熟的后备干部及时提拔任用。目前，我们已建立系统的后备干部人才库，共掌握各级各类后备干部近300名，其中市管后备干部30名，一把手后备干部55名，副科级后备干部214名，为加强各级领导班子建设储备了一支数量充足、门类齐全、专业配套、素质优良的后备干部队伍。

二、坚持“好、中、差”一齐抓，党的基层组织建设得到了加强

在党的基层组织建设工作中，我们坚持抓两头、带中间的工作思路，先实行典型引路，再向面上延伸，逐步达到整体推进、全面提高的效果。今年以来，我们突出抓了三个方面的工作：一是完善工作机制。今年以来，我们继续抓好《村级党建联络员、辅导员制度》《乡镇党委“党建工作日”制度》《县级党员领导干部联系乡镇、村制度》《县直党政机关帮扶后进村制度》和《县委组织部机关人员联系科级单位制度》等各项制度，有效地构造了县、乡、村“三级联动”的共建网络，形成了良好的“联创”态势。同时，我们在对基层组织建设工作的考核上，健全机制，完善内容和方法，实行“月督、季查、年评”，检查后

及时通报，年终根据经济、信访、综治、计生等单项工作的考评情况，结合平时考核情况，综合评定结果，实行“进类奖，退类罚，末类诫勉”，使县委对各基层党组织抓基层组织建设工作考评形式和考评结果更客观、更全面、更科学。二是创新活动形式。今年以来，我们在农村基层组织建设中开展了“创建典范、整治后进”活动，其中典范村的创建由县级党员领导干部牵头，乡镇主要负责人联系，乡镇选派工作组具体负责，后进村的整治由县级党员领导干部牵头，县乡选派联合工作组具体负责，由乡镇主要负责同志任组长，县直机关单位主要负责人任副组长，一名县直机关后备干部和一名乡镇科级干部为成员驻村整治。通过“创建典范、整治后进”活动的深入开展，我县农村基层组织建设水平得到了进一步提高。同时，我们在县直机关中开展了以“比学习、比招商、比创新、比纪律、比服务、比效率，看实绩”（简称“六比一看”）为主题的争先创优活动，进一步提高了机关党组织的创造力、凝聚力和战斗力。三是严格兑现奖惩。今年初，我们对2009年度农村基层组织建设工作情况进行了综合考评，并在全县组织工作会议上，对综合考评为“一类乡镇党委”的单位进行了表彰，授予五个乡镇党委“党建工作先进单位”称号，并各奖励人民币3000元。通过严格兑现奖惩，进一步激发了各基层党委“争先创优”的内在动力，有力地促进了基层组织建设的深入开展。四是扎实做好选派工作。今年是第一批选派工作收尾之年，也是第二批选派工作开局之年，选派工作任务十分繁重。对第一批选派工作，我们按照“狠抓巩固提高、确保善始善终”的要求，先后多次召开会议，研究部署第一批选派干部的考核、评定、撤回和使用工作。目前，我县第一批45名选派干部，除3名为中途调整接任之外，其余42名已全部撤回，其中13人已经得到提拔任用。选派干部撤回后，我们又采取交任务、压担子、领办发展项目等方法，认真抓好选派村继任书记人选的培养，10月份，对继任书记进行了为期3天的培训，与此

同时，我们研究制定了《关于建立第一批选派干部联络、回访制度》，要求选派干部定期回访，始终与选派村保持联络，保证了选派干部离任后工作不脱节。对于第二批选派工作，打好开局至关重要，它关系到今后三年选派工作的开展。为此，我们严格选拔、严格培训、严格管理，确保了第二批选派干部能够顺利产生，按时到岗到位，迅速适应新的工作。选派干部到村后，我们及时组织人员，对选派干部的工作情况进行了全面摸底、跟踪督查，同时，制定出台了选派工作六项制度，切实加强了对选派干部的教育、指导和管理，使选派工作迅速走上正轨。

三、坚持“管、帮、带”相结合，党员队伍建设得到了加强

一是精心组织实施了“小学教”活动。活动自2月上旬全面启动，参加学习教育活动的有18个乡镇、272个站所、448个村、14个居委，共5123人，活动期间，共举办培训班28期，参加培训共4600余人，共访8512户，住户290户，发放征求意见表35519份，征求意见18458条，制定出整改措施2260条，为群众办实事1816件，“小学教”活动取得了明显成效。二是进一步实施“双培双带”先锋工程。今年工作的重点是围绕四个方面深入推进，即：围绕中心点，把发展作为第一要务，明确思路，制定规划；选准结合点，以典型引路，示范带动；抓住关键点，加强对发展能手教育和管理，分类指导，共同发展；把握着力点，通过支部牵头和党员、群众双向选择形式，全面推动，提高效果。目前，全县共建立示范基地120个，投入小额信贷资金1.5亿元，确定示范户3136个，参加双带党员6391名，带动农户30500户，培训党员干部17726名，培训发展能手3993名，在发展能手中培养入党积极分子1739名，发展致富能手入党269名。三是实行发展党员票决制。今年5月份开始，我们在发展党员工作中试行了票决制，并于10月份在全县全面推行。票决制实行以来，全县共有105个党支部通过票决，接收预备党员123名、否决了3名，预备党员按期转正138名，延长预备期1名。四是扎实开展党员先进

性教育活动准备工作。成立了“保持党员先进性”教育活动准备工作领导小组，制发了《关于认真做好保持★党员先进性教育活动准备工作的通知》和《关于认真做好保持★党员先进性教育活动准备工作的实施方案》，并抽调人员组成调研组，对党支部分类、村级班子等情况进行了调查摸底，为全面开展党员先进性教育活动打下了坚实基础。

四、坚持“德、能、勤、绩”并重，组织部门自身建设得到了加强

一是进一步深化和拓展“树组工干部形象”集中学习教育活动。在今年的活动中，我们把工作重点放在建章立制上，在对现有制度进行清理、修订、完善的同时，又建立了一系列新的内部管理制度，并制定出台了“组工干部十不准”。在此基础上，我们部机关于5月28日召开了制度建设经验交流会，并组织编印了《组工干部公道正派十不准暨制度建设汇编》，把各项制度规范成文，下发到各室及有关单位执行。二是扎实开展“四增一树”学教活动。坚持把活动融于工作之中，并在全体组工干部中开展了“五比五看”活动，即：比学习，看理论素质和业务素质是否得到提高；比党性，看马克思主义信仰和毛泽东思想和中国特色社会主义信念是否坚定，大局观念和群众观念是否增强；比业务，看是否成为本职工作的行家里手，语言表达能力、文字综合能力、组织协调能力、开拓创新能力是否得到提高；比作风，看公道正派和严谨细致的作风是否增强，是否求真务实、真抓实干、雷厉风行；比纪律，看是否严守党的组织纪律和干部人事纪律，是否做到廉洁自律。通过学教活动的开展，组工干部进一步增强了发展意识、开放意识、创新意识、为民意识，牢固树立了科学的发展观。三是抓好来信来访工作。今年以来，我们共办理来信来访19件次，其中来信12件、来访7次，得到了信访人的一致好评。在工作中，我们进一步完善了来信来访、登记制度、呈阅制度、分工办理制度等八项制度，明确了受理来信来访的八个方面的范围，同时提出了处理信访工作的基本要求和方法，信访工作基本上做到

了案案有着落、事事有结果。四是认真开展督查督办工作。在督查工作中，我们把市委组织部督查计划印发到各室，坚持重点工作重点督查，日常工作随时督查，同时实行部领导抽查和会议通报制度，较好地保证了督查工作的有效开展。

中共××县委组织部

2016年12月9日

第二节　章　程

章程，是组织、社团经特定的程序制定的关于组织规程和办事规则的法规文书，是一种根本性的规章制度。章程与规则的关系类似于宪法与法律。

一、章程的特点

1. 稳定性

章程是组织或团体的基本纲领和行动准则，在一定时期内稳定地发挥其作用，如需更改或修订，应履行特定的程序与手续（经组织全体成员或其代表审议通过）；有关单位开展业务工作的章程，是基本的办事准则，也应保持相对稳定，不宜轻易变动。

2. 约束性

章程作用于组织内部，依靠全体成员共同实施，不由国家强制力予以推行，但要求其下属组织及成员信守，有一定的规范作用和约束力。

二、章程的写作

1. 标题

组织章程的标题，一般由组织或社团名称加文种构成。标题下面写明什么时间由什么会议通过，加上括号。有关组织的代表大会通过了，就是正式章程。如果是尚未经代表大会通过的，则需要在标题末尾加上“草案”字样。

2. 正文

章程正文，包括总则、分则和附则三部分。

- 总则

总则又称总纲，从总体说明组织的性质、宗旨、任务和作风等。

- 分则

分则规定：

①成员，讲成员条件、权利、义务和纪律；

②组织，讲全国组织、地方组织、基层组织，代表大会、理事会、常务理事会、专业小组、名誉职务；

③经费，讲经费来源和使用管理等。

- 附则

附则，附带说明制定权、修改权和解释权等。

三、写作要求

1. 内容完备

章程的内容包括社团名称、宗旨、任务、组织机构、会员资格、入会手续、会员权利义务、领导者的产生和任期、会费的缴纳和经费的管理使用等。必要的项目要完备，既要突出特点又要全面。

2. 结构严谨

全文由总到分，要有合理的顺序。分的部分，一般是先讲成员，后讲组织；先讲全国组织，次讲地方组织，后讲基层组织；先讲对内，后讲对外。要一环扣一环，体现严密的逻辑性，使章程成为一个有机的统一体。

章程的条款要完整和单一。一条表示一个意思，不要把一个完整的意思拆成几条，弄得零零碎碎；也不要把几个意思合在一条之中，交叉杂乱。这样才便于陈述，便于执行，便于引用。

3. 明确简洁

章程特别强调明确简洁。要尽力反复提炼，用很少的话就把意思明确地表达出来。

章程用断裂行文法，用条文表达，句与句、段与段之间有一定的跳跃性。一般不要用“因为……所以……”“虽然……但是……”等关联词语。

章程的语言多用词语的直接意义，不用比喻、比拟、夸张和婉曲等修辞手法。这样，语义毫不含糊，没有歧义，让人一看就明白。

四、章程范例

章程范例

中国写作学会公文写作专业委员会章程

第一章　总则

第一条　本会是在中国共产党领导下，从事公文写作教学和科研的专业人员组成的全国学术性的群众团体，是中国写作学会所属的专业委员会。

第二条　本会的宗旨是：以马列主义、毛泽东思想、邓小平理论、“三个代表”重要思想、科学发展观以及习近平总书记系列重要讲话精神为指导，坚持四项基本原则，振兴公文写作学科，发扬理论联系实际

的学风，深入探讨公文写作的规律，推动公文写作的规范化、科学化和现代化，有效地服务于公文写作实践，促进施政、教学和管理水平的提高，为改革开放和现代化建设服务。

第二章　任务

第三条　本会的任务

1. 宣传贯彻党和国家公文管理的有关规定。

2. 为党和国家的公文改革、公文质量的提高作出贡献。

3. 遵照党和国家的有关规定，制定并实施公文写作研究工作。

4. 组织推动公文写作队伍的培训工作，不断提高公文写作队伍的素质。

5. 组织编写公文写作教材等有关著述。

6. 组织年会和其他学术活动，交流和推荐会员的科研成果。

7. 搜集、整理和传播公文写作的信息和资料。

8. 编辑出版会刊《中国公文》。

9. 促进和加强公文写作学科的国际交流。

10. 创办中国公文网。

第三章　会员

第四条　党、政、军机关、社会团体、企事业单位中从事公文写作的部门；大专院校中从事公文写作教学的系、专业、教研室；从事公文写作研究和出版的有关部门，承认本章程，均可申请入会，经常务理事会批准，可成为本会团体会员。

凡从事公文写作的教师、科研和实际工作者，有较高的教学水平和突出的科研成果，具有丰富的实践经验，承认本章程，可以由本人申请，并有本会两名会员推荐，经常务理事会批准，可成为本会个人会员。

第五条　公员的权利

1. 有选举权、被选举权和表决权。

2. 有权参加本会举办的各项活动。

3. 优先在本会刊物上发表研究成果。

4. 有权取得本会印发的各种资料。

5. 有权对本会的工作提出建议、批评和监督。

6. 会员有退会的自由。

第六条　会员的义务

1. 遵守本会章程，执行本会决议。

2. 承担和完成本会交给的任务。

3. 主动向本会提供信息和研究成果。

4. 按照规定及时缴纳会费。

第四章　组织机构

第七条　本会的最高权力机构是会员代表大会。会员代表大会每两年召开一次，必要时，经常务委员会（常务理事会，下同）决定，可提前或延期召开，其任务是：

1. 审议和批准委员会（理事会，下同）的工作报告。

2. 制定工作规划。

3. 制订或修订本会章程。

4. 选举新的委员会。

第八条　委员会是会员代表大会闭会期间的执行机构，由会员代表大会选举若干人组成，任期三年。委员会成员可连选连任。委员会每年召开一次，也可结合学术年会召开。

第九条　由委员会选举常务委员若干名，组成常务委员会。常务委员会推选主任（会长）一名，副主任（副会长）若干名，秘书长一名（由副主任兼任），副秘书长若干名。

第十条　委员会下设秘书处，负责处理本会的日常工作，同时根据工作需要设立学术委员会等办事机构。

第十一条　委员会根据工作需要，可聘请顾问若干名，任期与委员

会相同。

第五章 经费

第十二条 本会经费来源

1. 会员缴纳的会费。

2. 有偿服务收入。

第十三条 严格遵守财经纪律，勤俭办会，适时向委员会或会员代表大会公布经费收支情况，接受监督。

第六章 附则

第十四条 本章解释权属中国写作学会公文写作专业委员会。

第三节 办 法

办法是有关机关或部门根据党和国家的方针、政策及有关法规、规定，就某一方面的工作或问题提出具体做法和要求的文件。

一、办法的特点

1. 办法的法规约束性侧重于行政约束力。

2. 办法的条款要具体、完整，不能抽象笼统。

二、办法的写作

办法由首部和正文两部分组成。

1. 首部

包括标题、制发时间和依据等项目内容。

● 标题

标题由发文机关、事由、文种构成。

● 制发时间、依据

标题之下用括号注明办法制发的时间和会议；或通过的会议、时间及发布的机关、时间；或批准的机关、时间等。有的办法随“命令”等文种同时发布，这一项目内容可不再写。

2. 正文

一般由依据、规定、说明三部分组成，可分章、分条叙述。办法中的各条规定是办法的主体部分，要将具体内容和措施依次逐条写清楚。办法的结尾，一般是交代实施的日期和对实施的说明。

三、办法范例

办法范例

对省级人民政府履行教育职责的评价办法

（2017年5月31日国务院办公厅发布）

第一章 总则

第一条 为推动省级人民政府切实履行教育工作相关职责，提高教育质量，促进教育公平，提升教育服务经济社会发展能力，根据《中华人民共和国教育法》《教育督导条例》等教育法律法规，制定本办法。

第二条 对省级人民政府履行教育职责的评价是指对省级人民政府领导、管理、保障、推进本行政区域内教育事业改革发展稳定工作有关情况的评价。

第三条 评价工作由国务院教育督导委员会统筹领导，国务院教育督导委员会办公室组织实施。

第四条 评价工作坚持以提高教育教学质量为中心，遵循依法依规、突出重点、客观公正、注重实效的原则。

第五条 评价工作每年开展一次，根据国家教育事业发展的总体目标、

当年重点任务和存在的突出问题，制定年度评价工作重点、实施细则。

第二章　评价的内容

第六条　评价的内容主要包括：省级人民政府贯彻执行党的教育方针情况，落实教育法律、法规、规章和政策情况，各级各类教育发展情况，统筹推进本行政区域教育工作情况，加强教育保障情况，学校规范办学行为情况。

（一）贯彻执行党的教育方针情况主要包括：全面贯彻党的教育方针，加强和改善党对教育工作的领导，加强和改进教育系统党的建设，全面落实从严治党和党风廉政建设主体责任，加强教育系统领导班子建设，加强和改进学校思想政治工作，把握党对学校意识形态工作的领导权、主导权，维护教育系统安全稳定等。

（二）落实教育法律、法规、规章和政策情况主要包括：落实国家教育法律、法规、规章，执行国家重大教育政策，推进国家重大教育工程、项目，深化教育改革开放等。

（三）各级各类教育发展情况主要包括：鼓励和支持普惠性学前教育发展，促进义务教育均衡发展，推进高中阶段教育普及，加快发展现代职业教育，推进高等教育分类发展，促进和规范民办教育发展，大力发展继续教育，加快发展民族教育，大力加强国防教育，办好特殊教育，保障困难群体受教育权利，及时解决教育热点难点问题等。

（四）统筹推进教育工作情况主要包括：建立教育工作决策管理机制，制定实施教育事业发展规划，优化教育结构和学校布局，制定实施各级各类教育标准，强化教育督导，建立健全教育领域军民融合发展制度机制等。

（五）加强教育保障情况主要包括：全面推进依法治教，落实教育投入，加强教师队伍建设，改善学校办学条件，推进教育信息化建设等。

（六）学校规范办学行为情况主要包括：坚持正确办学方向，落实立德树人根本任务，完善学校管理制度，校长依法治校，教师依法执教，强化教学纪律，规范学生管理，维护正常教育教学秩序和师生合法权益等。

第三章　评价的实施

第七条　国务院教育督导委员会办公室于每年3月底前向各省级人民政府印发书面通知。

第八条　省级人民政府按照通知要求，对上一年度履行教育职责情况进行自查自评，形成自评报告，于每年5月底前报国务院教育督导委员会办公室。各省级人民政府对自评报告和相关材料的真实性、准确性负责。

第九条　第三方专业机构受国务院教育督导委员会办公室委托，根据督导评估指标，利用国家统计数据和调查获得的系统数据，对省级人民政府履行教育职责情况进行监测评估，面向社会和学生开展满意度调查，于每年6月底前形成年度监测报告。

第十条　国务院教育督导委员会办公室选定实地检查省份，制定检查方案，随机抽取检查对象，随机抽取国家督学组成国家检查组，进行实地检查。

第十一条　国家检查组根据省级人民政府自评、第三方专业机构监测和实地检查情况，列出问题清单，形成反馈意见，向接受检查的省级人民政府反馈。

第十二条　省级人民政府按照反馈意见制定整改方案，提出整改措施和时限，并在规定时间内报国务院教育督导委员会办公室。国务院教育督导委员会办公室视整改落实情况进行复查。

第十三条　国务院教育督导委员会办公室综合省级自查自评、第三方专业机构监测、实地检查、整改复查等情况，形成年度省级人民政府履行教育职责评价报告，报经国务院教育督导委员会同意后，向社会公开发布。

第四章　评价结果的运用

第十四条　评价结果作为对省级人民政府及其有关部门领导班子和领导干部进行考核、奖惩的重要依据。对履行教育职责不到位、整改不

力、出现重特大教育安全事故、有弄虚作假行为的省级人民政府，国务院教育督导委员会将按照国务院有关规定，采取适当形式对有关责任人进行通报批评，并提出给予处分的建议。

第五章　附则

第十五条　省级人民政府应依据本办法，结合本行政区域实际制定具体实施方案，开展对本行政区域内各级政府履行教育职责的评价工作。

第十六条　本办法由国务院教育督导委员会办公室负责解释，自印发之日起施行。

第四节　简　报

简报是传递某方面信息的简短的内部小报，是具有汇报性、交流性和指导性特点的简短、灵活、快捷的书面形式。简报又称“动态”“简讯”“要情”“摘报”“工作通讯”“情况反映”“情况交流”“内部参考”等。也可以说，简报就是简要的调查报告、简要的情况报告、简要的工作报告、简要的消息报道等。

一、简报的特点

简报具有一般报纸新闻性的特点，这是共性；但它又有本身的特点。

1. 内容专业性强

简报一般由有关单位、部门主办，专业性十分明显。如《人口普查简报》《计划生育简报》《水利工程简报》《招生简报》等，分别由主办单位组织专人撰写，传递该项工作的各种信息，包括情况、经验、问题和对策等。一般性的东西少说，无关的东西不说，专业性的东西多说。这样，对一般读者来说，能使他们了解工作的进展情况，增强责任

感。对领导机关来说，“各级领导接到这样的简报，掌握了情况，有问题就有办法处置了”。

2. 篇幅特别简短

虽然所有报纸篇幅都有限，文章都较简短，但比较起来，公开的大报，一般都有4版，有4万多字；地方小报，每期也有2万多字，简报的“简”是它区别于其他报刊的最显著的特点。一期简报甚至只登一篇文章、几段信息，或一期几篇文章，总共一两千字，长的也不过三五千字，读者可以用很短的时间把它读完，适应现代快节奏工作的需要。简报的语言必须简明精练。

3. 限于内部交流

一般报纸面向全社会，内容是公开的，没有保密价值，读者越多越好，正因为如此，它除了新闻性外，还要求有知识性和趣味性。简报则不同，它一般在编报机关管辖范围内各单位之间交流，不宜甚至不能公开传播，特别是涉外机关和专政机关主办的简报更是如此。有的简报，往往是专给某一级领导人看的，有一定的保密要求，不能任意扩大阅读范围。

二、简报的写作

简报的种类尽管很多，但其结构却不无共同之处，一般都包括报头、标题、正文和报尾四个部分。有些还由编者配加按语，成为五个组成部分。

1. 报头

简报一般都有固定的报头，包括简报名称、期号、编发单位、发行日期、保密等级和编号。

- 简报名称

在简报第一页上方的正中处，为了醒目起见，字号易大，应采用套红印刷。

● 期号

位置在简报名称的正下方，一般按年度依次排列期号，有的还可以标出累计的总期号。属于“增刊”的期号，要单独编排，不能与“正刊”期号混编。

● 编发单位

应标明全称，位置在期号的左下方。

● 发行日期

以领导签发日期为准，应标明具体的年月日，位置在期号的右下方。

● 密级等级

有些简报根据需要还应标明密级，密级要求印在报头的左上角顶格，分别标明“内部参阅”“机密”“绝密”等字样。

● 编号

编号位于报头右上方，保密性简报才用编号，一般简报不用编号。

报头部分与标题和正文之间，一般都用一条粗线拦开。

2.标题

标题类似新闻的标题，要揭示主题，简短醒目。

3. 正文

一份完整的简报正文包括导语、主体、结果和穿插在叙述中的背景材料。不过，有些简报可能会少其中的一项或者两项，也是可以的。正文的写作要求如下：

● 导语通常用简明的一句话或一段话概括全文的主旨或主要内容，给读者一个总的印象。导语的写法多种多样，有提问式、结论式、描写式、叙述式等。导语一般要交代清楚谁（某人或某单位）、什么时间、干什么（事件）、结果怎样等内容。

● 主体用足够的、典型的、有说服力的材料，把导语的内容具体化。

● 结尾，或指明事情发展趋势，或提出希望及今后打算。如果主体部分已经把事情说清楚，那就不必再加结尾了。

● 背景，即对人物、事件起作用的环境条件和历史情况。背景可以穿插在各个部分。

4. 报尾

报尾部分应包括简报的报、送、发单位。报，指简报呈报的上级单位；送，指简报送往的不相隶属的单位；发，指简报发放的下级单位。如果简报的报、送、发单位是固定的，而又要临时增加发放单位，一般还应注明“本期增发××（单位）”。报尾还应包括本期简报的印刷份数，以便于管理、查对。报尾部分印在简报末页的下端。

5.按语

按语是简报中的批注和说明，可以分为评论性、说明性、解释性三种，其中评论性按语是最主要的，按语的位置在报头下、标题前。它视需要而使用，并非每篇必有。

三、写作要求

一份好的简报，要做到如下几点。

1. 格局要宏观

简报作者必须站在全局的高度去观察和分析问题，不要纠结于细节，让阅读者能有所收获。

2. 要有前瞻性

发布简报，是为了日后更好地开展工作，因此要抓住未来的、趋势性的问题，能够指明工作方向。

3. 内容准确

为了维护权威性，简报中的内容一定要核实到位，不能出现虚假、夸大不实的现象，要避免受心理、气氛等主观因素的影响。

4. 简单明了

前面已经说过，简报都要求特别简短，因此要避免贪大求全，用尽可能少的文字说清楚问题。如果某个主题涉及的事件太多，可以分几期来讲，一期一个重点。

5. 发布时间快

作者思想敏锐、行动敏捷，对问题反映得快，对材料分析得快，写作构思快，动笔成稿快，同时，还要求简报的编辑、签发、打印、发稿速度快，共同把握发稿时机。总之，快写快发是简报文种的一大特色。

四、日常工作简报

日常工作简报又称业务简报。这是一种反映本地区、本系统、本部门日常工作或问题的经常性简报。它包含的内容较广，工作情况、成绩或问题、经验和教训、表扬和批评，还有对上级某些政策或指示执行的步骤、措施都可以反映。它常以定期或不定期的形式出现，在一定范围内发行。

日常工作简报范例

协会简报

市警察协会秘书处　　　　2017年3月22日

市警察协会召开第六届理事会

第一次领导班子会议

为了深入学习贯彻市警察协会第六届理事会换届大会和贾文雅市长的重要讲话精神，3月19日，警察协会第六届理事会第一次领导班子会议在市公安局押运公司召开。会长许少安，副会长陈子文、魏顺全、岳海翔（兼秘书长）和7位副秘书长参加了会议。会议由许少安同志主持。

会议首先由岳海翔同志传达了警察协会第六届理事会换届大会和贾

文雅市长的重要讲话精神，强调这是当前和今后一个时期警察协会工作的基本指导方针，为警察协会各项工作的开展明确了方向和任务，一定要认真学习，深刻领会，坚决贯彻落实。大家一致认为警察协会作为理论研究的阵地、沟通联系的桥梁、对外交往的平台，是公安机关“理论引领、实践保障、内联警心、外联民心”的绝佳载体，对促进社会和谐发展、加强公安机关自身建设、回应广大民警诉求等都具有不可替代的作用。新一届理事会一定会不负期待、充分履职、发挥优势，进一步推动我市公安工作和队伍建设取得新进步，从整体上提升协会工作水平和格调定位。要善于组织和整合公安理论人才，搭建符合我市特点的公安理论研究阵地，繁荣我市公安理论研究工作。要充分发挥组织优势和社团效能，认真研究和探索借力的方法和方式，动员社会资源和社会力量开展工作、共享成果。对于公安工作中的焦点热点问题、社会上出现的涉警敏感问题等，要从社会组织的角度主动参与、双向互动，积极维护公安机关执法权威和公安民警合法权益。

会上根据《唐山市警察协会章程》和工作实际需要，对各位协会领导的工作职责和任务进行了分工。许少安会长和孙俭副会长负责局直各单位，共15家；魏顺全副会长、岳海翔副会长负责县（市）区公安（分）局各单位，共20家；陈子文副会长负责厂企各单位，共29家。会上还对所有理事单位名单进行了确认，宣读并讨论通过了《唐山市警察协会会费缴纳标准与会费使用管理办法》。

会议认为，警察协会当前的首要任务是对下一步工作作出谋划，通过实实在在的工作成绩来树立形象，特别是要在公安理论研究、解决实践难题、繁荣警察文化、拓展公共关系等方面发挥积极作用。一致讨论通过了《唐山市警察协会2017年工作要点》和《2017年下半年主要工作安排》，着重抓好组织召开第二届警学理论研讨会；组织相关理事单位领导赴台湾和欧洲等地学习考察当地加强警协组织建设的经验；筹建

"唐山市警察协会法律服务平台"；赴相关理事单位对担负暑期警卫任务的公安民警以及因公牺牲、死亡的民警家属进行慰问和扶助；适时举办公安民警健康知识讲座和优秀通讯员培训、保安业务培训、消防知识培训以及公文写作、信访、督查等方面的培训班，积极为各理事单位服好务，让市局党委放心，让各理事单位和广大公安民警满意。

许少安会长在讲话中指出，警察协会下一步的工作一定要在市局党委的坚强领导下，认真落实好贾文雅市长的重要讲话精神，更新工作理念，科学谋划工作思路，努力实现警察协会的工作由"虚"到"实"，由"实"到"新"，由"新"再到"活"的转变，扎实进取，稳步推进，以实际行动推进警察协会工作的根本性转变；要进一步加强团结，班子成员之间要相互支持，相互协作，多沟通，多商量，尽最大努力把协会的各项工作抓紧、抓实、抓到位；要进一步开拓思路，多开展一些活动，特别是要努力探索维护公安机关执法权威和公安民警合法权益的思路和办法，抓住民警执法执勤中合法权益受到侵害的突出问题，认真研究有针对性的解决措施；还要通过丰富多彩的形式，组织开展各种有益活动，把协会办成真正的"警察之家"。

报：市委政法委、市局党委成员

送：相关警察协会

发：各理事单位

五、中心工作简报

中心工作简报又称专题简报，它是一种阶段性的简报。它往往是针对机关工作中某一时期的中心工作、某项中心任务办的简报，中心工作

完成，简报也就停办了。

中心工作简报范例

工作简报

迁安吹响创建文明城市“百日攻坚”冲锋号

2017年3月19日，迁安召开全国县级文明城市、省级文明城市创建工作“百日攻坚行动”誓师大会，城管执法大队、住建局、公安局交警大队、卫计局、城区街道5家单位负责人做表态发言，迁安镇、城区街道、交通运输局、市场中心等12家责任单位代表向创城指挥部递交责任状，以此为标志，迁安吹响了创建全国县级文明城市、迎接国家卫生城市复审的集结号。

自2011年起，迁安市启动文明城市创建工作，市委、市政府高度重视，全市上下勠力同心，2014年底本市获得全国县级文明城市提名资格，成为全省首批、唐山唯一获得县级文明城市提名资格的城市；2015年、2016年连续两年测评成绩位居全省前列，其中，2016年在全省7个全国县级文明城市提名城市测评中获得了第一名。今年迁安将迎来全国县级文明城市总评“大考”。

着眼丰富城市发展内涵、提升城市形象，自当日起，本市七项攻坚战随即展开：严格落实门前“三包”制度，清理乱设摊点、市场外溢等现象，打好市容环境整治和城市管理攻坚战；严查机动车乱停乱放、占道强行、随意转弯、车窗抛物、酒后驾驶等行为，打好交通秩序整治攻坚战；从严治理违章店外经营、摆摊设点和占道经营现象，全方位规范市场经营秩序，打好市场秩序整治攻坚战；完善社区基础设施建设，加强物业管理，彻底清理私搭乱建、毁绿种菜和墙体、楼道小广告，打好社区治理提升攻坚战；农村、城乡接合部逐村逐街制定整改方案，逐点逐线明确任务，逐步改变脏乱差现象，打好城乡联创共建攻坚战；突出抓好文明校园创建、未成年人心理健康辅导站建设和校园周边环境治理等工作，打好未成年人思想道德建设攻坚

战；窗口行业干部职工广泛开展文明优质服务竞赛、诚信宣传教育活动，文明劝导志愿服务队围绕公共秩序、文明礼仪、文明交通等领域，开展系列文明劝导行动，打好市民文明素质提升攻坚战。

誓师大会结束后，全市机关干部、社区居民、志愿者、城管执法人员、交警、环卫工人、窗口行业人员、商业经营者、学生、村民迅速响应，纷纷走上街头、深入社区，开展环境卫生清理、交通秩序整治、党员结对帮扶等志愿服务活动，“文明水城·全民共创”行动再掀新高潮。

六、会议简报

会议简报是会议期间反映会议情况的简报，它是一种临时性的简报，内容包括会议的情况、发言及会议决定等。规模较大、时间较长的会议常要编发多期简报，以起到及时交流情况，推动会议的作用。小型会议一般是一会一期简报，常常在会议结束后，写一期较全面的总结性的情况反映。

会议简报范例

会议简报

新疆地税局办公室　　　2017年1月18日

新疆地税系统召开全区地方税务工作暨党风廉政建设工作视频会议

1月18日，新疆地税系统召开全区地方税务工作暨党风廉政建设工作视频会议。会议总结2016年税收工作取得的成绩，安排部署2017年的工作任务。自治区政协副主席、财政厅厅长、地方税务局局长弯海川在会议上作主题报告，自治区地方税务局党组书记赵炜主持会议并作总结讲话。

弯海川在讲话中认真总结了2016年度的税收工作。2016年，全区累

计完成各项收入775.4亿元，其中税收收入710.6亿元，剔除“营改增”因素，同比增长8%，增收42.6亿元；完成地方级税收收入542.1亿元，完成自治区党委、政府调整年度地方级税收收入任务540亿元的100.4%，向自治区党委、政府交上了一份满意的答卷。就2017年的税收工作，他要求各级地税部门围绕新疆工作总目标，重点抓好六个方面的工作：依法组织收入，确保完成全年收入任务；全面深化改革，着力推进税收管理现代化；持续优化服务，努力提高纳税人满意度和获得感；树立正确导向，扎实推进干部队伍建设；加强党的建设，推动全面从严治党向纵深发展；坚持综合施策，全力维护社会大局稳定。

赵炜指出，各级地税局要高标准抓好今年的各项工作落实。面对新形势新任务，要以更新的思维和措施，把各项工作要求落实到忠诚信仰上、落实到严于律己上、落实到攻坚克难上、落实到勇于担当上，更好地服务大局，为自治区社会稳定和长治久安作出新贡献。他强调全区地税人要在自治区党委的坚强领导下，不忘初心、继续前进，敢于担当、积极作为，坚定不移推进全面从严治党，推进全区地税系统党风廉政建设和反腐败斗争取得新成效，以优异成绩迎接党的十九大胜利召开。

第五节 条 例

条例是阐述某一事宜的要求或者规定某一组织的宗旨、任务及其成员的职责权限的法规性文种。

条例适用于中央组织制定规范党组织的工作、活动和党员行为的规章制度；也可以由国务院和省级权力机关颁发，作用在于发布行政法规或地方性法规。如《婚姻登记条例》。

一、条例的特点

1. 格式的固定性

条例在形式上的突出特点是条文式或者章条结构。

2. 制发机关的特定性

条例只能由党的中央机关以及国家最高行政机关、省级权力机关颁发。

3. 执行的强制性

条例是法律、法令的补充说明和规定，一经发布，即具有强制作用，必须执行。

4. 内容的稳定性

条例的内容只固定在规定国家政治、经济等领域的重大事项，或长期性工作，或某些部门、人员的职责、权限等方面。

二、条例的写作

条例由首部和正文两部分组成。

1. 首部

包括标题、时间和依据等项目。

● 标题

条例的标题一般有两种构成形式：一种是由事由和文种构成，另一种是由施行范围、事由和文种构成。

● 时间和依据

一般在标题之下用括号注明条例通过和签发的日期与机关名称，有的条例是随“命令”“令”等文种同时公布。

2. 正文

由总则、分则和附则三部分组成。

● 总则

总则即正文的开头或前言部分，一般应写明制定和发布条例的法律、政策依据，交代制定本条例的原因、目的，说明条例所涉及对象的有关范围。紧接着以承启用语“制定本条例”过渡到下文。总则是关于制定条例的目的、意义、依据、指导思想、适用原则、范围等的说明性文字，表达要简洁、明了。

● 分则

分则是条例中的条规项。条规项是写作条例的主体部分，其内容有长有短，要视条例的具体内容而定，但有一点是共同的，即条例的条规要有“条”有“例”。“条”是从正面阐述条例的条文，应该讲明“做什么，不该做什么”；“例”是从反面加以说明，即做不到怎么处理；“条”和“例”的结构顺序一般是前“条”后“例”，以“条”为主，以“例”为补充。“条”的“做什么”和“不该做什么”可以糅合在一起写，而“例”则必须单独列出，即规范项目，这是条例的实质性规定内容，是要求具体执行的依据。

● 附则

附则是对分则的补充说明，其中包括用语的解释和解释权、修改权、公布实施的时间等内容。

条例正文有两种表达形式：一种是条款式，全文按序列排列；一种是章条式，多用于内容庞杂的条例。

三、条例范例

条例范例1

中国共产党工作机关条例（试行）

第一章 总则

第一条 为了规范党的工作机关的设立和运行，提高党的工作机关履职能力和工作水平，保证党的理论和路线方针政策得到有效贯彻执行，根据《中国共产党章程》，制定本条例。

第二条　党的工作机关是党实施政治、思想和组织领导的政治机关，是落实党中央和地方各级党委决策部署，实施党的领导、加强党的建设、推进党的事业的执行机关，主要包括办公厅（室）、职能部门、办事机构和派出机关。

第三条　本条例适用于中央和地方党的工作机关。

党委直属事业单位、设在党的工作机关或者由党的工作机关管理的机关，参照本条例执行，法律法规和中央另有规定的除外。

党的纪律检查机关的产生和运行，按照党章和中央有关规定执行。

第四条　党的工作机关开展工作应当遵循以下原则：

（一）坚持加强党的领导，坚决维护党中央权威；

（二）坚持党的政治路线、思想路线、组织路线、群众路线；

（三）坚持贯彻民主集中制，增强党的团结统一和机关工作活力；

（四）坚持各司其职、相互配合，确保党的各项工作协调一致、协同推进；

（五）坚持全面从严治党、依规治党，依照党章党规履行职责；

（六）坚持在宪法法律范围内活动，支持同级国家机关和其他组织依法依章程开展工作。

第二章　设立

第五条　党的工作机关的设立，应当适应加强党的领导和党的建设的需要，遵循精简、统一、效能原则，实行总量控制和限额管理。

根据工作需要，党的工作机关可以与职责相近的国家机关等合并设立或者合署办公。合并设立或者合署办公仍由党委主管。

严格控制议事协调机构常设办事机构的设立。议事协调机构负责的事项，可以交由现有工作机关牵头协调或者建立协调配合机制解决的，

不另设常设办事机构。

第六条　党中央工作机关的设立、撤销、合并或者变更，由中央机构编制管理部门提出方案，按程序报党中央审批决定。

地方党委工作机关的设立、撤销、合并或者变更，由同级机构编制管理部门提出方案，按规定程序由本级党委讨论决定后，报上级党委审批。

第七条　党的工作机关的领导机构和决策形式是部（厅、室）务会或者委员会，一般由正职、副职、派驻纪检组组长或者纪工委书记及其他成员组成。

党的工作机关的领导职数，根据工作需要和从严控制的原则，严格按照有关规定执行。

党的工作机关正职由上级机构领导成员兼任的，可以设常务副职，协助其处理日常工作。

党的工作机关不设正职领导助理，一般不设秘书长。确有必要时，经党中央批准，党中央职能部门可以设秘书长。

第八条　党的工作机关根据工作需要和精干效能的原则设置必要的内设机构。内设机构的设立、撤销、合并或者变更，按照规定的权限和程序审批。

第九条　党的工作机关在核定的行政编制内配备机关工作人员。

第三章　职责

第十条　党的工作机关应当职责明确、权责一致，其职责一般依据党章党规确定，具体职责由有关职能配置、内设机构、人员编制规定予以明确。

应当由党委履行的职责，党委不得将其授予工作机关。

第十一条　党的工作机关应当履行以下职责：

（一）坚决贯彻落实党的理论和路线方针政策以及党委决策部署，确保政令畅通；

（二）研究部署职责范围内的工作，按照规定制发党内法规和规范性文件，抓好组织实施和督促落实；

（三）当好党委参谋助手，及时报告有关情况、反映问题、提出意见建议，为党委决策提供服务；

（四）抓好机关党的建设工作，加强对本单位群团工作的领导；

（五）承办党委和上级工作机关交办的有关事项。

第十二条　党委办公厅（室）是党委的综合部门，负责推动党委决策部署的落实，按照党委要求协调有关方面开展工作，承担党委运行保障具体事务。

第十三条　党委职能部门是负责党委某一方面工作的主管部门，按照规定行使相对独立的管理职能，制定相关政策法规并组织实施，协调指导本系统、本领域工作。

第十四条　党委办事机构是协助党委办理某一方面重要事务的机构，一般是指党委为加强跨领域、跨部门重要工作的领导和组织协调而设立的议事协调机构的常设办事机构，承担议事协调机构的综合性服务工作，可以根据有关规定履行特定管理职责。

第十五条　党委派出机关是党委为加强对特定领域、行业、系统领导而派出的工作机关，根据有关规定代表党委领导该领域、行业、系统的工作。

第十六条　党的工作机关必须牢固树立政治意识、大局意识、核心意识、看齐意识，始终在思想上政治上行动上同党中央保持高度一致。按照全面从严治党要求，加强机关党的建设和队伍思想政治建设，教育引导党员干部坚定理想信念，强化宗旨意识，始终保持对党的事业、对党中央的绝对忠诚，自觉践行“三严三实”要求，在守纪律、讲规矩方面作出表率。

党的工作机关应当加强业务能力建设，开展经常性的学习培训和业

务交流，勇于探索实践，善于总结工作规律，不断提高干部队伍专业化水平和履职尽责本领。

第四章 决策与执行

第十七条 党的工作机关必须坚持民主集中制，领导班子实行集体领导和个人分工负责相结合的制度。凡属本机关重大事项，应当按照集体领导、民主集中、个别酝酿、会议决定的原则，由领导班子集体研究决定。领导班子成员应当根据集体决定和分工，勇于担当，敢于负责，切实履行职责。

第十八条 党的工作机关应当通过召开部（厅、室）务会会议、委员会会议等形式讨论决定下列重大事项：

（一）学习贯彻党中央、上级和本级党委的有关决定、指示和工作部署；

（二）研究讨论贯彻执行本机关职责范围内相关方针政策与法律法规的具体措施；

（三）讨论决定本机关重大决策、重要人事任免、重大项目安排、大额资金使用等事项；

（四）审议向党中央或者本级党委以及上级党的工作机关请示报告的重要事项；

（五）研究部署本机关党的建设方面的重要事项；

（六）研究讨论其他重要事项。

党的工作机关领导班子应当科学决策、民主决策、依法决策。对重大事项的决策，一般应当经过调查研究、征求意见、专业评估、合法合规性审查和集体讨论决定等程序。

第十九条 部（厅、室）务会会议、委员会会议由党的工作机关主要负责同志召集并主持，领导班子成员参加。根据工作需要，会议召集人可以确定有关人员列席会议。会议由专门人员如实记录，对决定事项

编发会议纪要，并按照规定存档备查。

第二十条　党的工作机关应当建立有效的督查、评估和反馈机制，确保领导班子决策落实。

第二十一条　党的工作机关根据工作需要，可以召开部长（主任、书记）办公会议，组织推进部（厅、室）务会会议、委员会会议决策事项的落实和研究讨论专项工作。部长（主任、书记）办公会议由部长（主任、书记）或者委托领导班子其他成员主持召开，领导班子有关成员和有关内设机构主要负责人等参加。部长（主任、书记）办公会议不得代替部（厅、室）务会会议、委员会会议作出决策。

第二十二条　党的工作机关领导班子及其成员应当加强思想政治建设，认真学习马克思列宁主义、毛泽东思想，坚持用中国特色社会主义理论体系武装头脑，深入学习贯彻习近平总书记系列重要讲话精神和治国理政新理念新思想新战略，不断增强中国特色社会主义的道路自信、理论自信、制度自信、文化自信。严守党的政治纪律和政治规矩，严肃党内政治生活。严格落实中央关于改进工作作风、密切联系群众的各项规定，坚决反对形式主义、官僚主义、享乐主义和奢靡之风。

党的工作机关领导班子应当认真履行全面从严治党主体责任，落实党风廉政建设责任制，模范执行廉洁自律各项规定，坚决维护党的纪律，推动形成风清气正、干事创业的良好环境。

第五章　监督与追责

第二十三条　党的工作机关接受党委的全面监督，每年至少向党委作一次全面工作情况报告，遇有重要情况及时请示报告。执行党中央和上级党组织某项重要指示和决定的情况，应当进行专题报告。对党的工作机关作出的不适当决定，本级党委或者上级党的工作机关有权撤销或者变更。

党的工作机关应当自觉接受党的纪律检查机关及其派驻机构、党委直属机关纪工委以及机关纪委的监督。

第二十四条　党的工作机关领导班子应当自觉接受党内监督和群众监督。领导班子成员应当如实向党组织报告个人有关事项、述职述廉述德，接受组织监督。

第二十五条　党委应当定期对所属工作机关履职情况进行检查考核，具体工作由党委组织部门负责，考核结果在一定范围内通报。

第二十六条　党的工作机关领导班子成员违反本条例有关规定的，根据情节轻重，给予批评教育、责令作出检查、诫勉、通报批评或者调离岗位、责令辞职、免职、降职等处理；应当追究党纪政纪责任的，依照有关规定给予相应处分。

第六章　附则

第二十七条　机构编制管理部门应当根据本条例科学编制党的工作机关职能配置、内设机构、人员编制规定，按程序报本级党委审批后，以党委文件或者党委办公厅（室）文件形式发布。

第二十八条　中央军事委员会可以根据本条例，制定相关规定。

第二十九条　本条例由中央办公厅商中央组织部、中央机构编制委员会办公室解释。

第三十条　本条例自2017年3月1日起施行。

条例范例2

企业投资项目核准和备案管理条例

第一条　为了规范政府对企业投资项目的核准和备案行为，加快转变政府的投资管理职能，落实企业投资自主权，制定本条例。

第二条　本条例所称企业投资项目（以下简称项目），是指企业在中国境内投资建设的固定资产投资项目。

第三条　对关系国家安全、涉及全国重大生产力布局、战略性资源开发和重大公共利益等项目，实行核准管理。具体项目范围以及核准机

关、核准权限依照政府核准的投资项目目录执行。政府核准的投资项目目录由国务院投资主管部门会同国务院有关部门提出，报国务院批准后实施，并适时调整。国务院另有规定的，依照其规定。

对前款规定以外的项目，实行备案管理。除国务院另有规定的，实行备案管理的项目按照属地原则备案，备案机关及其权限由省、自治区、直辖市和计划单列市人民政府规定。

第四条　除涉及国家秘密的项目外，项目核准、备案通过国家建立的项目在线监管平台（以下简称在线平台）办理。

核准机关、备案机关以及其他有关部门统一使用在线平台生成的项目代码办理相关手续。

国务院投资主管部门会同有关部门制定在线平台管理办法。

第五条　核准机关、备案机关应当通过在线平台列明与项目有关的产业政策，公开项目核准的办理流程、办理时限等，并为企业提供相关咨询服务。

第六条　企业办理项目核准手续，应当向核准机关提交项目申请书；由国务院核准的项目，向国务院投资主管部门提交项目申请书。项目申请书应当包括下列内容：

（一）企业基本情况；

（二）项目情况，包括项目名称、建设地点、建设规模、建设内容等；

（三）项目利用资源情况分析以及对生态环境的影响分析；

（四）项目对经济和社会的影响分析。

企业应当对项目申请书内容的真实性负责。

法律、行政法规规定办理相关手续作为项目核准前置条件的，企业应当提交已经办理相关手续的证明文件。

第七条　项目申请书由企业自主组织编制，任何单位和个人不得强制企业委托中介服务机构编制项目申请书。

核准机关应当制定并公布项目申请书示范文本，明确项目申请书编制要求。

第八条　由国务院有关部门核准的项目，企业可以通过项目所在地省、自治区、直辖市和计划单列市人民政府有关部门（以下称地方人民政府有关部门）转送项目申请书，地方人民政府有关部门应当自收到项目申请书之日起5个工作日内转送核准机关。

由国务院核准的项目，企业通过地方人民政府有关部门转送项目申请书的，地方人民政府有关部门应当在前款规定的期限内将项目申请书转送国务院投资主管部门，由国务院投资主管部门审核后报国务院核准。

第九条　核准机关应当从下列方面对项目进行审查：

（一）是否危害经济安全、社会安全、生态安全等国家安全；

（二）是否符合相关发展建设规划、技术标准和产业政策；

（三）是否合理开发并有效利用资源；

（四）是否对重大公共利益产生不利影响。

项目涉及有关部门或者项目所在地地方人民政府职责的，核准机关应当书面征求其意见，被征求意见单位应当及时书面回复。

核准机关委托中介服务机构对项目进行评估的，应当明确评估重点；除项目情况复杂的，评估时限不得超过30个工作日。评估费用由核准机关承担。

第十条　核准机关应当自受理申请之日起20个工作日内，作出是否予以核准的决定；项目情况复杂或者需要征求有关单位意见的，经本机关主要负责人批准，可以延长核准期限，但延长的期限不得超过40个工作日。核准机关委托中介服务机构对项目进行评估的，评估时间不计入核准期限。

核准机关对项目予以核准的，应当向企业出具核准文件；不予核准的，应当书面通知企业并说明理由。由国务院核准的项目，由国务院投

资主管部门根据国务院的决定向企业出具核准文件或者不予核准的书面通知。

第十一条　企业拟变更已核准项目的建设地点，或者拟对建设规模、建设内容等作较大变更的，应当向核准机关提出变更申请。核准机关应当自受理申请之日起20个工作日内，作出是否同意变更的书面决定。

第十二条　项目自核准机关作出予以核准决定或者同意变更决定之日起2年内未开工建设，需要延期开工建设的，企业应当在2年期限届满的30个工作日前，向核准机关申请延期开工建设。核准机关应当自受理申请之日起20个工作日内，作出是否同意延期开工建设的决定。开工建设只能延期一次，期限最长不得超过1年。国家对项目延期开工建设另有规定的，依照其规定。

第十三条　实行备案管理的项目，企业应当在开工建设前通过在线平台将下列信息告知备案机关：

（一）企业基本情况；

（二）项目名称、建设地点、建设规模、建设内容；

（三）项目总投资额；

（四）项目符合产业政策的声明。

企业应当对备案项目信息的真实性负责。

备案机关收到本条第一款规定的全部信息即为备案；企业告知的信息不齐全的，备案机关应当指导企业补正。

企业需要备案证明的，可以要求备案机关出具或者通过在线平台自行打印。

第十四条　已备案项目信息发生较大变更的，企业应当及时告知备案机关。

第十五条　备案机关发现已备案项目属于产业政策禁止投资建设或者实行核准管理的，应当及时告知企业予以纠正或者依法办理核准手

续，并通知有关部门。

第十六条　核准机关、备案机关以及依法对项目负有监督管理职责的其他有关部门应当加强事中事后监管，按照谁审批谁监管、谁主管谁监管的原则，落实监管责任，采取在线监测、现场核查等方式，加强对项目实施的监督检查。

企业应当通过在线平台如实报送项目开工建设、建设进度、竣工的基本信息。

第十七条　核准机关、备案机关以及依法对项目负有监督管理职责的其他有关部门应当建立项目信息共享机制，通过在线平台实现信息共享。

企业在项目核准、备案以及项目实施中的违法行为及其处理信息，通过国家社会信用信息平台向社会公示。

第十八条　实行核准管理的项目，企业未依照本条例规定办理核准手续开工建设或者未按照核准的建设地点、建设规模、建设内容等进行建设的，由核准机关责令停止建设或者责令停产，对企业处项目总投资额1‰以上5‰以下的罚款；对直接负责的主管人员和其他直接责任人员处2万元以上5万元以下的罚款，属于国家工作人员的，依法给予处分。

以欺骗、贿赂等不正当手段取得项目核准文件，尚未开工建设的，由核准机关撤销核准文件，处项目总投资额1‰以上5‰以下的罚款；已经开工建设的，依照前款规定予以处罚；构成犯罪的，依法追究刑事责任。

第十九条　实行备案管理的项目，企业未依照本条例规定将项目信息或者已备案项目的信息变更情况告知备案机关，或者向备案机关提供虚假信息的，由备案机关责令限期改正；逾期不改正的，处2万元以上5万元以下的罚款。

第二十条　企业投资建设产业政策禁止投资建设项目的，由县级以上人民政府投资主管部门责令停止建设或者责令停产并恢复原状，对企

业处项目总投资额5‰以上10‰以下的罚款；对直接负责的主管人员和其他直接责任人员处5万元以上10万元以下的罚款，属于国家工作人员的，依法给予处分。法律、行政法规另有规定的，依照其规定。

第二十一条　核准机关、备案机关及其工作人员在项目核准、备案工作中玩忽职守、滥用职权、徇私舞弊的，对负有责任的领导人员和直接责任人员依法给予处分；构成犯罪的，依法追究刑事责任。

第二十二条　事业单位、社会团体等非企业组织在中国境内投资建设的固定资产投资项目适用本条例，但通过预算安排的固定资产投资项目除外。

第二十三条　国防科技工业企业在中国境内投资建设的固定资产投资项目核准和备案管理办法，由国务院国防科技工业管理部门根据本条例的原则另行制定。

第二十四条　本条例自2017年2月1日起施行。

第六节　规　定

规定是各级党政机关、社会团体、企事业单位规范某方面工作的规章性公文。作为文种的规定就是领导机关或职能部门为贯彻某项政策或进行某项管理工作、活动，而提出原则要求、执行标准与实施措施的规范性公文。

规定是规范性公文中使用范围最广、使用频率最高的文种。它是领导机关或职能部门对特定范围内的工作和事务制订相应措施，要求所属部门和下级机关贯彻执行的法规性公文。规定是局限于落实某一法律、法规；加强某项管理工作而制定的，具有较强的约束力，而且内容详细，可操作性较强。

一、规定的特点

1.普遍性

从针对的问题和涉及的对象来看，规定是针对具有一般性和普遍性的问题，涉及的是大多数的人和事，并非是少数的人和事。并且，规定的使用范围很广，社会团体、企事业单位、党政机关都可以使用。在人们的生活中，只要需要规范人们的行动，要求相关的人员统一协调的事情，都可以采用规定这种文体进行约束。

2.约束性

约束性是指规定对某一方面的活动所提出的具体的规范性的要求，如果违反了这种规范性要求，轻则要受批评，重则要受纪律和刑事处分。

从约束力和法定效力两个方面来看，规定具有极强的强制约束力，它的效力是由法定作者的法定权限和规定的公文内容决定的，这其中包括效力所涉及的时间、空间、机关、人员等。

3. 规范性

从规定产生的程序看，规定的产生需要遵循严格的审批手续和正式的公布程序，所以规定就显得极为严格与规范。它要求在写作过程中的语言选择要极为准确、概括、通俗、简洁、规范。

4. 灵活性

从规定的制定发布来看，规定是灵活多变的，有时可以像其他法规性公文一样作为附件，用发文通知的形式发布；有时又可以用文件的形式直接进行发布。而且，因为它的使用情景多样化，规范的对象也是可大可小的，时效、篇幅都是可长可短的，所以规定的制发所受的限制是比较少的。

5. 针对性

规定是指对国家生活和社会生活中出现的、带有倾向性问题而制定的，规定的制定与现实生活是紧密相关的，因此规定具有明显的针对性。

二、规定的写作

规定由首部和正文两部分组成。

1. 首部

包括标题、时间和依据等项目。

- 标题

一般有两种构成形式：一种是由发文单位、事由、文种构成；另一种是由事由和文种构成。

- 时间和依据

用括号在标题之下注明规定发布和签发的时间和依据。有的规定是随命令等文种同时发布的。

2. 正文

正文的内容由总则、分则和附则组成。

总则交代制定规定的缘由、依据、指导思想、适用原则和范围等；

分则即规范项目，包括规定的实质性内容和要求具体执行的依据；

附则说明有关执行要求等。

正文的表述形式一般采用条款式或章条式。

三、规定与条例的区别

1. 规定

- 是为实施贯彻有关法律、法令和条例，根据其规定和授权，对有关工作或事项作出局部的、具体的规定；

- 是法律、政策、方针的具体形式，是处理问题的法则；主要用于明确提出对国家或某一地区的政治经济和社会发展的某一方面或某些重大事故的管理或限制；

● 规定重在强制约束性。

2. 条例

● 是具有法律性质的文件，是对有关法律、法令作辅助性、阐释性的说明和规定；

● 是对国家或某一地区政治、经济、科技等领域的某些重大事项的管理和处置作出比较全面、系统的规定；

● 是对某机关、组织的机构设置、组织办法、人员配备、任务职权、工作原则、工作秩序和法律责任作出规定或对某类专门人员的任务、职责、义务权利、奖惩作出系统的规定；

● 条例的制发者是国家最高权力机关、最高行政机关（国务院各部委和地方人民政府制定的规章不得称“条例”）。

四、党内规定

党内规定是指由党的中央机关制定的适用于对党内某一方面工作作出的规定。

党内规定范例

党政主要负责人履行推进法治建设第一责任人职责规定

第一条　为贯彻落实党中央关于全面依法治国的部署要求，推动党政主要负责人切实履行推进法治建设第一责任人职责，根据有关党内法规和国家法律法规，制定本规定。

第二条　本规定适用于县级以上地方党委和政府主要负责人。

第三条　党政主要负责人履行推进法治建设第一责任人职责，必须坚持党的领导、人民当家做主、依法治国有机统一；坚持宪法法律至上，反对以言代法、以权压法、徇私枉法；坚持统筹协调，做到依法治

国、依法执政、依法行政共同推进，法治国家、法治政府、法治社会一体建设；坚持权责一致，确保有权必有责、有责要担当、失责必追究；坚持以身作则、以上率下，带头尊法学法守法用法。

第四条　党政主要负责人作为推进法治建设第一责任人，应当切实履行依法治国重要组织者、推动者和实践者的职责，贯彻落实党中央关于法治建设的重大决策部署，统筹推进科学立法、严格执法、公正司法、全民守法，自觉运用法治思维和法治方式深化改革、推动发展、化解矛盾、维护稳定，对法治建设重要工作亲自部署、重大问题亲自过问、重点环节亲自协调、重要任务亲自督办，把本地区各项工作纳入法治化轨道。

第五条　党委主要负责人在推进法治建设中应当履行以下主要职责：

（一）充分发挥党委在推进本地区法治建设中的领导核心作用，定期听取有关工作汇报，及时研究解决有关重大问题，将法治建设纳入地区发展总体规划和年度工作计划，与经济社会发展同部署、同推进、同督促、同考核、同奖惩；

（二）坚持全面从严治党、依规治党，加强党内法规制度建设，提高党内法规制度执行力；

（三）严格依法依规决策，落实党委法律顾问制度、公职律师制度，加强对党委文件、重大决策的合法合规性审查；

（四）支持本级人大、政府、政协、法院、检察院依法依章程履行职能、开展工作，督促领导班子其他成员和下级党政主要负责人依法办事，不得违规干预司法活动、插手具体案件处理；

（五）坚持重视法治素养和法治能力的用人导向，加强法治工作队伍建设和政法机关领导班子建设；

（六）深入推进法治宣传教育，推动全社会形成浓厚法治氛围。

第六条　政府主要负责人在推进法治建设中应当履行以下主要职责：

（一）加强对本地区法治政府建设的组织领导，制定工作规划和年度工作计划，及时研究解决法治政府建设有关重大问题，为推进法治建设提供保障、创造条件；

（二）严格执行重大行政决策法定程序，建立健全政府法律顾问制度、公职律师制度，依法制定规章和规范性文件，全面推进政务公开；

（三）依法全面履行政府职能，推进行政执法责任制落实，推动严格规范公正文明执法；

（四）督促领导班子其他成员和政府部门主要负责人依法行政，推动完善政府内部层级监督和专门监督，纠正行政不作为、乱作为；

（五）自觉维护司法权威，认真落实行政机关出庭应诉、支持法院受理行政案件、尊重并执行法院生效裁判的制度；

（六）完善行政机关工作人员学法用法制度，组织实施普法规划，推动落实“谁执法谁普法”责任。

第七条　党政主要负责人应当将履行推进法治建设第一责任人职责情况列入年终述职内容，上级党委应当对下级党政主要负责人履行推进法治建设第一责任人职责情况开展定期检查、专项督查。

第八条　上级党委应当将下级党政主要负责人履行推进法治建设第一责任人职责情况纳入政绩考核指标体系，作为考察使用干部、推进干部能上能下的重要依据。

第九条　党政主要负责人不履行或者不正确履行推进法治建设第一责任人职责的，应当依照《中国共产党问责条例》等有关党内法规和国家法律法规予以问责。

第十条　中共中央、国务院工作部门的主要负责人，县级以上地方党委和政府工作部门的主要负责人，乡（镇、街道）党政主要负责人，参照本规定执行。

第十一条　本规定由中央办公厅、国务院办公厅负责解释。

第十二条　本规定自2016年11月30日起施行。

五、法规性规定

法规性规定是指由有条件制定法规的机构制定，适用于对某一方面的行政工作或某个地方的某项工作作出的规定。

法规性规定范例

保护司法人员依法履行法定职责规定

第一条　为了贯彻落实《中共中央关于全面推进依法治国若干重大问题的决定》有关要求，建立健全司法人员依法履行法定职责保护机制，根据国家有关法律法规和中央有关规定，结合司法工作实际，制定本规定。

第二条　法官、检察官依法办理案件不受行政机关、社会团体和个人的干涉，有权拒绝任何单位或者个人违反法定职责或者法定程序、有碍司法公正的要求。对任何单位或者个人干预司法活动、插手具体案件处理的情况，司法人员应当全面、如实记录。有关机关应当根据相关规定对干预司法活动和插手具体案件处理的相关责任人予以通报直至追究责任。

第三条　任何单位或者个人不得要求法官、检察官从事超出法定职责范围的事务。人民法院、人民检察院有权拒绝任何单位或者个人安排法官、检察官从事超出法定职责范围事务的要求。

第四条　法官、检察官依法履行法定职责受法律保护。非因法定事由，非经法定程序，不得将法官、检察官调离、免职、辞退或者作出降级、撤职等处分。

第五条　只有具备下列情形之一的，方可将法官、检察官调离：

（一）按规定需要任职回避的；

（二）因干部培养需要，按规定实行干部交流的；

（三）因机构调整或者缩减编制员额需要调整工作的；

（四）受到免职、降级等处分，不适合在司法办案岗位工作的；

（五）违反法律、党纪处分条例和审判、检察纪律规定，不适合在司法办案岗位工作的其他情形。

第六条　只有具备下列情形之一的，方可将法官、检察官免职：

（一）丧失中华人民共和国国籍的；

（二）调出本法院、检察院的；

（三）职务变动不需要保留原职务的；

（四）经考核确定为不称职的；

（五）因健康原因超过一年不能正常履行工作职责的；

（六）按规定应当退休的；

（七）辞职或者被辞退的；

（八）因违纪违法犯罪不能继续任职的；

（九）违反法律、党纪处分条例和审判、检察纪律规定，不适合继续担任法官、检察官职务的其他情形。

第七条　只有具备下列情形之一的，方可将法官、检察官辞退：

（一）在年度考核中，连续两年被确定为不称职的；

（二）不胜任现职工作，又不接受另行安排的；

（三）因机构调整或者缩减编制员额需要调整工作，本人拒绝合理安排的；

（四）旷工或者无正当理由逾假不归连续超过十五天，或者一年内累计超过三十天的；

（五）不履行法官、检察官法定义务，经教育仍不改正的；

（六）违反法律、党纪处分条例和审判、检察纪律规定，不适合继

续担任公职的其他情形。

第八条　只有具备下列情形之一的，方可对法官、检察官作出降级、撤职处分：

（一）违犯党纪，受到撤销党内职务及以上处分的；

（二）违反审判、检察纪律，情节较重的；

（三）存在失职行为，造成严重后果的；

（四）违反法律、党纪处分条例和审判、检察纪律规定，应当予以降级、撤职的其他情形。

第九条　将法官、检察官调离、免职、辞退或者作出降级、撤职等处分的，应当按照法律规定的程序和管理权限进行。决定应当以书面形式通知法官、检察官，并列明作出决定的理由和依据。

法官、检察官不服调离、免职、辞退或者降级、撤职等决定的，可以依法申请复议、复核，提出申诉、再申诉。法官、检察官不因申请复议、复核或者提出申诉、再申诉而被加重处罚。

第十条　考核法官、检察官办案质量，评价工作业绩，应当客观公正、符合司法规律。对法官、检察官的德、能、勤、绩、廉进行年度考核，不得超出其法定职责与职业伦理的要求。考核的办法和标准由最高人民法院、最高人民检察院统一制定，地方可以结合实际进行适当调整。不得以办案数量排名、末位淘汰、接待信访不力等方法和理由调整法官、检察官工作岗位。

第十一条　法官、检察官非因故意违反法律、法规或者有重大过失导致错案并造成严重后果的，不承担错案责任。

第十二条　案件办理及相关审批、管理、指导、监督工作实行全程留痕。法官、检察官依照司法责任制，对履行审判、检察职责中认定的事实证据、发表的意见、作出的决定负责。上级机关、单位负责人、审判委员会或者检察委员会等依职权改变法官、检察官决定的，法官、检察官对后果不承担责任，但法官、检察官故意隐瞒或者因有重大过失而致遗漏重要证据、重要情节，或者提供其他虚假情况导致该决定错误的除外。

第十三条　调查核实对法官、检察官履职的举报、控告和申诉过程中，当事法官、检察官享有知情、申辩和举证的权利。人民法院、人民检察院纪检监察机构应当将当事法官、检察官的陈述、申辩和举证如实记录，并对是否采纳作出说明。

第十四条　法官、检察官履行法定职责的行为，非经法官、检察官惩戒委员会审议不受错案责任追究。法官、检察官因违反党纪，审判、检察纪律，治安及刑事法律，应当追究错案责任之外的其他责任的，依照相关规定办理。

法官、检察官惩戒委员会审议法官、检察官错案责任案件，应当进行听证。人民法院、人民检察院相关机构应当派员向法官、检察官惩戒委员会通报当事法官、检察官违纪违法事实以及拟处理意见、依据。当事法官、检察官有权陈述、申辩。法官、检察官惩戒委员会根据查明的事实和法律规定，作出无责、免责或者给予惩戒处分的建议。

第十五条　法官、检察官因依法履职遭受不实举报、诬告陷害、利用信息网络等方式侮辱诽谤，致使名誉受到损害的，人民法院、人民检察院、公安机关应当会同有关部门及时澄清事实，消除不良影响，维护法官、检察官良好声誉，并依法追究相关单位或者个人的责任。

第十六条　有关机关对法官、检察官作出错误处理的，应当恢复被处理人的职务和名誉、消除不良影响，对造成的经济损失给予赔偿，并依法追究诬告陷害者的责任。法官、检察官因接受调查暂缓晋级，经有关部门认定不应追究法律或者纪律责任的，晋级时间从暂缓之日起计算。

第十七条　对干扰阻碍司法活动，威胁、报复陷害、侮辱诽谤、暴力伤害司法人员及其近亲属的行为，应当依法从严惩处。

对以恐吓威胁、滋事骚扰、跟踪尾随、攻击辱骂、损毁财物及其他

方式妨害司法人员及其近亲属人身自由和正常生活的，公安机关接警后应当快速出警、有效制止；对正在实施违法犯罪行为的，应当依法果断处置、从严惩处。对实施暴力行为危害司法人员及其近亲属人身安全的精神病人，在人民法院决定强制医疗之前，经县级以上公安机关负责人批准，公安机关可以采取临时保护性约束措施，必要时可以将其送精神病医院接受治疗。

第十八条　人民法院、人民检察院办理恐怖活动犯罪、黑社会性质组织犯罪、重大毒品犯罪、邪教组织犯罪等危险性高的案件，应当对法官、检察官及其近亲属采取出庭保护、禁止特定人员接触以及其他必要的保护措施。对法官、检察官近亲属还可以采取隐匿身份的保护措施。

办理危险性较高的其他案件，经司法人员本人申请，可以对司法人员及其近亲属采取上述保护措施。

第十九条　司法人员的个人信息受法律保护。侵犯司法人员人格尊严，泄露依法不应公开的司法人员及其近亲属信息的，依照法律和相关规定追究有关人员责任。

第二十条　依法保障法官、检察官的休息权和休假权。法官、检察官在法定工作日之外加班的，应当补休；不能补休的，应当在绩效考核奖金分配时予以平衡。

第二十一条　国家落实医疗保障办法，完善抚恤优待办法，为法官、检察官的人身、财产、医疗等权益提供与其职业风险相匹配的保障。

第二十二条　人民法院、人民检察院、公安机关领导干部或者直接责任者因玩忽职守、敷衍推诿、故意拖延或者滥用职权，导致依法履职的司法人员或者其近亲属的人身、财产权益受到重大损害的，应当给予纪律处分；构成犯罪的，依法追究刑事责任。

第二十三条　国家机关及其工作人员有下列行为之一的，司法人员有权提出控告，对直接责任者和领导责任者，应当给予纪律处分；构成

犯罪的，依法追究刑事责任：

（一）干预司法活动妨碍司法公正的；

（二）要求法官、检察官从事超出法定职责范围事务的；

（三）违反本规定，将法官、检察官调离、免职、辞退或者作出降级、撤职等处分的；

（四）对司法人员的依法履职保障诉求不作为的；

（五）侵犯司法人员控告或者申诉权利的；

（六）其他严重侵犯法官、检察官法定权利的行为。

第二十四条　本规定所称司法人员，是指在人民法院、人民检察院承担办案职责的法官、检察官和司法辅助人员。

第二十五条　军事司法人员依法履行法定职责的保护，军事法规有规定的，从其规定。

第二十六条　本规定由中央政法委会同最高人民法院、最高人民检察院解释。

第二十七条　本规定自2016年7月21日起施行。

六、一般性规定

一般性规定是指机关团体对某些工作作出的具体规定，不具有法规性质，但在一定范围内具有规范作用。

一般性规定范例

关于加强印章管理和使用的规定

为进一步规范我社印章的管理和使用，现根据上级相关文件精神，并结合我社实际制定如下规定：

1. 印章统一由办公室专人负责保管，印章保管人员外出时，由办公

室主任指定人员代管。办公室及保管人员必须严格按规定程序范围管好和用好印章，特殊情况需报有关领导批准。

2. 印章保管印章者要坚持原则，对上不唯命是从，亦不能滥用权力，谋取私利，违章违纪。印章管理应遵守有关保密制度，随用随锁。

3. 凡机构成立，从批准之日起，由上级主管出具证明到指定的刻印社刻制单位全称公章，并印发启用通知，如系机构改称，在启用使用新印章的同时，应将旧印章截角作废。

4. 凡单位撤销，其印章应由被撤销单位填写旧印章卡片连同印章上交主管机关办公室立卷备查或封存；若无保存必要，可由主管机关自行截角作废。

5. 加盖下行公文的印章，部门一般文件由部门负责人签批；部门比较重要的文件，由分管领导签批；全局性重要文件由主要领导签批后盖章。

6. 呈送市委、市政府等上级机关的请示、报告、汇报等公文，须经社主要领导签发后方可盖章。

7. 报送上级主管部门、同级有关部门的公文、信函、报表盖章及基层单位上送、出具的文函、证件、合同、协议等，需加盖本社公章的，由处室分管领导审批签字。

8. 为本社干部出具的一般证明，如户口迁移、领取邮件、身份证明、购买车票等可由印章掌管者给予盖章。

9. 凡出差需开具介绍信的，省内由分管领导签批，省外由主要领导签批。不得在空白介绍信上盖章使用，以防纰漏。

10. 凡基层要求主管机关出具证明的，重要的要经领导签批，一般的可由部门负责人或经办人签批。但不得交来人直接到办公室盖章，以防途中作弊。

11. 除上述明确规定用印外，凡未列入需用印的，属于掌管者职权范围内的小事可自行酌情处理，对超出职权范围的不得轻率处理，应请示

后再盖印。

12. 加盖公章的位置要正确。公文用印要印迹清晰，位置端正，印要盖在署名中央，以盖印时能压住年月日为宜；几个单位联合行文的，印迹不可互相重叠；公文用印必须与署名一致。

13. 加盖公章时，掌管者不得把印章交给来人自行用印。

14. 建立印登记制度，由办公室统一登记，以供查考。

15. 本规定自发文之日起执行。

第七节 细 则

细则也称实施细则，是有关机关或部门为使下级机关或人员更好地贯彻执行某一法令、条例和规定，结合实际情况，对其所做的详细的、具体的解释和补充。细则是应用写作研究的主要文体之一。细则一般由原法令、条例、规定的制定机构或其下属职能部门制定，与原法令、条例、规定配套使用，其目的是堵住原条文中的漏洞，使原条文发挥出具体入微的工作效应。

一、细则的特点

细则多是主体法律、法规、规章的从属性文件，它具有三个特点。

1. 规范性

细则是对法律、法规、规章的补充说明或辅助性的规定，自然具有法律、法规、规章的规范特点。

2. 补充性和辅助性

细则是主体法律、法规、规章的从属性文件，它对法令、条例、规

定或其部分条文进行解释和说明，制定细则的目的是补充法律、法规、规章条文原则性强而操作性弱的不足，以利于贯彻执行。

3. 操作性强

细则对有关法律、法规、规章的基本概念进行界定，规定具体适用的标准及执行程序，从而使主体规范性文件具有更强的操作性。

二、细则的写作

细则一般由首部和正文两部分组成。

1. 首部

包括标题、制发时间和制发依据等项目。

● 标题

几乎全按“适用范围+实施+文种”构成，适用范围一般多由母体公文标题来充当。一般细则的标题有两种形式：

①由地区、法（条令、规定）名称和文种组成。如《中华人民共和国义务教育法实施细则》。

②由法（条例、规定）名称和文种组成。如《文物保护法实施细则》。

● 制发时间和制发依据

标题之下用括号注明细则制发时间

2. 正文

正文一般由总则、分则和附则三部分组成。

①总则说明制作本细则的目的、根据、适用范围、执行原则；

②分则根据法律、法规、规章的有关条款制定出具体的执行标准、实施措施、执行程序和奖惩措施；

③附则说明解释权和施行时间，有的细则还对一些未尽事宜作出说明。

正文结构形式有两种：章条式和条项式。

① 在章条式细则中，第一章是总则，最后一章是附则，中间各章是分则，每章有若干条款。

② 条项式细则不分章，各条项内容相当于章条式各条，但项目略少，内容更加具体。一般来说，根据法律制定的细则多采用章条式，根据条例或办法制定的细则多采用条项式。

三、写作要求

1. 任何细则都是为贯彻执行某一条规而制发的，必须首先说明制定细则的条文根据，根据有几条就注明几条，不能随意增减。

2. 必须注意细则的补充性和辅助性，并体现在一个“细”字上，把有关条规具体化、细密化，而不是在原有条规之外另起炉灶，再来一个“补充说明”。

3. 要注意细则条文的逻辑顺序，一项一事，体现出相对的独立性。

4. 细则写作必须坚持“上有所依，下有所系”的原则，即必须根据上级机关的有关条规，联系本地区、本系统的实际，提出具体的实施细则。

四、细则范例

细则范例

《关于全面推进政务公开工作的意见》

实施细则

国务院办公厅（2016年11月10日）

为贯彻落实中共中央办公厅、国务院办公厅《关于全面推进政务公开工作的意见》要求，进一步推进决策、执行、管理、服务、结果公开（以

下统称“五公开”），加强政策解读、回应社会关切、公开平台建设等工作，持续推动简政放权、放管结合、优化服务改革，制定本实施细则。

一、着力推进“五公开”

（一）将“五公开”要求落实到公文办理程序。行政机关拟制公文时，要明确主动公开、依申请公开、不予公开等属性，随公文一并报批。拟不公开的，要依法依规说明理由。对拟不公开的政策性文件，报批前应先送本单位政务公开工作机构审查。部门起草政府政策性文件代拟稿时，应对公开属性提出明确建议并说明理由；部门上报的发文请示件没有明确的公开属性建议的，或者没有依法依规说明不公开理由的，本级政府办公厅（室）可按规定予以退文。

（二）将“五公开”要求落实到会议办理程序。各地区各部门要于2017年底前，建立健全利益相关方、公众代表、专家、媒体等列席政府有关会议的制度，增强决策透明度。提交地方政府常务会议和国务院部门部务会议审议的重要改革方案和重大政策措施，除依法应当保密的外，应在决策前向社会公布决策草案、决策依据，广泛听取公众意见。对涉及公众利益、需要社会广泛知晓的电视电话会议，行政机关应积极采取广播电视、网络和新媒体直播等形式向社会公开。对涉及重大民生事项的会议议题，国务院部门、地方各级行政机关特别是市县两级政府制定会议方案时，应提出是否邀请有关方面人员列席会议、是否公开以及公开方式的意见，随会议方案一同报批；之前已公开征求意见的，应一并附上意见收集和采纳情况的说明。

（三）建立健全主动公开目录。推进主动公开目录体系建设，要坚持以公开为常态、不公开为例外，进一步明确各领域“五公开”的主体、内容、时限、方式等。2017年底前，发展改革、教育、工业和信息化、公安、民政、财政、人力资源社会保障、国土资源、交通运输、环保、住房和城乡建设、商务、卫生计生、海关、税务、工商、质检、安监、食品药品监管、证监、扶贫等国务院部门要在梳理本部门本系统应公开内容的基础上，制定本部门本系统的主动公开基本目录；2018年底前，国务院各部门应全面完成本部门本系统主动公开基本目录的编制工作，并动态更新，不断提升主动公开的标准化规范化水平。

（四）对公开内容进行动态扩展和定期审查。各地区各部门每年要根据党中央、国务院对政务公开工作的新要求以及公众关切，明确政务公开年度工作重点，把握好公开的力度和节奏，稳步有序拓展"五公开"范围，细化公开内容。各级行政机关要对照"五公开"要求，每年对本单位不予公开的信息以及依申请公开较为集中的信息进行全面自查，发现应公开未公开的信息应当公开，可转为主动公开的应当主动公开，自查整改情况应及时报送本级政府办公厅（室）。各级政府办公厅（室）要定期抽查，对发现的应公开未公开等问题及时督促整改。严格落实公开前保密审查机制，妥善处理好政务公开与保守国家秘密的关系。

（五）推进基层政务公开标准化规范化。在全国选取100个县（市、区）作为试点单位，重点围绕基层土地利用总体规划、税费收缴、征地补偿、拆迁安置、环境治理、公共事业投入、公共文化服务、扶贫救灾等群众关切信息，以及劳动就业、社会保险、社会救助、社会福利、户籍管理、宅基地审批、涉农补贴、医疗卫生等方面的政务服务事项，开展"五公开"标准化规范化试点工作，探索适应基层特点的公开方式，通过两年时间形成县乡政府政务公开标准规范，总结可推广、可复制的经验，切实优化政务服务，提升政府效能，破解企业和群众"办证多、办事难"问题，打通政府联系服务群众的"最后一公里"。

二、强化政策解读

（一）做好国务院重大政策解读工作。

国务院部门是国务院政策解读的责任主体，要围绕国务院重大政策法规、规划方案和国务院常务会议议定事项等，通过参加国务院政策例

行吹风会、新闻发布会、撰写解读文章、接受媒体采访和在线访谈等方式进行政策解读，全面深入介绍政策背景、主要内容、落实措施及工作进展，主动解疑释惑，积极引导国内舆论，影响国际舆论，管理社会预期。

国务院发布重大政策，国务院相关部门要进行权威解读，新华社进行权威发布，各中央新闻媒体转发。部门主要负责人是“第一解读人和责任人”，要敢于担当，通过发表讲话、撰写文章、接受访谈、参加发布会等多种方式，带头解读政策，传递权威信息。对以国务院或国务院办公厅名义印发的重大政策性文件，起草部门在上报代拟稿时应一并报送政策解读方案和解读材料，并抓好落实。需配发新闻稿件的，文件牵头起草部门应精心准备，充分征求相关部门意见，经本部门主要负责人审签，按程序报批后，由中央主要媒体播发。要充分发挥各部门政策参与制定者和掌握相关政策、熟悉有关领域业务的专家学者的作用，围绕国内外舆论关切，多角度、全方位、有序有效阐释政策，着力提升解读的权威性和针对性。对一些专业性较强的政策，进行形象化、通俗化解读，多举实例，多讲故事。

充分运用中央新闻媒体及所属网站、微博微信和客户端做好国务院重大政策宣传解读工作，发挥主流媒体“定向定调”作用，正确引导舆论。注重利用商业网站以及都市类、专业类媒体，做好分众化对象化传播。宣传、网信部门要加强指导协调，组织开展政策解读典型案例分析和效果评估，不断总结经验做法，督促问题整改，切实增强政策解读的传播力和影响力。

国务院政策例行吹风会是解读重大政策的重要平台，各部门要高度重视，主要负责人要积极参加，围绕吹风会议题，精心准备，加强衔接协调，做到精准吹风。对国际舆论重要关切事项，相关部门主要负责人要面向国际主流媒体，通过集体采访、独家访谈等多种形式，深入阐释回应，进一步提升吹风会实效。遇有重大突发事件和重要社会关切，相关部门主要负责人要及时主动参加吹风会，表明立场态度，发出权威声音。对各部门主要负责人参加国务院政策例行吹风会的情况要定期通报。

（二）加强各地区各部门政策解读工作。

各地区各部门要按照“谁起草、谁解读”的原则，做好政策解读工作。以部门名义印发的政策性文件，制发部门负责做好解读工作；部门联合发文的，牵头部门负责做好解读工作，其他联合发文部门配合。以政府名义印发的政策性文件，由起草部门做好解读工作。解读政策时，着重解读政策措施的背景依据、目标任务、主要内容、涉及范围、执行标准，注意事项、关键词诠释、惠民利民举措、新旧政策差异等，使政策内涵透明化，避免误解误读。

坚持政策性文件与解读方案、解读材料同步组织、同步审签、同步部署。以部门名义印发的政策性文件，报批时应当将解读方案、解读材料一并报部门负责人审签。对以政府名义印发的政策性文件，牵头起草部门上报代拟稿时应将经本部门主要负责人审定的解读方案和解读材料一并报送，上报材料不齐全的，政府办公厅（室）按规定予以退文。文件公布前，要做好政策吹风解读和预期引导；文件公布过程时，相关解读材料应与文件同步在政府网站和媒体发布；文件执行过程中，要密切跟踪舆情，分段、多次、持续开展解读，及时解疑释惑，不断增强主动性、针对性和时效性。

对涉及群众切身利益、影响市场预期等重要政策，各地区各部门要善于运用媒体，实事求是、有的放矢开展政策解读，做好政府与市场、与社会的沟通工作，及时准确传递政策意图。要重视收集反馈的信息，针对市场和社会关切事项，更详细、更及时地做好政策解读，减少误解猜疑，稳定预期。

三、积极回应关切

（一）明确回应责任。按照属地管理、分级负责、谁主管谁负责的原则，做好政务舆情的回应工作，涉事责任部门是第一责任主体。对涉及国务院重大政策、重要工作部署的政务舆情，国务院相关部门是回应主体；涉及地方的政务舆情，属地涉事责任部门是回应主体；涉及多个地方的政务舆情，上级政府主管部门是回应主体。政府办公厅（室）会同宣传部门做好组织协调工作。

（二）突出舆情收集重点。重点了解涉及党中央国务院重要决策部署、政府常务会议和国务院部门部务会议议定事项的政务舆情信息；涉及公众切身利益且可能产生较大影响的媒体报道；引发媒体和公众关切、可能影响政府形象和公信力的舆情信息；涉及重大突发事件处置和自然灾害应对的舆情信息；严重冲击社会道德底线的民生舆情信息；严重危害社会秩序和国家利益的不实信息等。

（三）做好研判处置。建立健全政务舆情收集、会商、研判、回应、评估机制，对收集到的舆情加强研判，区别不同情况，进行分类处置。对建设性意见建议，吸收采纳情况要对外公开。对群众反映的实际困难，研究解决的情况要对外公布。对群众反映的重大问题，调查处置情况要及时发布。对公众不了解情况、存在模糊认识的，要主动发布权威信息，解疑释惑，澄清事实。对错误看法，要及时发布信息进行引导和纠正。对虚假和不实信息，要在及时回应的同时，将涉嫌违法的有关情况和线索移交公安机关、网络监管部门依法依规进行查处。进一步做好专项回应引导工作，重点围绕“两会”、经济数据发布和经济形势、重大改革举措、重大督查活动、重大突发事件等，做好舆情收集、研判和回应工作。

（四）提升回应效果。对涉及群众切身利益、影响市场预期和突发公共事件等重点事项，要及时发布信息。对涉及特别重大、重大突发事件的政务舆情，要快速反应，最迟要在5小时内发布权威信息，在24小时内举行新闻发布会，并根据工作进展情况持续发布权威信息，有关地方和部门主要负责人要带头主动发声。针对重大政务舆情，建立与宣传、网信等部门的快速反应和协调联动机制，加强与有关新闻媒体和网站的沟通联系，着力提高回应的及时性、针对性、有效性。通过购买服务、完善大数据技术支撑等方式，用好专业力量，提高舆情分析处置的信息化水平。

四、加强平台建设

（一）强化政府网站建设和管理。各级政府办公厅（室）是本级政府网站建设管理的第一责任主体，负责本级政府门户网站建设以及对本地区政府网站的监督和管理；要加强与网信、编制、工信、公安、保密等部门的协作，对政府网站的开办、建设、定级、备案、运维、等级保护测评、服务、互动、安全和关停等进行监管。建立健全政府网站日常监测机制，及时发现和解决本地区、本系统政府网站存在的突出问题。推进网站集约化建设，将没有人力、财力保障的基层网站迁移到上级政府网站技术平台统一运营或向安全可控云服务平台迁移。加快出台全国政府网站发展指引，明确网站功能定位以及相关标准和要求，分区域、分层级、分门类对网站从开办到关停的全生命周期进行规范。

（二）加强网站之间协同联动。打通各地区各部门政府网站，加强资源整合和开放共享，提升网站的集群效应，形成一体化的政务服务网络。国务院通过中国政府网发布的对全局工作有指导意义、需要社会广泛知晓的重要政策信息，国务院各部门和地方各级政府网站要即时充分转载；涉及某个行业或地区的政策信息，有关部门和地方网站应及时转载。国务院办公厅定期对国务院部门、省级政府、市县政府门户网站转载情况进行专项检查。要加强政府网站与主要新闻媒体、新闻网站、商业网站的联动，通过合办专栏专版等方式，提升网站的集群和扩散效应，形成传播合力，提升传播效果。

（三）充分利用新闻媒体平台。新闻媒体是政务公开的重要平台。

各级政府及其部门要在立足政府网站、政务微博微信、政务客户端等政务公开自有平台的基础上，加强与宣传、网信等部门以及新闻媒体的沟通联系，充分运用新闻媒体资源，做好政务公开工作。要通过主动向媒体提供素材，召开媒体通气会，推荐掌握相关政策、熟悉相关领域业务的专家学者接受媒体访谈等方式，畅通媒体采访渠道，更好地发挥新闻媒体的公开平台作用。积极安排中央和地方主流媒体及其新媒体负责人列席有关会议，进一步扩大政务公开的覆盖面和影响力。

（四）发挥好政府公报的标准文本作用。政府公报要及时准确刊登本级政府及其部门发布的规章和规范性文件，做到应登尽登，为公众查阅、司法审判等提供有效的标准文本。各级政府要推进历史公报数字化工作，争取到“十三五”期末，建立覆盖创刊以来本级政府公报刊登内容的数据库，在本级政府网站等提供在线服务，方便公众查阅。

五、扩大公众参与

（一）明确公众参与事项范围。围绕政府中心工作，细化公众参与事项的范围，让公众更大程度参与政策制定、执行和监督。国务院部门要重点围绕国民经济和社会发展计划、重大规划，国家和社会管理重要事务、法律议案和行政法规草案等，根据需要通过多种方式扩大公众参与。省级政府要重点围绕国民经济和社会发展规划、年度计划，省级社会管理事务、政府规章和重要政策措施、重大建设项目等重要决策事项，着力做好公众参与工作。市县级政府要重点围绕市场监管、经济社会发展和惠民政策措施的执行落地，着力加强利益相关方和社会公众的参与。

（二）规范公众参与方式。完善民意汇集机制，激发公众参与的积极性。涉及重大公共利益和公众权益的重要决策，除依法应当保密的外，须通过征求意见、听证座谈、咨询协商、列席会议、媒体吹风等方式扩大公众参与。行政机关要严格落实法律法规规定的听证程序，提高

行政执法的透明度和认可度。发挥好人大代表、政协委员、民主党派、人民团体、社会公众、新闻媒体的监督作用，积极运用第三方评估等方式，做好对政策措施执行情况的评估和监督工作。公开征求意见的采纳情况应予公布，相对集中的意见建议不予采纳的，公布时要说明理由。

（三）完善公众参与渠道。积极探索公众参与新模式，不断拓展政府网站的民意征集、网民留言办理等互动功能，积极利用新媒体搭建公众参与新平台，加强政府热线、广播电视问政、领导信箱、政府开放日等平台建设，提高政府公共政策制定、公共管理、公共服务的响应速度，增进公众对政府工作的认同和支持。

六、加强组织领导

（一）强化地方政府责任。地方各级政府要充分认识互联网环境下做好政务公开工作的重大意义，转变理念，提高认识，将政务公开纳入重要议事日程，主要负责人亲自抓，明确一位分管负责人具体抓，推动本地区各级行政机关做好信息公开、政策解读、回应关切等工作。主要负责人每年至少听取一次政务公开工作汇报，研究推动工作，有关情况和分管负责人工作分工应对外公布。要组织实施好基层政务公开标准化规范化试点工作，让政府施政更加透明高效，便利企业和群众办事创业。

（二）建立健全政务公开领导机制。调整全国政务公开领导小组，协调处理政务公开顶层设计和重大问题，部署推进工作。各地区各部门也要建立健全政务公开协调机制。各级政府政务公开协调机制成员单位由政府有关部门、宣传部门、网信部门等组成。

（三）完善政务公开工作机制。各地区各部门要整合力量，理顺机制，明确承担政务公开工作的机构，配齐配强工作人员。政务公开机构负责组织协调、指导推进、监督检查本地区本系统的政务公开工作，做好本行政机关信息公开、政府网站、政府公报、政策解读、回应关切、公众参与等工作。在政务公开协调机制下，各级政府及其部门要与宣传

部门、网信部门紧密协作，指导协调主要媒体、重点新闻网站和主要商业网站，充分利用各媒体平台、运用全媒体手段做好政务公开工作。各地区各部门要完善信息发布协调机制，对涉及其他地方、部门的政府信息，应当与有关单位沟通确认，确保发布的信息准确一致。

（四）建立效果评估机制。政府办公厅（室）要建立健全科学、合理、有效的量化评估指标体系，适时通过第三方评估、民意调查等方式，加强对信息公开、政策解读、回应关切、媒体参与等方面的评估，并根据评估结果不断调整优化政务公开的方式方法。评估结果要作为政务公开绩效考核的重要参考。

（五）加强政务公开教育培训。各地区各部门要制定政务公开专项业务培训计划，组织开展业务培训和研讨交流，2018年底前对政务公开工作人员轮训一遍。各级行政学院等干部培训院校应将政务公开纳入干部培训课程，着力强化各级领导干部在互联网环境下的政务公开理念，提高指导、推动政务公开工作的能力和水平。政务公开工作人员要加强政策理论学习和业务研究，准确把握政策精神，增强专业素养。

（六）强化考核问责机制。各地区各部门要将信息公开、政策解读、回应关切、媒体参与等方面情况作为政务公开的重要内容纳入绩效考核体系，政务公开工作分值权重不应低于4%。强化政务公开工作责任追究，定期对政务公开工作开展情况进行督查，对政务公开工作推动有力、积极参与的单位和个人，要按照有关规定进行表彰；对重要信息不发布、重大政策不解读、热点回应不及时的，要严肃批评、公开通报；对弄虚作假、隐瞒实情、欺骗公众，造成严重社会影响的，要依纪依法追究相关单位和人员责任。

政务公开是行政机关全面推进决策、执行、管理、服务、结果全过程公开，加强政策解读、回应关切、平台建设、数据开放，保障公众知情权、参与权、表达权和监督权，增强政府公信力执行力，提升政府治理能力的制度安排。各级行政机关、法律法规授权的具有管理公共事务职能的组织为《关于全面推进政务公开工作的意见》的适用主体，公共企业事业单位参照执行。公民、法人和其他组织向行政机关申请获取相关政府信息的，行政机关应依据《中华人民共和国政府信息公开条例》的规定妥善处理。

第五章

凭据类文书写作要点与范例

第一节　意向书

意向书是国家、单位、企业、经济实体以及个人之间，就某项事务在正式签订合同、达成协议之前，由一方向另一方表明基本态度或提出初步设想的一种具有协商性的应用文书，是双方进行实质性谈判的依据。意向书是签订协议（合同）的前奏，但不具有法律效力。

一、意向书的特点

1. 简略性

意向书往往是粗线条的，只涉及合作方向，是签订合同的基础。

2. 协商性

多用商量的语气，不带任何强制性，有时还用假设、询问的语气。一方或双方均可变更或反悔而不承担法律责任。

3. 临时性

意向书是协商过程中各方基本观点的记录，一旦达成正式协议，便完成了意向书的使命。意向书不像协议、合同那样具有法律效力。

4. 灵活性

可以随时改变自己的主张。意向书发出后，对方如有更好的意见，可以直接采纳，部分改变或全盘改变都是可以的。

同一份意向书里可以提出多种方案供对方选择，或者对其中的某项某款同时提出几种意见或方案，供对方比较和选择。

二、意向书的写作

意向书一般由标题、正文、落款三部分组成。

1. 标题

- 双方单位名称+事由+意向书，如《中华人民共和国国家计划委员会和美利坚合众国能源部关于和平利用核技术合作的意向书》；

- 事由+意向书，如《开展多方面技术经济合作意向书》《合作培训意向书》；
- 双方单位名称+意向书，如《××厂与××公司意向书》；
- 直接写意向书，如《意向书》。

签订意向书双方的名称，一般要写明全称。为叙述方便，双方名称可分别确定为“甲方”、“乙方”或“丙方”；也可简称为“双方”。

2. 正文

这是意向书的主体和核心部分。一般包括开头、主体和结尾三个部分。

- 开头

主要写合作各方的单位名称、合作事项。简要阐述订立意向书的依据、原因和意义，并常用“双方就有关事宜，达成如下意向”“兹宣告如下意向”或“初步意向如下”等引出主体内容。

- 主体

这是意向书的重点内容。一般写合作双方的意图及初步协商一致的内容，写明双方或多方达成协议的各个事项，如合作的项目、方式、程序，双方的义务等。采用分条列项的形式书写。

- 结尾

可写明“未尽事宜，在签订正式合同时予以补充”。

3. 落款

包括各方单位的名称、各方代表的名称、签订日期、通讯地址、电子邮箱、电话。

三、写作要求

意向书的写作要求包括以下几个方面。

1. 如实表述各方协商的事项；

2. 坚持平等互利的原则；

3. 各条款的内容要合理合法；

4. 结构要完整，标题、正文、落款三部分缺一不可；

5. 内容要留有余地；

6. 使用富有弹性、较笼统的语言。

四、意向书范例

意向书范例

产品销售意向书

甲方：（以下简称甲方）

乙方：（以下简称乙方）

甲乙双方经友好协商，本着资源共享、优势互补、互利共赢的合作宗旨，对乙方提供的产品（详见附件一），以甲方专业销售团队，进行产品销售，达成以下意向：

一、乙方须保证所提供的产品来源合法、符合国家有关法律规定之标准，并能提供产品经营相关的证书原件给甲方审查，该复印件交甲方备案，包括：营业执照、一般纳税人资格证、税务登记证（国、地税）、酒类批发零售证、卫生许可证、产品生产许可证、产品质量检验证、产品检验报告、商标注册证及组织机构代码证等。

二、乙方须向甲方提供产品的价格体系（见附件一）。

三、合作双方在合作前的债权、债务问题均与对方无关：合作运营后，一方操作不当导致纠纷的，由该方负责，另一方不承担负责。

四、合作初期，乙方将安全库存送到甲方指定仓库（地点），由甲方负责保管，如发现产品包装问题或损坏，甲方应在收货三天内，向乙

方提出书面通知，乙方给予更换。

五、甲方为乙方提供专业的营销团队，对产品提供专业的销售服务。乙方指定甲方的销售区域为：×××。

六、乙方每月 15 日向甲方以现金支付运营日常费用。运营日常费用包括人员工资、办公场所费用、销售物流费用等。

七、甲方视市场运作情况，将不定期向乙方提交相应的促销方案，乙方同意后，由甲方执行。

八、双方约定结算方式为“月结算”（即双方每月20号对单，实销实结）。甲方每月在指定日期内，将上一月的销售情况以书面形式向乙方报告，并将货款转账至乙方指定账号上。乙方提供相应金额的发票。

九、乙方承担一切有关该产品的推广活动费用，如广告、促销、进场、品鉴、赠送等。

十、乙方按照甲方每月的实际销量，给予甲方该销量的5%的销售奖励。

十一、合作初期为试行期，为期6个月。合作试行期后为合作期，签订正式销售合同。双方视试行期效果，商拟合作事宜，届时乙方可向甲方拟定销售任务。双方也可更换合作伙伴。

十二、本意向书不为正式合作协议，未尽事宜，双方另行协商。

甲方：	乙方：
地址：	地址：
联系电话：	联系电话：
签约日期：	签约日期：

第二节　合　同

合同是当事人或当事双方之间设立、变更、终止民事关系的协议。依法成立的合同，受法律保护。广义合同指所有法律部门中确定权利、义务关系的协议。狭义合同指一切民事合同。

合同，又称为契约、协议，是平等的当事人之间设立、变更、终止民事权利义务关系的协议。合同作为一种民事法律行为，是当事人协商一致的产物，是两个以上的意思表示相一致的协议。只有当事人所作出的意思表示合法，合同才具有法律约束力。依法签订的合同从签订之日起生效，具有法律约束力。

一、合同的特点

1. 合法性

当事人必须具备法律规定的合法资格，即具有签订合同的权力和行为能力；合同的内容、具体条款必须符合有关法律法规；签订合同程序要合法，要反复协商、一致同意后才能签订。合同双方或多方当事人的意思表示必须一致，未取得一致同意，合同就不能成立。

2. 平等性

合同双方或多方当事人的法律地位是平等的。任何一方不得把自己的意志强加给对方，任何组织和个人不得非法干预。采取胁迫手段签订的合同是无效合同。

3. 约束性

合同的签订是一种法律行为，一旦依法成立，即具有法律效力。各方面的权利和义务都受到国家法律的保护，任何一方违约都要承担经济和法律责任。当事人双方或多方必须全面履行合同规定的义务，任何一方不得擅自变更或解除合同；否则必须承担法律责任。

4. 双务性

当事人双方（或多方）权利义务是对等的，法律地位是平等的。当事人双方（或多方）依照合同不但享有权利，也要承担义务。

二、合同与意向书的区别

1. 法律效力和违约责任不同

意向书是记载双方合作意愿，作为进一步洽谈活动的基础和凭证，不具有法律效力，不承担违约责任。而合同的签订是一种法律行为，一旦依法成立，即具有法律效力。任何一方违约都要承担法律责任。

2. 履行方式不同

意向书不带任何强制性，一方或双方均可变更或反悔，而不承担法律责任。意向书当事人可以随时改变自己的主张，部分改变或全盘改变都是可以的，甚至同一份意向书里可以提出多种方案供对方选择。而合同的当事人双方或多方必须全面履行合同规定的义务，任何一方不得擅自变更或解除合同。否则，必须承担法律责任。

意向书通常用作合同或协议书的先导。

三、合同的形式

合同形式是指当事人合作意向的外在表现形式，是合同内容的载体。我国《合同法》第十条：当事人订立合同，有书面形式、口头形式和其他形式。法律、行政法规规定采用书面形式的，应当采用书面形式。当事人约定采用书面形式的，应当采用书面形式。

经济合同的形式是指经济合同当事人之间明确权利义务的表达方式，也是当事人双方意思表示的表现方法。根据经济合同法规定，经济合同的形式主要有口头形式和书面形式两种。

1. 口头形式

口头形式是指当事人双方用对话方式表达相互之间达成的协议。当事人在使用口头形式时，应注意只能是及时履行的经济合同才能使用口头形式，否则不宜采用这种形式。

2. 书面形式

书面形式是指当事人双方用书面方式表达相互之间通过协商一致而达成的协议。根据经济合同法的规定，凡是不能及时结清的经济合同，均应采用书面形式。在签订书面合同时，当事人应注意，除主合同之外，与主合同有关的电报、书信、图表等也是合同的组成部分，应同主合同一起妥善保管。书面形式便于当事人履行，便于管理和监督，便于举证，是经济合同当事人使用的主要形式。

四、合同的写作

合同一般由标题、立约单位、正文、落款四部分组成。

1. 标题

一般是直接标明合同的性质，由事由和文种构成，如“购销合同”“建设工程承包合同”等。位置在合同书的第一页居中。

2. 立约单位

立约单位就是合同当事人自己，位于标题下方、正文之前。通常在标题下方另起一行并排写当事人双方的单位或个人名称（单位名称、地址、邮编、电话、法定代表人的姓名和职务等）。单位名称第一次出现要写全称，之后行文为简称。后面用括号注明“甲方、乙方”或“买方、卖方”“出租方、承租方”“供方、需方”“发包方、承包方”等。

3. 正文

- 引言

签订合同的目的和依据。可概括表示，如“为了……（目的），根据……（合同法）规定，经双方协商，签订本合同，并共同信守下列条款”。

● 主体

《合同法》规定，合同应具备以下主要条款：

① 标的（指货物、劳务、工程项目等）；

② 数量和质量；

③ 价款或者酬金；

④ 履行的期限、地点和方式；

⑤ 违约责任。

● 结尾

合同主体部分的结尾包括以下四个方面：

① 解决合同纠纷的方式；

② 合同的生效日期和有效期限；

③ 合同的正本、副本及件数、保存及其效力；

④ 合同附件名称及件数。

4. 落款

● 合同当事人的签字、盖章，主要包括单位名称、法定代表人或个人签字；

● 各方的电话号码、开户银行及账号、E-mail等；

● 合同的签订日期。

五、写作要求

1. 内容要合法

合同的全部内容要符合国家有关法律法规的要求和有关职能部门或行业的管理规定；否则，就是无效合同。

2. 条款要完备

合同的所有条款要完整齐备，没有任何的疏漏和欠缺，以避免不必要的经济纠纷。

3. 规定要具体明确

合同的规定要更具体明确，确认不会有任何歧义。

4. 语言要准确

合同条文是当事人执行义务的依据，其语言要准确，无歧义，不能含糊不清、模棱两可，以免发生争执和纠纷。

5. 不得随意改动

合同一经签订，立即生效，任何一方不得随意改动。如需修改、补充或更正，须经双方协商，将改动意见作为合同附件，正式签署后生效。

六、合同范例

合同范例

2017年工艺品购销合同

供方：

需方：

根据《中华人民共和国合同法》，供需双方本着友好、平等、互惠互利的原则，签订本合同，以资双方信守执行。

一、本合同所列各种工艺品详细清单及收费标准如下表（略）。

二、合同价款

本合同所列工艺品计人民币：________元整（¥________元），明细价款附后。

三、包装及运输

供方必须采用在运输过程中不使合同货物受损的方法进行包装，并承担其包装费，货物的运输费用及在运输过程中的损坏由供方自行承担。

四、验收方法

按照有关工艺品的行业标准（如无行业标准按厂家工艺标准验收），因本合同标的物全部为手工制作，实际所供货物与样品难免有差异存在，因此验收时按实际到场货物为准。

五、货款的支付

1. 合同签订后7天内，需方预付供方合同总价款的50%，即人民币________元整（¥________元）作为预付款。

2. 本着货到付款的原则，所有标的物到场验收合格后，需方在7天内支付余款，即合同价的50%________元整（¥________元）。

六、交货规定

1. 交货地点：供需双方约定交货地点为________________。

2. 交货日期：合同签订后30天内交货。

3. 运输费：供方承担。

七、双方责任、义务及权利

1. 需方如在合同执行中途变更标的物的规格及形状的，需征得供方同意，在和供方协商确认变更价款后方可变更，否则承担因此而引起的一切责任。

2. 供方必须保证按时交货、如不能在约定时间内交货的，需经需方同意，未经需方同意擅自延长供货期的，承担因此引起的责任。

3. 因供方原因导致标的物的规格、形状不符合本合同约定时，供方应进行更换。供方如提供替代产品的，其质量等级应等同或高于合同约定标的物，否则不予认可。

4. 需方应按时支付合同价款，由于需方原因未能按时支付款项的，供方交货日期相应顺延至付款后第一天起算。

5. 标的物到现场一经需方验收合格后，需方不得以任何理由更换，如因需方原因更换标的物，增加更换部分货款并将更换部分物品的交货

期顺延30天。

6. 本合同所订条款任何一方都不得擅自变更或修改，如确需修改的，变更方必须与利益相关方签订补充协议，否则造成的一切损失由提出变更方承担。

八、合同争议的解决方法

合同发生争议时双方协商解决，协商不成的向供方所在地法院起诉。

九、未尽事宜约定

本合同未尽事宜双方协商补充，补充条款以附件形式与本合同具有同等法律效力，与本合同冲突的条款以协议条款为准。

十、合同份数、生效与终止

本合同一式两份，双方各执一份，双方签字盖章后生效，履行完毕及款项付清后自动失效。

需方（盖章）：　　　　供方（盖章）：

负　责　人：　　　　负　责　人：

签订日期：　　年　　月　　日

第三节　收　条

收到交来的钱或物，写给送交者的作为凭据的条子，叫收条。

但按会计法的要求，收条不能作为会计凭证入账。

一、收条的写作

一个完整的收条，通常应由标题、正文、落款三部分组成。

1. 标题

标题通常写在正文上方中间位置，字体稍大。标题有以下两种写法。

- 一种是直接由文种名构成，即写上“收条”或“收据”字样；
- 另一种是把正文的前三个字作为标题，而正文从第二行顶格处接着往下写。如“今收到”“现收到”“已收到”作为标题。

2. 正文

正文一般是在第二行空两格处开始写，但以“今收到”为标题的收条是不空格的。正文一般要写明下列内容，即写明收到的钱物的数量、物品的种类、规格等情况。

3. 落款

落款一般要求写上收钱物的个人或单位的名称姓名，署上收到的具体日期，一般还要加盖公章。

若是某人经手的一般要在姓名前署上“经手人：”的字样；若是代别人收的，则要在姓名前加上“代收人：”字样。

- 署名

写在正文下靠右边一点。要是发送的人或单位同你很熟悉，只署上自己的姓名就行了，假如收到东西的个人或单位同发送东西的个人或单位生疏，要在姓名的前面写上单位名称，以便查找。如果收到东西的个人或单位很多，收到东西的个人或单位亦应既写单位名称又写个人姓名，必要时盖章或按指印。

- 日期

日期写在署名的下面，独占一行，写明具体的年月日。

二、收条范例

收条范例

收　条

今收到××市××有限公司预支2017年春节值班餐费补助人民币叁

佰元整（¥300.00元）。

签名：蒋××

2017年1月6日

第四节　聘　书

聘书是聘请书的简称。它是用于聘请某些有专业特长或名望权威的人完成某项任务或担任某种职务时的书信体文书。聘书在应用写作中起着重要的作用。

一、聘书的作用

聘书这些年来使用得很多，招聘作为现今用人制度的主要形式，为聘请书的使用提供了广阔的市场。聘书在今天人们生活中起到了重要的作用。

- 加强协作的纽带；
- 加强应聘者的责任感、荣誉感和促进人才交流；
- 表示郑重其事、信任和守约。

二、聘书的写作

聘书一般已按照书信格式印制好，中心内容由发文者填写即可。完整的聘书的格式一般由以下五部分构成。

1. 标题

聘书往往在正中写上“聘书”或“聘请书”字样，有的聘书也可以不写标题。已印制好的聘书标题常用烫金或大写的“聘书”或“聘请书”字样组成。

2. 称谓

聘请书上被聘者的姓名称呼可以在开头顶格写，然后再加冒号；也可以在正文中写明受聘人的姓名称呼。常见的印制好的聘书则大多在第一行空两格写“聘请……”。

3. 正文

聘书的正文一般要求包括以下内容：

- 交代聘请的原因和请去所干的工作，或所要担任的职务。
- 写明聘任期限。如“聘期两年”“聘期自××××年××月××日至××××年××月××日”。
- 聘任待遇。聘任待遇可直接写在聘书之上，也可另附详尽的聘约或公函写明具体的待遇，要视情况而定。
- 正文还要写上对被聘者的希望。这点一般可以写在聘书上，但也可以不写，而是通过其他的途径使受聘人切实明白自己的职责。

4. 结尾

聘书的结尾一般写上表示敬意和祝颂的结束用语。如“此致—敬礼”“此聘”等。

5. 落款

落款要署上发文单位名称或单位领导的姓名、职务，并署上发文日期，同时要加盖公章。

三、写作要求

1. 聘书要郑重严肃，对有关招聘的内容要交代清楚。同时聘书的书写要整洁、大方、美观；

2. 聘书一般要短小精悍，不可篇幅太长，语言要简洁明了、准确流畅，态度要谦虚诚恳；

3. 聘书是以单位名义发出的，所以一定得加盖公章，方视为有效。

四、聘书范例

聘书范例

聘　书

兹聘请岳××同志为大连大学客座教授，聘期自2016年10月22日至2019年10月22日，聘任期间授课享受国家3级教授待遇。

大连大学（章）

2016年10月22日

第五节　协议书

协议书是社会生活中协作的双方或多方，为保障各自的合法权益，经双方或多方共同协商达成一致意见后，签订的书面材料。协议书是契约文书的一种，是当事人双方（或多方）为了解决或预防纠纷，或确立某种法律关系，实现一定的共同利益、愿望，经过协商而达成一致后，签署的具有法律效力的记录性应用文。

一、协议书的特点

订立协议书目的是更好地从制度上乃至法律上，把双方协议所承担的责任固定下来。作为一种能够明确彼此权利与义务、具有约束力的凭证性文书。协议书对当事人双方（或多方）都具有制约性，它能监督双方信守诺言、约束轻率反悔行为。它的作用与合同基本相同。

口头协议一律无效。书面协议有三种形式，即合同中的条款、独立的协议书及信函、电报、传真、电子邮件等其他书面形式。

二、协议书的写作

1. 标题

协议书的标题由双方单位名称、事由、协议书三部分组成。

2. 正文

协议书的正文主要写条款内容，主要包括以下几个方面：

- 协议目的；
- 协议的责任；
- 协议的时间和期限；
- 协议的条款和酬金（价格明确，总额大写。必须明确货币种类）；
- 履行条款期限；
- 违反条款的责任处理；
- 落款（签署）；
- 签署日期。

三、协议书范例

协议书范例

销售代理协议

第一条 约因

制造商姓名________________（简称制造商），其公司法定地址______________，同意将下列产品______________（简称产品）的独家代理权授予代理人（简称代理人），代理人姓名____________，其公司法定地址____________。 代理人优先在下列指定地区_________（简称地区）推销新产品________________。

第二条 代理人的职责

代理人应在该地区拓展用户，代理人应向制造商转送接收到的报价和订单。代理人无权代表制造商或签订任何具有约束力的合约。代理人应把制造商规定的销售条款（包括装运期和付款）对用户解释。制造商可不受任何约束地拒绝由代理人转送的任何询价及订单。

第三条 代理业务的职责范围

代理人是______________市场的全权代理，应收集信息，争取用户，尽力促进产品的销售。代理人应精通所推销产品的技术性能。代理所得佣金应包括为促成销售所需费用。

第四条 广告和展览会

为促进产品在该地区的销售，代理人应刊登一切必要的广告并支付广告费用。凡参加展销会需经双方事先商议后办理。

第五条 代理人对用户的财务责任

代理人应采取适当方式了解当地订货人的支付能力并协助制造商收回应付货款。通常的索款及协助收回应付货款的开支应由制造商负担。

未经同意，代理人无权也无义务以制造商的名义接受付款。

第六条 用户的意见、代理人的作用

代理人有权接受用户对产品的意见和申诉，及时通知制造商并关注制造商的切身利益。

第七条 向制造商不断提供信息

代理人应尽力向制造商提供商品的市场和竞争等方面的信息，每4个月需向制造商寄送工作报告。

第八条 保证不竞争

代理人不应与制造商或帮助他人与制造商竞争，代理人更不应制造代理产品或类似于代销的产品，也不应从与制造商竞争的任何企业中获

利。同时，代理人不应代理或销售与代理产品相同或类似的（不论是新的或旧的）任何产品。

此合约一经生效，代理人应将与其他企业签订有约束性的协议告知制造商。不论是作为代理的或经销的，此后再签订的任何协议均应告知制造商。代理人在进行其他活动时，决不能忽视其对制造商承担的义务而影响任务的完成。

本协议规定，在此协议终止后的5年内，代理人不能生产和销售同类产品，予以竞争；本协议终止后的1年内，代理人也不能代理其他类似产品，予以竞争。

所有产品设计和说明均属制造商所有，代理人应在协议终止时归还给制造商。

第九条　保密

代理人在协议有效期内或协议终止后，不得泄露制造商的商业机密，也不得将该机密超越协议范围使用。

第十条　分包代理人

代理人事先经制造商同意后可聘用分包代理人，代理人应对该分包代理人的活动负全部责任。

第十一条　工业产权的侵犯

代理人应视察市场，如发现第三方侵犯制造商的工业产权或有损于制造商利益的任何非法行为，代理人应据实向制造商报告。代理人应尽最大努力并按照制造商的指示，帮助制造商使其不受这类行为的侵害，制造商将承担正常代理活动以外的此类费用。

第十二条　代理人独家销售权的范围

制造商不得同意他人在该地区取得代理或销售协议产品的权力。制造商应把其收到的直接来自该地区用户的订单通知代理人。代理人有权

按第十五条规定获得该订单的佣金。

第十三条　向代理人不断提供信息

为促进代理活动，制造商应向代理人提供包括销售情况、价目表、技术文件和广告资料等一切必要的信息。制造商应将产品价格、销售情况或付款方式的任何变化及时通知代理人。

第十四条　技术帮助

制造商应帮助代理人的雇员获得代理产品的技术知识。代理人应支付其雇员往返交通费及工资，制造商应提供食宿。

第十五条　佣金额

代理人的佣金以每次售出并签字的协议产品为基础，其收佣百分比如下：

________美元按________%收佣；

________美元按________%收佣。

第十六条　平分佣金

两个不同地区的两个代理人为争取订单都作出努力，当订单于某一代理人所在地，而供货的制造商位于另一代理人所在地时，则佣金由两个代理人平均分配。

第十七条　商事失败、合约终止

代理人所介绍的询价或订单，如制造商不予接受则无佣金。若代理人所介绍的订单合约已终止，代理人无权索取佣金；若该合约的终止是由于制造商的责任，则不在此限。

第十八条　计算佣金的方法

佣金以发票金额计算，任何附加费用如包装费、运输费、保险费、海关税或由进口国家征收的关税等应另开发票。

第十九条　佣金的索取权

代理人有权根据每次用户购货所支付的货款按比例收取佣金。如用

户没有支付全部货款，则根据制造商实收货款按比例收取佣金；若由于制造商的原因用户拒付货款，则不在此限。

第二十条　支付佣金的时间

制造商每季度应向代理人说明佣金数额和支付佣金的有关商务，制造商在收到货款后，应在30天内支付佣金。

第二十一条　支付佣金的货币

佣金按成交的货币来计算和支付。

第二十二条　排除其他报酬

代理人在完成本协议的义务时所发生的全部费用，除非另有允诺，应按第十九条的规定支付佣金。

第二十三条　协议期限

本协议在双方签字后生效，协议执行1年后，一方提前3个月通知可终止协议。如协议不在协议日终止，可提前3个月通知，于下1年的12月30日终止。

第二十四条　提前终止

如第二十三条规定，任何一方都无权提前终止本协议。除非遵照适用的____________法律，具有充分说服力的理由，方能终止本协议。

第二十五条　文件的归还

协议期满时，代理人应将第十三条中所述及的由制造商提供的全部广告资料及所有文件归还给制造商。

第二十六条　存货的退回

协议期满时，代理人若储有代理产品和备件，应按制造商指示退回，费用由制造商负担。

第二十七条　未完的商务

协议到期时，由代理人提出终止但在协议期满后又执行协议，应按第十五款支付代理人佣金。代理人届时仍应承担履行协议义务的职责。

第二十八条　赔偿

协议除因一方违约而终止外，由于协议到期终止或未能重新签约，则不予赔偿。

第二十九条　适用法律

本协议适用于制造商总部__________所在国的现行法律。

第三十条　仲裁

因执行本协议而发生的任何争执应根据____________________的法律_______________仲裁解决。投诉方和被投诉方应各指定一名仲裁员，双方应提名一位公证人。如两名仲裁员在30天内未能就提名一位主席达成协议，仲裁者应有权提名第三名仲裁员为主席。仲裁所作出的裁决是终局的，对双方均有约束力。

第三十一条　变更

本协议的变更或附加条款，应以书面形式为准。

第三十二条　禁止转让

本协议未经事先协商不得转让。

第三十三条　留置权

代理人对制造商的财产无留置权。

第三十四条　无效条款

如协议中的一条或一条以上的条款无效，协议的其余条款仍然有效。

本协议一式两份，双方各执一份。

制造商：___________　代理人：___________

签署地：___________　签署地：___________

日　期：___________　日　期：___________

董事长：___________　总　裁：___________

注：生产单位或生产企业委托中间商在任何地区或市场销售其全部

产品，称销售代理商。在销售代理协议中应明确规定委托方和代理销售商的权利和义务。委托方授予代理销售商全权经营权利，在执行协议的期间内，不得再委托另外的代理商销售同类产品。代理销售商在推销其商品时在一定时期内有一定的售价决定权并且在规定时间内必须完成一定的销售额或销售量。除此之外，代理销售商还负责刊登商品广告、举办陈列展销，促进销售业务，并按比例收取佣金。对于生产单位规模较小、资金有限而又有竞争能力的产品却又无销售渠道的生产企业，宜采用这种方式将产品打入国际市场。

第六章

讲话类文书写作要点与范例

第一节　开幕词

会议一般是人们出于不同的目的或是为了解决某个共同的问题聚集在一起进行讨论、交流的活动，它往往伴随着一定规模的人员流动和消费。

开幕词是在表示欢迎后介绍本次会议的意义、主办人的意愿的讲话。

开幕词是在会议或重大活动开始时，为会议主持人或主要领导人讲话所用的文稿。开幕词的主要特点是引导性和宣告性。不论召开什么重要会议或开展什么重要活动，按照惯例，一般都要由主持人或主要领导人致开幕词，这是一个必不可少的程序，标志着会议或活动的正式开始。

开幕词通常要阐明会议或活动的性质、宗旨、任务、要求和议程安排等，集中体现了大会或活动的指导思想，起着定调的作用，对引导会议或活动朝着既定的正确方向顺利进行、保证会议或活动的圆满成功有着重要的意义。

一、开幕词的特点

1. 简明性

开幕词要简洁明了、短小精悍，最忌长篇累牍，言不及义。要多使用祈使句，表示祝贺和希望。

2. 口语化

开幕词的语言应该通俗、明快、上口。

二、开幕词的写作

开幕词由首部、正文和结束语三部分组成。

1. 首部

包括标题、时间、称谓三项。

● 标题

一般由事由和文种构成，如《全国第十四届公文学术研讨会开幕词》；

有的标题由致词人、事由和文种构成，其形式是《×××同志在××××会上的开幕词》；

有的采用复式标题，主标题揭示会议的宗旨、中心内容，副标题与前两种标题的构成形式相同，如《我们的文学应该站在世界的前列——中国作家协会第四次会员代表大会开幕词》；

也有的只写文种，如《开幕词》。

● 时间

时间位于标题之下，用括号注明会议开幕的日期。

● 称谓

称谓一般根据会议的性质及与会者的身份确定，如“同志们”“各位代表”“各位来宾”“运动员们”等。

2. 正文

包括开头、主体和结尾三部分。

● 开头

开头部分一般开门见山地宣布会议开幕。也可以对会议的规模及与会者的身份等作简要介绍，如“参加这次大会的代表有×××人，其中有来自……”，并对会议的召开及对与会人员表示祝贺。

需要说明的是，开头部分即使只有一句话，也要单独列为一个自然段，将其与主体部分分开。

● 主体

这是开幕词的核心部分。通常包括三项内容：

①阐明会议的意义，通过对以往工作情况的概括总结和对当前形势的分析，说明会议是在什么形势下，为了解决什么问题或达到什么目的

召开的；

②阐明会议的指导思想，提出大会任务，说明会议主要议程和安排；

③为保证会议顺利举行，向与会者提出会议的要求。

● 结尾

结尾部分一般提出会议任务、要求和希望。

3. 结束语

开幕词的结束语要简短、有力，并要有号召性和鼓动性。写法上常以呼告语另起一段，用“预祝大会圆满成功”。

三、开幕词范例

会议开幕词范例

构建创新、活力、联动、包容的世界经济

——在二十国集团领导人杭州峰会上的开幕辞

（2016年9月4日，杭州）

中华人民共和国主席 习近平

各位同事：

我宣布，二十国集团领导人杭州峰会开幕！

很高兴同大家相聚杭州。首先，我谨对各位同事的到来，表示热烈欢迎！

去年，二十国集团领导人安塔利亚峰会开得很成功。我也愿借此机会，再次感谢去年主席国土耳其的出色工作和取得的积极成果。土耳其以“共同行动以实现包容和稳健增长”作为峰会主题，从“包容、落实、投资”三方面推动产生成果，中国一直积极评价土耳其在担任主席国期间开展的各项工作。

去年11月，我在安塔利亚向大家介绍，上有天堂，下有苏杭，相信杭州峰会将给大家呈现一种历史和现实交汇的独特韵味。今天，当时的邀请已经变成现实。在座的有老朋友，也有新朋友，大家齐聚杭州，共商世界经济发展大计。

未来两天，我们将围绕峰会主题，就加强宏观政策协调、创新增长方式，更高效的全球经济金融治理，强劲的国际贸易和投资，包容和联动式发展，影响世界经济的其他突出问题等议题展开讨论。

8年前，在国际金融危机最紧要关头，二十国集团临危受命，秉持同舟共济的伙伴精神，把正在滑向悬崖的世界经济拉回到稳定和复苏轨道。这是一次创举，团结战胜了分歧，共赢取代了私利。这场危机，让人们记住了二十国集团，也确立了二十国集团作为国际经济合作主要论坛的地位。

8年后的今天，世界经济又走到一个关键当口。科技进步、人口增长、经济全球化等过去数十年推动世界经济增长的主要引擎先后进入换挡期，对世界经济的拉动作用明显减弱。上一轮科技进步带来的增长动能逐渐衰减，新一轮科技和产业革命尚未形成势头。主要经济体先后进入老龄化社会，人口增长率下降，给各国经济社会带来压力。经济全球化出现波折，保护主义、内顾倾向抬头，多边贸易体制受到冲击。金融监管改革虽有明显进展，但高杠杆、高泡沫等风险仍在积聚。如何让金融市场在保持稳定的同时有效服务实体经济，仍然是各国需要解决的重要课题。

在这些因素综合作用下，世界经济虽然总体保持复苏态势，但面临增长动力不足、需求不振、金融市场反复动荡、国际贸易和投资持续低迷等多重风险和挑战。

二十国集团聚集了世界主要经济体，影响和作用举足轻重，也身处应对风险挑战、开拓增长空间的最前沿。国际社会对二十国集团充满期

待，对这次峰会寄予厚望。我们需要通过各自行动和集体合力，直面问题，共寻答案。希望杭州峰会能够在以往的基础上，为世界经济开出一剂标本兼治、综合施策的药方，让世界经济走上强劲、可持续、平衡、包容增长之路。

第一，面对当前挑战，我们应该加强宏观经济政策协调，合力促进全球经济增长、维护金融稳定。二十国集团成员应该结合本国实际，采取更加全面的宏观经济政策，使用多种有效政策工具，统筹兼顾财政、货币、结构性改革政策，努力扩大全球总需求，全面改善供给质量，巩固经济增长基础。应该结合制定和落实《杭州行动计划》，继续加强政策协调，减少负面外溢效应，共同维护金融稳定，提振市场信心。

第二，面对当前挑战，我们应该创新发展方式，挖掘增长动能。二十国集团应该调整政策思路，做到短期政策和中长期政策并重，需求侧管理和供给侧改革并重。今年，我们已经就《二十国集团创新增长蓝图》达成共识，一致决定通过创新、结构性改革、新工业革命、数字经济等新方式，为世界经济开辟新道路，拓展新边界。要沿着这一方向坚定走下去，帮助世界经济彻底摆脱复苏乏力、增长脆弱的局面，为世界经济迎来新一轮增长和繁荣打下坚实基础。

第三，面对当前挑战，我们应该完善全球经济治理，夯实机制保障。二十国集团应该不断完善国际货币金融体系，优化国际金融机构治理结构，充分发挥国际货币基金组织特别提款权作用。应该完善全球金融安全网，加强在金融监管、国际税收、反腐败领域合作，提高世界经济抗风险能力。今年，我们重启了二十国集团国际金融架构工作组，希望继续向前推进，不断提高有效性。

第四，面对当前挑战，我们应该建设开放型世界经济，继续推动贸易和投资自由化便利化。保护主义政策如饮鸩止渴，看似短期内能缓解一国内部压力，但从长期看将给自身和世界经济造成难以弥补的伤害。

二十国集团应该坚决避免以邻为壑，做开放型世界经济的倡导者和推动者，恪守不采取新的保护主义措施的承诺，加强投资政策协调合作，采取切实行动促进贸易增长。我们应该发挥基础设施互联互通的辐射效应和带动作用，帮助发展中国家和中小企业深入参与全球价值链，推动全球经济进一步开放、交流、融合。

第五，面对当前挑战，我们应该落实2030年可持续发展议程，促进包容性发展。实现共同发展是各国人民特别是发展中国家人民的普遍愿望。据有关统计，现在世界基尼系数已经达到0.7左右，超过了公认的0.6“危险线”，必须引起我们的高度 关注。今年，我们把发展置于二十国集团议程的突出位置，共同承诺积极落实2030年可持续发展议程，并制订了行动计划。同时，我们还将通过支持非洲和最不发达国家工业化、提高能源可及性、提高能效、加强清洁能源和可再生能源利用、发展普惠金融、鼓励青年创业等方式，减少全球发展不平等和不平衡，使各国人民共享世界经济增长成果。

各位同事!

二十国集团承载着世界各国期待，使命重大。我们要努力把二十国集团建设好，为世界经济繁荣稳定把握好大方向。

第一，与时俱进，发挥引领作用。二十国集团应该根据世界经济需要，调整自身发展方向，进一步从危机应对向长效治理机制转型。面对重大突出问题，二十国集团有责任发挥领导作用，展现战略视野，为世界经济指明方向，开拓路径。

第二，知行合一，采取务实行动。承诺一千，不如落实一件。我们应该让二十国集团成为行动队，而不是清谈馆。今年，我们在可持续发展、绿色金融、提高能效、反腐败等诸多领域制订了行动计划，要把每一项行动落到实处。

第三，共建共享，打造合作平台。我们应该继续加强二十国集团机制

建设，确保合作延续和深入。广纳良言，充分倾听世界各国特别是发展中国家声音，使二十国集团工作更具包容性，更好回应各国人民诉求。

第四，同舟共济，发扬伙伴精神。伙伴精神是二十国集团最宝贵的财富。我们虽然国情不同、发展阶段不同、面临的现实挑战不同，但推动经济增长的愿望相同，应对危机挑战的利益相同，实现共同发展的憧憬相同。只要我们坚持同舟共济的伙伴精神，就能够克服世界经济的惊涛骇浪，开辟未来增长的崭新航程。

各位同事！

在杭州峰会筹备过程中，中国始终秉持开放、透明、包容的办会理念，同各成员保持密切沟通和协调。我们还举办了各种形式的外围对话，走进联合国，走进非盟总部，走进七十七国集团，走进最不发达国家、内陆国、小岛国，向世界各国以及所有关心二十国集团的人们介绍杭州峰会筹备情况，倾听各方利益诉求。各方提出的意见和建议对这次峰会的筹备都发挥了重要作用。

我期待在接下来两天的讨论中，我们能够集众智、聚合力，努力让杭州峰会实现促进世界经济增长、加强国际经济合作、推动二十国集团发展的目标。

让我们以杭州为新起点，引领世界经济的航船，从钱塘江畔再次扬帆启航，驶向更加广阔的大海！

谢谢大家。

第二节　闭幕词

闭幕词，是会议的主要领导人代表会议举办单位，在会议闭幕时的讲话。其内容一般是概述会议所完成的任务，对会议的成果作出评价，

对会议的经验进行总结，对贯彻会议精神提出要求和希望。

一、闭幕词的作用

闭幕词对于会议也具有十分重要的作用，这主要表现在：

1. 宣布会议闭幕

闭幕词标志着会议的胜利结束，最后完成了整个会议的工作。

2. 总结会议的情况

闭幕词往往概括会议的历程，反映与会人员的情绪和会议的气氛，这就能加深与会人员对会议情况的了解。

3. 肯定会议成果

闭幕词也往往陈述会议所达到的目的，肯定会议中提出的合理化建议与正确意见，这有利于与会人员进一步把握会议精神。

4. 提出会议希望

闭幕词还往往对与会人员和广大人民群众提出希望，发出号召，这有助于会议精神的发扬光大。

二、闭幕词的写作

闭幕词是由首部（标题、称谓）和正文两部分组成。

1. 首部

标题、称谓的写法与开幕词基本相同。

2. 正文

正文也包括开头、主体和结尾三部分。

- 开头

在标题和称谓之后，另起一段首先说明会议已经完成预定任务，现在就要闭幕了；然后概述会议的进行情况，恰当地评价会议的收获、意义及影响。

● 主体

主体部分要写明：会议通过的主要事项和基本精神；会议的重要性和深远意义；向与会人员提出贯彻会议精神的基本要求，等等。一般说来，这几方面内容都不能少，而且顺序是基本不变的。

写作时要掌握会议情况，有针对性地对会议内容予以阐述和肯定；同时可以对会议未能展开却已认识到的重要问题作出适当强调或补充；行文要热情洋溢，文章要简洁有力，起到激发斗志、增强信念的作用。

● 结尾

结尾部分一般先以坚定语气发出号召、提出希望、表示祝愿等；最后郑重宣布会议闭幕。

闭幕词出现在会议终了，因此，要写得与开幕词前后呼应、首尾衔接，显示大会开得很圆满、很成功。

三、开幕词与闭幕词的关系

开幕词与闭幕词既各有侧重，又遥相呼应，形成一个有机的整体。

开幕词、闭幕词都是会议的重要组成部分：

——开幕词重在给予会议的指导，重要阐述会议的宗旨与开法。它犹如戏剧的前奏、序曲，它拉开会议的帷幕，动员与会人员带着明确的任务与饱满的热情投入到会议中去。

——闭幕词重在对会议进行总结，主要归纳会议的精神与成果。它犹如戏剧的高潮与结尾，它落下会议的大幕，鼓舞与会人员肩负会议的使命与百倍的信心奔赴各自的工作岗位。

开幕词与闭幕词分别是会议进程中不可缺少的部分，会议的基本精神始终是在它们中“一以贯之”的，所不同的是从开幕词到闭幕词会议的基本精神经过会议得到了深化：

——开幕词与闭幕词的写作都重在概括。开幕词在于概括会议的任务、意义，而闭幕词则是概括会议的精神、成果。

——开幕词与闭幕词都以鼓动性为特点。开幕词以鼓励与会人员投入会议为目的，而闭幕词则以鼓动与会人员为实现会议的任务而努力。

——开幕词与闭幕词都不是会议的主体，篇幅都宜短小。

四、闭幕词范例

会议闭幕词范例

在二十国集团领导人杭州峰会上的闭幕辞

（2016年9月5日，杭州）

中华人民共和国主席 习近平

各位同事：

我们用了一天半的时间，围绕会议主题和重点议题进行了热烈而富有成果的讨论，就加强政策协调、创新增长方式，全球经济金融治理，国际贸易和投资，包容和联动式发展等议题，以及影响世界经济的其他突出问题，深入交换看法，达成许多重要共识。

第一，我们决心为世界经济指明方向，规划路径。我们认为，当前世界经济增长仍然乏力，增长动力不足，国际和地区热点问题以及全球性挑战对世界经济的影响不容忽视。维护世界和平稳定，为促进全球经济增长创造良好环境至关重要。我们要继续加强宏观政策沟通和协调，发扬同舟共济、合作共赢的伙伴精神，凝聚共识，形成合力，促进世界经济强劲、可持续、平衡包容增长。我们通过了《二十国集团领导人杭州峰会公报》，进一步明确了二十国集团合作的发展方向、目标、举措，就推动世界经济增长达成了杭州共识，为构建创新、活力、联动、包容的世界经济描绘了愿景。

我们认为，面对当前世界经济的风险和挑战，需要标本兼治，综合施策，运用好财政、货币、结构性改革等多种有效政策工具，既要做好短期风险防范和应对，也要挖掘中长期增长潜力；既要保持总需求力度，也要改善供给质量。这将向国际社会传递二十国集团成员共促全球经济增长的积极信号，有助于提振市场信心，维护全球金融市场稳定。

第二，我们决心创新增长方式，为世界经济注入新动力。我们一致通过了《二十国集团创新增长蓝图》，决心从根本上寻找世界经济持续健康增长之道，紧紧抓住创新、新工业革命、数字经济等新要素新业态带来的新机遇，并制定一系列具体行动计划。我们支持以科技创新为核心，带动发展理念、体制机制、商业模式等全方位、多层次、宽领域创新，推动创新成果交流共享。我们决定大力推进结构性改革，制定了优先领域、指导原则、指标体系。《二十国集团创新增长蓝图》的达成，将使我们在理念上有共识、行动上有计划、机制上有保障，有助于为全球增长开辟新路径，全面提升世界经济中长期增长潜力。

第三，我们决心完善全球经济金融治理，提高世界经济抗风险能力。我们同意继续推动国际金融机构份额和治理结构改革，扩大特别提款权的使用，强化全球金融安全网，提升国际货币体系稳定性和韧性。我们决心加强落实各项金融改革举措，密切监测和应对金融体系潜在风险和脆弱性，深化普惠金融、绿色金融、气候资金领域合作，共同维护国际金融市场稳定。我们决定深化国际税收合作，通过税收促进全球投资和增长。我们就能源可及性、可再生能源、能效共同制订了行动计划，以提升全球能源治理有效性。我们就继续深化反腐败合作达成多项共识，决心让腐败分子在二十国乃至全球更大范围无处藏身、无所遁形。我们期待通过上述成果和举措，全面提升全球经济金融治理结构的平衡性、机制的可靠性、行动的有效性，为世界经济增长保驾护航。

第四，我们决心重振国际贸易和投资这两大引擎的作用，构建开放型世界经济。我们同意充分发挥贸易部长会和贸易投资工作组的作用。我们共同制定《二十国集团全球贸易增长战略》，促进包容协调的全球价值链发展，继续支持多边贸易体制，重申反对保护主义承诺，以释放全球经贸合作潜力，扭转全球贸易增长下滑趋势。我们制定了《二十国集团全球投资指导原则》，这是全球首个多边投资规则框架，填补了国际投资领域空白。期待在我们共同努力下，在强劲的国际贸易和投资推动下，世界经济将重新焕发活力，经济全球化进程将继续蓬勃发展。

第五，我们决心推动包容和联动式发展，让二十国集团合作成果惠及全球。我们第一次把发展问题置于全球宏观政策框架的突出位置，第一次就落实联合国2030年可持续发展议程制订行动计划，具有开创性意义。我们同意在落实气候变化《巴黎协定》方面发挥表率作用，推动《巴黎协定》尽早生效。我们发起《二十国集团支持非洲和最不发达国家工业化倡议》，制订创业行动计划，发起《全球基础设施互联互通联盟倡议》，决定在粮食安全、包容性商业等领域深化合作。这些行动计划和务实成果，将着力减少全球发展不平等、不平衡问题，为发展中国家人民带来实实在在的好处，为实现2030年可持续发展目标作出重要努力，为全人类共同发展贡献力量。

我们认识到发挥好二十国集团国际经济合作主要论坛作用的重要性，认为二十国集团有必要进一步从危机应对机制向长效治理机制转型，从侧重短期政策向短中长期政策并重转型。我们认为，二十国集团的发展关乎所有成员切身利益，也牵动世界经济发展的未来，只有顺应变革，与时俱进，才能永葆生机。我们决心合力支持二十国集团继续聚焦世界经济面临的最突出、最重要、最紧迫的挑战，加强政策协调，完善机制建设，扎实落实成果，引领世界经济实现强劲、可持续、平衡、包容增长。

各位同事！

在我正式宣布会议结束之前，我想向大家表示诚挚谢意。感谢你们对我本人和中国政府的信任，感谢你们在会议期间给予中方的支持、理解、合作，感谢你们为推动世界经济增长和二十国集团发展付出的辛勤努力和作出的重要贡献。

在我们共同努力下，二十国集团领导人杭州峰会取得了丰硕成果，画上了圆满句号。我深信，这次会议将成为一个崭新起点，让二十国集团从杭州再出发。

相聚美好而又短暂，很快到了我们要说再见的时候。会议结束后，我将参加记者招待会，根据我们在会上达成的共识，向媒体简要介绍会议成果和讨论情况。有些同事还要在中国逗留几天，有些同事很快将离开中国。我希望这次中国之行和西湖风光能给大家留下美好的回忆，也愿借此机会祝大家旅途愉快，一路平安！

最后，我宣布，二十国集团领导人杭州峰会闭幕！

谢谢大家。

第三节　讲话稿

讲话稿有广义和狭义之分。广义的讲话稿是人们在特定场合发表讲话的文稿；狭义的讲话稿即一般所说的领导讲话稿，是各级领导在各种会议上发表带有宣传、指示、总结性质的讲话的文稿。讲话稿是应用写作研究的重要文体之一。

一、讲话稿的特点

1. 内容针对性

讲话稿的内容受会议主题、讲话者和受众等因素决定。在写讲话稿之前，必须要了解会议的主题、性质、议题，讲话的场合、背景，领导者的指示、要求，听众的身份、背景情况、心理需求和接受习惯等。

2. 篇幅规定性

讲话是有时间限制的，因此对讲话稿篇幅要有特定要求，不能不顾具体情况长篇大论。一般来讲，表彰、通报、庆典等会议上的讲话稿篇幅不宜过长，以免喧宾夺主。

3. 语言得体性

为了便于讲话者表达，易于听众理解和接受，讲话稿的语言既要准确、简洁，又要通俗、生动。另外，由于讲话具有现场性，因此撰写领导讲话稿时必须提前考虑和把握现场气氛和场合。

4. 起草集智性

为了提高行政效率，领导讲话稿经常由秘书代笔，然后经领导审核后采用。有的部门还专设起草小组，领导一般要将写作的目的、背景、写作要求等对起草小组交代清楚，然后由起草小组分工协作，集体撰稿，并在起草的过程中反复讨论、修改，几易其稿，才提交领导使用。

5. 交流互动性

演讲稿应通俗易懂，符合口语习惯，不能咬文嚼字。同时与听众形成良好的互动，善于把抽象的道理具体化。

二、讲话稿的写作

讲话稿一般由标题和正文两部分组成。

1. 标题

讲话稿的标题分为两种：

- 一种一般是由讲话人的姓名、职务、事由和文种构成，如《××省长在全省教育工作会议上的讲话》；

● 另一种是由一个主标题和副标题组成。

主标题一般用来概括讲话的主旨或主要内容，副标题则与第一种的构成形式相同。如《进一步学习和发扬鲁迅精神——在鲁迅诞生110周年纪念大会上的讲话》。

2. 正文

正文包括开头、主体和结尾三部分。

● 开头

首先根据与会人员的情况和会议性质来确定适当的称谓，如“同志们”“各位专家学者”等，要求庄重、严肃、得体；然后用极简洁的文字把要讲的内容概述一下，说明讲话的缘由或者所要讲的内容重点；接着转入正文讲话。

● 主体

根据会议的内容和发表讲话的目的，可以重点阐述如何领会文件、指示、会议精神；可以通过分析形势和明确任务，提出搞好工作的几点意见；可以结合本单位情况，提出贯彻上级指示的意见；可以对前面其他领导人的讲话做补充讲话；也可以围绕会议的中心议题，结合自己分管的工作谈几点看法等。

● 结尾

结尾用以总结全篇，照应开头，发出号召，或者征询对讲话内容的意见或建议等。

三、工作类讲话稿

工作类讲话稿是领导人在会议上对重要工作加以阐述、评价或鼓动的议论性讲话文稿，能起到表现会议主题、促进工作发展的作用，是一种重要的会议材料。一般包括总结类讲话稿、指导类讲话稿和号召类讲话稿等。工作类讲话稿具有指导性、目的性和鼓动性的特点。

1. 工作类讲话稿的要求

● 目标明确，中心突出

讲话稿的写作要有的放矢，开的是什么会，听众对象是谁，预期的效果是什么，都要心中有数，目标明确。讲话稿的主题要切合听众的实际，一次讲一个中心，切忌信口开河，东拉西扯。如果是秘书代笔，更要想领导所想，设身处地考虑领导在这个问题上的观点，及该领导平时讲话的风格，否则讲话的效果会与预期目标大相径庭。

● 语言要“上口”“入耳”

所谓“上口”就是说起来要顺口。用笔写出的讲话稿最终要用嘴说出去，因此要符合口语的习惯，尽量选用响亮的字眼，多用短句，言语的搭配要符合口语习惯。所谓“入耳”是说听起来不含糊，能听明白、听懂，这就要求讲得通俗；若要听众爱听，那还要注意语言的生动性、活泼性。

2. 工作类讲话稿范例

工作类讲话稿范例

用环境质量改善增强人民群众获得感　以优异成绩迎接党的十九大胜利召开

——在2017年全国环境保护工作会议上的讲话

环境保护部党组书记、部长 陈吉宁

（2017年1月10日）

同志们：

今天召开全国环境保护工作会议，主要任务是，全面贯彻党的十八大和十八届三中、四中、五中、六中全会精神，深入贯彻习近平总书记系列重要讲话精神和治国理政新理念新思想新战略，紧紧围绕统筹推进“五位一体”总体布局和协调推进“四个全面”战略布局，牢固树立和贯彻落实新发展理念，总结2016年环保工作主要进展，以改善环境质量

为核心，以解决环境领域突出问题为重点，以深化改革为动力，研究落实《“十三五”生态环境保护规划》，部署安排2017年环保重点任务，以优异成绩迎接党的十九大胜利召开。

下面，我讲三个方面意见。

一、深入贯彻落实党中央、国务院关于生态文明建设和环境保护的一系列决策部署

党的十八大以来，以习近平同志为核心的党中央高度重视生态文明建设和环境保护。习近平总书记以宽广的全球视野、深厚的民生情怀、强烈的使命担当，多次对生态文明和环境保护作出重要指示，提出一系列新理念新思想新战略，充分体现了新时期我们党治国理政的新气象新境界新思路。

刚刚过去的一年，中央领导同志关于环境保护的重要批示达800多件，习近平总书记重要批示达60多件，涉及环境保护督察、查处严重破坏生态事件、长江经济带环境保护、农村环境保护、地下水污染防治、环境社会风险防范、确保核与辐射安全等众多领域和方面，既一脉相承，又与时俱进，既放眼长远，又立足当前，既有顶层设计，又有实在举措，凸显了对生态文明和环境保护坚定不移、一以贯之的鲜明态度和坚定决心。从2016年初在推动长江经济带发展座谈会上提出：“要把修复长江生态环境摆在压倒性位置，共抓大保护，不搞大开发”，3月在全国两会上强调：“在生态环境保护建设上，一定要树立大局观、长远观、整体观，坚持保护优先，坚持节约资源和保护环境的基本国策，推动形成绿色发展方式和生活方式”，到8月在青海考察时强调：“生态环境保护和生态文明建设，是我国持续发展最为重要的基础。必须把生态文明建设放在突出位置来抓，尊重自然、顺应自然、保护自然，筑牢国家生态安全屏障，实现经济效益、社会效益、生态效益相统一”，再到9月杭州二十国集团（G20）领导人峰会上强调：“要建设天蓝、地绿、

水清的美丽中国，让老百姓在宜居的环境中享受生活，切实感受到经济发展带来的生态效益”。特别是12月，习近平总书记对生态文明建设再次作出长篇重要指示，强调：“生态文明建设是‘五位一体’总体布局和‘四个全面’战略布局的重要内容。要切实贯彻新发展理念，树立‘绿水青山就是金山银山’的强烈意识，努力走向社会主义生态文明新时代”。这一重要指示，站在党和国家发展全局的高度，进一步明确了生态文明建设的战略定位，强调了加快生态文明建设的重要性紧迫性，指明了今后一段时期生态文明建设重大任务，体现了总书记以人民为中心、加快改善生态环境质量的殷切希望，提升和深化了我们对生态文明建设、对环境保护的理解和认识。

李克强总理多次强调，牢固树立新发展理念，以供给侧结构性改革为主线，坚持把生态文明建设放在更加突出的位置，加快建设生态文明的现代化中国。要坚持在发展中保护、在保护中发展，持续推进生态文明建设，加大环境治理力度，下决心走出一条经济发展与环境改善双赢之路。以解决突出环境问题为重点，坚持不懈、综合施策、标本兼治，积极推进环保领域改革，创新管理方式，强化环保责任，严格环境督察和执法，及时回应群众关切，加大生态保护力度，着力推动大气、水、土壤环境不断改善，采取更有力度和针对性的措施，力争取得更明显的治理成效。张高丽副总理多次召开专题会议研究并作出重要批示，对环境保护工作提出要求，强调牢固树立绿色发展理念，坚持绿水青山就是金山银山，提高生态文明建设水平。坚持问题导向，着力推进大气、水、土壤污染防治，加强生态保护和修复，严格环境监察执法，切实改善生态环境质量。

我们要深刻领会、全面贯彻习近平总书记系列重要讲话精神和重要指示批示，贯彻落实好党中央、国务院的决策部署，着重把握好以下5个方面：

一是强化“四个”意识，把总书记关于生态文明建设和环境保护的重要指示批示和新理念新思想新战略转化为路线图和施工图。习近平总书记明确指出，保护自然环境就是保护人类，建设生态文明就是造福人类；生态环境问题是重大经济问题，也是重大社会和政治问题；要像保护眼睛一样保护生态环境，像对待生命一样对待生态环境；要深化生态文明体制改革，尽快把生态文明制度的“四梁八柱”建立起来，把生态文明建设纳入制度化、法治化轨道；要结合推进供给侧结构性改革，加快推动绿色、循环、低碳发展，形成节约资源、保护环境的生产生活方式。这一系列新理念新思想新战略，涵盖生态文明建设和环境保护的总体定位、基本理念、目标指向、关键举措等诸多方面，成为我们党新的执政理念和发展理念，成为我们处理经济发展与环境保护关系、推动绿色发展的方向指引、根本遵循和实践动力。

我们必须进一步增强政治意识、大局意识、核心意识、看齐意识，把思想和行动统一到总书记重要讲话精神和重要指示批示上来，统一到党中央、国务院的决策部署上来，切实担负起解决环境问题的政治责任，从大局上找准职责定位，坚持生态优先、绿色发展，深化环保改革，推动形成绿色发展和生态环境保护的内生机制，加强污染治理和生态保护，不断提高环境管理系统化、科学化、法治化、精细化和信息化水平，全力打赢补齐环保短板攻坚战，为人民提供更多优质生态产品，确保到2020年生态环境质量总体改善。

二是牢固树立“绿水青山就是金山银山”的强烈意识，在经济新方位中统筹协调好发展与保护关系。“绿水青山就是金山银山”，是习近平总书记关于生态文明建设和环境保护战略思想的理论精髓和重大论断，深刻揭示了发展与保护的本质关系，指明了实现发展和保护协调共生的新路径，成为发展观创新的最新成果和显著标志。没有发展的保护不行，没有保护的发展也不行。经济生态两手硬，青山金山长相依。

党的十八大以来，以习近平同志为核心的党中央作出经济发展进入新常态的重大判断，形成以新发展理念为指导、以供给侧结构性改革为主线的政策框架，贯彻稳中求进工作总基调，以新的有力作为标注着我国经济新方位。当前我国经济缓中趋稳、稳中向好，经济增长进入新常态，供给侧结构性改革持续发力，经济发展的质量和效益逐步提高，发展方式、发展速度、增长动力、产业结构、能源结构等总体上有利于环境保护，但也存在一些不容忽视问题，特别是经济下行、区域行业分化出现的新情况新问题，值得高度关注。我国东部一些地区经过近几十年的高速发展，已形成稳定的经济增长极，逐渐向创新和绿色发展阶段迈进，环境与经济的关系在统一，环境质量出现好转态势。但中西部、东北等以传统产业为主的地区经济发展、环境改善压力较大。中西部地区重化工项目投资持续攀升，相关产业自东向西转移的趋势已经比较明显。东北地区经济发展滞后，同时环境质量不容乐观，经济发展与环境关系呈现明显异化趋势。

中央经济工作会议对2017年工作作出部署，强调坚持稳中求进工作总基调，这是我们治国理政的重要原则，也是做好经济工作的方法论。稳中求进，稳是主基调，稳是大局。稳中求进，不是无所作为，不是不敢作为，而是要在把握好度的前提下奋发有为，处理和平衡好改革、发展、稳定和保护的关系，在寻找新动能和处理老问题上把握好方向、节奏和力度，摒弃瘸腿的、粗放的、低品质的发展方式，努力实现更高质量、更有效率、更加公平、更可持续的发展。经济发展好的地区，要把环境保护作为推进经济转型升级的抓手；经济困难的地区，要注意解决群众反映强烈的突出环境问题；西部地区，要坚决守住环境底线和空间。

我经常讲，环境保护不是发展的包袱，不是站在发展的对立面。经济发展模式由粗放式增长向质量效益型转变，环境保护是重要抓手，

抓环境保护就是抓发展质量，就是抓可持续发展。好的经济质量和好的环境质量内在是一致的，一个地方可能暂时存在环境质量差、而经济质量好的状况，但很难持久，特别是经济发展到一定阶段后，环境质量差的经济模式会成为发展的制约。必须更加重视生态环境对发展的约束，把环境保护真正作为推动经济转型升级的动力，下决心改变不合理的产业结构、能源结构、空间布局，把生态环保培育成新的发展优势，把“绿水青山就是金山银山”变为生动实践。结合供给侧结构性改革，推进PPP、政府购买服务、第三方治理等方式，大力推动绿色节能环保产业发展，既让节能环保产业成为稳增长、调结构、惠民生的战略新兴产业，成为我国经济发展新旧动能转换中的新动能；又增加生态产品的供给，提高人民的生活质量，提升区域的品质和竞争力，带来更大的发展空间。

三是以改善环境质量为核心，不断增强人民群众对生态环境的获得感。习近平总书记强调，“良好生态环境是最公平的公共产品，是最普惠的民生福祉”“环境就是民生，青山就是美丽，蓝天也是幸福”。这集中体现了以人民为中心的发展思想，拓展了民生的基本内涵。

生态环境已成为全面建成小康社会的突出短板。随着人民群众温饱无虞、迈向小康，生态环境在群众生活幸福指数中的分量不断加重，对清新空气、清澈水质、安全食品、优美环境等生态产品的需求越来越迫切，环境美成为人民幸福生活的新内涵。环境污染引发社会公众的集体焦虑，环境风险凸显，环境事件多发高发，日益成为关系群众健康的民生之患、民心之痛，也成为考验地方党委政府政绩观、治理能力、形象和公信力的“试金石”。

必须把以改善环境质量为核心贯穿到环境保护工作的各领域各方面全过程，硬碰硬、严又严、实打实，抓出一批实实在在的环境治理成果，加快补齐生态环境短板、尽早解决民生痛点，让美丽的家园空气清新、山清水秀、鸟语花香，人民群众的获得感和幸福感才更真切、更深厚、更饱满。

四是坚持目标导向和问题导向，着力解决突出环境问题。习近平总书记指出，“坚持目标导向和问题导向，既从实现全面建成小康社会目标倒推，厘清到时间节点必须完成的任务，又从迫切需要解决的问题顺推，明确破解难题的途径和办法”。这告诉我们，既要对照全面建成小康社会生态环境质量总体改善目标，又要针对当前环境领域的突出问题和短板，创新性、创造性地解决问题，才能实现新的突破，取得环境保护的新成效。

当前，我国经济总量和增量仍在持续上升，污染物新增量依然处于高位，带来的环境压力仍然十分巨大。特别是，伴随着经济下行压力加大，一些地方环保工作和投入力度减弱，一些领域环境治理有所放松，一些企业环境治理意愿下降，提标改造不及时、擅自停运治污设施甚至弄虚作假、超标排放、偷排漏排情况时有发生。同时，随着环境治理措施深入推进，留下的很多环境问题是难啃的硬骨头，复杂性在增加，解决的难度在加大。比如，在大气环境方面，全国空气质量主要指标改善好于年度目标，颗粒物浓度持续下降，但城市空气质量普遍超标，臭氧污染问题进一步显现。在水环境方面，劣Ⅴ类水质断面比例总体下降，但部分水体水质趋于恶化，总磷污染问题日益凸显。

面对这样的突出环境问题，需要找准突破口和着力点，综合施策、全力攻坚、扎实作为、加快解决。坚决打好大气、水、土壤污染防治三大战役，实施一批重大环保工程，带动加快污染治理、改善环境质量、强化政府责任。实行最严格的环境保护制度，建立系统规范的激励约束机制，形成政府、企业、公众共治的环境治理体系。严格环境执法监管，保持严厉打击环境违法的高压态势，加快形成环保守法新常态。

五是落实新发展理念、创新方式方法，持续提高环保工作预见性、

科学性、系统性、针对性和有效性。习近平总书记强调，“创新、协调、绿色、开放、共享的发展理念，相互贯通、相互促进，是具有内在联系的集合体，要统一贯彻，不能顾此失彼，也不能相互替代”。贯彻落实新发展理念，涉及一系列思维方式、行为方式、工作方式的变革，涉及一系列工作关系、社会关系、利益关系的调整，过去许多老办法不能用、也行不通了，必须创新方式方法。

当前，一些地方环境保护工作出现不计成本、方法单一，急功近利、搞一刀切等现象。比如，为应付环境保护督察，个别地方发红头文件强制关停市区和县城大多数中小餐馆，采取用水泥灌树根抑制浮尘等所谓“奇招”。又比如，一些城市在空气质量监测站点周边频繁洒水、用“喷雾车”喷雾、禁止货车通行，个别城市甚至出现堵塞空气自动监测采样口、私自更换采样区域门锁、擅自进入自动监测站房改动仪器参数、干扰数据传输等问题，直接造成监测数据失准失真失效，性质恶劣。这些不仅没有达到保护环境的效果，而且给推动工作带来负面影响。

加强环境保护，既要有时不我待的紧迫感，也不能急于求成、期待毕其功于一役。必须保持清醒头脑，保持战略定力，讲究方式和手段，常抓不懈，久久为功。加强环境经济形势分析与预判，对可能出现的情况和问题提前做好准备，采取预防措施，提高工作预见性。强化科技支撑，夯实基础能力，说清楚为什么治、治什么、怎么治，提高科学性，提升管理效能，解决好环境治理措施的针对性和有效性问题。统筹好部分与全局、个体与群体、当前与长远，推动环保理念认识的系统化、管理思路的系统化、手段措施的系统化，防止顾此失彼、寅吃卯粮。既加强污染治理，又强化预防措施，从源头上减少环境污染；既依靠行政手段，又提高法治化水平，发挥市场机制作用，释放法治和政策红利；既强化约束机制，又创新激励机制，调动各方面积极性；既曝光反面典型，又宣传正面典型，营造良好工作氛围。

二、2016年环境保护工作主要进展

2016年，环境保护任务异常繁重，工作量大面广。一年来，我们牢固树立新发展理念，统筹把握发展与保护的关系，总体考虑和部署是做好“五抓”。

一是抓方向，以改善环境质量为核心，统筹布置环境保护工作。以改善环境质量为核心，是党中央的重大决策部署，写入十八届五中全会文件和“十三五”规划《纲要》，贯穿于《“十三五”生态环境保护规划》。以改善环境质量为核心，与《环境保护法》“地方各级人民政府应当对本行政区域的环境质量负责”的规定内在一致，体现了工作的目标导向、问题导向，是对改革开放以来环保工作做法和经验的继承与发展，有利于强化科学治污、系统治污，可以更好地调动地方积极性，让地方的环境治理措施更有针对性，统筹运用多种手段，形成工作合力和联动效应；体现了以人民为中心的工作思路，可以使环境治理成效与老百姓的感受更加贴近，让人民群众有明显的获得感。

我们把以改善环境质量为核心作为政治纪律来坚守，全系统上下形成广泛共识，在规划计划、深化改革、环评审批、考核评价等各项工作中全面落实。在规划计划方面，“十三五”规划《纲要》首次对空气质量和地表水质量从好与坏两个方面提出了4项新的约束性指标；《“十三五”生态环境保护规划》以改善环境质量为核心，提出7个方面主要任务和5个方面保障措施。在深化改革方面，加快建立污染物排放许可制，对环境质量不达标地区通过核发排污许可证对相关企业实施更加严格的排放管理，推动环境质量达标。完善总量指标分配机制，将质量与总量挂钩，环境质量差的地方要承担更多的总量减排任务。在环评审批方面，建立项目环评审批与区域环评规划、现有项目环境管理、区域环境质量联动的“三挂钩”机制。在考核评价方面，坚持环境质量考核和总量减排考核相结合，总量减排考核结果服从环境质量考核结果。按

照“谁考核，谁监测”“谁监测，谁监管”的原则，加快推进生态环境质量监测事权上收，加强环境质量监测数据有效性管理。在工作推进方面，建立环境质量预警制度，对环境质量改善指标完成情况较差、重点工程建设滞后或运行不稳定、政策措施落实不到位的地区，实施预警并根据预警等级进行通报。

二是抓责任，强化地方党委政府和有关部门环境保护责任，推动落实企业的排污守法责任。加快生态环保领域改革，建立起一套行之有效的体制机制，推动党委政府、企业和公众形成思想自觉和内生动力，引导地方党委政府以贯彻新发展理念树立正确的政绩观，培育企业和大众环境友好的生产与生活方式。

在落实环境保护“党政同责”“一岗双责”方面，从2015年底开始对河北开展中央环境保护督察试点，到去年开展两批共15个省（区、市）环保督察，聚焦中央高度关注、群众反映强烈、社会影响恶劣的环境问题，紧盯生态破坏严重、环境质量恶化的重点区域流域，以及地方党委政府环境保护不作为、乱作为问题，敢于动真碰硬，极大地发挥震慑作用。同时，有序推进环境保护综合督查，重点督查国家环境保护决策部署贯彻落实、突出环境问题处理和环保责任落实情况；对环保工作不力、生态破坏严重、环境问题突出或环境质量恶化的一些地区，采取函询、约谈、限批、通报等措施并公开曝光；加强对地方的考核，考核结果不仅作为对各地区领导班子和领导干部综合考核评价的重要依据，也作为安排环保专项资金的重要依据。通过这些措施，有力推动了地方党委政府环境保护责任的落实，促进了一批环保重大工程实施，解决了一批突出环境问题。

环境保护是一项综合性工作，从来都不是环保部门一家的事，需要多部门统筹协调、齐抓共管、综合管理。在中央环保督察工作推动下，18个省（区、市）党委政府出台“党政同责”“一岗双责”制度，明确

环境保护责任分工，21个省（区、市）党委政府出台党政领导干部生态环境损害责任追究实施细则。正在开展的省以下环保机构监测监察执法垂直管理改革中，一个重要思路就是明确地方政府各部门的环保职责，建立各部门保护环境的协调协作机制，抓发展的抓环保，抓产业的抓环保，抓建设的抓环保，形成齐抓共管的工作格局。

在推动落实企业责任方面，强化日常执法监管，加大典型案件查处力度，严厉打击偷排偷放、非法排放有毒有害污染物、非法处置危险废物、故意不正常使用防治污染设施超标排污、伪造或篡改环境监测数据等恶意违法行为。严格落实“双随机”的相关要求，随机选取执法人员和被检查单位，提高日常监管的突然性和随机性，减少违法企业的侥幸心理。对环境污染重、污染物排放量多或环境风险大的重点行业，不定期组织开展专项执法检查，对发现的环境违法行为依法严肃处理。推进企业环境信息公开，主动公开环境监管信息，鼓励社会参与监督。

三是抓落实，对重点工作实施清单管理并加强督查督办，确保各项工作按照时间节点高效推进。紧紧围绕中央经济工作会议和《政府工作报告》部署，落实大气、水、土壤污染防治行动计划，强化污染治理与生态保护协同联动，坚决打好污染防治三大战役。2016年，338个地级及以上城市细颗粒物（PM2.5）平均浓度同比下降6.0%，优良天数比例同比提高2.1个百分点；全国地表水国控监测断面Ⅰ~Ⅲ类水体比例同比增加1.8个百分点，劣Ⅴ类断面比例减少1.1个百分点。落实中央改革部署，既抓好重大改革方案的制定，也抓好方案出台后的落实，总体进展情况良好，部分改革取得明显成效。去年中央确定环境保护部单独或第一牵头的14项重点改革任务，7项已经中央审议或出台实施方案，5项正在协调印发或上报，两项正在研究过程中。落实《环境保护法》《大气污染防治法》等法律法规，依法开展监督管理，完善配套政策措施，持续加大环境执法监管力度，促使企业环境行为的外部性内部化，推动形成规范

和公平的市场竞争秩序，让环境守法企业成长，让环境违法企业出局。

四是抓底线，优先解决突出环境问题，积极应对环境风险。坚决守住民生底线。优先解决保障饮用水水源安全，消灭城市黑臭水体，整治农村环境“脏乱差”，减少大规模重污染天气、湖泊水华等社会高度关注的污染问题，让老百姓树立信心、看到希望。

坚决守住环境安全底线。增强政治意识、忧患意识和责任意识，推动建立主要领域环境社会风险防范与化解体系，加大环境社会风险排查预警、源头预防和应急处理力度，依法及时妥处各种矛盾纠纷，坚决防范经济风险向政治安全领域传导。全力做好突发环境事件应对工作，最大程度减少人民群众生命财产损失和生态环境危害。严格核与辐射安全监管，确保核安全万无一失。积极妥善应对重污染天气，统一京津冀区域重污染天气预警分级标准，及时组织空气质量预测预报会商，强化应急响应措施，强化督查督导，实施区域应急联动，实现了污染物浓度“削峰”，减少了重污染对群众健康影响。

守住安全关键靠机制。注重机制建设，建立全国水污染防治工作协作机制、土壤污染防治协作机制、国家核安全工作协调机制、涉环保项目“邻避”问题防范与化解工作部际联席会议等部门协作机制，以及环境经济形势分析、环境质量预警、重污染天气应急响应、环境舆情分析研判等工作机制，推动各项工作制度化、规范化。

五是抓作风，落实全面从严治党主体责任，打造忠诚干净担当的环保队伍。深入学习宣传贯彻党的十八届六中全会精神，坚决维护党中央权威，自觉在思想上政治上行动上同以习近平同志为核心的党中央保持高度一致，向党中央看齐，向党的理论和路线方针政策看齐，向党中央决策部署看齐，做到党中央提倡的坚决响应、党中央决定的坚决执行、党中央禁止的坚决不做。继续推进全面从严治党，切实落实好主体责任和监督责任，严明政治纪律和政治规矩，严肃认真开展党内政治生活。

深入开展“两学一做”学习教育，以尊崇党章、遵守党规为基本要求，以用习近平总书记系列重要讲话精神武装头脑、指导实践为根本任务，教育引导环保党员干部做“四讲四有”（讲政治、有信念，讲规矩、有纪律，讲道德、有品行，讲奉献、有作为）合格党员，形成想干事、能干事、干成事、不出事的生动局面，以良好工作作风和精神状态推动环境保护事业改革发展。

具体而言，我们做了以下工作：

（一）打好大气、水、土壤污染防治三大战役。

深入实施《大气污染防治行动计划》（以下简称《大气十条》）。发布实施《京津冀地区大气污染防治强化措施（2016—2017年）》，建立月调度、季考核制度，推动完成京津冀2017年环境空气质量改善目标。编制城市大气环境质量达标规划管理办法和技术指南，推动未达标城市编制限期达标规划。加快燃煤电厂超低排放改造，截至2016年11月底，全国燃煤机组累计完成超低排放改造4.25亿千瓦，占煤电总装机容量的47%。其中，河北、河南等省基本完成改造任务。推动石化、化工行业挥发性有机物排放治理，进一步明确水泥错峰生产措施，散煤替代、燃煤小锅炉淘汰、工业企业提标改造等治理任务加快推进。构建机动车环境管理新模式，推进新生产机动车信息公开和机动车排放检验信息联网。全国累计淘汰黄标车和老旧车404.58万辆，完成全年淘汰任务的106.5%。北京、天津、陕西、广东、河南等省（市）淘汰工作推进力度大，完成情况较好。开展柴油车打假专项行动，对车用燃油品质开展随机抽样调查。发布轻型汽车第六阶段排放标准、船舶发动机第一二阶段排放标准。自2017年1月1日起，在全国实施第五阶段机动车排放标准。加强区域联防联控，浙江、上海、江苏、安徽、江西、山东、河南等7省（市）密切配合、全力以赴，圆满完成G20峰会空气质量保障任务，峰会期间环境空气质量达到优良。委托中国工程院开展《大气十

条》实施情况中期评估，结果显示，各项措施进展良好，空气质量改善成效已经显现。

全面推动落实《水污染防治行动计划》（以下简称《水十条》）。与各省（区、市）政府签订水污染防治目标责任书，指导水质未达标地区编制水体达标方案。制定《水十条》实施情况考核规定等十余项配套政策措施。加强流域水环境综合治理，编制重点流域水污染防治“十三五”规划，考核“十二五”规划实施情况，规划考核断面75.4%达标，水污染防治项目完成72.8%。落实长江经济带大保护工作，编制《长江经济带生态环境保护规划》，制定2016—2017年行动计划；开展沿江饮用水水源地环保执法专项行动，完成11省（市）126个地级以上城市全部319个集中式饮用水水源保护区划定，排查发现的399个问题50%以上完成清理整治。制定加强地下水污染防治工作方案，组织评估3300多个城镇集中式水源、抽样调查3800多个农村水源环境状况。开展东江、滦河等良好水体生态环境评估，编制实施保护方案。会同财政部深化新安江流域生态补偿，启动汀江—韩江流域、九州江流域、东江流域、引滦入津上下游横向生态补偿试点。组织排查城市黑臭水体，建立整治监管平台。截至2016年11月，排查确认的2014个黑臭水体中，13.3%已完成整治工作，32.5%正在进行整治。会同财政部安排60亿元中央资金，支持农村环境综合整治工作。联合住房城乡建设部建立垃圾治理工作部际联席会议制度，排查非正规垃圾堆放点并提出整治方案。浙江深入实施“五水共治”，水环境质量持续改善。天津狠抓“三水”（工业废水、生活污水、畜禽粪水）治理，启动110座污水处理厂改造，划定畜禽养殖禁养区。陕西开展《水十条》落实专项督查，进行渭河流域城市水质排名。

组织实施《土壤污染防治行动计划》（以下简称《土十条》）。明确25项近期拟出台配套政策措施。12个部门印发落实重点工作实施方案。出台《土壤污染防治工作方案编制技术指南》，指导督促各地制

定工作方案、细化落实《土十条》，17个省（区、市）印发省级工作方案。研究起草《土十条》实施情况考核规定，推动落实各省级人民政府土壤污染防治目标。启动6个土壤污染综合防治先行区建设，以及第二批土壤污染治理与修复试点项目。编制污染地块、农用地土壤环境管理办法以及建设用地土壤环境调查评估技术规定，加快推进《农用地土壤环境质量标准》《建设用地土壤污染风险筛选指导值》修订。编制《全国土壤污染状况详查总体方案》，经国务院批准启动详查工作。发布《国家危险废物名录》，建立危险废物豁免管理制度，初步实现危险废物分级分类管理。开展打击涉危险废物环境违法犯罪行为专项行动，检查单位4.6万余家，立案查处1500多件，移送公安部门330件。严格废弃电器电子产品拆解处理审核，7000多万台“四机一脑”进入正规处理企业处理。加强重金属污染防控重点区域综合治理。开展化学品生产使用情况调查和环境激素类化学品监控评估工作。

（二）推进供给侧结构性改革。

化解钢铁煤炭行业过剩产能。出台积极发挥环境保护作用促进供给侧结构性改革、支持钢铁煤炭行业化解过剩产能实现脱困发展等指导意见。对钢铁、水泥、平板玻璃等行业开展专项执法检查，截至2016年11月底，共检查企业7145家，对538家（次）环境违法企业进行处理处罚，累计罚款9800万元。

切实发挥环评源头预防作用。围绕“划框子、定规则、查落实”3个环节，以“三线一单”（生态保护红线、环境质量底线、资源利用上线和环境准入负面清单）为手段，强化空间、总量、准入环境管理。深入推进京津冀、长三角和珠三角地区战略环评，审查45项规划环境影响评价文件。严格建设项目环评准入，国家层面批复建设项目环评文件80项，涉及总投资10584亿元；对11个不符合环境准入要求的“两高一资”、低水平重复建设和产能过剩项目不予审批，涉及总投资970亿元。

发布《建设项目环境影响评价技术导则总纲》，优化环评工作和环境影响报告书（表）编制内容。开展建设项目事中事后监管工作专项检查，全国31个省（区、市）、新疆生产建设兵团和420个地市级环保部门实现环评审批和环保验收信息每周联网报送。

完善政策和标准技术体系。健全环境信用体系，会同31个部门印发《关于对环境保护领域失信生产经营单位及相关人员实施联合惩戒的备忘录》，并将一批环境行政处罚信息纳入“全国信用共享平台”。配合有关部门出台《关于构建绿色金融体系的指导意见》，修订《环境保护专用设备企业所得税优惠政策》，严格限制“高污染、高环境风险”产品生产企业享受出口退税优惠和加工贸易。完成火电、加油站等12项污染物排放标准实施评估，发布59项国家环境保护标准，现行有效的环境保护标准达1732项。发布《国家先进污染防治技术目录（VOCs防治领域）》以及水泥窑协同处置固体废物、铅蓄电池生产及再生、废电池等3项污染防治技术政策，与有关部门联合发布《节能减排与低碳技术成果转化推广清单（第二批）》。

深化行政审批制度改革。取消“环境保护部负责的建设项目环境保护验收”等1项中央本级和“在环保部门管理的地方级自然保护区的实验区开展参观、旅游活动审批”“入海排污口位置审批”“建设项目环境保护设施竣工验收”等3项中央指定地方实施的行政许可事项。环境影响登记表项目由审批制改为备案制管理，开展产业园区规划环境影响评价清单式管理试点，制定京津冀环评管理综合改革试点方案，358家环保系统环评机构全部完成脱钩。

（三）深化落实各项改革举措。

在环境保护督察方面。完成河北省试点及第一批对内蒙古等8个省（区）中央环保督察，刚刚结束第二批对北京、上海等7个省（市）督察进驻，共受理群众举报3.3万余件，立案处罚8500余件、罚款4.4亿多元，

立案侦查800余件、拘留720人，约谈6307人，问责6454人。全国有21个省（区、市）党委政府出台省级环保督察方案，20多个省（市、区）成立环保督察机构，河北、山西、安徽、福建、四川、贵州、新疆等省（区）已启动对地市党委政府的督察工作，形成了中央和省级两级督察体制。

在省以下环保机构监测监察执法垂直管理改革方面，中办、国办印发《关于省以下环保机构监测监察执法垂直管理制度改革试点工作的指导意见》，围绕解决现行以块为主地方环保管理体制存在的4个突出问题，以调整机构隶属关系为手段，以重构条块关系为方向，以落实各方责任为主线，以推动发展和保护内在统一、相互促进为落脚点，在制度建设上实现"两个加强"，即加强地方党委政府责任落实，相关部门按照环境保护责任清单履职尽责，加强监督检查和责任追究，建立健全权威有效的环境监察体系；在工作重心上实行"两个聚焦"，即省级环保部门进一步聚焦对环境质量监测考核和环保履责情况的监督检查，市（地）县级环保部门进一步聚焦属地环境执法和执法监测；在运行机制上强化"两个健全"，即建立健全环保议事协调机制，建立健全信息共享机制；在推进实施上，要求成熟一个、备案一个、启动一个，力争在2017年6月底前完成试点、在2018年6月底前基本完成改革工作，"十三五"末全国省以下环保部门将按照新制度运行。目前，河北、重庆率先启动改革实施工作，在环境监察体系、环境监察专员制度、生态环保委员会、环境监测机构规范化建设等方面作出制度性安排。上海、江苏、福建、山东、贵州、河南、湖北、广东、陕西、青海等10个省（市）以省委省政府名义提出试点申请，天津、新疆、江西等省（区、市）也在积极开展前期工作。

在实施控制污染物排放许可制方面，国办印发《控制污染物排放许可制实施方案》。总体思路和目标是：坚持问题导向，推动落实企事

业排污单位治污主体责任，实现污染源全面达标排放，严格控制污染物排放；坚持目标指引，改革以行政区为主的总量控制制度，建立企事业排污单位污染物排放总量控制，更好地促进环境质量改善；坚持系统思维，逐步整合、衔接固定源环境管理相关制度，构建固定污染源环境管理核心制度；坚持依法行政，严格依照排污许可证规定，规范监管执法行为，提升环境管理效力。在实施步骤上，分行业、分阶段推动，率先对火电、造纸行业企业核发排污许可证，2017年完成《大气十条》和《水十条》重点行业及产能过剩行业企业排污许可证核发，2020年全国基本完成排污许可证核发。目前，已印发《排污许可证管理暂行规定》，初步构建全国排污许可证管理信息平台，启动火电、造纸行业排污许可证申请核发，在京津冀部分城市开展高架源排污许可证管理试点，在山东、浙江、江苏等省开展流域试点，海南石化行业试点已经启动。

在生态环境监测网络建设方面，出台《生态环境监测网络建设方案实施计划（2016—2020年）》。全面完成1436个国控环境空气质量监测城市站监测事权上收任务，并委托社会监测机构进行运维。实现京津冀、长三角、珠三角县区级空气质量监测站点联网，全面建成京津冀及周边区域颗粒物组分和光化学监测网。建成由3186个监测断面组成的国家地表水监测网。初步建成国家土壤环境网，完成2.2万个基础点位布设，建成约1.5万个风险监控点。全面加强环境监测质量管理，组织开展环境空气自动监测质量飞行检查，通过约谈、通报等方式对发现的问题责成省级环保部门和相关市政府严肃处理；联合公安部查办空气质量监测数据造假案件。

在生态环境保护红线划定方面，《关于划定并严守生态保护红线的若干意见》已经中央全面深化改革领导小组会议审议通过，全国各省（区、市）均已启动生态保护红线划定工作。江西、湖北、浙江、山东、四川、重庆、福建等省（市）生态保护红线已经省级人民政府发布或审议；江苏优化调整省级生态红线保护区域，省域生态补偿连续三年稳定在15亿元；海南把生态保护红线作为“多规合一”的基础，成为管控国土空间开发的有力抓手。

在生态环境损害赔偿制度改革方面，印发《生态环境损害鉴定评估技术指南总纲》《生态环境损害鉴定评估技术指南损害调查》等技术规范，在吉林等7省（市）开展改革试点。

《培育发展农业面源污染治理、农村污水垃圾处理市场主体方案》印发。《按流域设置环境监管和行政执法机构试点方案》即将提请中央全面深化改革领导小组会议审议，《环境污染强制责任保险制度方案》已报送国务院。《跨地区环保机构试点方案》和《重点区域大气污染联防联控协作机制方案》经批准合并办理，已征求有关部门和地方意见，将尽快报送国务院。

（四）强化环境法治保障。

健全环境法律法规体系。首次向全国人大常委会报告全国环境质量状况和环境保护目标完成情况、全国自然保护区建设与管理工作情况。配合完成环境保护税法制定和环境影响评价法、海洋环境保护法、固体废物污染环境防治法修改，核安全法、水污染防治法已经全国人大常委会一审，土壤污染防治法的起草论证基本完成。发布《建设项目环境影响登记表备案管理办法》等4件部门规章。配合最高人民法院、最高人民检察院修改《关于办理环境污染刑事案件适用法律若干问题的解释》，加大对数据造假等恶意违法行为处罚力度。上海修订《上海市环境保护条例》，新疆修订《新疆维吾尔自治区环境保护条例》，天津颁布《天津市水污染防治条例》，吉林颁布《吉林省大气污染防治条例》，湖北颁布《湖北省土壤污染防治条例》。

持续开展《环境保护法》实施年活动。落实地方党委政府环境保护责任。对环境质量恶化趋势明显的7个市政府主要负责同志进行公开约谈。各省（区、市）对205个市（区、县）政府开展综合督查，对33个市县进行约谈，对5个市县实施区域环评限批，对245个问题挂牌督办。严厉打击环境违法行为。全国实施按日连续处罚案件974件，实施查封扣押案件9622件，实施限产停产案件5211件，移送行政拘留案件3968起，移送涉嫌环境污染犯罪案件1963件，同比分别上升36%、130%、68%、91%、16%。其中，浙江、广东、江苏、福建、安徽、河南、山东等7省案件数量达1000件以上。湖北、湖南、广西、重庆、四川、宁夏等省（区、市），积极查办大案要案，取得积极成效。

加大对数据造假行为的查处力度，组织查处污染源自动监控弄虚作假典型案例19起，拘留41人。推动执法信息公开，全部省级、地市级环保部门在政府门户网站设立“环境违法曝光台”等信息公开专栏。环境保护部按季向社会公布严重超标国家重点监控企业名单，前三季度共169家次，地方环保部门依法严肃处理，限产39家次、停产19家次、罚款101家次约1.52亿元，严重超标企业数量明显减少。各省级环保部门全部在门户网站公开国家重点监控企业自动监控数据。

清理环保违法违规建设项目，全国共排查违法违规建设项目64.7万个，已完成清理整顿61.8万个，约占总任务量的95.6%；排查出“十小”企业2641家，完成取缔2465家，取缔完成数量占比93.3%。启动实施工业污染源全面达标排放计划，通过依法治理、科技支撑、监督执法、完善政策等措施，分类推进工业污染源达标排放。

加强环境执法能力建设。加快建立实时在线环境监控系统，建成由352个监控中心、10257个国家重点监控企业组成的环保物联网体系。北京、天津、河北、山东、河南利用短短两个月时间，完成1239家高架源企业、共2370个监测点自动监控设备安装和联网。开展环境执法大练兵活动，推动基层执法人员依法、严格、规范执法。推动环境监管执法平台建设，第一批天津、江苏、上海、湖南、广西、辽宁等6个试点省

（区、市）环境执法机构全部配备移动执法系统，5个省（区、市）所有环境执法机构均与执法平台联网，基本实现执法现场可视化展示。

（五）加大生态保护力度。

强化自然保护区综合管理。编制《国家级自然保护区发展规划（2016—2025年）》。国务院批准新建18个、调整5个国家级自然保护区。对446个国家级自然保护区人类活动开展遥感监测，对贺兰山等5个国家级自然保护区进行公开约谈，对6个国家级自然保护区进行重点督办。

加强生物多样性保护。推进实施生物多样性保护重大工程。以长江经济带为重点开展11个县生物多样性调查试点，全国建成400余个观测样区并开展常态化观测。会同中科院编制并发布《中国自然生态系统外来入侵物种名单（第四批）》。启动全国生态状况2010—2015年变化调查评估。四川、重庆、黑龙江和浙江等17个省（区、市）已发布实施地方生物多样性保护战略与行动计划，云南、湖北、陕西、甘肃等省开展生物多样性调查和评估试点工作。

开展生态文明示范创建。制定实施《国家生态文明建设示范区管理规程（试行）》《国家生态文明建设示范县、市指标（试行）》。命名91个国家生态市县，对获得首届中国生态文明奖的19个先进集体和33名先进个人进行表彰。各地积极推动生态示范创建。浙江建设首个部省共建美丽中国示范区，安吉县列为“两山”理论实践试点县。

（六）严格核与辐射安全监管。

全面落实国家核安全政策，建立国家核安全工作协调机制并有效运转，编制《核安全与放射性污染防治“十三五”规划及2025年远景目标》。我国35台运行核电机组、19座民用研究堆保持良好安全运行业绩，21台在建机组建造质量受控；核燃料循环设施、铀矿冶设施、放射源和射线装置安全受控；辐射环境质量保持良好。依法查处17起核与辐射领域违法违规事件，约谈8家问题突出的单位。全国核基地与核设施辐

射环境现状与调查评价专项任务基本完成。推动5省放射性废物处置场选址，完成150余个铀矿地质勘探遗留设施、水冶厂、尾矿库等退役整治。提高核与辐射监测应急能力，黑龙江、吉林、辽宁、山东等4省大力配合，圆满完成第四、五次朝核试验辐射环境安全风险应对任务。

（七）积极应对环境风险。

推进环境领域引发的社会风险防范与化解工作。开展垃圾焚烧发电行业专项执法检查，调度全国垃圾焚烧发电等项目建设情况，严格加强现有项目环境监管，审慎开展新建项目环评，指导地方依法推进项目建设。专门部署做好汛期环境安全保障工作，妥善应对自然灾害引发的环境事件。环境保护部直接调度处置突发环境事件60起，派工作组现场指导地方妥善处置常州外国语学校污染、218国道新疆伊犁州段柴油罐车泄漏等环境事件，有力维护了环境安全和群众合法权益。

（八）强化各项保障措施。

强化资金保障。配合财政部整合设立中央财政土壤污染防治专项资金，启动山水林田湖生态保护修复工程试点，建立“十三五”环保投资项目储备库，落实中央各类环境保护专项资金497亿元。提高中央本级综合保障能力，部门预算规模达到78.66亿元，为历年最高。

加强环保机构和人才队伍建设。水、大气、土壤环境管理机构调整到位，实现按环境要素设司。增设国家环境保护督察办公室和国家环境保护督察专员。推进事业单位分类改革，协助中央编办开展环境监测机构编制标准化建设。加强高层次人才选拔，评选第二批国家环境保护专业技术领军人才40名、青年拔尖人才78名。首次向全国环保系统13780人颁发长期从事环保工作纪念章。

全面推进科技支撑、国际合作、宣传教育等基础工作。国务院印发《关于开展第二次全国污染源普查的通知》。推进水体污染控制与治理科技重大专项，研发集成水污染治理和管理技术100余项，组织实施“大气污染成因与控制技术研究”等重点专项研究。积极推进生态环境大数据工程建设，发布总体方案和7个附件，在应急、环评、监测、执法、网站5个领域先行先试，数据资源整合和应用取得积极进展。积极推进绿色“一带一路”建设，“一带一路”环境技术交流与转移中心（深圳）揭牌成立。推动联合国环境规划署在联合国环境大会期间发布《绿水青山就是金山银山：中国生态文明战略与行动》报告。促成蒙特利尔议定书缔约方大会达成限控氢氟碳化物（HFCs）修正案，推动完成《关于汞的水俣公约》《关于持久性有机污染物的斯德哥尔摩公约》增列六溴环十二烷修正案和《名古屋遗传资源议定书》的国内批约工作。成功举办中国环境与发展国际合作委员会2016年年会。以“改善环境质量推动绿色发展”为主题开展“六·五”环境日宣传活动，开通“环保部发布”官方微博微信公众号，改善环境宣传工作方式。

（九）扎实推进作风建设和党风廉政建设。

落实全面从严治党主体责任。制定《环境保护部党组落实全面从严治党主体责任实施办法》，组织起草《环境保护部落实〈中国共产党问责条例〉实施办法》《落实中央八项规定精神负面清单》。开展“学党章学党规守纪律”党风廉政教育月活动，从党组书记到处长层层签订全面从严治党责任书，邀请中央纪委机关等部门负责同志作专题辅导报告，开展党纪党规知识竞赛。扎实开展对6家部属单位的巡视工作，推动解决党的领导、党的建设和全面从严治党方面突出问题。强化监督执纪问责，加大谈话函询力度，给予党纪处分7人，移送司法机关处理1人，营造守纪律、讲规矩、知敬畏、存戒惧的清正廉洁氛围。

深入开展“两学一做”学习教育。制定学习教育实施方案，部党组带头深入学习。我作专题辅导党课，对做“四讲四有”合格党员提出要求；150多名基层党组织书记登台讲党课。对44个直属党组织学习教育进行现场督导，确保学习教育任务落到实处。开展两次专题学习创新大讨

论，请12名司处级干部与部领导和干部职工现场交流，培育党员干部求真、务实、开拓、担当的优良作风。每月调度机关各党支部学习教育情况，全面自查、重点抽查基层党组织“三会一课”记录，切实把严肃党内政治生活落到实处。

扎实推进巡视整改任务再深化。针对中央国家机关纪工委对环境保护部开展中央专项巡视整改专项检查提出的反馈意见，制定整改落实清单，立行立改、逐项落实。30项整改措施中，21项已经完成，9项长期整改措施取得阶段性成果。给予1名党员领导干部党内警告处分、对1个单位班子成员和3个单位主要负责人进行诫勉谈话。

加强基层党组织建设。部系统182个基层党组织已有167个提前完成党费收缴专项检查工作，占总数92%，确保及时、规范、足额交纳党费。坚持把党组织按期换届作为党建考核的硬指标，加强分类指导，部系统22个应换届基层党组织已有19个完成换届工作，占总数86%。基层党组织的凝聚力、向心力和活力有所增强。

这些成绩的取得，是党中央、国务院科学决策、正确领导的结果，是各地区各部门协调配合、大力支持的结果，是全国环保系统齐心协力、狠抓落实的结果。这里，我代表部党组和部领导班子向出席今天会议的各位代表、老领导们，以及环保系统广大干部职工表示衷心感谢！

三、全力做好2017年各项工作

2017年是党和国家事业发展中具有重大意义的一年，也是全面实施《“十三五”生态环境保护规划》的重要一年。我们要坚持以改善环境质量为核心，以召开第八次全国环境保护大会为契机，对打赢补齐环保短板攻坚战进行全面部署。以全面实施《“十三五”生态环境保护规划》为主线，细化落实各项工作任务和改革措施，务求取得实实在在的效果，以优异成绩迎接党的十九大胜利召开。

“有智不如乘势”。做好环保工作，首先要明大势、掌大势，顺势

而为，乘势而上。

一是科学把握中央关于经济社会发展的总体要求。今年要召开党的十九大，各项工作异常艰巨，圆满完成任务，营造安定和谐的良好局面，是十分光荣而又严肃的政治任务，是政治纪律和政治要求。党的十八届六中全会和中央经济工作会议对今年党和国家各项工作作出全面部署。我国经济发展进入新常态，经济内在系统正在发生一系列重大变化，这些变化正在重构我国经济发展的动力结构、产业结构、要素结构、增长模式。要用新发展理念统领环保工作全局，把适应把握引领经济发展新常态作为贯穿各项工作的大逻辑，坚持稳中求进工作总基调，充分发挥环境保护对发展转型升级的引导、优化和促进作用，着力推动经济结构调整、发展方式转变、生产布局优化，提高发展的质量和效益。今年是供给侧结构性改革的深化之年，深入推进“三去一降一补”是重要任务。在去产能方面，要严格执行环保相关法律法规和标准，落实好企业达标排放行动，推动“小散乱污”企业整治；在补短板方面，要加大生态环境保护工作力度。要坚持底线思维，抓重点、抓关键、抓薄弱环节，改善环境，守住底线，为党的十九大召开营造和谐稳定的社会环境。

二是准确分析当前我国生态环境保护基本形势。中央经济工作会议对我国生态环境保护形势的判断是“生态环境有所好转，绿色发展初见成效”。当前，我国生态系统总体稳定，环境质量在全国范围和平均水平上总体向好，但某些特征污染物和部分时段部分地区局部恶化，环境保护形势依然严峻。在大气环境质量方面，2016年入冬以来，多地连续发生影响范围较广、持续时间较长的重污染过程，北京等地启动红色预警，多地爆表，给人民群众生产生活带来严重影响。在水环境质量方面，有121个断面同比水质持续为劣Ⅴ类，主要分布在海河、黄河和长江流域。新增22个劣Ⅴ类断面，主要分布在辽河、海河、淮河流域。总磷

污染问题日益凸显，其中9—12月总磷连续上升为影响地表水水质的首要污染物。112个监测水质的国控重点湖库水质中，总磷超标率为21.4%，为首要污染物。在环境风险方面，我国社会转型期和环境敏感期共存、环境问题高发期与环境意识升级期叠加，垃圾处理设施、化工项目建设、危险废物和污染地块处理处置引发的环境事件成为社会关注焦点。在生态保护方面，生态系统质量总体处于较低水平，部分地区生态空间破碎化加剧、生态系统退化严重，生物多样性下降的速度尚未得到有效遏制。总的来看，环境保护还处在负“重”前行阶段，环境质量根本好转必然是一个长期过程，既不要期望速战速决，也不能丧失信心，既要打好攻坚战、又要打好持久战。要以有序的步伐、坚定的举措，久久为功，扎实推进环境质量不断改善。

三是清醒认识环保工作面临的困难和问题。从外部来看，部分地区发展和保护的矛盾更加突出。地方普遍存在以重大工程建设投资拉动经济增长趋势，甚至突破原有的规划规模，与环境敏感区域保护矛盾加剧，布局性矛盾增加潜在环境风险。部分基础设施建设项目穿越自然保护区、饮用水水源保护区等情况增多，水电、航道开发等越来越逼近河流上游和环境敏感区，煤化工以及石化产业无序布局，对河湖关系、自然岸线等产生复杂而深远影响。一些地方谋划通过加速自然资源利用实现经济增长，自然保护区资源开发等问题频发，生态破坏的风险加大。

从内部来看，我们研究全局性问题仍然不足，习惯于按部就班、照老办法办事；环保监管的行政手段多、法治和经济手段运用不足；管理粗放，科学决策不够，政策制定针对性较差；抓大气、水、土壤污染防治中典型以及解决突出问题不深入、不具体，流于形式多；基层环保工作压力较大，面对垂管等重大基础性、结构性改革，人员队伍思想、作风、能力和准备还存在差距。

面对这样的形势和任务，2017年要重点做好以下9项工作：

（一）坚决治理大气、水、土壤污染。以改善环境质量为核心，全面落实《“十三五”生态环境保护规划》，深入实施大气、水、土壤污染防治行动计划。

持续推进大气污染治理。今年是《大气十条》第一阶段实施的最后一年。要抓好《京津冀大气污染防治强化措施（2016—2017年）》落实，确保圆满完成《大气十条》目标任务。完善大气环境管理制度，发布城市大气环境质量限期达标管理办法和指南，部署推进O_3污染防治。加快推进重点工程项目，加大燃煤电厂超低排放改造、散煤和“小散乱污”企业治理、中小锅炉淘汰、挥发性有机物减排等工作力度。深化机动车环境管理，实施机动车第五阶段排放标准和非道路移动机械第三阶段排放标准，配合做好车用油品质量抽样调查，完成机动车排放检验机构联网。加强重污染天预测预报和预警会商，继续强化重污染天气应对。

深入推进水污染治理。以贯彻落实《水十条》为主线，发布实施重点流域水污染防治规划，指导各地科学编制控制单元达标方案，强化水污染防治项目管理。逐月分析水环境形势，识别工作滞后地区和突出水环境问题，综合考虑水环境质量及同比变化幅度等因素，公布最差、最好的城市名单。贯彻落实新修订的水污染防治法，完善《水十条》配套政策措施。研究建立水陆统筹的流域生态环境保护机制，推动流域生态环境保护与水环境承载力监测评价预警、生态补偿等制度衔接。健全区域、流域水污染防治联动协作机制，突出饮用水水源保护、不达标水体和黑臭水体整治，发挥京津冀等重点区域示范带动作用。组织排查化工企业周边地下饮用水源安全隐患，督促更换不安全水源或强化供水深度处理。深入开展农村环境综合整治，开展农村有机废弃物资源化利用试点，推动建立收集、转化、利用三级网络体系，培育发展农村环境治理市场主体，探索建立可持续的农村环保体系。各地工业集聚区要在2017

年底前按规定建成污水集中处理设施，并安装自动在线监控装置。

全面实施《土十条》。按照“打基础、建体系、重协调、抓落实”的总体要求，全面启动土壤污染状况详查。开展建设用地土壤环境调查评估，指导省会城市建立污染地块名录及其开发利用的负面清单。加快土壤污染防治法立法，出台农用地、污染地块土壤环境管理办法等部门规章，制修订农用地、建设用地土壤环境质量等标准。继续推动土壤污染治理与修复技术应用试点和土壤污染综合防治先行区建设。积极配合全国人大常委会做好《固体废物污染环境防治法》执法检查。指导督促138个重金属污染防治重点区域制定综合治理方案，持续推进重点区域污染治理。开展现有化学物质风险评估，完成第一批优先控制化学品名录。

（二）深化和落实生态环保领域改革。

实现中央环保督察全覆盖。按照两年时间对所有省（区、市）督察一遍的要求，争取尽早完成其余省（市、区）的环境保护督察任务。适时组织开展督察“回头看”，紧盯问题整改落实，有效推进中央各项环境保护决策部署落实到位。密切关注各地环境质量状况，继续用好约谈、限批等手段，推动地方落实环境保护责任。指导各地开展省级环境保护督察。

稳步推进省以下环保机构监测监察执法垂直管理制度改革。加强对试点工作的分类指导和跟踪分析，做好典型引导和交流培训，加强统筹协调和督促检查，推动试点省份结合自身实际，细化举措，落实政策，在2017年6月底前基本完成改革任务。未纳入试点的省份要积极做好调查摸底、政策研究等前期工作，组织制定改革实施方案，为在2018年6月底前完成管理体制改革工作奠定基础。

加快排污许可制实施步伐。落实《控制污染物排放许可制实施方案》，加快完善相关法律法规、建立相应技术规范体系。加快环境管理制度衔接整合，尽快形成以排污许可为核心、精简高效的固定源环境管理制度体系。2017年6月30日前，完成火电、造纸行业企业排污许可证申请与核发工作，依证开展环境监管执法。2017年底前，完成《大气十条》和《水十条》重点行业及产能过剩行业企业排污许可证核发。建成全国排污许可证管理信息平台。推进京津冀高架源排污权交易试点。

推动生态环境损害赔偿改革。加强改革试点的协调指导、跟踪评估和督促检查，全面评估试点经验，制定生态环境损害赔偿制度方案。建立环境损害司法鉴定机构评审国家级专家库和地方库，制定相关鉴定评估技术指南。

完善环境经济政策。抓紧制定环境污染强制责任保险管理办法。继续推进环境信用体系建设，开展企业环境信用评价，构建跨部门信用联合惩戒和联合激励机制。深化绿色税收、绿色贸易和绿色金融政策，引导企业实施绿色生产。加快实施环保领跑者制度。

全力完成好中央交办的其他改革任务。将根据中央改革办的要求，再作出相应布置和要求。

（三）加强环境法治建设。

继续加强环境立法。推进水污染防治法、土壤污染防治法、核安全法、环境保护税法实施条例、排污许可证管理条例、生物遗传资源获取与惠益分享条例等法律法规制修订工作。

强化环境监管执法。持续开展《环境保护法》实施年活动，原则上所有县（市、区）均要有适用《环境保护法》四个配套办法案件。对环境质量差、执法力度小的地区，继续采取通报批评、公开约谈等措施。积极运用新的“两高”司法解释，加强环境行政执法与刑事司法联动，持续保持环境执法高压态势，对偷排偷放、数据造假、屡查屡犯企业依法严肃查处，加大重大环境违法案件查办力度，严肃追究刑事责任。组织开展长江经济带重化工企业（园区）整治、取缔小水泥和小玻璃企业整治等环境保护专项行动。建立实时在线环境监控系统，组织对钢铁、

火电、水泥、煤炭、造纸、印染、污水处理、垃圾焚烧等行业企业和长江经济带化工企业（园区）污水处理厂安装、运行污染源在线监控设备，并与环保部门联网。完善污染源自动监控管理机制，公开严重超标企业名单，扩大超标直接督办范围。

实施工业污染源全面达标排放计划。督促各地重点组织开展钢铁、火电、水泥、煤炭、造纸、印染、污水处理厂、垃圾焚烧厂等行业污染物排放情况评估及超标整治，通过追究行政（按日计罚等）、民事（公益诉讼）、刑事等法律责任，促进企业自觉守法。

（四）积极主动应对环境风险。

环境风险防控工作一刻也不能放松。要健全环境社会风险的防范与化解体系，强化关系公众健康重点领域风险预警与防控。研究制订行政区域突发环境事件风险评估推荐方法，指导地方开展市县级行政区域突发环境事件风险评估，加强市县级环保部门应急演练。研究制订企业事业单位突发环境事件应急预案评审指南。推进尾矿库环境风险管理、化工园区有毒有害气体环境风险预警体系建设试点和饮用水水源地环境应急管理。妥善应对突发环境事件，推进突发环境事件环境影响和损失评估，支持重特大突发环境事件环境民事公益诉讼。初步建立环境与健康监测、调查和风险评估制度。

（五）加大生态保护力度。

加快划定并严守生态保护红线。指导京津冀和长江经济带14个省市完成划定任务。抓紧研究制定配套管理办法、生态补偿方案、绩效考核和责任追究办法。建设生态保护红线监管平台，加大对生态保护重要区域的日常监控。推进全国生态状况变化（2010—2015年）调查评估。完善国家重点生态功能区转移支付制度，研究扩大横向补偿试点。

推进自然保护区综合管理转型。建立天地一体化遥感监控体系，加强自然保护区遥感监测，严肃查处各类违法违规行为。报批和实施《全国自然保护区发展规划（2016—2025年）》，优先建立一批水生生物、海洋和草原类型保护区。

积极推动生物多样性保护重大工程实施，开展生物多样性调查、评估和观测。指导各地编制生物多样性保护优先区域规划。印发《生态文明建设示范区和国家环境保护模范城市创建工作改革方案》，启动改革后的首批国家生态文明示范区和国家环境保护模范城市创建工作。

（六）加强核与辐射安全监管。

有效运行核安全工作协调机制，推进核安全政策实施。完善核与辐射法规标准体系，发布实施《核安全与放射性污染防治“十三五”规划及2025年远景目标》。宣贯核安全文化，推进核与辐射安全监管体系和监管能力现代化建设。坚持问题导向，深入查找安全隐患，落实企业安全责任，采取针对性措施持续加强核设施、核技术利用、铀矿冶和电磁辐射安全监管，推进核设施退役和放射性废物治理，实施加强放射源安全行动计划，加快培养核安全监管人才。加强东北边境及周边地区应急监测能力建设，持续强化朝核应对能力。升级重点核设施外围监督性监测系统，强化核与辐射事故应急、反核恐应急能力。

（七）创新决策和管理方式。

我国幅员辽阔、经济体量大、排污企业多、各地差异大，仅靠目前的队伍和监管方式很难进行有效的管理。创新决策和管理方式，提高环境保护“五化”水平，既是转变政府职能、简政放权、加强事中事后监管、规范监管尺度的迫切需要，也是下一阶段更好、更快、更低成本地实现环境质量改善的迫切需要。

实施生态环境大数据建设工程。加快构建覆盖全国各级环保系统的环境监管执法、环境质量和重点企业在线监测、固定源排污许可管理、环评审批和管理、重污染天气应急会商和应对等平台，提高决策、管理和服务的规范性、针对性和有效性。

完善生态环境监测网络。组织实施《生态环境监测网络建设方案实施计划（2016—2020年）》。继续强化空气质量预报预警体系建设，在部分重点流域新建地表水自动监测站，完成国家土壤环境质量监测网络建设。加强环境监测质量管理，坚决惩处环境监测数据造假行为，按照新的“两高”司法解释对弄虚作假的移交公检法机关追究刑事责任。这里我要强调，各地区完成考核目标要凭真本事，决不能在环境监测数据上动歪脑筋、做手脚，决不能在改善环境质量上做数字游戏和表面文章。环境保护部已全部上收1436个国控空气站点的监测事权，完善远程监测质量监控系统，将综合运用法律、行政、技术手段，对干扰环境数据采集、公然造假行为“零容忍”，发现一起严肃查处一起，严格追责。

着力提高环评工作水平。推动战略和规划环评落地，研究开展“三线一单”试点，制定《区域国土空间环境评价工作实施方案》。完成京津冀、长三角、珠三角地区战略环评，开展长江经济带战略环评和长江经济带产业园区规划环境影响跟踪评价与核查。加强项目环评管理，围绕建立健全“三挂钩”机制，加快规范完善重点行业项目环评管理。修订《建设项目环评分类管理名录》，建立环评、“三同时”和排污许可衔接的管理机制。制定《建设项目竣工环境保护验收办法》，强化建设单位环保“三同时”主体责任。完成全国环评审批信息联网，做到实时报送。

完善环境标准和技术政策体系。全面推进环保标准制修订工作，深入开展达标判定技术研究，加快推进纺织染整等10项污染物排放标准实施评估。围绕实施排污许可制，完善污染防治技术体系。大力发展以绿色生产消费和服务模式创新为导向的环保产业。

加大公众参与力度。修订《环境信息公开办法（试行）》。推进企业环境信息公开，完善企业信息公开平台。修订《环评公众参与暂行办法》，健全公众参与机制。督导各地进一步加大环境信息公开力度。加

强政府、科技界、媒体、公众交流对接，及时、深度、科学解读和宣讲环境污染问题成因、危害和治理措施。开展例行新闻发布，及时发布环境保护权威信息。以“环保部发布”微博微信为主体，逐步建立国家、省、市、县四级联动的新媒体矩阵，回应社会关切。

（八）加强科技支撑和基础能力。

促进科技创新和支撑。当前，我们对众多环境问题的成因和过程认识简单、科学性和准确性研究不足，不能提供高效、系统调控方案。伴随环境治理的深入，需要加强区域性重大环境科学问题研究，以科学事实、科研数据、科技成果为依据，提高决策科学化水平。启动实施水专项“十三五”规划，积极参与国家重点研发计划，开展污染治理、生态修复等领域关键技术攻关，着力加强基础研究和前沿技术研发，为改善环境质量提供强有力的科技支撑。认真做好第二次全国污染源普查前期准备工作。

加强环保能力建设。强化环保干部人才队伍建设，加大对基层工作人员的关心关爱。出台《“十三五”环保干部人才队伍建设总体方案》。开展环保能力提升年活动。组织开展环境保护大培训，提高人员业务素质和能力。组织环境执法大练兵，开展环境监管执法平台建设第二批试点。推动出台关于环境监测机构编制标准的指导意见，结合推进省以下环保机构监测监察执法垂直管理制度改革，逐步改善基层环境监测、监察、辐射安全监管工作条件。

强化投资保障。做好财政专项资金安排与《“十三五”生态环境保护规划》《长江经济带生态环境保护规划》项目衔接，加快实施一批重大工程。健全专项资金项目监管体系，发挥环保投资项目储备库基础作用，细化完善专项资金项目管理。进一步改革专项资金分配，将资金安排与环境质量改善和资金使用绩效挂钩。

开展国际合作。积极推动绿色“一带一路”建设，实施绿色丝绸之

路使者计划，建设环保技术与产业合作平台。组建第六届国合会，组织召开国合会2017年年会。

（九）加强党风廉政建设和反腐败工作。

深入学习贯彻党的十八届六中全会精神，强化党员干部“四个意识”，严明政治纪律和政治规矩，加强和规范党内政治生活，加强党内监督。完善党建考核机制，切实把党建考核严起来，落实全面从严治党主体责任。围绕落实中央专项巡视整改任务、纪工委专项检查落实清单、中央八项规定精神、全面从严治党“两个责任”，坚持定期调度制度，以抓铁有痕、踏石留印的精神，推动部系统党风廉政建设落到实处，培育党员干部求真、务实、开拓、担当的优良作风。加大对各级党组织理论学习、按期换届、落实“三会一课”制度以及缴纳党费情况的督导，真正抓住基层、打牢基础，建设坚强的战斗堡垒。

最后，我再强调一下，今年将召开第八次全国环境保护大会。1973年到2011年，国务院先后召开7次全国环境保护会议，集中宣示党和国家关于环保工作的重大理念和重大政策举措，极大地推动了环保事业发展。召开第八次全国环境保护大会，总结“十二五”以来环保工作的进展和经验，表彰全国环保系统先进集体和个人，进一步确定“十三五”期间环保工作的重点目标、重点任务、重点措施，对于打赢补齐环保短板攻坚战，实现全面建成小康社会的环境保护目标具有重要意义。要提前谋划、精心准备，做好重大问题调研分析、会议文件起草、会务准备等各项工作。

同志们，做好今年的环境保护工作意义重大，任务艰巨，使命光荣。让我们更加紧密地团结在以习近平同志为核心的党中央周围，开拓进取、奋力攻坚，扎实工作、务求实效，以改善环境质量的优异成绩迎接党的十九大胜利召开，为实现“两个一百年”奋斗目标、实现中华民族伟大复兴的中国梦作出新的贡献！

四、庆祝、纪念类讲话稿

此类讲话稿是领导在纪念某一历史事件、历史人物或重大庆典等纪念性会议上所发表的讲话稿。这类讲话稿既肯定和颂扬历史事件的重大意义和历史人物的丰功伟绩，还要立足当前、面向未来，揭示其现实意义，对继承光荣传统、弘扬革命精神提出具体要求。

庆祝、纪念类讲话稿范例

在纪念孙中山先生诞辰150周年大会上的讲话

（2016年11月11日）

习近平

同志们，朋友们：

今天，我们在这里隆重集会，纪念孙中山先生诞辰150周年，缅怀他为民族独立、社会进步、人民幸福建立的不朽功勋，弘扬他的革命精神和崇高品德，激励海内外中华儿女为实现中华民族伟大复兴而团结奋斗。

孙中山先生是伟大的民族英雄、伟大的爱国主义者、中国民主革命的伟大先驱，一生以革命为己任，立志救国救民，为中华民族作出了彪炳史册的贡献。

时代造就伟大人物，伟大人物又影响时代。150年前，孙中山先生出生之时，中国正遭受帝国主义列强的野蛮侵略和封建专制制度的腐朽统治，战乱频发，民生凋敝，中华民族陷入内忧外患的灾难深渊，中国人民处于水深火热的悲惨境地。在那个风雨如晦的年代，中华民族从未屈服，无数仁人志士前仆后继，探求救国救民的道路，进行可歌可泣的抗争。孙中山先生就是他们中的杰出代表。

青年时代，孙中山先生目睹山河破碎、生灵涂炭，誓言“亟拯斯民于水火，切扶大厦之将倾”，高扬反对封建专制统治的旗帜，毅然投身

民主革命事业。他创立兴中会、同盟会，提出民族、民权、民生的三民主义，积极传播革命思想，广泛联合革命力量，连续发动武装起义，为推进民主革命四处奔走、大声疾呼。

1911年，在他领导和影响下，震惊世界的辛亥革命取得成功，推翻了清王朝统治，结束了统治中国几千年的君主专制制度。由于历史进程和社会条件的制约，辛亥革命虽然没有改变旧中国半殖民地半封建的社会性质，没有改变中国人民的悲惨命运，没有完成实现民族独立、人民解放的历史任务，但开创了完全意义上的近代民族民主革命，打开了中国进步闸门，传播了民主共和理念，极大推动了中华民族的思想解放，以巨大的震撼力和影响力推动了中国社会变革。

孙中山先生的伟大，不仅在于他领导了辛亥革命，而且在于他为了实现革命理想，与时俱进完善自己的革命理念和斗争方略，毫不妥协同逆时代潮流而动的各种势力进行斗争。他坚决反对军阀分裂割据，坚定维护民主共和制度和国家完整统一。十月革命爆发后，马克思列宁主义传入中国，为孙中山先生认识世界和中国打开了新的视野。中国共产党成立后，孙中山先生同中国共产党人真诚合作，在中国共产党帮助下，把旧三民主义发展为新三民主义，实行联俄、联共、扶助农工三大政策，改组中国国民党，推动北伐战争取得胜利，把反帝反封建的民主革命推向前进。毛泽东同志把三民主义纲领、统一战线政策、艰苦奋斗精神并称为孙中山先生“留给我们的最中心最本质最伟大的遗产”，是“对于中华民族最伟大的贡献”。

孙中山先生为当时中国的积贫积弱痛心疾首，第一个响亮喊出“振兴中华”的口号。他认为，“建设为革命之唯一目的”。他坚信，革命成功以后，经过全民族努力，中国一定能够迎头赶上世界先进国家。他满怀豪情地说：“一旦我们革新中国的伟大目标得以完成，不但在我们的美丽的国家将会出现新纪元的曙光，整个人类也将得以共享更为光明的前景”。

孙中山先生为中国人民和中华民族作出了杰出贡献，在中国人民心中享有崇高威望，受到全体中华儿女景仰。今天，缅怀孙中山先生建立的历史功勋，缅怀孙中山先生为中国人民鞠躬尽瘁的光辉一生，我们心中充满着深深的崇敬之情。

同志们、朋友们！

中国共产党人是孙中山先生革命事业最坚定的支持者、最忠诚的合作者、最忠实的继承者。在他生前，中国共产党人坚定支持孙中山先生的事业。在他身后，中国共产党人忠实继承孙中山先生的遗志，团结带领全国各族人民英勇奋斗、继续前进，付出巨大牺牲，完成了孙中山先生的未竟事业，取得新民主主义革命胜利，建立了人民当家做主的中华人民共和国，实现了民族独立、人民解放。在这个基础上，中国共产党人团结带领中国人民继续奋斗，完成了社会主义革命，确立了社会主义制度。

新中国成立67年特别是改革开放30多年来，在中国共产党领导下，中国人民在社会主义道路上实现了一个又一个伟大飞跃，取得举世瞩目的伟大成就。今天，我们可以告慰孙中山先生的是，我们比历史上任何时期都更接近中华民族伟大复兴的目标，比历史上任何时期都更有信心、有能力实现这个目标。

同志们、朋友们！

我们对孙中山先生最好的纪念，就是学习和继承他的宝贵精神，团结一切可以团结的力量，调动一切可以调动的因素，为他梦寐以求的振兴中华而继续奋斗。

——我们要学习孙中山先生热爱祖国、献身祖国的崇高风范。孙中山先生最大的特点是热爱祖国，一生追求实现民族独立和发展振兴的理想，对此矢志不移、无比坚定。孙中山先生说："做人的最大事情是什么呢？就是要知道怎么样爱国"。他总是以"爱国若命""一息尚存，不忘救国"等鞭策自己。孙中山先生具有高度的民族自尊和民族自信，

不泥古、不守旧，不崇洋、不媚外，强调“中国的社会既然是和欧美的不同，所以管理社会的政治自然也是和欧美不同”；“发展之权，操之在我则存，操之在人则亡”。他从坎坷人生经历和长期斗争实践中得出一个道理，就是改造中国必须从中国实际出发，走适合中国国情的道路。

古今中外的历史都告诉我们，世界上没有一个民族能够亦步亦趋走别人的道路实现自己的发展振兴，也没有一种一成不变的道路可以引导所有民族实现发展振兴；一切成功发展振兴的民族，都是找到了适合自己实际的道路的民族。今天，我们要开创中华民族伟大复兴新局面，必须大力弘扬伟大的爱国主义精神，坚信中华民族有能力走出一条成功的复兴之路。爱国主义是具体的、现实的。在当代中国，弘扬爱国主义就必须深刻认识到，中国共产党领导和中国社会主义制度必须长期坚持，不可动摇；中国共产党领导中国人民开辟的中国特色社会主义必须长期坚持，不可动摇；中国共产党和中国人民扎根中国大地、借鉴人类文明优秀成果、独立自主实现国家发展的大政方针必须长期坚持，不可动摇。我们要增强中国特色社会主义道路自信、理论自信、制度自信、文化自信，坚定不移沿着中国特色社会主义道路守护好、建设好我们伟大的国家。

——我们要学习孙中山先生天下为公、心系民众的博大情怀。孙中山先生有着深厚的为民情怀，一生坚持以“天下为公”为最高思想境界，致力于“除去人民的那些忧愁，替人民谋幸福”，对此矢志不移、无比坚定。孙中山先生深知人民是最伟大的力量，强调要实现革命的目的，必须唤起民众。他关心民众疾苦，强调“国家之本，在于人民”，“民生为社会进化的重心”，“人民所做不到的，我们要替他们去做；人民没有权利的，我们要替他们去争”。他谆谆告诫大家，“要立心做大事，不要立心做大官”。孙中山先生对人民的深厚感情，是他追求真理、矢志革命的力量源泉，是他奋斗不息、永不言弃的深厚基础。

任何一项伟大事业要成功，都必须从人民中找到根基，从人民中集聚力量，由人民共同来完成。违背人民意愿，脱离人民支持，任何事业都会成为无源之水、无本之木，都是不能成功的。今天，要开创中华民族伟大复兴新局面，我们党就必须始终把全心全意为人民服务作为根本宗旨，始终把人民拥护和支持作为力量源泉，坚持把人民放在心中最高位置。我们要坚持一切为了人民、一切依靠人民，永远保持对人民的赤子之心，永远同人民站在一起，推动改革发展成果更多更公平惠及全体人民，朝着实现全体人民共同富裕的目标不断迈进，把13亿多中国人民凝聚成推动中华民族发展壮大的磅礴力量。

——我们要学习孙中山先生追求真理、与时俱进的优秀品质。孙中山先生眼界宽广、胸襟开阔，一生追求真理、坚持真理，对此矢志不移、无比坚定。世界上没有先知先觉的人物。孙中山先生以“世界潮流，浩浩荡荡，顺之则昌，逆之则亡”为座右铭，善于从实践中学习，包括从失败的教训中学习，因而能够“适乎世界之潮流，合乎人群之需要”。他说：“我一生的嗜好，除了革命外，只有好读书，我一天不读书，便不能生活。”他从不停止探索前进的步伐，从不拒绝修正自己的思想和主张。他总是内审中国之情势，外察世界之潮流，兼收众长，益以新创，努力赶上时代潮流。无论是从社会改良主义者转变为坚定的民主革命者，还是把旧三民主义发展成新三民主义，都体现了他敢于突破局限、不断自我革新的可贵精神。

历史的车轮滚滚向前，跟不上的人必将成为落伍者，必将被历史所淘汰。历史只会眷顾坚定者、奋进者、搏击者，而不会等待犹豫者、懈怠者、畏难者。今天，我们要开创中华民族伟大复兴新局面，就必须树立宏大历史视野，把握世界发展大势，聆听时代声音，勇于坚持真理、修正错误，不断推进理论创新、实践创新、制度创新、文化创新以及其他各方面创新，在时代前进的洪流中书写中华民族发展新篇章。

——我们要学习孙中山先生坚韧不拔、百折不挠的奋斗精神。孙中

山先生“致力国民革命凡四十年”，一生坚持“吾志所向，一往无前，愈挫愈奋，再接再厉”，对此矢志不移、无比坚定。孙中山先生说：“以吾人数十年必死之生命，立国家亿万年不死之根基，其价值之重可知。”孙中山先生的革命生涯屡经挫折、备尝艰辛，但为了“造成独立自由之国家，以拥护国家及民众之利益”，他从不因失败而灰心，也从不因困难而退缩，坚信“吾心信其可行，则移山填海之难，终有成功之日；吾心信其不可行，则反掌折枝之易，亦无收效之期也”，坚信只要“精神贯注，猛力向前，应乎世界进步之潮流，合乎善长恶消之天理，则终有最后成功之一日”。任何外来威胁、内部分裂、暂时失败都不能动摇孙中山先生的革命意志，直到卧病弥留之际，他念念不忘的仍是“和平、奋斗、救中国”。孙中山先生以毕生奋斗践行了他的誓言，表现出一个伟大革命者的英雄气概和执着追求。

伟大的事业之所以伟大，不仅因为这种事业是正义的、宏大的，而且因为这种事业不是一帆风顺的。伟大的人物之所以伟大，不仅因为这样的人物为人民、为民族、为人类建立了丰功伟绩，而且因为这样的人物在艰苦磨砺中铸就了坚强意志和高尚人格。今天，我们要开创中华民族伟大复兴新局面，就必须冷静审视深刻复杂变化的国际形势，全面把握艰巨繁重的改革发展稳定任务，进行长期不懈的艰苦努力，什么时候都不要想象可以敲锣打鼓、顺顺当当实现我们的奋斗目标。我们要把责任扛在肩上，时刻准备应对重大挑战、抵御重大风险、克服重大阻力、解决重大矛盾，以不畏艰险、攻坚克难的勇气，以昂扬向上、奋发有为的锐气，不断把中华民族伟大复兴事业推向前进。

同志们、朋友们！

孙中山先生始终坚定维护国家统一和民族团结，旗帜鲜明反对一切分裂国家、分裂民族的言论和行为。孙中山先生说：“中国是一个统一的国家，这一点已牢牢地印在我国的历史意识之中，正是这种意识才使我们能作为一个国家而被保存下来。”他强调：“‘统一’是中国全体国民的希望。能够统一，全国人民便享福；不能统一，便要受害。”

实现祖国完全统一，是中华民族根本利益所在，也是全体中华儿女的共同愿望和神圣职责。确保国家完整不被分裂，维护中华民族根本利益，是全体中华儿女共同意志，是不可阻挡的历史潮流。

两岸同胞是血脉相连的骨肉兄弟。两岸是割舍不断的命运共同体。两岸关系和平发展是维护两岸和平、促进共同发展、造福两岸同胞的正确道路。我们坚持“九二共识”的共同政治基础，深化两岸经济社会融合，增进同胞福祉和亲情。台湾任何党派、团体、个人，无论过去主张过什么，只要承认“九二共识”，认同大陆和台湾同属一个中国，我们都愿意同其交往。

两岸同胞前途命运同中华民族伟大复兴密不可分。两岸同胞以及海内外全体中华儿女要携起手来，共同反对“台独”分裂势力，共同为两岸关系和平发展、实现祖国完全统一而努力，共同创造所有中国人的幸福生活和美好未来。

近代以来，中国经历了长达百余年的国破山河碎、同胞遭蹂躏的悲惨历史，所有中华儿女对此刻骨铭心。维护国家主权和领土完整，绝不容忍国家分裂的历史悲剧重演，是我们对历史和人民的庄严承诺。一切分裂国家的活动都必将遭到全体中国人民坚决反对。我们绝不允许任何人、任何组织、任何政党、在任何时候、以任何形式、把任何一块中国领土从中国分裂出去！

同志们、朋友们！

国家好、民族好，大家才会好。孙中山先生毕生奋斗，就是期盼中国成为“世界上顶富强的国家”“世界上顶安乐的国家”，中国人民成为“世界上顶享幸福的人民”。孙中山先生希望“发扬吾固有之文化，且吸收世界之文化而光大之，以期与诸民族并驱于世界”。

孙中山先生在从事紧张的革命活动的过程中，一直思考着建设中国的问题。1917年到1919年，他写出《建国方略》一书，构想了中国建设的宏伟蓝图，其中提出要修建约16万公里的铁路，把中国沿海、内地、边疆连接起来；修建160万公里的公路，形成遍布全国的公路网，并进入青藏高原；开凿和整修全国水道和运河，建设三峡大坝，发展内河交通和水利、电力事业；在中国北部、中部、南部沿海各修建一个世界水平的大海港；大力发展农业、制造业、矿业，等等。孙中山先生擘画的这个蓝图，显示了他对中国发展的卓越见解和强烈期盼。当时，有的外国记者认为孙中山先生的这些设想完全是一种空想，是不可能实现的。

的确，在旧中国的政治经济社会条件下，孙中山先生的这些宏大构想是难以实现的。今天，在中国共产党领导下，在全国各族人民顽强奋斗下，孙中山先生当年描绘的这个蓝图早已实现，中国人民创造的许多成就远远超出了孙中山先生的设想。祖国大地上，铁路进青藏，公路密成网，高峡出平湖，港口连五洋，产业门类齐，稻麦遍地香，神舟遨太空，国防更坚强。孙中山先生致力于建设的独立、民主、富强的国家早已巍然屹立在世界东方。

实践充分说明，只要道路正确、理论正确、制度正确、文化正确，只要坚定不移、坚韧不拔、坚持不懈、艰苦奋斗，朝着伟大目标持之以恒前进，风雨如磐不动摇，我们的目标就能够达到，我们的目标也一定能够达到！

92年前，孙中山先生这样表述他对中华民族的期盼："中国如果强盛起来，我们不但是要恢复民族的地位，还要对于世界负一个大责任。"60年前，毛泽东同志在纪念孙中山先生诞辰90周年时指出："中国应当对于人类有较大的贡献。"30年前，邓小平同志说："国家总的力量就大了，可以为人类做更多的事情，在解决南北问题方面可以尽更多的力量。我们就是有这么一个雄心壮志。"中国人民不仅希望自己发展得好，也希望各国都发展得好，希望各国人民都能拥有幸福安宁的生活。我们要推动构建以合作共赢为核心的新型国际关系，推动形成人类命运共同体和利益共同体，始终做世界和平的建设者、全球发展的贡献者、国际秩序的维护者，同世界各国人民一道，共同创造人类和平与发展的美好未来。

5000多年来，中华民族在自己的发展历程中已经为人类作出了伟大的贡献。未来岁月里，中国人民和中华民族也必将为人类和平与发展的崇高事业不断作出新的更大的贡献！

同志们、朋友们！

孙中山先生当年说："以四百兆苍生之众，数万里土地之饶，因可发奋为雄，无敌于天下。""惟愿诸君将振兴中国之责任，置之于自身之肩上。"孙中山先生在生命的最后时刻仍然嘱咐，革命尚未成功，同志仍须努力。实现中国现代化，实现中华民族伟大复兴，实现全体中国人民共同富裕，我们还有很长的路要走，还有很多困难和风险要去战胜。

我呼吁，所有敬仰孙中山先生的中华儿女，包括大陆同胞、港澳同胞、台湾同胞、海外侨胞，无论党派信仰，无论身在何处，更加紧密地团结起来，把握历史机遇，担当历史责任，把孙中山先生等一切革命先辈为之奋斗的伟大事业继续推向前进！把近代以来一切仁人志士为之奋斗的伟大事业继续推向前进！把近代以来中国人民和中华民族为之奋斗的伟大事业继续推向前进！

第四节 演讲稿

演讲稿也叫演讲词，它是在较为隆重的仪式上和某些公众场合发表的讲话文稿。演讲稿是进行演讲的依据，是对演讲内容和形式的规范和

提示，它体现着演讲的目的和手段。演讲稿是人们在工作和社会生活中经常使用的一种文体。

演讲稿可以用来交流思想、感情，表达主张、见解；也可以用来介绍自己的学习、工作情况和经验等。演讲稿具有宣传、鼓动、教育和欣赏等作用。它可以把演讲者的观点、主张与思想感情传达给听众以及读者，使他们信服并在思想感情上产生共鸣。

一、演讲稿的特点

1. 针对性

演讲是一种社会活动，是用于公众场合的宣传形式。它是为了以思想、感情、事例和理论来晓喻听众，打动听众，“征服”群众，必须要有现实的针对性。

所谓针对性，首先是作者提出的问题是听众所关心的，评论和论辩要有雄辩的逻辑力量，要能为听众所接受并心悦诚服，这样，才能起到应有的社会效果；其次是要懂得听众有不同的对象和不同的层次，而“公众场合”也有不同的类型，如党团集会、专业性会议、服务性俱乐部、学校、社会团体、宗教团体、各类竞赛场合，写作时要根据不同场合和不同对象，为听众设计不同的演讲内容。

2. 可讲性

演讲的本质在于“讲”，而不在于“演”，它以“讲”为主、以“演”为辅。由于演讲要诉诸口头，拟稿时必须以易说能讲为前提。如果说，有些文章和作品主要通过阅读欣赏来领略其中意义和韵味，那么，演讲稿的要求则是“上口”“入耳”。一篇好的演讲稿对演讲者来说，要可讲；对听讲者来说，应好听。因此，演讲稿写成之后，作者最好能通过试讲或默念加以检查，凡是讲不顺口或听不清楚之处（如句子过长），均应修改与调整。

3. 鼓动性

演讲是一门艺术。好的演讲自有一种激发听众情绪、赢得好感的鼓动性。要做到这一点，首先要依靠演讲稿思想内容的丰富、深刻，见解精辟，有独到之处，发人深思，语言表达要形象、生动，富有感染力。如果演讲稿写得平淡无味，毫无新意，即使在现场“演”得再卖力，效果也不会好，甚至相反。

4. 整体性

演讲稿并不能独立地完成演讲任务，它只是演讲的一个文字依据，是整个演讲活动的一个组成部分。演讲主体、听众对象、特定的时空条件，共同构成了演讲活动的整体。撰写演讲稿时，不能将它从整体中剥离出来。为此，演讲稿的撰写要注意以下几个方面：

- 首先，要根据听众的文化层次、工作性质、生存环境、品位修养、爱好愿望来确立选题，选择表达方式，以便更好地沟通。
- 其次，演讲稿不仅要充分体现演讲者独到、深刻的观点和见解，而且还要对声调的高低、语速的快慢、体态语的运用进行设计并加以注释，以达到最佳的传播效果。
- 最后，还要考虑演讲的时间、空间、现场氛围等因素，以强化演讲的现场效果。

5. 口语性

口语性是演讲稿区别于其他书面表达文章和会议文书的重要方面。书面性文章无须多说，其他会议文书如大会工作报告、领导讲话稿等，并不太讲究口语性，虽然由某一领导在台上宣读，但听众手中一般也有一份印制好的讲稿，一边听讲一边阅读，不会有什么听不明白的地方。演讲稿就不同了，它有较多的即兴发挥，不可能事先印好讲稿发给听众。为此，演讲稿必须讲究“上口”和“入耳”。所谓“上口”，就是讲起来通达流利。所谓“入耳”，就是听起来非常顺畅，没有什么语言

障碍，不会产生曲解。具体要做到：

- 把长句改成适听的短句；
- 把倒装句改为常规句；
- 把听不明白的文言词语、成语改换或删去；
- 把单音节词换成双音节词；
- 把生僻的词换成常用的词；
- 把容易误听的词换成不易误听的词。

这样，才能保证讲起来朗朗上口，听起来清楚明白。

6. 临场性

演讲活动是演讲者与听众面对面的一种交流和沟通。听众会对演讲内容及时作出反应：或表示赞同，或表示反对，或饶有兴趣，或无动于衷。演讲者对听众的各种反应不能置之不顾，因此，写演讲稿时，要充分考虑它的临场性，在保证内容完整的前提下，要注意留有伸缩的余地。要充分考虑到演讲时可能出现的种种问题，以及应付各种情况的对策。总之，演讲稿要具有弹性，要体现出必要的控场技巧。

二、演讲稿的写作

不同类型、不同内容的演讲稿，其结构方式也各不相同，但基本上都是由开头、主体、结尾三部分构成。

1. 开头

开头要先声夺人，富有吸引力。

演讲稿的开头，也叫开场白，它犹如戏剧开头的“镇场”，在全篇中占据重要的地位。

开头的方式主要有如下几种：

- 开门见山，亮出主旨

这种开头不绕弯子，直奔主题，开宗明义地提出自己的观点。如李

卜克内西《在德国国会上反对军事拨款的声明》开头就说：“我投票反对这项提案，理由如下：……”

● 叙述事实，交代背景

开头向听众报告一些新发生的事实，比较容易引起人们的注意，吸引听众倾听。如斯大林《广播演说》的开头：“希特勒德国向我们祖国发动的背信弃义的军事进攻，正在继续着。虽然红军进行了英勇的抵抗，虽然敌人的精锐师团和他们的精锐空军部队已被击溃，被埋葬在战场上，但是敌人又从前线调来了生力军，继续向前闯进……我们的祖国面临着严重的危险。”

● 提出问题，发人深思

通过提问，引导听众思考一个问题，并由此造成一个悬念，引起听众欲知答案的期待。如曲啸的《人生理想追求》就是这样开头的：“一个人应该怎样对待自己青春的时光呢？我想在这里同大家谈谈我的情况。”

● 引用警句，引出下文

引用内涵深刻、发人深省的警句，引出下面的内容来。如一个大学生的演讲稿，标题叫《我的思考与奋起》，开头就很精彩：“一个人如果一辈子都不曾混乱过，那么他从来就没有思考过。”

开头的方法还有一些，不再一一列举。总之，无论采用什么形式的开头，都要做到先声夺人，富于吸引力。

2. 主体

主体部分要层层展开，步步推向高潮。

演讲稿的主体要层层展开，步步推向高潮。所谓高潮，即演讲中最精彩、最激动人心的段落。在主体部分的行文上，要在理论上一步步说服听众，在内容上一步步吸引听众，在感情上一步步感染听众。要精心安排结构层次，层层深入，环环相扣，水到渠成地推向高潮。

主体部分展开的方式有以下三种。

● 并列式

并列式就是围绕演讲稿的中心论点，从不同角度、不同侧面进行表现，其结构形态呈放射状四面展开，宛若车轮之轴与其辐条。而每一侧面都直接面向中心论点，证明中心论点。

● 递进式

即从表面、浅层入手，采取步步深入、层层推进的方法，最终揭示深刻的主题，犹如层层剥笋。用这种方法来安排演讲稿的结构层次，能使事物得到由表及里的深入阐述和证明。

● 并列递进结合式

这种结构，或是在并列中包含递进，或是在递进中包含并列。一些纵横捭阖、气势雄伟的演讲稿常采用这种方式。

3. 结尾

结尾部分要干脆利落，简洁有力。

演讲稿的结尾，是主体内容发展的必然结果。结尾或归纳，或升华，或希望，或号召，方式很多。好的结尾应收拢全篇，卒章显志，干脆利落，简洁有力，切忌画蛇添足，节外生枝。

三、写作注意事项

1. 演讲，首先要了解听众，注意听众的组成，了解他们的性格、年龄、受教育程度、出生地，分析他们的观点、态度、希望和要求。掌握了这些以后，就可以决定采取什么方式来吸引听众、说服听众，取得好的效果。

2. 一篇演讲稿要有一个集中、鲜明的主题。无中心、无主次、杂乱无章的演讲是没有人愿听的。一篇演讲稿只能有一个中心，全篇内容都必须紧紧围绕着这个中心去铺开，这样才能使听众得到深刻的印象。

3. 好的演讲稿，应该既有热情的鼓动，又有冷静的分析，要把抒情

和说理有机地结合起来，做到动之以情、晓之以理。

4. 演讲稿的语言要求做到准确、精练、生动形象、通俗易懂，不能讲假话、大话、空话，也不能讲过于抽象的话。要多用比喻，多用口语化的语言，深入浅出，把抽象的道理具体化，把概念的东西形象化，让听众听得入耳、听得明白。

四、演讲稿范例

演讲稿范例

在G20杭州工商峰会上的演讲

中国国家主席　习近平

（2016年9月3日）

女士们，先生们，朋友们：

下午好！很高兴同大家在杭州相聚。明天，二十国集团领导人峰会就要拉开帷幕。国际社会期待着这次峰会，工商、智库、劳动、妇女、青年等社会各界也期待着这次峰会。大家目标高度一致，那就是推动杭州峰会取得丰硕成果。

杭州是中国的一个历史文化重镇和商贸中心。千百年来，从白居易到苏东坡，从西湖到大运河，杭州的悠久历史和文化传说引人入胜。杭州是创新活力之城，电子商务蓬勃发展，在杭州点击鼠标，联通的是整个世界。杭州也是生态文明之都，山明水秀，晴好雨奇，浸透着江南韵味，凝结着世代匠心。

我曾在浙江工作了6个年头，熟悉这里的山水草木、风土人情，参与和见证了这里的发展。在中国，像杭州这样的城市有很多，在过去几十年经历了大发展、大变化，许许多多普通家庭用勤劳的双手改变了自己的生活。这一点一滴的变化，集合起来就是磅礴的力量，推动着中国发

展进步，折射出中国改革开放的伟大进程。

——这是探索前行的进程。一个13亿多人口的大国实现现代化，在人类历史上没有先例可循。中国的发展注定要走一条属于自己的道路。我们“摸着石头过河”，不断深化改革开放，不断探索前进，开创和发展了中国特色社会主义。

——这是真抓实干的进程。我们紧紧抓住经济建设这个中心不放松，与时俱进，开拓创新，靠着拼劲、闯劲、干劲，靠着钉钉子精神，把中国建成世界第二大经济体、最大货物贸易国、第三大对外直接投资国，人均国内生产总值接近8000美元。

——这是共同富裕的进程。发展为了人民、发展依靠人民、发展成果由人民共享，这是中国推进改革开放和社会主义现代化建设的根本目的。改革开放以来，中国有7亿多人口摆脱贫困，13亿多人民的生活质量和水平大幅度提升，用几十年时间完成了其他国家几百年走过的发展历程。

——这是中国走向世界、世界走向中国的进程。我们奉行独立自主的和平外交政策，坚持对外开放的基本国策，敞开大门搞建设，从大规模引进来到大踏步走出去，积极推动建设更加公正合理的国际秩序，中国同外部世界的互动持续加深，中国的朋友遍布世界。

女士们、先生们、朋友们！

改革开放38年过去，弹指一挥间。今天，随着中国经济体量的增大以及同世界的合作不断加深，中国经济走向受到外界关注。很多人都关心，中国经济能否实现持续稳定增长？中国能否把改革开放推进下去？中国能否避免陷入“中等收入陷阱”？

行胜于言。中国用实际行动对这些问题作出了回答。今年年初，中国出台了国民经济和社会发展第十三个五年规划纲要，围绕全面建成小康社会奋斗目标，针对发展不平衡、不协调、不可持续等突出问题，强调要牢固树立和坚决贯彻创新、协调、绿色、开放、共享的发展理念。

今天的中国，已经站在新的历史起点上。这个新起点，就是中国全面深化改革、增加经济社会发展新动力的新起点，就是中国适应经济发展新常态、转变经济发展方式的新起点，就是中国同世界深度互动、向世界深度开放的新起点。我们有信心、有能力保持经济中高速增长，继续在实现自身发展的同时为世界带来更多发展机遇。

——在新的起点上，我们将坚定不移全面深化改革，开拓更好发展前景。中国经济发展进入新常态，这是中国经济向形态更高级、分工更优化、结构更合理阶段演进的必经过程。要在新常态下保持经济中高速增长，必须依靠改革。因循守旧没有出路，畏缩不前坐失良机。中国改革的方向已经明确、不会动摇；中国改革的步伐将坚定向前、不会放慢。

中国改革已经进入攻坚期和深水区，我们将以壮士断腕的勇气、凤凰涅槃的决心，敢于向积存多年的顽瘴痼疾开刀，敢于触及深层次利益关系和矛盾，把改革进行到底。我们将继续推进供给侧结构性改革，解决好当前经济发展中的主要矛盾，通过优化要素配置和调整产业结构提高供给体系质量和效率，激发市场活力，促进协调发展。我们将继续创新体制机制、突破利益固化藩篱，全面推进依法治国，更好发挥市场在资源配置中的决定性作用，更好发挥政府作用。

——在新的起点上，我们将坚定不移实施创新驱动发展战略，释放更强增长动力。抓住科技创新就抓住了发展的牛鼻子。我们清醒认识到，中国经济发展不少领域大而不强、大而不优，长期以来主要依靠资源、资本、劳动力等要素投入支撑经济增长和规模扩张的方式已不可持续，中国发展正面临着动力转换、方式转变、结构调整的繁重任务。建设创新型国家和世界科技强国，是中国发展的迫切要求和必由之路。

我们正在实施创新驱动发展战略，发挥创新第一动力的作用，努力实现从量的增长向质的提升转变。我们将推广发展理念、体制机制、商业模式等全方位、多层次、宽领域的大创新，在推动发展的内生动力

和活力上来一个根本性转变。我们将力争在重大项目、重点方向率先突破，积极牵头实施国际大科学计划和大科学工程。我们将深入研究和解决经济和产业发展急需的科技问题，围绕促进转方式调结构、建设现代产业体系、培育战略性新兴产业、发展现代服务业等方面需求推动科技成果转移转化，推动产业和产品向价值链中高端跃升，塑造更多依靠创新驱动、更多发挥先发优势的引领性发展。

——在新的起点上，我们将坚定不移推动绿色发展，谋求更佳质量效益。我多次说过，绿水青山就是金山银山，保护环境就是保护生产力，改善环境就是发展生产力。这个朴素的道理正得到越来越多人们的认同。

我们将毫不动摇实施可持续发展战略，坚持绿色低碳循环发展，坚持节约资源和保护环境的基本国策。我们推动绿色发展，也是为了主动应对气候变化和产能过剩问题。今后5年，中国单位国内生产总值用水量、能耗、二氧化碳排放量将分别下降23%、15%、18%。我们要建设天蓝、地绿、水清的美丽中国，让老百姓在宜居的环境中享受生活，切实感受到经济发展带来的生态效益。

从2016年开始，我们正大力推进供给侧结构性改革，主动调节供求关系，要用5年时间再压减粗钢产能1亿至1.5亿吨，用3至5年时间再退出煤炭产能5亿吨左右、减量重组5亿吨左右。这是我们从自身长远发展出发，从去产能、调结构、稳增长出发，自主采取的行动。中国在去产能方面，力度最大，举措最实，说到就会做到。

——在新的起点上，我们将坚定不移推进公平共享，增进更多民众福祉。民惟邦本，本固邦宁。坚持以人民为中心，就要扎扎实实体现在经济社会发展各方面各环节。

我们将顺应人民对美好生活的向往，不断提高人民生活质量和水平，健全公共服务体系，扩大中等收入者比重。特别是要加大对困难群

众精准帮扶力度，在2020年前实现现行标准下5700多万农村贫困人口全部脱贫，贫困县全部摘帽。改革开放以来，中国使7亿多人摆脱贫困，占全球减贫人口的70%以上，为世界减贫事业作出了重大贡献。中国将继续为全球反贫困作出贡献。我们将更加注重公平公正，在做大发展蛋糕的同时分好蛋糕，从人民最关心最直接最现实的利益问题出发，让百姓有更多成就感和获得感。

——在新的起点上，我们将坚定不移扩大对外开放，实现更广互利共赢。奉行互利共赢的开放战略，不断创造更全面、更深入、更多元的对外开放格局，是中国的战略选择。中国对外开放不会停滞，更不会走回头路。

我们将继续深入参与经济全球化进程，支持多边贸易体制。我们将加大放宽外商投资准入，提高便利化程度，促进公平开放竞争，全力营造优良营商环境。同时，我们将加快同有关国家商签自由贸易协定和投资协定，推进国内高标准自由贸易试验区建设。在有序开展人民币汇率市场化改革、逐步开放国内资本市场的同时，我们将继续推动人民币走出去，提高金融业国际化水平。

中国的发展得益于国际社会，也愿为国际社会提供更多公共产品。我提出“一带一路”倡议，旨在同沿线各国分享中国发展机遇，实现共同繁荣。丝绸之路经济带一系列重点项目和经济走廊建设已经取得重要进展，21世纪海上丝绸之路建设正在同步推进。我们倡导创建的亚洲基础设施投资银行，已经开始在区域基础设施建设方面发挥积极作用。

我想特别指出，中国倡导的新机制新倡议，不是为了另起炉灶，更不是为了针对谁，而是对现有国际机制的有益补充和完善，目标是实现合作共赢、共同发展。中国对外开放，不是要一家唱独角戏，而是要欢迎各方共同参与；不是要谋求势力范围，而是要支持各国共同发展；不是要营造自己的后花园，而是要建设各国共享的百花园。

我们落实上述改革发展举措的决心是坚定的。这些举措已经初见成效。今年上半年，中国经济增长6.7%，产业升级和结构调整步伐加快，最终消费支出对国内生产总值的贡献率达到73.4%，第三产业增加值占到国内生产总值的54.1%，居民收入稳定增长，城镇新增就业717万人。可以相信，中国的发展前景一定会越来越好，对世界的贡献一定会越来越大！

女士们、先生们、朋友们！

当前，世界经济在深度调整中曲折复苏，正处于新旧增长动能转换的关键时期。上一轮科技和产业革命提供的动能面临消退，新一轮增长动能尚在孕育。现在，保护主义抬头，国际贸易和投资低迷，多边贸易体制发展面临瓶颈，区域贸易安排丛生，导致规则碎片化。地缘政治因素错综复杂，政治安全冲突和动荡、难民危机、气候变化、恐怖主义等地区热点和全球性挑战，对世界经济的影响不容忽视。

面对当前世界经济的复杂形势和风险挑战，国际社会对二十国集团、对杭州峰会抱有很高期待。在去年二十国集团领导人安塔利亚峰会上，我提出要对世界经济把准脉、开好方。中方希望同各方一道，推动杭州峰会开出一剂标本兼治、综合施策的药方，推动世界经济走上强劲、可持续、平衡、包容增长之路。

第一，建设创新型世界经济，开辟增长源泉。创新是从根本上打开增长之锁的钥匙。以互联网为核心的新一轮科技和产业革命蓄势待发，人工智能、虚拟现实等新技术日新月异，虚拟经济与实体经济的结合，将给人们的生产方式和生活方式带来革命性变化。这种变化不会一蹴而就，也不会一帆风顺，需要各国合力推动，在充分放大和加速其正面效应的同时，把可能出现的负面影响降到最低。

中方把创新增长方式设定为杭州峰会重点议题，推动制定《二十国集团创新增长蓝图》，目的就是要向创新要动力，向改革要活力，把握创新、新科技革命和产业变革、数字经济的历史性机遇，提升世界经济中长期增长潜力。这是二十国集团首次围绕创新采取行动，我们要把各国实施创新政策的力量汇集一处，做到理念上有共识、行动上有计划、机制上有保障。我们要针对全球经济增长低迷的突出问题，在宏观经济政策上进行创新，把财政货币和结构性改革政策有效组合起来。

第二，建设开放型世界经济，拓展发展空间。世界经济发展的历史证明，开放带来进步，封闭导致落后。重回以邻为壑的老路，不仅无法摆脱自身危机和衰退，而且会收窄世界经济共同空间，导致“双输”局面。

“轻关易道，通商宽农。”这是建设开放型世界经济的应有之义。中方把贸易和投资摆上二十国集团重要议程。我们推动二十国集团加强贸易和投资机制建设，制定全球贸易增长战略和全球投资指导原则，巩固多边贸易体制，重申反对保护主义承诺。我们希望通过这些举措，为各国发展营造更大市场和空间，重振贸易和投资这两大引擎。

第三，建设联动型世界经济，凝聚互动合力。在经济全球化时代，各国发展环环相扣，一荣俱荣，一损俱损。没有哪一个国家可以独善其身，协调合作是必然选择。我们要在世界经济共振中实现联动发展。

我们应该加强政策规则的联动，一方面通过宏观经济政策协调放大正面外溢效应，减少负面外部影响；另一方面倡导交流互鉴，解决制度、政策、标准不对称问题。我们应该夯实基础设施的联动，中方发起全球基础设施互联互通联盟倡议，推动多边开发银行发表联合愿景声明，加大对基础设施项目的资金投入和智力支持，以加速全球基础设施互联互通进程。我们应该增进利益共赢的联动，推动构建和优化全球价值链，扩大各方参与，打造全球增长共赢链。

第四，建设包容型世界经济，夯实共赢基础。消除贫困和饥饿，推动包容和可持续发展，不仅是国际社会的道义责任，也能释放出不可估量的有效需求。据有关统计，现在世界基尼系数已经达到0.7左右，超过了公认的0.6“危险线”，必须引起我们的高度关注。同时，全球产业

结构调整给不同产业和群体带来了冲击。我们要正视和妥善处理这一问题，努力让经济全球化更具包容性。

为实现上述目标，今年二十国集团首次把发展问题置于全球宏观政策框架核心位置，首次就落实2030年可持续发展议程制定行动计划，首次就支持非洲国家和最不发达国家工业化开展合作，具有开创性意义。各方一致承诺推动气候变化《巴黎协定》尽快生效。我们还就能源可及性、能效、可再生能源、创业制定共同行动计划，加强粮食安全和农业合作。我们关心不同阶层和群体特别是困难群众的需求，推动各国讨论公共管理和再分配政策调整。

我们希望向国际社会传递这样一个信号：二十国集团不仅属于二十个成员，也属于全世界。我们的目标是让增长和发展惠及所有国家和人民，让各国人民特别是发展中国家人民的日子都一天天好起来！

女士们、先生们、朋友们！

一个行动胜过一打纲领。二十国集团成员应该同国际社会一道坚定信念、立即行动，从以下方面作出努力。

第一，共同维护和平稳定的国际环境。历史一再证明，没有和平就没有发展，没有稳定就没有繁荣。各国安全紧密相关，没有哪个国家可以独善其身，也没有哪个国家可以包打天下。抛弃过时的冷战思维，树立共同、综合、合作、可持续的新安全观是当务之急。我们呼吁各国珍惜难能可贵的和平和安宁，为维护全球和地区稳定发挥建设性作用。各国都应该坚持联合国宪章宗旨和原则，坚持多边主义，通过对话协商解决分歧和争端，寻求而不是破坏共识，化解而不是制造矛盾，推动国际秩序朝着更加公正合理的方向发展。

和衷共济、和合共生是中华民族的历史基因，也是东方文明的精髓。中国坚定不移走和平发展道路。国强必霸的逻辑不适用，穷兵黩武的道路走不通。中国是联合国安理会常任理事国中派遣维和人员最多的国家，不久前在马里和南苏丹牺牲的联合国维和人员中就有中国人民的优秀儿子。我们将继续履行好国际义务，始终做世界和平的建设者和维护者。

第二，共同构建合作共赢的全球伙伴关系。在经济全球化的今天，没有与世隔绝的孤岛。同为地球村居民，我们要树立人类命运共同体意识。伙伴精神是二十国集团最宝贵的财富，也是各国共同应对全球性挑战的选择。

我们应该求同存异、聚同化异，共同构建合作共赢的新型国际关系。国家不论大小、强弱、贫富，都应该平等相待，既把自己发展好，也帮助其他国家发展好。大家都好，世界才能更美好。

我们应该加强在重大全球性问题上的沟通和协调，为实现世界和平、稳定、繁荣提供更多公共产品。我们应该建立健全宏观经济政策协调机制，考虑国内政策的联动效应和传导影响，推动正面而非负面溢出效应。我们应该以伙伴关系为依托，秉持共赢理念，加强各领域务实合作，不断扩大合作内涵和外延，推动取得符合人民期待的合作成果。我们应该促进不同国家、不同文化和历史背景的人们深入交流，增进彼此理解，携手构建人类命运共同体。

第三，共同完善全球经济治理。常言说，小智治事，大智治制。面对世界经济形势的发展演变，全球经济治理需要与时俱进、因时而变。全球经济治理应该以平等为基础，更好反映世界经济格局新现实，增加新兴市场国家和发展中国家代表性和发言权，确保各国在国际经济合作中权利平等、机会平等、规则平等。

全球经济治理应该以开放为导向，坚持理念、政策、机制开放，适应形势变化，广纳良言，充分听取社会各界建议和诉求，鼓励各方积极参与和融入，不搞排他性安排，防止治理机制封闭化和规则碎片化。全球经济治理应该以合作为动力，全球性挑战需要全球性应对，合作是必然选

择，各国要加强沟通和协调，照顾彼此利益关切，共商规则，共建机制，共迎挑战。全球经济治理应该以共享为目标，提倡所有人参与，所有人受益，不搞一家独大或者赢者通吃，而是寻求利益共享，实现共赢目标。

当前形势下，全球经济治理特别要抓住以下重点：共同构建公正高效的全球金融治理格局，维护世界经济稳定大局；共同构建开放透明的全球贸易和投资治理格局，巩固多边贸易体制，释放全球经贸投资合作潜力；共同构建绿色低碳的全球能源治理格局，推动全球绿色发展合作；共同构建包容联动的全球发展治理格局，以落实联合国2030年可持续发展议程为目标，共同增进全人类福祉！

二十国集团领导人峰会已经举行10届，正处在关键发展节点上。中方主办杭州峰会的目标之一，是推动二十国集团实现从短期政策向中长期政策转型，从危机应对向长效治理机制转型，巩固其作为全球经济治理重要平台的地位。

女士们、先生们、朋友们！

工商界是促进增长的生力军。中方把工商峰会安排在领导人峰会前夕举行，就是要充分汇集工商界的思想和智慧。我高兴地看到，二十国集团工商界人士积极参与全年会议进程，同其他各界人士一道，针对二十国集团关注重点，围绕金融促增长、贸易和投资、基础设施建设、中小企业发展、就业、反腐败等议题提出意见和建议，为二十国集团政策制定提供了重要参考，为杭州峰会作出了积极贡献。

女士们、先生们、朋友们！

这几天，正值钱塘江大潮，“弄潮儿向涛头立。手把红旗旗不湿。”我同各位一样，期待着二十国集团勇做世界经济的弄潮儿。相信在各方一道努力下，杭州峰会一定能够取得成功！

最后，我祝这次工商峰会取得圆满成功！

谢谢大家。

第七章

社交礼仪类文书写作要点与范例

第一节 唁 电

唁电是因吊唁者与丧家相距较远或因故不能亲临吊唁，而向丧家发出的表示哀悼、慰问的吊唁的电报或传真文字。多用于官方等正式场合。

唁电是对死者表示哀悼、对其亲属表示慰问的一种文体，它是对死者的一种比唁函更迅速、更庄重的悼念致哀形式。当前许多地方邮局开办了这种业务，得到了越来越广泛的运用。

一、唁电的写作

通常写法为：标题写“唁电”二字，开头应写明收电人或收电单位；正文主要写对死者的哀悼之情和对死者亲属表示问候，也可写上是否前往参加遗体告别或代送花圈等事宜；结尾写“×××同志千古”或“×××同志永垂不朽”等；落款注明发电人姓名或单位，以及日期、地址、电话，以便联系。文字应当高度凝练，不宜拖沓。

1. 开头

顶格写收唁电的单位或逝世者家属的称呼。称呼要根据收唁电者的身份而选用，诸如“先生”“同志”“夫人”“女士”等。

2. 正文

正文另起一段，先以两三句直抒噩耗传来后的悲恸之情。然后以沉痛的心情简述逝世者生前的品德、功绩，激起人们的缅怀、思念并表达致哀者继承逝世者遗志的决心和行动。最后向丧家表示亲切的问候、安慰。

3. 结尾

结尾单行写“特电慰问”“肃此电达”等。

4. 落款

落款写在右下方，要写明拍发唁电的单位名称或个人姓名。然后在此下面还要署上发电日期。

二、常用语

- 顷接讣告，不胜伤悼；
- 闻悉令堂逝去，大出意外，望节哀释念；
- 尊翁逝去，深致哀悼，尚望节哀顺变；
- 良友云逝，伤感自多，尚望珍重；
- 惊悉尊夫人不幸逝世，不胜哀悼；
- 惊承讣告，悲悼不已，专电致唁，并慰哀衷；
- 某某仙逝，实足哀伤，有志者入泉，思之黯然；
- 接某某长逝之耗，凡在相好，无不同深惋惜；
- 死者已矣，生者恳请多保重；
- 近闻某某逝去，甚哀悼之，足下遇此大故伤感必甚；
- 恳请宽辟哀情，善自珍重。

三、唁电范例

唁电范例

习近平向劳尔·卡斯特罗致唁电

惊悉古巴革命领导人菲德尔·卡斯特罗同志不幸逝世，我谨代表中国共产党、政府、人民，并以我个人的名义，向你并通过你向古巴共产党、政府、人民，对菲德尔·卡斯特罗同志的逝世表示最沉痛的哀悼，向其家属致以最诚挚的慰问。

菲德尔·卡斯特罗同志是古巴共产党和古巴社会主义事业的缔造者，是古巴人民的伟大领袖。他把毕生精力献给了古巴人民争取民族解放、维护国家主权、建设社会主义的壮丽事业，为古巴人民建立了不朽的历史功勋，也为世界社会主义发展建立了不朽的历史功勋。菲德

尔·卡斯特罗同志是我们这个时代的伟大人物，历史和人民将记住他。

我多次同菲德尔·卡斯特罗同志见面，促膝畅谈，他的真知灼见令我深受启发，他的音容笑貌犹在眼前。我深深怀念他，中国人民深深怀念他。

菲德尔·卡斯特罗同志生前致力于中古友好，密切关注和高度评价中国发展进程，在他亲自关心和支持下，古巴成为第一个同新中国建交的拉美国家。建交56年来，中古关系长足发展，各领域务实合作成果丰硕，两国人民友谊与日俱增，这都与菲德尔·卡斯特罗同志的关怀和心血密不可分。

菲德尔·卡斯特罗同志的逝世是古巴和拉美人民的重大损失，不仅使古巴和拉美人民失去了一位优秀儿子，也使中国人民失去了一位亲密的同志和真诚的朋友。他的光辉形象和伟大业绩将永载史册。

我相信，在主席同志坚强领导下，古巴党、政府、人民必将继承菲德尔·卡斯特罗同志的遗志，化悲痛为力量，在社会主义建设事业中不断取得新的成绩。中古两党、两国、两国人民友谊必将得到巩固和发展。

伟大的菲德尔·卡斯特罗同志永垂不朽！

中共中央总书记、国家主席　习近平

2016年10月26日

第二节　悼　词

悼词，中国古代称为“诔词”“哀辞”“吊文”“祭文”等。现在的悼词有广义和狭义之分。广义的悼词指向死者表示哀悼、缅怀与敬意的文章。狭义的悼词指在追悼会上对死者表示敬意、寄托哀思的专用哀悼文体。

一、悼词的写作

1. 标题

悼词的标题有几种写法或用法：

- 一是在悼词正文前写上“悼词”二字；
- 主持人在追悼会上要用“×××同志致悼词”；
- 贴出、刊印时要用“在追悼×××同志大会上×××同志致的悼词”。

2. 正文

- 写明用什么心情悼念什么人；
- 写明去世者生前的身份或担任的各种职务名称，因何种原因在何年何月何日几时几分不幸去世的，终年岁数；
- 按时间先后顺序介绍去世者的简单生平；
- 对去世者的称颂，可概括成几个方面，文字力求简洁；
- 对评价去世者去世带来的损失，应实事求是；
- 向去世者学习什么，可分成几点写明，用什么实际行动化悲痛为力量。

3. 结尾

结尾自成一段。一般有两种写法：

- 一是一句式：“×××同志安息吧！”
- 二是概括式：“×××同志和我们永别了，我们要化悲痛为力量……×××同志永远是我们学习的榜样。”

一定要注意简短。

二、写作注意事项

1. 写悼词的目的主要是介绍死者的生平事迹，歌颂死者生前在革命

或建设中的功绩，让人们学习死者好的思想作风，继承死者的遗志。但是这种歌颂是严肃的，不夸大，不粉饰，要实事求是作出合理的评价。

2. 要化悲痛为力量。有的死者生前为党为人民做了很多好事，他们的美德会时时触动人们的心灵，悼词应勉励生者节哀奋进。

3. 语言要简朴、严肃、概括性强。

三、悼词范例

悼词范例

悼　词

各位领导，各位来宾，同志们，朋友们：

今天，我们怀着无比沉痛的心情，在这里举行告别仪式，深切悼念我们的一位好老师——原衡阳市电瓶车总厂子弟学校退休教师×××同志。在此，我谨代表石鼓区××小学全体师生，对×××老师的不幸逝世表示沉痛哀悼，并向其家属致以诚挚的问候。

×××老师，1925年3月5日生于湖南省安化县五区王坪乡符竹溪村。1935年开始在安化初小学习，1939年后开始在安化女子职业学校读书，1941年高小毕业。1942年开始在安化英武中学学习，1950年3月在安化小淹区小学教书，1951年7月在耒阳二师附小任教。1952年2月在衡阳市职工业余学校任职，1972年10月调入市电瓶车总厂子弟小学，1980年12月光荣退休。20××年2月17日7时因病医治无效，与世长辞，享年87岁。

和同时代的所有人一样，×××老师的一生，经历了时代的风风雨雨，坎坎坷坷。老师出身地主家庭，有祖田、竹木、山场、房屋，家道殷实。父亲读过私塾，是手无缚鸡之力的知识分子，体弱多病，于1945年病亡。母亲是一个勤俭的旧女子，生育7男1女，王老师是其中最大者。父亲亡故时，她年仅20岁，下有刚过周岁的弟弟。家门不顺，人

亡相继，第二年又夭折其长弟与五弟，家域更累。母亲带着诸儿女晚睡早起，穿的加补丁，吃的省了又省。王老师在求学期间，曾因经济及家庭变故四度失学在家。因为特殊的家庭出身，1949年后，王老师也受到一些不公平的对待，但她努力学习，虚心接受教育，不断提高自己的思想觉悟。由于她工作踏实，待人诚恳，在1956年，城南职工业余学校特地选派她到湖南工农教师进修班学习。这对一个像她这种出身的人来说是非常不容易的。她工作踏实，教学认真，曾被评为衡阳市文教战线的优秀教师。她工作一贯踏实肯干，能任劳任怨，待人诚恳，表里如一，群众关系好，坚持做好人好事，跟工人亲如一家，建立了深厚的感情。王老师从教30年，始终如一忠诚党的教育事业，遵循党的教育方针，尽职尽责，为教好学想尽一切办法，为培养后代作出了一定贡献。如迎接市委夜教检查组，教研组要她准备一堂公开课，她试教都试教了四次，教案反复修改五六次，因此教学效果良好，得到好评。经历了人生考验的王老师，为人谦和，工作踏实，默默无闻，无私奉献，在单位颇受领导和师生们的好评；在家里，她孝敬公婆，关爱伯叔，和睦姑嫂，相夫教子，堪称贤妻良母。在街坊邻居中，她尊老爱幼，仗义疏财，抑恶扬善，扶危济困，口碑颇佳。巍巍南岳山作证，人生处处留下了她美好的足迹；泱泱湘江水作证，滔滔河水诉不尽她的伟绩丰功。王老师的一生，就像蜡烛一样，燃烧自己，照亮别人；她的一生，又像蜜蜂一样，对人无所求，给人的却是美好的东西。

现在，王老师永远地离开了我们。她的辞世，使我们失去了一位好同志，师生们失去了一位良师益友；也使她的儿女们失去了一位可亲可敬的慈母，亲友们失去了一位可亲可敬的长者；是整个家族的重大损失。但我们坚信，她的优秀品德和高尚情操，将与天地同寿，和日月共辉，会永远激励着我们大家奋勇向前，自强不息。

令我们感到欣慰的是，王老师的一子三女已经成家立业，除一人仍

在工作岗位上发挥着自己的聪明才智外，三人已退休在家，享受天伦之乐。我们相信，她一定会含笑九泉的。

“想见风范空有影，欲闻教诲杳无声。”王老师虽然离开了我们，但她的音容笑貌将永远铭记在我们的心中。王老师虽然走了，但更多的人已经从她的为人处世中受到了很深的人生启迪和教益。王老师虽然走了，但她含辛茹苦养大的儿女们一定会牢记母亲的教诲，踏实做人，好好生活。

王老师的生命虽然逝去，但她的精神将永存世间。为人师表，忠于职守，自强不息，甘于奉献是她为我们留下的宝贵财富。让我们牢记王老师的精神，像她那样勤恳工作，像她那样踏实做人，在各自的人生岗位上成就无悔于自己人生的事业。

愿王老师在地下安息！

第三节 请柬

请柬，又叫请帖，是为邀请宾客而发出的书面通知。请柬在社会交际中被广泛应用。一些公务活动包括召开较隆重的会议需要请柬；人们在结婚、祝寿、生育或举行其他庆典活动时，为邀请亲友赴宴或与会，也常常需要发请柬给被邀请者。

一、请柬的样式

请柬一般有两种样式：

- 一种是单面的，直接由标题、称谓、正文、敬语、落款构成；
- 一种是双面的，即折叠式；一为封面，写“请柬”二字，一为封里，写称谓、正文、敬语、落款等。

请柬的篇幅有限，书写时应根据具体场合、内容、对象认真措词，行文应达、雅兼备。达，即准确；雅，即讲究文字美。在遣词造句方面，有的使用文言语句，显得古朴典雅；有的使用较平易通俗的语句，显得亲切热情。不管使用哪种风格的语言，都要庄重、明了，使人一看就懂，切忌语言的乏味和浮华。

二、请柬的写作

在撰写方法上，不论哪种样式的请柬，都有标题、称谓、正文、敬语、落款等。

1. 标题

双柬帖封面印上或写明“请柬”二字，一般应做些艺术加工，即采用字面烫金、名家书法或加以图案装饰等。有些单柬帖，“请柬”二字写在顶端第一行，字体较正文稍大。

2. 称谓

顶格写明被邀请单位名称或个人姓名，其后加冒号。个人姓名后要注明职务或职称，如“×××女士”“×××先生”。

3. 正文

另起行，前空两格，写明活动的内容、时间、地点及其他应知事项。被邀请者参加活动的内容，如参加座谈会、联欢会、赴宴，应交代具体时间、地点。若有其他活动，如观看影视表演，应在请柬上注明或附入场券。

4. 敬语

一般以“敬请（恭请）光临”“此致—敬礼”等作结，古代称此为“具礼”。“此致”另起行，前空两格，再另起行，写“敬礼”等词，需顶格。

5. 落款

写明邀请单位或个人姓名，另起行写日期。

三、请柬范例

请柬范例

请　柬

×××先生：

兹定于2017年6月17日上午8时在本厂会议室召开新产品签订会，敬请光临指导。

此致

敬礼！

××市曲酒厂

2017年6月11日

第四节　贺　信

贺信是表示庆祝的书信的总称。它是从古代祝词中演变而来的。贺信是指党政机关、企事业单位、社会团体或个人向其他集体单位或个人表示祝贺的一种专用书信。它是日常应用写作的重要文体之一。今天贺信已成为表彰、赞扬、庆贺对方在某个方面所作贡献的一种常用形式，还兼有表示慰问和赞扬的功能。

一、贺信的写作

贺信一般由标题、称谓、正文、结尾和落款五部分构成。

1. 标题

贺信的标题通常由文种名构成。

如在第一行正中书写“贺信”二字。有的还在“贺信”或“贺电”

行文应达、雅兼备。达，即准确；雅，即讲究文字美。在遣词造句方面，有的使用文言语句，显得古朴典雅；有的使用较平易通俗的语句，显得亲切热情。不管使用哪种风格的语言，都要庄重、明了，使人一看就懂，切忌语言的乏味和浮华。

二、请柬的写作

在撰写方法上，不论哪种样式的请柬，都有标题、称谓、正文、敬语、落款等。

1. 标题

双柬帖封面印上或写明“请柬”二字，一般应做些艺术加工，即采用字面烫金、名家书法或加以图案装饰等。有些单柬帖，“请柬”二字写在顶端第一行，字体较正文稍大。

2. 称谓

顶格写明被邀请单位名称或个人姓名，其后加冒号。个人姓名后要注明职务或职称，如“×××女士”“×××先生”。

3. 正文

另起行，前空两格，写明活动的内容、时间、地点及其他应知事项。被邀请者参加活动的内容，如参加座谈会、联欢会、赴宴，应交代具体时间、地点。若有其他活动，如观看影视表演，应在请柬上注明或附入场券。

4. 敬语

一般以“敬请（恭请）光临”“此致—敬礼”等作结，古代称此为“具礼”。“此致”另起行，前空两格，再另起行，写“敬礼”等词，需顶格。

5. 落款

写明邀请单位或个人姓名，另起行写日期。

三、请柬范例

请柬范例

请　柬

×××先生：

兹定于2017年6月17日上午8时在本厂会议室召开新产品签订会，敬请光临指导。

此致

敬礼！

××市曲酒厂

2017年6月11日

第四节　贺　信

贺信是表示庆祝的书信的总称。它是从古代祝词中演变而来的。贺信是指党政机关、企事业单位、社会团体或个人向其他集体单位或个人表示祝贺的一种专用书信。它是日常应用写作的重要文体之一。今天贺信已成为表彰、赞扬、庆贺对方在某个方面所作贡献的一种常用形式，还兼有表示慰问和赞扬的功能。

一、贺信的写作

贺信一般由标题、称谓、正文、结尾和落款五部分构成。

1. 标题

贺信的标题通常由文种名构成。

如在第一行正中书写“贺信”二字。有的还在“贺信”或“贺电”

的前面加上谁写给谁的内容，或者写明祝贺事由等。个人之间的贺信、贺电也可以不写标题。

2. 称谓

顶格写明被祝贺单位或个人的名称或姓名。写给个人的，要在姓名后加上相应的称呼，称呼之后要用冒号。

3. 正文

贺信的正文要交代清楚以下几项内容：

- 结合当前的形势，说明对方取得成绩的大背景，或者某个重要会议召开的历史条件。
- 概括说明对方在哪些方面取得了成绩，分析其成功的主观、客观原因。贺寿的贺信，要概括说明对方的贡献及他的宝贵品质。总之，这部分是贺信的中心部分，一定要交代清楚祝贺的原因。
- 表示热烈的祝贺。要写出自己祝贺的心情，由衷地表达自己真诚的慰问和祝福。要写些鼓励的话，提出希望和共同理想。

4. 结尾

结尾要写上祝愿的话。如“此致—敬礼”“祝您健康长寿”“祝争取更大的胜利”等。

5. 落款

写明发文的单位或个人的姓名、名称，并署上成文时间。

二、贺信范例

贺信范例

2017年金砖国家运动会贺信

欣闻2017年金砖国家运动会于6月17日晚在广州开幕。我代表中国政府和人民，对运动会的召开表示热烈祝贺，向参加运动会的各国嘉宾、

运动员、教练员们致以诚挚的欢迎。

我们期待着以今年9月举行的金砖国家领导人厦门会议为契机，推动金砖国家人文交流合作取得新成果，为金砖国家合作夯实民意基础。

金砖国家体育事业发展各具特色。本届运动会将为提高运动员竞技水平、普及传统体育项目、推动体育事业发展、促进人民友谊发挥积极作用。希望运动员们发扬风格、赛出水平、创造佳绩。

中华人民共和国主席　习近平

2017年6月16日

第五节　贺　电

贺电是对收电对象表示祝贺赞颂的电报。它多是以政府部门、企事业单位或首脑人物、代表人物名义发给有关单位、集体、个人的。贺电可以直接发给对方，也可以通过登报或广播发布。

贺电可以是对取得显著成绩、作出卓越贡献的集体或个人表示祝贺；对重大喜事表示祝贺；对重要人物的寿辰表示祝贺。它具有一定篇幅，但不宜过长，要求感情充沛，文字明快。

一、贺电的写作

1. 标题

在第一行的中间写上“贺电”两字，也可以写成谁给谁的贺电以及被祝贺的事由。

2. 称谓

即对致电接受者的称呼。顶格写接受贺电的单位或个人的称呼，后边加上冒号，表示后面有话可说。

3. 正文

贺电的具体内容。紧接称呼之后，另起一行，低两格写起。这部分大致包括以下内容：简略交代当时的背景或其他有关情况，为颂扬成绩做铺垫。充分肯定和热情赞扬对方所取得的主要成绩，以及取得成就的根本原因和重大意义，并作出肯定评价。祝贺会议的贺电，应概括写出会议的主要内容和重要性。祝贺寿辰的贺电，应精练地说明被祝贺者的突出贡献和高贵品质，表示热烈的祝贺和赞扬。

4. 结尾

表示殷切的希望、热情的祝愿等。

5. 落款

在正文的右下方写明发电的单位、发电人姓名。署名下方写明发电的日期。

二、写作注意事项

1. 文字精简明白

电报是按字数计收费用的，所以电文越简短越好。但精简应以表达清楚、明白为前提。

- 贺电篇幅不能太长，一般用百余字表达祝贺就行了。贺电太长，就与贺信无分别了。
- 贺电在用语上要细细斟酌，贺词要恰如其分。提出的要求和希望要合乎情理。

2. 严格按格子填写

电报的按字计费是按电报纸上的格子计费，所以要严格认真写，手写字体要端正。

3. 数字的写法

数字用阿拉伯数字填写，一个数字可以填在一个格子里，并用括号

表示。

4. 电报挂号的用法

“电报挂号”是一个单位在电信部门登记后获得的专用号码，使用时这个号码就可以代替单位的地址和名称。

5. 关于附项

附项是电文以外的内容。贺电要及时、迅速拍发。不拍发、不计费。但因具有在电报无法投递或其他意外情况下供电信部门与发报人联系的作用，所以应如实详细填写。

三、贺电范例

贺电范例

贺　电

陈董事长、陈总经理暨深展公司全体同仁：

值此集团总部建设奠基之际，北展公司常务副总经理携全体职工向集团公司致以热烈的祝贺！

深圳展辰达——作为集团公司的发祥地，自××××年9月6日宣告成立，在以陈董事长为首的团队及一帮志同道合的有志之士的共同带领下，在销售上，一路过营拔寨、全线飘红，迅速成为涂料行业中一颗璀璨的明星；在文化建设、科技研发等各个方面，锐意进取，积极开拓，为集团公司提供了领先的技术、一流的产品，更培养了大批优秀的人才；为展辰达化工集团这艘航母夯实了坚实的基础，也为全体“展辰人”提供了学习成长的摇篮。十一年来，深展公司始终如一的发扬这种“和谐、创新、共同成长”的企业精神，在集团内积极发挥带头作用，在行业内持续领先，为集团的和谐发展、为社会的进步作出了突出贡献，是集团公司内一面鲜亮的旗帜，也是我们学习奋进的一盏明灯！对此，我们表示深深的感谢和崇高的敬意！

新厂奠基，掀开了深展公司全新的一页，也吹响了华南市场全面拓展的号角，是展辰达化工集团发展史上的又一新的里程碑，再次鼓舞了我们全体展辰人。在此，请集团公司领导放心，有你们正确的领导，有你们这坚实的后盾，北京展辰一定会再接再厉，全面冲刺，领跑华北涂料市场，用我们的实际行动，为新厂的建设献礼，为展辰集团的辉煌再拓新章！

最后，预祝奠基典礼圆满成功！祝深展公司事业蒸蒸日上，日益辉煌；祝愿展辰达化工集团这艘航母斩棘破浪，早日冲出国门，领航世界！

北京展辰化工有限公司暨全体职员工

××××年××月××日

第八章

书信类文书写作要点与范例

第一节 感谢信

感谢信是得到某人或某单位的帮助、支持或关心后答谢别人的书信。感谢信对于弘扬正气、树立良好的社会风尚，促进社会主义精神文明建设有着重要意义。

一、感谢信的特点

感谢信具有以下三个特点：

- 公开感谢和表扬；
- 感情真挚；
- 表达方式多样。

二、感谢信的写作

感谢信的结构一般由标题、称谓、正文、结语、落款五部分构成。

1. 标题

标题可只写“感谢信”三字；也可加上感谢对象，如“致×××同学的感谢信”“致××公司的感谢信”；还可再加上感谢者，如“×××全家致××社区居委会的感谢信”。

2. 称谓

写感谢对象的单位名称或个人姓名。如“××有限公司”“×××同志”。

3. 正文

主要写两层意思，一是写感谢对方的理由，二是直接表达感谢之意。

- 首先写感谢的理由：准确、具体、生动地叙述对方的帮助，交代

清楚人物、时间、地点、事迹、过程、结果等基本情况；

- 其次在叙事基础上对对方的帮助作恰当、诚恳的评价，以揭示其精神实质，肯定对方的行为，在叙述和评价的字里行间要自然渗透感激之情；

- 最后表达谢意，在叙事和评论的基础上直接对对方表达感谢之意，根据情况也可在表达谢意之后表示以实际行动向对方学习的态度。

4. 结语

结语一般用“此致—敬礼”或“再次表示诚挚的感谢”之类的话，也可自然结束正文。

5. 落款

落款写感谢者的单位名称或个人姓名，以及写信的时间。

三、感谢信范例

感谢信范例

感谢信

北京××医院的医护人员及××厂的三位工人师傅：

我公司工人张××是一个外地来京的建筑工人，原有胃溃疡病，今年5月的一个休息日，在上街购物时，病症突然发作，疼痛难忍倒地不起，立即被三位不肯说出姓名的工人师傅连背带抬地送到了附近的××医院。当时医院就要下班，值班大夫王××、护士李××、孙××马上把张××送到急救室，经透视、化验等多项检查，发现其胃壁穿孔，由于抢救及时，才保住了张××的生命，这是他获得的第二生命。如果不是那三位工人师傅（事后经多方查询，才知道他们是××工厂的三位师傅）的紧急救助，不是××医院的医护人中的及时抢救，恐怕他性命难

保。从这件事中我们看到了首都人民对外地来京民工的关怀和爱护，首都医护人员的救死扶伤的可贵精神。为此，特撰此文，用以表达我公司全体员工由衷的感激之情。

××建筑公司

2016年8月5日

第二节　慰问信

慰问信是表示向对方（一般是同级或上级对下级单位、个人）关怀、慰问的信函。它是有关机关或者个人，以组织或个人的名义在他人处于特殊的情况（如战争、自然灾害、事故）下，或在节假日，向对方表示问候、关心的应用文。

一、慰问信的适用范围

慰问信是组织、部分群众以及某个人向有关集体或个人表示慰问、问候、致意的书信。所谓有关集体或个人，可以分作两类，一类是在“两个文明”建设中作出了重大贡献的，一类是由于某种原因而遇到暂时困难和遭受严重损失的。慰问信对前者表示慰问，鼓励他们戒骄戒躁，乘胜前进；对后者表示同情和安慰，鼓励他们加倍努力，战胜困难。

二、慰问信的写作

1. 标题

第一行正中写“慰问信”三个字或者加上慰问对象；如果写成“×××致×××慰问信”，那么“慰问信”三个字可移至第二行写在中间。

2. 称谓

接着换一行顶格写受慰问的单位或者个人的称呼。

一般来说，称谓是不可缺少的，但在有的情况下，若标题中已经出现收信一方的名称，如《给全市教师的慰问信》，则专门的称谓可省略。

- 写单位要写全称；
- 写个人，要在姓名之后加上称呼如“同志”“先生”“师傅”之类，后边用冒号。

在个人姓名前边，往往还要加上“敬爱的”“尊敬的”“亲爱的”等字样，以表示尊重。

3. 正文

另起一行，空两格起写正文。

正文的内容，应该先说明写慰问信的原因，或是因为对方在现代化建设中取得了成绩，或是因为对方遇到了暂时的困难和挫折。其次，叙述对方的模范事迹或遇到困难时表现出来的高尚品质，并向对方表示慰问。再次，写一些鼓励和祝愿的话。接着在正文后面或是另起一行空两格写“祝”“此致”，然后在下一行顶格写“节日愉快”“预祝取得更大的成绩”“敬礼”等。

4. 落款

署名要写在另起一行的右半行。署组织名称应写全称，署个人姓名前可加职衔。如果写慰问信的单位、个人不止一个，也都要一一写上。日期写在署名的下边，注明年月日。

三、节日慰问信

节日慰问信范例

慰问信

驻渝中国人民解放军指战员、武警部队官兵，全市军队离退休干部、转业退伍军人、残疾军人和烈军属：

在农历丙申年新春佳节来临之际，中共重庆市委、重庆市人民政府代表全市人民，向你们致以节日的祝贺和诚挚的问候！

2015年，在党中央、国务院的坚强领导下，市委、市政府团结带领全市人民，深入贯彻习近平总书记系列重要讲话精神，认真落实中央重大决策部署，紧紧围绕“科学发展、富民兴渝”总任务，深入实施五大功能区域发展战略，着力抓发展、抓改革、抓民生、抓稳定，统筹推进经济建设、政治建设、文化建设、社会建设、生态文明建设和党的建设，各项事业取得新的成绩，胜利实现“十二五”圆满收官。过去的一年里，驻渝部队积极支持地方经济社会发展，在抢险救灾、扶贫帮困、生态治理、军民共建和医疗卫生服务等方面做了大量卓有成效的工作。广大优抚对象自觉保持革命本色，立足岗位建功立业，为重庆改革发展稳定作出了积极贡献。市委、市政府向你们表示衷心的感谢，致以崇高的敬意！

2016年，是实施“十三五”规划的第一年。我们将深入贯彻党的十八大和十八届三中四中五中全会和习近平总书记系列重要讲话精神，认真学习贯彻习近平总书记视察重庆重要讲话精神，协调推进“四个全面”战略布局，牢固树立和践行创新、协调、绿色、开放、共享的发展理念，主动适应经济发展新常态，深入实施五大功能区域发展战略，坚持稳增长、调结构、惠民生、防风险，着力加强供给侧结构性改革，努力实现“十三五”发展良好开局。我们将坚定不移地支持国防和军队建

设，扎实推进军民融合深度发展，深入开展多种形式的双拥共建活动，全面落实拥军优抚安置政策，进一步巩固和发展“同呼吸、共命运、心连心”的军政军民关系。希望驻渝部队广大官兵继续弘扬拥政爱民的优良传统，积极推进军民融合发展，在促进经济社会发展、完成急难险重任务、维护社会和谐稳定等方面发挥更大的作用，为推动“科学发展、富民兴渝”和全面建成小康社会作出新的贡献！

祝同志们工作顺利、身体健康、阖家幸福！

中共重庆市委

重庆市人民政府

2016年2月4日

四、同情安慰的慰问信

同情安慰的慰问信范例

给生病中同事的慰问信

亲爱的×××：

你好，首先愿这只字片语能捎去我们这些远方同事的问候！我们都很挂念你，我们都在盼望你早日康复，回到我们中间来。

谁都难免遭遇病魔的侵袭，有时把你折磨得筋疲力尽，但我们始终要有这样的信心，我们的意志比病魔更强大，在我们面前它不值一提，有家人的关怀、朋友的关心和自己的努力，很快你就能战胜病魔，赢得胜利。

×××，希望你能积极配合治疗，虽然你正经历治疗的疼痛，但心若坚强，再大的风雨都不会逃避！请选择坚强，选择忍受，阴霾的天空必定出现彩虹！请保持乐观的心态，乐观的心态是战胜一切苦难的前提，放下心里的包袱吧，只要有坚定的信念就一定能战胜病魔。有这么

多关心你、爱你的人在支撑着你，有这么多热切期盼着你早日康复的眼神望着你，他们就是你的力量。

×××是你生活过、工作过、战斗过的地方，作为同事、朋友，我们始终与你在一起，我们都在热切地期盼你康复归来，我们在遥远的×××为你守候、为你祈祷、为你祝福！ 遥祝早日康复！

×××

2017年5月21日

第三节　介绍信

介绍信是用来介绍联系接洽事宜的一种应用文体，是机关团体、企事业单位派人到其他单位联系工作、了解情况或参加各种社会活动时用的函件。它具有介绍、证明的双重作用。介绍信，可以使对方了解来人的身份和目的，以便得到对方的信任和支持。

一、介绍信的写作

介绍信有两种形式，即便函式和存根式。

1. 便函式

便函式的介绍信，用一般的公文信纸书写。包括标题、称谓、正文、结尾、附注、落款六部分。

- 标题

在第一行居中写“介绍信”三个字。

- 称谓

另起一行，顶格写收信单位名称或个人姓名，姓名后加“同志”“先生”“女士”等称呼，再加冒号。

● 正文

另起一行，开头空两格写正文，一般不分段。一般要写清楚：

①派遣人员的姓名、人数、身份、职务、职称等；

②说明所要联系的工作、接洽的事项等；

③对收信单位或个人的希望、要求等，如“请接洽”等。

● 结尾

写上表示致敬或祝愿的话，如“此致—敬礼”等。写上单位名称和日期。

● 附注

注明介绍信的有效期限，具体天数用大写。

● 落款

在正文的右下方写明派遣单位的名称和介绍信的开出日期，并加盖公章。日期写在单位名称下方。

2. 存根式

带存根的介绍信，这种介绍信有固定的格式，一般由存根、间缝、本文三部分组成。

● 存根

存根部分由标题（介绍信）、介绍信编号、正文、开出时间等组成。存根由出具单位留存备查。

● 间缝

间缝部分写介绍编号，应与存根部分的编号一致。还要加盖出具单位的公章。

● 本文

本文部分基本与便函式介绍信相同，只是有的要标题下再注明介绍信编号。

二、写作规范

1. 普通介绍信

用公文纸书写：

- 在公文纸正中的地方写“介绍信”三个字，字体要比正文大些。
- 联系单位或个人的称呼。
- 被介绍人的姓名、身份、人数（派出人数较多，可写成“×××等×人”）。
- 接洽事项和向接洽单位或个人提出的希望。最后可写上“请接洽”“请予协助”“此致—敬礼”等语。
- 本单位名称和写信日期，加盖公章。

2. 带存根的印刷介绍信

- 有规定格式，使用只需填上有关内容。
- 存根部分简单填写，以便日后查考。
- 本文部分要填写详细些。
- 派人联系办理重要或保密事情，要注明被派人员的政治面貌、职务。
- 重要的介绍信要经领导过目或在存根上签字，有的还要限制有效期。
- 除本文部分需加盖公章外，存根与本文的虚线正中亦要加盖公章。

三、写作要求

1. 要坚持实事求是的原则，优点要突出，缺点不避讳，最好是用成就和事实替代华而不实的修饰语，恰如其分地介绍自己。

2. 态度要诚恳，措词得当。用语应委婉而不隐晦，自信而不自大。

3. 篇幅不宜过长，言简意赅，在有限的篇幅中突出重点，同时文字要顺畅。接洽事宜要写得具体、简明。

4. 要注明使用介绍信的有效期限，天数要大写。

5. 字迹要工整，不能随意涂改。

四、介绍信范例

介绍信范例

介绍信

×××公司：

兹介绍×××同志（壹人）身份证号________前来你处联系________事宜。请接洽。

（有效期×天）

×××

××××年××月××日

第四节　证明信

证明信是以行政机关、社会团体、企事业单位或个人的名义凭借确凿的证据证明某人的身份、经历或某件事情的真实情况时所使用的一种专用书信。证明信一般也直接称作证明。证明信可分为组织证明信和个人证明信，前者又可分为普通书写证明信和印刷证明信。

一、证明信的特点

1. 凭证作用

证明信的作用贵在证明，是持有者用以证明自己身份、经历或某事真实性的一种凭证，所以证明信的第一个特点就是它的凭证作用。

2. 书信体的格式

证明信是一种专用书信，尽管证明信有好几种形式，但它的写法同书信的写法基本一致，大部分采用书信体的格式。

3. 内容简洁

证明信只需把要证明的事实描述清楚即可。

二、证明信的写作

1. 标题

标题一般用“证明”或“有关××问题的证明”。

2. 称谓

称谓需要另起一行写上单位名称，之后加冒号。

3. 正文

正文主要描写被证明的事实。

4. 结尾

结尾一般写“特此证明”。

5. 落款

出具证明的单位署名、日期，加盖公章。

三、证明信范例

证明信范例

证明信

××公司：

贵公司××部经理×××同志，原系我公司××部经理。他在我公司期间，工作积极，有开拓创新精神，且作风正派，密切关注市场动态，给我公司创造了良好的经济效益。

特此证明。

××省××市××公司（公章）

××××年××月××日

第五节　公开信

公开信是将内容公布于众的信件。其对象一般比较广泛，如“三八”妇女节写给全国妇女的公开信；“五四”青年节写给全体青年的公开信；也可写给个人。

公开信可以笔写，也可以印刷、张贴、刊登和广播。信的内容一般涉及比较重大的问题，具有普遍的指导作用、教育作用和宣传作用。

一、公开信的特点

公开信是将不必保密的全部内容公布于众，让大家周知和讨论的信件。

公开信的内容一般都具有普遍的思想意义和教育意义。一封好的公开信，在宣传中会产生较大的影响，它能促进人们积极参与，树立良好社会的风气，指导工作广泛开展和推动活动顺利进行。

有的公开信可以在报上刊登，也可以在电台上广播。

二、公开信的写作

1. 以领导机关、群众团体的名义，在重大事件、纪念活动、传统节日里给有关单位、集体发出的书信。这种信有问候、表扬、鼓励的效果，如“五四”青年节给青年的公开信等。这类信的格式与普通书信格

式基本相同。此类公开信的对象不只一两个人，而是一个团体、一类人，其内容与写法有很大的不同。

● 标题

正中写“公开信”三个字，或“×××致×××公开信”。

● 称谓

针对发信的对象和发信方式的不同，有的写集体的称呼，有的写个人姓名。在称呼之前，根据不同对象的身份特点加“尊敬的”“敬爱的”等字样。顶格写在第一行，称呼后加冒号。

● 正文

另起一行，空两格开始。第一写关怀、问候、祝愿的话，给人以亲切、温暖的感觉；第二热情赞颂收信人的品德、贡献及其影响；第三根据收信对象的共同特征，提出要求和希望，给予鼓励；第四以饱满、热烈的感情发出号召。

● 结尾

一般写上表示祝愿的话。

● 落款

在正文右下方写发信单位或个人姓名，署名下边写日期。

2. 领导机关、群众团体或个人针对某一个问题给有关对象发的公开信。这类信有的是批评，有的是表扬，有的是倡导新风，有的是提出建议。

● 标题

正中写“公开信”三个字，或“×××致×××公开信”。

● 称谓

收信人的称呼，多是用“同志们”“朋友们”，有的是直接写姓名或职称。顶格书写，后加冒号。

● 正文

另起一行，空两格。其内容通常包括：

① 问题的背景、原因；

② 事件的经过、结果；

③ 表明自己对人物或事件的态度，或赞扬，或批评，或提出某种主张、建议等。

● 结尾

写上表示祝愿的话，如“此致—敬礼”“祝开心”等。

● 落款

在正文右下方写发信单位或个人姓名，署名下边写日期。

3. 有的信本来是私人信件，但由于某种原因找不到收信人的地址，而信的内容又很急切，非发给本人不可。这种信需要通过媒介登在报纸上或在电台上广播，以此与对方取得联系。这类信的格式，基本上与普通书信相同。但由于要寄给报刊编辑部或广播电台、电视台，因此要注意写好信封。

三、写作注意事项

写好公开信，须注意以下几个问题：

1. 考虑需要与可能，的确有写公开信的必要，的确有实现公开信所说的目标的可能。

2. 既要诚心诚意地将发表公开信的理由告诉读者，又要向读者阐述公开信的基本思想，切忌夸夸其谈、不切实际。

3. 把握好发表公开信的角度及时间，使其能够取得很好的社会效果。

四、公开信范例

公开信范例1

为保障“9·3”阅兵顺利进行致广大市民的公开信

尊敬的市民朋友：

2015年是中国人民抗日战争暨世界反法西斯战争胜利70周年。9月3日，将在天安门广场隆重举行中国人民抗日战争暨世界反法西斯战争胜利70周年纪念大会（含检阅部队），这是全党全国人民政治生活中的一件大事，对于团结动员全党全军全国各族人民更加奋发有为地为实现中华民族伟大复兴的中国梦而奋斗，具有十分重要的意义。

做好纪念活动的服务保障工作，是党中央和全国人民交给北京市的一项光荣的政治任务。为确保纪念活动的安全顺利进行，市政府将采取相关临时交通管理措施，并视情况调整公共交通的运行时间、线路和车次；此外，还将对纪念活动涉及的部分区域社会车辆进行集中清移，并已安排了临时停放地点，希望市民注意收听收看媒体发布的有关信息，按照街道、社区工作人员的提示，及时将涉及的车辆挪移至指定地点停放，认真遵守临时交通管理措施。上述措施将可能给市民的生活和出行带来不便，市政府恳请给予充分理解和大力支持。

在2008年北京奥运会、新中国成立60周年庆祝活动、APEC会议等重大活动中，首都市民都表现出了国家利益高于一切的责任感和无私奉献的精神，为首都赢得了荣誉。希望大家积极响应北京市政府的号召，发扬首都光荣传统，展现良好精神风貌，用实际行动贡献自己的一分力量。

衷心感谢市民的理解、支持、参与和奉献！

北京市人民政府

2015年8月20日

公开信范例2

江西教育考试院致全省2017年高考考生的公开信

亲爱的考生：

大家好！

2017年全省普通高考将于6月7至9日进行，为方便考生顺利、安全参加考试，避免不必要的失误或意外，我们特别提醒考生注意如下事项：

1. 今年我省高考不再实行统一配备考试文具。广大考生务必自带符合规定的考试文具参加考试。根据网上评卷对答题的要求，考试文具配备范围为：2B涂卡铅笔，HB绘图铅笔，0.5mm中性黑色水笔（可配替换笔芯），考试套尺一副含量角器和三角板，以及圆规、橡皮擦、透明垫板。规定范围以外的文具禁止带入考场。考试文具须用透明塑料盒或塑料袋装纳。

2. 充分做好考前准备工作。高考期间，正值我省的汛期，尤其要根据天气预报情况，做到提前出门，预留足够的时间，防止因交通、天气等原因“赶考”迟到，耽误考试。特别要注意携带好自己的准考证、身份证，如遇突发状况，及时向人民警察或身边的考务工作人员寻求帮助。

3. 自觉配合接受安全检查，切忌携带违禁物品进入考场。由于进入考场时要对考生进行违禁物品检查和身份认证，考生要自觉配合接受安全检查，争取早些入场安坐，缓解紧张情绪，保持清醒头脑。严禁考生携带各种无线通信工具（如移动电话、无线耳机）、电子存储记忆录放设备、涂改液、修正带以及不透明的水杯（含饮料）等物品进入考场。

4. 要诚信考试，不得违纪作弊。高考是国家选拔人才的一项重要制度。为确保考试的公平公正，教育部出台了第33号令《国家教育考试违规处理办法》明确了对考试违纪作弊的处罚规定；《中华人民共和国刑法修正案（九）》和《教育法》，已将组织作弊、买卖作弊设备、买卖

考题、替考、帮助他人作弊以及伪造、变造或盗用他人身份证等行为纳入刑法范畴，高考作弊将受到法律的严惩。

希望广大考生恪守《考生诚信考试承诺书》中作出的承诺，严格遵守《考场规则》，以诚信的态度、饱满的热情、坚定的信心走进考场，勇敢地接受人生的重大考验，努力向师长、父母、自己、社会交上一份满意的答卷。

最后，诚挚祝愿每一位考生考试顺利、梦想成真！

违纪作弊行为举报电话：0791- ××××××××。

江西省教育考试院

2017年5月

附录

党政机关公文处理工作条例

（中办发〔2012〕14 号，2012 年4 月16日印发，2012年7月1日起正式施行）

第一章　总则

第一条　为了适应中国共产党机关和国家行政机关（以下简称党政机关）工作需要，推进党政机关公文处理工作科学化、制度化、规范化，制定本条例。

第二条　本条例适用于各级党政机关公文处理工作。

第三条　党政机关公文是党政机关实施领导、履行职能、处理公务的具有特定效力和规范体式的文书，是传达贯彻党和国家方针政策，公布法规和规章，指导、布置和商洽工作，请示和答复问题，报告、通报和交流情况等的重要工具。

第四条　公文处理工作是指公文拟制、办理、管理等一系列相互关联、衔接有序的工作。

第五条　公文处理工作应当坚持实事求是、准确规范、精简高效、安全保密的原则。

第六条　各级党政机关应当高度重视公文处理工作，加强组织领导，强化队伍建设，设立文秘部门或者由专人负责公文处理工作。

第七条　各级党政机关办公厅（室）主管本机关的公文处理工作，

并对下级机关的公文处理工作进行业务指导和督促检查。

第二章　公文种类

第八条　公文种类主要有：

（一）决议。适用于会议讨论通过的重大决策事项。

（二）决定。适用于对重要事项作出决策和部署、奖惩有关单位和人员、变更或者撤销下级机关不适当的决定事项。

（三）命令（令）。适用于公布行政法规和规章、宣布施行重大强制性措施、批准授予和晋升衔级、嘉奖有关单位和人员。

（四）公报。适用于公布重要决定或者重大事项。

（五）公告。适用于向国内外宣布重要事项或者法定事项。

（六）通告。适用于在一定范围内公布应当遵守或者周知的事项。

（七）意见。适用于对重要问题提出见解和处理办法。

（八）通知。适用于发布、传达要求下级机关执行和有关单位周知或者执行的事项，批转、转发公文。

（九）通报。适用于表彰先进、批评错误、传达重要精神和告知重要情况。

（十）报告。适用于向上级机关汇报工作、反映情况，回复上级机关的询问。

（十一）请示。适用于向上级机关请求指示、批准。

（十二）批复。适用于答复下级机关请示事项。

（十三）议案。适用于各级人民政府按照法律程序向同级人民代表大会或者人民代表大会常务委员会提请审议事项。

（十四）函。适用于不相隶属机关之间商洽工作、询问和答复问题、请求批准和答复审批事项。

（十五）纪要。适用于记载会议主要情况和议定事项。

第三章　公文格式

第九条 公文一般由份号、密级和保密期限、紧急程度、

发文机关标志、发文字号、签发人、标题、主送机关、正文、附件说明、发文机关署名、成文日期、印章、附注、附件、抄送机关、印发机关和印发日期、页码等组成。

（一）份号。公文印制份数的顺序号。涉密公文应当标注份号。

（二）密级和保密期限。公文的秘密等级和保密的期限。

涉密公文应当根据涉密程度分别标注“绝密”“机密”“秘密”和保密期限。

（三）紧急程度。公文送达和办理的时限要求。根据紧急程度，紧急公文应当分别标注“特急”“加急”，电报应当分别标注“特提”“特急”“加急”“平急”。

（四）发文机关标志。由发文机关全称或者规范化简称加“文件”二字组成，也可以使用发文机关全称或者规范化简称。联合行文时，发文机关标志可以并用联合发文机关名称，也可以单独用主办机关名称。

（五）发文字号。由发文机关代字、年份、发文顺序号组成。联合行文时，使用主办机关的发文字号。

（六）签发人。上行文应当标注签发人姓名。

（七）标题。由发文机关名称、事由和文种组成。

（八）主送机关。公文的主要受理机关，应当使用机关全称、规范化简称或者同类型机关统称。

（九）正文。公文的主体，用来表述公文的内容。

（十）附件说明。公文附件的顺序号和名称。

（十一）发文机关署名。署发文机关全称或者规范化简称。

（十二）成文日期。署会议通过或者发文机关负责人签发的日期。联合行文时，署最后签发机关负责人签发的日期。

（十三）印章。公文中有发文机关署名的，应当加盖发文机关印章，并与署名机关相符。有特定发文机关标志的普发性公文和电报可以不加盖印章。

（十四）附注。公文印发传达范围等需要说明的事项。

（十五）附件。公文正文的说明、补充或者参考资料。

（十六）抄送机关。除主送机关外需要执行或者知晓公文内容的其他机关，应当使用机关全称、规范化简称或者同类型机关统称。

（十七）印发机关和印发日期。公文的送印机关和送印日期。

（十八）页码。公文页数顺序号。

第十条　公文的版式按照《党政机关公文格式》国家标准执行。

第十一条　公文使用的汉字、数字、外文字符、计量单位和标点符号等，按照有关国家标准和规定执行。民族自治地方的公文，可以并用汉字和当地通用的少数民族文字。

第十二条　公文用纸幅面采用国际标准A4 型。特殊形式的公文用纸幅面，根据实际需要确定。

第四章　行文规则

第十三条　行文应当确有必要，讲求实效，注重针对性和可操作性。

第十四条　行文关系根据隶属关系和职权范围确定。一般不得越级行文，特殊情况需要越级行文的，应当同时抄送被越过的机关。

第十五条　向上级机关行文，应当遵循以下规则：

（一）原则上主送一个上级机关，根据需要同时抄送相关上级机关和同级机关，不抄送下级机关。

（二）党委、政府的部门向上级主管部门请示、报告重大事项，应当经本级党委、政府同意或者授权；属于部门职权范围内的事项应当直接报送上级主管部门。

（三）下级机关的请示事项，如需以本机关名义向上级机关请示，

应当提出倾向性意见后上报，不得原文转报上级机关。

（四）请示应当一文一事。不得在报告等非请示性公文中夹带请示事项。

（五）除上级机关负责人直接交办事项外，不得以本机关名义向上级机关负责人报送公文，不得以本机关负责人名义向上级机关报送公文。

（六）受双重领导的机关向一个上级机关行文，必要时抄送另一个上级机关。

第十六条　向下级机关行文，应当遵循以下规则：

（一）主送受理机关，根据需要抄送相关机关。重要行文应当同时抄送发文机关的直接上级机关。

（二）党委、政府的办公厅（室）根据本级党委、政府授权，可以向下级党委、政府行文，其他部门和单位不得向下级党委、政府发布指令性公文或者在公文中向下级党委、政府提出指令性要求。需经政府审批的具体事项，经政府同意后可以由政府职能部门行文，文中须注明已经政府同意。

（三）党委、政府的部门在各自职权范围内可以向下级党委、政府的相关部门行文。

（四）涉及多个部门职权范围内的事务，部门之间未协商一致的，不得向下行文；擅自行文的，上级机关应当责令其纠正或者撤销。

（五）上级机关向受双重领导的下级机关行文，必要时抄送该下级机关的另一个上级机关。

第十七条　同级党政机关、党政机关与其他同级机关必要时可以联合行文。属于党委、政府各自职权范围内的工作，不得联合行文。

党委、政府的部门依据职权可以相互行文。部门内设机构除办公厅（室）外不得对外正式行文。

公文写作范例大全 格式、要点、规范与技巧 第2版

第五章　公文拟制

第十八条　公文拟制包括公文的起草、审核、签发等程序。

第十九条　公文起草应当做到：

（一）符合国家法律法规和党的路线方针政策，完整准确体现发文机关意图，并同现行有关公文相衔接。

（二）一切从实际出发，分析问题实事求是，所提政策措施和办法切实可行。

（三）内容简洁，主题突出，观点鲜明，结构严谨，表述准确，文字精练。

（四）文种正确，格式规范。

（五）深入调查研究，充分进行论证，广泛听取意见。

（六）公文涉及其他地区或者部门职权范围内的事项，起草单位必须征求相关地区或者部门意见，力求达成一致。

（七）机关负责人应当主持、指导重要公文起草工作。

第二十条　公文文稿签发前，应当由发文机关办公厅（室）进行审核。审核的重点是：

（一）行文理由是否充分，行文依据是否准确。

（二）内容是否符合国家法律法规和党的路线方针政策；是否完整准确体现发文机关意图；是否同现行有关公文相衔接；所提政策措施和办法是否切实可行。

（三）涉及有关地区或者部门职权范围内的事项是否经过充分协商并达成一致意见。

（四）文种是否正确，格式是否规范；人名、地名、时间、数字、段落顺序、引文等是否准确；文字、数字、计量单位和标点符号等用法是否规范。

（五）其他内容是否符合公文起草的有关要求。

需要发文机关审议的重要公文文稿，审议前由发文机关办公厅（室）进行初核。

第二十一条　经审核不宜发文的公文文稿，应当退回起草单位并说明理由；符合发文条件但内容需作进一步研究和修改的，由起草单位修改后重新报送。

第二十二条　公文应当经本机关负责人审批签发。重要公文和上行文由机关主要负责人签发。党委、政府的办公厅（室）根据党委、政府授权制发的公文，由受权机关主要负责人签发或者按照有关规定签发。签发人签发公文，应当签署意见、姓名和完整日期；圈阅或者签名的，视为同意。联合发文由所有联署机关的负责人会签。

第六章　公文办理

第二十三条　公文办理包括收文办理、发文办理和整理归档。

第二十四条　收文办理主要程序是：

（一）签收。对收到的公文应当逐件清点，核对无误后签字或者盖章，并注明签收时间。

（二）登记。对公文的主要信息和办理情况应当详细记载。

（三）初审。对收到的公文应当进行初审。初审的重点是：是否应当由本机关办理，是否符合行文规则，文种、格式是否符合要求，涉及其他地区或者部门职权范围内的事项是否已经协商、会签，是否符合公文起草的其他要求。经初审不符合规定的公文，应当及时退回来文单位并说明理由。

（四）承办。阅知性公文应当根据公文内容、要求和工作需要确定范围后分送。批办性公文应当提出拟办意见报本机关负责人批示或者转有关部门办理；需要两个以上部门办理的，应当明确主办部门。紧急公文应当明确办理时限。承办部门对交办的公文应当及时办理，有明确办理时限要求的应当在规定时限内办理完毕。

（五）传阅。根据领导批示和工作需要将公文及时送传阅对象阅知或者批示。办理公文传阅应当随时掌握公文去向，不得漏传、误传、延误。

（六）催办。及时了解掌握公文的办理进展情况，督促承办部门按期办结。紧急公文或者重要公文应当由专人负责催办。

（七）答复。公文的办理结果应当及时答复来文单位，并根据需要告知相关单位。

第二十五条　发文办理主要程序是：

（一）复核。已经发文机关负责人签批的公文，印发前应当对公文的审批手续、内容、文种、格式等进行复核；需作实质性修改的，应当报原签批人复审。

（二）登记。对复核后的公文，应当确定发文字号、分送范围和印制份数并详细记载。

（三）印制。公文印制必须确保质量和时效。涉密公文应当在符合保密要求的场所印制。

（四）核发。公文印制完毕，应当对公文的文字、格式和印刷质量进行检查后分发。

第二十六条　涉密公文应当通过机要交通、邮政机要通信、城市机要文件交换站或者收发件机关机要收发人员进行传递，通过密码电报或者符合国家保密规定的计算机信息系统进行传输。

第二十七条　需要归档的公文及有关材料，应当根据有关档案法律法规以及机关档案管理规定，及时收集齐全、整理归档。两个以上机关联合办理的公文，原件由主办机关归档，相关机关保存复制件。机关负责人兼任其他机关职务的，在履行所兼职务过程中形成的公文，由其兼职机关归档。

第七章　公文管理

第二十八条　各级党政机关应当建立健全本机关公文管理制度，确保管理严格规范，充分发挥公文效用。

第二十九条　党政机关公文由文秘部门或者专人统一管理。设立党委（党组）的县级以上单位应当建立机要保密室和机要阅文室，并按照有关保密规定配备工作人员和必要的安全保密设施设备。

第三十条　公文确定密级前，应当按照拟定的密级先行采取保密措施。确定密级后，应当按照所定密级严格管理。绝密级公文应当由专人管理。

公文的密级需要变更或者解除的，由原确定密级的机关或者其上级机关决定。

第三十一条　公文的印发传达范围应当按照发文机关的要求执行；需要变更的，应当经发文机关批准。

涉密公文公开发布前应当履行解密程序。公开发布的时间、形式和渠道，由发文机关确定。

经批准公开发布的公文，同发文机关正式印发的公文具有同等效力。

第三十二条　复制、汇编机密级、秘密级公文，应当符合有关规定并经本机关负责人批准。绝密级公文一般不得复制、汇编，确有工作需要的，应当经发文机关或者其上级机关批准。

复制、汇编的公文视同原件管理。复制件应当加盖复制机关戳记。翻印件应当注明翻印的机关名称、日期。汇编本的密级按照编入公文的最高密级标注。

第三十三条　公文的撤销和废止，由发文机关、上级机关或者权力机关根据职权范围和有关法律法规决定。公文被撤销的，视为自始无效；公文被废止的，视为自废止之日起失效。

第三十四条　涉密公文应当按照发文机关的要求和有关规定进行清

退或者销毁。

第三十五条　不具备归档和保存价值的公文，经批准后可以销毁。销毁涉密公文必须严格按照有关规定履行审批登记手续，确保不丢失、不漏销。个人不得私自销毁、留存涉密公文。

第三十六条　机关合并时，全部公文应当随之合并管理；机关撤销时，需要归档的公文经整理后按照有关规定移交档案管理部门。

工作人员离岗离职时，所在机关应当督促其将暂存、借用的公文按照有关规定移交、清退。

第三十七条　新设立的机关应当向本级党委、政府的办公厅（室）提出发文立户申请。经审查符合条件的，列为发文单位，机关合并或者撤销时，相应进行调整。

第八章　附　则

第三十八条　党政机关公文含电子公文。电子公文处理工作的具体办法另行制定。

第三十九条　法规、规章方面的公文，依照有关规定处理。外事方面的公文，依照外事主管部门的有关规定处理。

第四十条 其他机关和单位的公文处理工作，可以参照本条例执行。

第四十一条　本条例由中共中央办公厅、国务院办公厅负责解释。

第四十二条　本条例自2012年7月1日起施行。1996年5月3日中共中央办公厅发布的《中国共产党机关公文处理条例》和2000 年8 月24 日国务院发布的《国家行政机关公文处理办法》停止执行。